## 高等学校教育类专业精品系列教材
### 编委会

丛书主编：李盛兵

丛书副主编：施雨丹

编　　委：（排名不分先后）

肖绍明　吴宏超　王晓莉　齐　梅

王　萍　陈志辉　陈冬梅　杨　宁

彭　茜　郑福明　陈莎莉　李思娴

李闻戈　姚小雪

高等学校教育类专业精品系列教材

# 学前教育科学研究方法

郑福明 ◎ 主编

广东高等教育出版社
Guangdong Higher Education Press
·广州·

图书在版编目（CIP）数据

学前教育科学研究方法/郑福明主编．—广州：广东高等教育出版社，2023.5
（高等学校教育类专业精品系列教材）
ISBN 978-7-5361-7409-2

Ⅰ.①学… Ⅱ.①郑… Ⅲ.①学前教育-科学研究-研究方法-高等学校-教材 Ⅳ.①G610-3

中国版本图书馆 CIP 数据核字（2022）第 241675 号

| 出版发行 | 广东高等教育出版社 |
| --- | --- |
| | 地址：广州市天河区林和西横路 |
| | 邮政编码：510500　电话：（020）87553335 |
| | http://www.gdgjs.com.cn |
| 印　刷 | 东莞市翔盈印务有限公司 |
| 开　本 | 787 毫米×1 092 毫米　1/16 |
| 印　张 | 21.5 |
| 字　数 | 434 千 |
| 版　次 | 2023 年 5 月第 1 版 |
| 印　次 | 2023 年 5 月第 1 次印刷 |
| 定　价 | 49.00 元 |

# 前 言

质量提升已经成为我国学前教育改革的主要目标。党的二十大报告明确提出要"强化学前教育、特殊教育普惠发展"。为了适应新时代对学前教育质量提升的要求，建设研究型教师队伍已成为一项迫切的任务，教师的角色也由此发生了许多根本性变化。从保育的角度，幼儿园教师已从幼儿照护者向幼儿发展的支持者转变；从教育的角度，幼儿园教师已经从学科知识传授者向儿童发展知识创造者转变。为了适应这种转变，"教师即研究者"的定位受到教育界的普遍认同。"教师即研究者"并非简单地等同于每一位幼儿园教师都要承担研究课题，更不等于"幼儿园教师的主要任务是从事研究工作"，而是要求幼儿园教师首先要能"读懂"他人的研究成果，并理性判断某项研究的成果是否能应用于自己所在的幼儿园以及如何转化、应用到日常的保教工作中；其次，在提升专业能力的过程中，通过参与教研活动或专题研究，逐渐成为研究的"参与者"，从日常有意识的观察、记录、沟通与反思，到将实践与理论相结合，形成自己的研究成果。

为了帮助职前学前教育专业学生和在职幼儿园教师更好地适应这种角色转换，我们编写了《学前教育科学研究方法》这本教材。该教材的编写，既立足于编写者长期积累的教学经验和素材，又充分借鉴和吸收国内外相关教材的优点，并力求能体现国内外最新的学前教育政策、研究成果与实践案例。该教材的主要特点表现为以下三个方面的"注重"：

1. 注重课程思政化

坚持以马克思主义的唯物辩证法为基本的认识论和方法论，并作为教材编写的基本指导思想。在研究设计过程中，将解放思想与实事求是的精神相结合，既注重理论创新，又强调事实依据；在分析过程中，用质量互变规律、否定之否定规律和对立统一规律作为基本思想指引，用于发现问题和分析问题；在形成结论的过程中，将"具体问题具体分析"这一马克思主义的活的灵魂运用到质性分析和量化分析的过程中，注重严谨性和科学性。通过该课程的学习，进一步深入理解和树立坚定的马克思主义信念。

2. 注重研究的整体观

学前教育研究属于教育研究中的"一域"，只有"谋全局"才能更好地"谋一域"。有意义和有深度的学前教育研究，不仅需要有认识论和方法论作为基础，还需要从教育整体发展乃至社会发展全局的角度聚焦某个学前教育问题。因此，本教材力求突破其他教材相对局限于"学前教育"本身的不足，将其他学科的研究成果吸纳在其中，以拓宽学习者的视野。

3. 注重理论结合实践

一方面，考虑到研究方法的相对抽象性，每一章节的内容，都注重结合具体案例进行分析，便于学习者理解和运用；另一方面，考虑到研究"与时俱进"的需要，介绍了最新的实用分析方法和技术。读者在学习过程中，既要围绕各章"学习目标"和"思考与练习"有重点地把握内容体系，也要在理解有关概念和理论观点的同时，重视掌握"应用性"的工具，例如，问卷编制、数据分析软件操作等实用技能。

本教材的付梓，是集体智慧的结晶。各位参编人员在学前教育研究方面都有丰富的理论基础和实践经验。郑福明负责教材的整体编写思路及统稿。具体编写分工如下：第一章郑福明，第二章陈桦、朱云、周芯羽，第三章胡丽园，第四章谭依依、俞思慧、詹佩佳，第五章陈岚，第六章蒙思远、陈东耿，第七章刘梦鸽，第八章丁宁，第九章李春，第十章韩凤梅，第十一章郑稼杰，第十二章尹花、李华。

本教材适合高等院校学前教育专业的学生使用，也适合幼儿园教研员、在职教师和对学前教育研究感兴趣的人士参考。本教材在编写过程中，参考和引用了国内外有关研究的部分成果和文献，不少同行提出了宝贵的建议和修改意见，许多学前教育教研员、幼儿园园长和教师提供了珍贵的一手资料和实践案例，同时也得到了广东高等教育出版社的悉心指导和华南师范大学教育科学学院的支持，在此一并致以衷心的感谢！由于能力所限，书中难免还有不足之处，恳请广大读者不吝赐教！

郑福明<br>
2022年8月于华南师范大学

# 目 录

## 第一章　学前教育研究概论

### 第一节　研究的特点与范式 ······················································· 1
一、研究的概念与特点 ······························································· 1
二、研究的类型与基本要素 ························································· 3
三、研究的目的与原则 ······························································· 7
四、研究方法的理论体系与基本范式 ··········································· 10

### 第二节　学前教育研究的特点和意义 ········································· 15
一、学前教育研究的特点 ··························································· 15
二、学前教育研究的意义 ··························································· 17

### 第三节　学前教育研究的过程和方法 ········································· 19
一、学前教育研究的过程 ··························································· 19
二、学前教育研究的方法 ··························································· 20

## 第二章　研究设计与开题报告

### 第一节　研究问题的选择 ··························································· 24
一、研究问题的内涵 ································································· 24
二、研究问题的界定 ································································· 28

### 第二节　研究假设的提出 ··························································· 31
一、研究假设的内涵 ································································· 31
二、研究假设的确立 ································································· 33

## 第三节 研究变量的确定 ······ 35
一、研究变量的内涵 ······ 35
二、研究变量的定义 ······ 38

## 第四节 研究对象的选取 ······ 40
一、研究对象概述 ······ 40
二、抽样的方法 ······ 42

## 第五节 开题报告的撰写 ······ 44
一、开题报告的含义与作用 ······ 44
二、开题报告的主要内容与撰写 ······ 44

## 第六节 开题报告的汇报与完善 ······ 47
一、开题报告的汇报 ······ 47
二、开题报告的完善 ······ 49

# 第三章 文献综述

## 第一节 文献综述概述 ······ 52
一、文献与学前教育文献的含义、类型和分布 ······ 52
二、文献综述的含义和特点 ······ 58

## 第二节 文献综述的目的与步骤 ······ 60
一、文献综述的目的 ······ 60
二、文献综述的步骤 ······ 61

## 第三节 文献综述的撰写 ······ 66
一、文献综述的结构 ······ 67
二、文献综述的撰写要求 ······ 69

# 第四章 观察法

## 第一节 观察法的概述 ······ 72
一、观察法的定义及适用范围 ······ 72
二、科学观察与日常观察的区别与联系 ······ 73
三、观察法的特点 ······ 74
四、观察法的意义及优缺点 ······ 75

五、观察法应遵循的原则 ·················································· 77
　　六、观察法的基本类型 ···················································· 78
第二节　常用的观察方法 ························································ 82
　　一、日记描述法 ····························································· 82
　　二、逸事记录法 ····························································· 83
　　三、实例描述法 ····························································· 84
　　四、时间取样法 ····························································· 85
　　五、事件取样法 ····························································· 86
　　六、等级评定法 ····························································· 88
　　七、频数计数法 ····························································· 89
　　八、行为检核法 ····························································· 91
第三节　观察法的实施过程 ···················································· 91
　　一、准备阶段 ································································ 91
　　二、实施阶段 ································································ 92
　　三、整理分析资料，撰写观察报告 ································· 94

# 第五章　调查研究法

第一节　调查研究法概述 ······················································· 97
　　一、调查研究法的含义及其特点 ···································· 97
　　二、调查研究法的基本原则 ············································ 98
　　三、调查研究法的类型 ··················································· 99
第二节　问卷调查法 ······························································ 101
　　一、问卷调查法的优点与局限 ······································· 101
　　二、调查问卷的类型 ····················································· 102
　　三、问卷的基本结构 ····················································· 105
　　四、问卷的发放与回收 ················································· 110
第三节　访谈法 ····································································· 110
　　一、访谈法的定义 ························································ 110
　　二、访谈法的优点与局限 ·············································· 111
　　三、访谈法的适用范围 ················································· 112

四、访谈法的类型 112
　　五、访谈法的实施程序 115
　　六、儿童访谈的注意要点 117
第四节　调查法的实施步骤 118
　　一、准备阶段 118
　　二、实施阶段 120
第五节　调查报告撰写 121
　　一、题目 121
　　二、正文 122
　　三、结尾 125

# 第六章　教育实验法

第一节　教育实验法概述 127
　　一、教育实验法的含义 127
　　二、教育实验法涉及的基本概念 128
第二节　教育实验法的特点与分类 129
　　一、教育实验法的特点 129
　　二、教育实验法的优缺点 130
　　三、教育实验法的分类 131
第三节　教育实验法的设计 133
　　一、实验效度 133
　　二、实验质量判断标准 136
　　三、教育实验的基本程序 137
　　四、教育实验设计的基本类型 142

# 第七章　个案研究法

第一节　个案研究法概述 151
　　一、个案研究法的含义 151
　　二、个案研究的类型 152
　　三、个案研究法的特点与意义 152
　　四、个案研究法的优缺点 154

## 第二节　个案研究的基本方法 ········· 155
一、追踪法 ········· 155
二、追因法 ········· 156
三、临床分析法 ········· 156
四、教育会诊法 ········· 157
五、作品分析法 ········· 157

## 第三节　个案研究法的实施原则与步骤 ········· 158
一、个案研究法的实施原则 ········· 158
二、个案研究法的实施步骤 ········· 159

## 第四节　撰写个案研究报告 ········· 168
一、个案研究报告的类型 ········· 168
二、个案研究报告的基本格式 ········· 168
三、撰写个案研究报告应注意的问题 ········· 170

# 第八章　行动研究法

## 第一节　行动研究法概述 ········· 174
一、行动研究法的内涵与特点 ········· 174
二、行动研究法的类型与适用范围 ········· 176

## 第二节　行动研究法实施的步骤、方法与要求 ········· 180
一、行动研究法的实施步骤 ········· 180
二、行动研究法的实施方法 ········· 182
三、行动研究法的实施要求 ········· 185

## 第三节　行动研究法在学前教育实践中的应用 ········· 188
一、行动研究法在学前教育实践中的意义 ········· 188
二、行动研究法在学前教育实践中的运用 ········· 189
三、实施行动研究法需注意的问题 ········· 190

# 第九章　叙事研究

## 第一节　叙事与叙事研究 ········· 193
一、叙事的概念 ········· 193

二、叙事研究的内涵与特征……………………………………………… 194

　　三、叙事研究的理论基础………………………………………………… 196

第二节　教育叙事研究概述………………………………………………………… 197

　　一、教育叙事研究的含义与特点………………………………………… 197

　　二、教育叙事研究的内容与类型………………………………………… 199

第三节　教育叙事研究实施的过程、要求………………………………………… 200

　　一、教育叙事研究的实施过程…………………………………………… 200

　　二、教育叙事研究的实施要求…………………………………………… 204

第四节　叙事研究在学前教育领域中的应用……………………………………… 205

　　一、叙事研究应用的意义………………………………………………… 205

　　二、实施叙事研究需注意的问题………………………………………… 206

　　三、叙事研究在学前教育实践中的案例与分析………………………… 207

## 第十章　教育经验总结法

第一节　教育经验总结法的概述…………………………………………………… 216

　　一、经验总结法的含义…………………………………………………… 216

　　二、教育经验总结法与其他教育科学研究方法的区别与联系………… 217

　　三、教育经验总结法的历史与运用……………………………………… 218

　　四、教育经验总结法的性质……………………………………………… 219

　　五、教育经验总结法的意义……………………………………………… 221

第二节　教育经验总结法的类型…………………………………………………… 222

　　一、根据经验总结的主体划分…………………………………………… 222

　　二、根据经验总结的科学水平划分……………………………………… 222

　　三、根据经验总结的基本内容划分……………………………………… 223

第三节　教育经验总结法的实施步骤……………………………………………… 225

　　一、准备工作……………………………………………………………… 225

　　二、资料的搜集与整理…………………………………………………… 226

　　三、教育经验的提炼……………………………………………………… 228

　　四、教育经验总结的核实、验证与论证………………………………… 229

　　五、撰写经验总结报告…………………………………………………… 230

　　六、教育经验的推广……………………………………………………… 232

### 第四节　经验总结法的基本要求 ··· 233
　　一、立场的科学性 ··· 233
　　二、材料的客观性 ··· 233
　　三、分析的深刻性 ··· 233
　　四、表达的规范性 ··· 233
　　五、结论的严谨性 ··· 234
　　六、经验的创新性 ··· 234
　　七、经验的推广性 ··· 234

## 第十一章　数据分析

### 第一节　数据分析与数据分析软件 ··· 237
　　一、数据分析涉及的基本概念 ··· 237
　　二、数据分析软件 ··· 243

### 第二节　数据录入 ··· 251
　　一、单选题的数据录入 ··· 251
　　二、多选题的数据录入 ··· 252
　　三、排序题的数据录入 ··· 255

### 第三节　数据转换 ··· 257
　　一、使用"计算变量"进行数据转换 ··· 257
　　二、使用"重新编码"进行数据转换 ··· 259

### 第四节　数据分析 ··· 262
　　一、描述分析 ··· 262
　　二、差异分析 ··· 271
　　三、相关分析 ··· 286

## 第十二章　研究成果表述与结题报告

### 第一节　学前教育研究成果表述的含义、价值与特点 ··· 293
　　一、学前教育研究成果表述的含义 ··· 293
　　二、学前教育研究成果表述的价值 ··· 293
　　三、学前教育研究成果表述的特点 ··· 294

## 第二节　学前教育研究成果表述的形式 …… 295
一、教育研究报告 …… 295
二、学术论文 …… 304
三、经验总结 …… 308
四、教育案例 …… 309
五、教学课例 …… 310
六、教育反思 …… 313
七、教育日志 …… 314

## 第三节　结题报告的撰写 …… 316
一、结题报告的含义 …… 316
二、结题报告撰写的基本规范 …… 316
三、结题报告撰写的一般步骤 …… 320

## 第四节　研究成果评价与推广应用 …… 324
一、学前教育研究成果评价 …… 324
二、研究成果的推广应用 …… 327

# 第一章
# 学前教育研究概论

> **学习目标**
> 1. 理解研究的基本概念及其原则。
> 2. 理解研究的基本范式及其作用。
> 3. 掌握学前教育研究的基本特点。

## 第一节 研究的特点与范式

### 一、研究的概念与特点

#### (一) 研究的概念

研究是指研究者针对特定的问题,通过系统和批判性的探索,有目的、有计划地揭示事物之间的关系并探求问题解决方法的过程。"研究"的概念界定,蕴含了三个方面的内容。

1. 研究源于特定的问题

所谓"问题",就是某些导致不能达到目的或者实现目标的认识障碍,即"矛盾或不一致"。当然,并非所有问题都有研究价值,"主要矛盾"或"矛盾的主要方面"的研究价值要高于"次要矛盾"或"矛盾的次要方面"。教育部在2016年修订的《幼儿园工作规程》第五十九条明确指出:"幼儿园应当建立教研制度,研究解决保教工作中的实际问题。"学前教育领域如此,其他领域也一样,发现问题是研究的源头。

作为研究的主体,研究者的理论视野、研究经验、知识结构和价值观等,都会影响研究者发现问题的能力和对有意义的研究问题的判断。有意义的研究问题是研究的基石。研究问题的质量是判断研究质量的关键因素。缺乏特定、具体问题的

"研究"如同无的放矢。因此，研究者首先要具有问题意识，也就是发现问题和界定问题的能力。研究课题是由一系列相互关联的具体问题构成的，而对某一类课题持续的研究，便形成了研究者的研究方向。如果研究者所探究的问题属于教育领域的问题，则构成了教育研究。

2. 研究是一个不断探索的过程

研究之所以是一个不断探索的过程，主要有两方面的原因：一是在认识事物的过程中，人们的认识能力和认识条件是逐渐改善的。由于认识条件和认识能力的局限性，人们在认识世界的过程中，总会存在一定的不足。二是研究现象自身也在不断发生变化，这也要求人们的研究不断进行调整。

3. 研究包括理论成果和实践成果两个层次

研究包括认识事物相互关系的理论成果和提出问题解决方法的实践成果两个基本层次。从事物普遍联系的观点出发，任何事物和现象之间都存在一定的联系。认识事物之间的相互联系及其相互影响是研究的根本任务。一项研究所揭示的对事物及其之间（即概念或变量之间）相互关系的新认识，构成了该研究创新性的理论成果。而将理论成果应用于解决实践中的实际问题，则构成了实践成果。侧重理论成果的研究称为理论研究，侧重实践成果的研究则称为实践研究。

### (二) 研究的特点

研究是人类认识世界的一种特殊活动，其具有三个基本特点。

1. 系统性

系统性是指研究者有计划、分步骤、多角度地审视所要探究的问题。任何研究的进行，首先要在实际观察、参阅文献等的基础上，提出具体的研究问题；而后对研究问题中的核心概念进行准确的界定；接着需要围绕研究对象和所要分析的问题进行抽样和搜集资料，然后根据所搜集的资料的性质和研究问题的种类，采用适宜的方法分析资料，形成证据，提炼观点，最后才形成研究的结论。

2. 批判性

批判性是指在研究的过程中，秉承实事求是的精神，结合专业知识，发现已有研究的不足，而后从新的角度，对已有问题进行辩证分析，达到承前启后的目的。批判性是创新性的基础，创新性是研究核心价值的体现。批判性思考并非贬低其他研究的意义和价值，而是站在历史唯物主义和辩证唯物主义的角度，一方面，充分肯定已有研究在特定研究条件或历史背景下的意义；另一方面，也要指出随着时空的变迁或由于已有研究在研究对象、分析方法或分析技术方面的局限性，先前的研究结论不适用于当前实际状况的现实或其中可能存在的不完善甚至谬误之处。实事求是地分析已有研究存在的局限性并在后续的研究中落实改进的方法，有助于促进对某一问题持续深入的认识。

### 3. 科学性

科学性是指在研究过程中，要以事实为依据，论点的提出要建立在充足的论据的基础上，论证过程要符合逻辑。"科学"是用严谨的探索和论证进行的高级社会实践活动，是求实创新的理性思维模式和行为模式，它既可以表现为系统的理论知识、创意和决策，也可以表现为有效的物质工具、产品和制度。"科"字在《说文解字》中的解释是："科，程也。从禾从斗。斗者，量也。"现代的科学研究，需要将质性分析和量化分析有机结合。马克思曾说过："一种科学只有在成功地运用数学时，才算达到了真正完善的地步。"因此，科学研究既需要依靠严谨形式逻辑的推理，也需要借助精确数理逻辑的证据。

## 二、研究的类型与基本要素

### （一）研究的类型

按照不同的分类标准，可以将研究分为不同的类型。划分研究类型的常用分类标准包括研究的范围、研究的目的和研究的方法三种。

1. 根据研究的范围进行分类

按照研究的范围划分，研究可以分为宏观研究、中观研究和微观研究三种。宏观研究是指研究范围具有全局性和整体性的研究。这类研究通常从整个社会或文化发展的角度分析教育问题，对于全局性和战略性的教育规划具有重要意义，如对教育与国家现代化发展战略的研究、对教育与社会变迁关系的研究、对教育评价体系的探讨等。宏观研究较适合具有深厚理论基础且对相关政策较为熟悉的研究者，其研究结果通常以论著或咨询报告的方式呈现。中观研究在研究范围方面有所界定，带有局部性或阶段性的特点。微观研究涉及的范围较小，聚焦性较强，较适合一线教师。

2. 根据研究的目的进行分类

按照研究的目的划分，研究可以分为基础研究和应用研究两种。基础研究的主要目的在于建立发展或完善相关理论。因此，基础研究特别注重对概念的界定和原理的分析、提炼。基础研究较适合于专业的研究者或有专业研究人员参与的研究团队，其研究成果主要是理论成果。应用研究的主要目的是将理论成果应用于教育实践，侧重解决实践过程中的实际问题。

3. 根据研究的方法进行分类

按照研究的方法划分，研究可以分为质性研究和量化研究两种。质性研究也称为定性研究（qualitative research），这类研究主要采用思辨的方法，对现象或概念及其之间的相互关系进行逻辑推理，进而得出相应的结论。质性研究侧重对研究对象质的属性的分析。其研究的路径强调先充分搜集与研究问题有关的事实、资料，而后对所搜集的资料进行分析，提炼相应的理论概念，形成对概念之间相互关系的判断，进而构成理论观点。量化研究也称为定量研究（quantitative research），这类研究主要采用统计分析的方法，对现象和概念及其之间的相互关系进行数理分析，进而得出相应的结论。量化研究侧重对研究对象量的属性的分析。其研究的路径是先提出体现概念之间假定关系的研究假设，而后界定相关概念的操作性定义和测量方法，之后对所搜集的量化数据（data）进行分析，进而做出接受或拒绝研究假设的结论。质性研究和量化研究的侧重点不同，在实际研究过程中，两者的关系体现为相辅相成、殊途同归，并随着计算机技术的广泛使用，最终走向融合。

当然，研究还有很多其他的分类方法，例如：个案研究与抽样研究；调查研究、实验研究、田野研究；等等。虽然研究的类型不同，但是针对某一特定问题的每一种研究类型，都有其独特的价值。例如，个案研究有利于对某一样本进行具体、细致的分析，其突出的是独特性，但相对缺乏代表性；基于随机抽样的调查研究较具有代表性，但往往形象性、细致性又不如个案研究。所以，在开展研究的过程中，需要结合不同类型的研究，取长补短，力求能全面而又深入地对相关问题进行分析。

### （二）研究的基本要素

研究是一个系统的过程。无论哪种类型的研究，都在不同程度上包含以下五个基本要素。

**1. 理论**

理论（theory）是对事物内在属性的反映，或是对事物之间相互关系的抽象表述。理论是人们建立在对客观现象进行深入分析的基础上形成的抽象认识，是由一系列逻辑上相关的概念和命题组成的认识体系。现象是具体的，从理论研究的角度而言，现象可以表述为概念。概念是建构理论的基石。某个概念在一定程度上反映相应现象的内在属性。因此，一个理论体系，通常表述为若干个概念及概念之间的相互关系。对事物或现象（概念）之间相互关系的表述构成了原理（principles），或是理论观点（theoretical views）。

理论既是研究的出发点，又是研究的归属点。换言之，人们在开展一项理论研究或实践研究时，必须有一定的相关理论指导，在此基础上，从不同的角度对事物之间的相互关系进行分析。科学的理论指导，可以确保研究过程不迷失方向。当然，每一位研究者选取的理论都可能不同，研究的路径和结论也会不一样。

在一定理论指导下开展的研究，有两种可能的结果：一是通过研究，对所探究事物之间的相互关系有了全新的认识，构建了新的理论观点或理论体系。在人类不断认识世界和改造世界的过程中，无论在自然科学，还是包括教育研究在内的哲学社会科学，都有很多类似的案例。例如，无论是哥白尼的"日心说"对亚里士多德

"地心说"的革命，还是洛克、皮亚杰对儿童心理发展的认识，都是一个不断推翻旧的理论，形成新的理论的过程。二是通过研究，得出与先前的理论相同或相似的结论，从而提供新的证据，验证原有理论的合理性，推动原有理论的完善，丰富人们对事物或现象之间相互关系的认识。例如，在中国革命的实践过程中，以毛泽东同志为代表的老一辈无产阶级革命家，丰富和发展了马克思列宁主义的社会主义理论体系，形成了具有中国特色的社会主义思想，即毛泽东思想。换言之，毛泽东思想是马克思列宁主义基本原理和中国革命具体实际相结合的产物。以邓小平同志为核心的中国共产党第二代领导集体，基于中国社会发展的实践，提出了邓小平理论，形成了以建设中国特色社会主义为主题的理论思想体系。因此，邓小平理论又是对毛泽东思想的继承和发展。

理论分为宏观理论、中观理论和微观理论三个基本层次。宏观理论（macro - theory）通常是指一种试图理解制度、机制等"大图景"的理论。宏观理论通常涉及世界观、方法论、知识论和认识论等哲学的根本问题，或者涉及某一学科领域的根本性问题。这种理论可以用于指导人们对整个自然或社会现象发展的认识。在某一具体领域的课题研究，都是聚焦于探索若干个变量（概念）之间的相互关系，由此而形成的观点体系都属于微观理论。美国社会学家R. K. 默顿在1949年提出了中观理论的概念，顾名思义，中观理论是指介于宏观理论和微观理论之间的理论体系。

当然，"宏观、中观和微观"也具有一定的相对性。在某一具体学科领域，也存在对该学科领域具有全面影响的理论体系，从这个角度而言，该理论也可以说属于该学科领域的宏观理论。例如，在科学理论体系中，美籍奥地利生物学家贝塔朗菲（L. Von Bertalanffy）创立的一般系统论属于宏观理论。系统论不仅为现代科学的发展提供了理论和方法，而且为解决现代社会中的政治、经济、军事、科学、文化等方面的各种复杂问题提供了方法论的基础。美国心理学家布朗芬布伦纳（Urie Bronfenbrenner）将系统论这一宏观理论应用于研究个体发展模型，提出了"生态系统理论"（ecological systems theory），该理论为认识个体成长和人际互动的影响因素提供了基本框架，属于中观理论；美国心理治疗专家默里·鲍恩（Murray Bowen）在生态系统理论的基础上进一步提出了家庭系统理论（family systems theory），并将该理论用于具体的家庭治疗领域，该理论就属于微观理论。

2. 经验

经验（experience）是指从多次实践中得到的知识或技能，也可以理解为人的亲身经历和体验、感受。经验是具体、直观、形象的，也可以理解为对客观现象的主观感受，是构建抽象理论的基础。

在哲学层面，经验是人们在社会实践中产生的，它是客观事物在人们头脑中的主观反映，也是认识的开端。但是，个体的经验具有局限性或片面性。因此，对于经验，要经历一个"去粗取精，去伪存真"的深化和升华过程，逐渐上升到理论层面的理性认识。理论源于实践，实践又检验理论。在循环往复的筛选和总结经验的过程中，人们的认识水平和理性水平也不断得到提高。在研究过程中，经验为观点的提炼或论点的论证提供直接的支持。通常，人们参与实践的机会越多，获得的经验也越丰富。

3. 规律

规律（law）是指自然界和社会诸现象在发展过程中表现出来的本质的、稳定的必然联系。列宁在《哲学笔记》中说过："规律是现象中同一的东西"。这说明，规律是隐含于现象之中的。规律可能会自行消失，但不能被人为地消除，也不能被人为地创造，只能被发现。人类认识世界的终极目标是认识事物的本质和规律，用于指导自己的行动，从而达到有效改造世界的目的。

规律本身具有普遍性和特殊性。作为事物之间内在的必然联系，规律的普遍性隐含在特殊性之中，特殊性中又包含普遍性。普遍规律（或一般规律）指的是规律的普适性；特殊规律指的是规律的条件性和历史性。正因如此，人们对规律的认识是一个持续探索的过程。即使对同一现象，也会有很多的研究者在不同的时空、条件下进行研究，并发表结论不完全相同的研究成果，通过不断地"抽丝剥茧""去伪存真"的过程，才能准确认识和把握事物的内在本质和必然联系，揭示事物或现象发展变化的规律。

4. 概率

概率（probability），即可能性。通俗而言："凡事皆有可能"。从这一角度出发，研究可以回答的问题不是"是否会发生"，而是"发生的概率有多大"。必然的规律隐含于不确定的现象之间。人类对规律的认识是一个不断积累的过程，也是一个渐进的过程。研究者不仅要研究决定性现象，即在一定条件下必然产生某一结果的现象，也要研究随机现象，即虽然基本条件不变，但可能产生不同结果的现象。概率论由此而成为研究的数学基石。在实证研究中，通常都会涉及基于概率的判断。例如，在研究报告中，我们有时会看到类似这样的表述：两个变量之间的相关系数 $r=0.68$，$p<0.03$，说明这两个变量存在显著的正相关。其中的 $p$ 是 probability 的首字母，就是指概率。

5. 因果

因果（causality）是指一个事件对另一个事件的作用关系。前一事件称为"因"，后一个被作用的事件称为"果"。因果关系是事物之间的函数关系或必然关系，是事物之间关系的一种客观存在。一个变量 $X$ 与另一个变量 $Y$ 之间因果关系的判定，要满足三个基本条件：①共生性。即只要出现 $X$，必定出现 $Y$。②时序性。即 $X$ 总是在 $Y$ 之前出现，$X$ 出现之后 $Y$ 一定出现。③排他性。即判断 $X$ 是不是引发

Y的原因，必须排除其他的干扰变量（confounding variables）。

对事物因果关系的认识具有复杂性。在包括教育研究在内的哲学社会科学研究中，大多数研究所遵循的都是"简化论"（reductionism）的方法。简化论（或还原论）是指局限于用某类特征来分析和解释各种复杂的社会现象。为了了解单个现象的影响，研究者就必须把它（们）从普遍的联系中抽出来，孤立地考察它们，一个（或若干个）为原因（causes），另一个（或若干个）为结果（results）。例如，在解释人的行为（果）时，心理学家只考虑动机、性格等心理特征（因）；经济学家则只考虑经济地位、经济利益等经济特征（因），而社会学家只考虑角色、规范等社会学特征（因）。然而，在客观世界中，"事物具有普遍联系"这一整体观（holism）被人们广泛接受。基于这一观点，从复杂性科学（complexity science）的角度出发，当我们将"单个现象"从其系统中抽取出来时，其关系已经发生了改变。因此，即便是采用实验等变量控制的手段或结构方程模型（structural equation models）等数据分析方法所揭示的因果关系（causal paths），如果没有足够的积累和跨学科的综合，研究所发现的"因果关系"也只是具有相对性的认识，只能说是我们对世界的推论，不等于我们发现了真实的世界。

### 三、研究的目的与原则

研究是一个有目的、有计划的过程。为了更有效地达成既定的目的，研究必须遵循相应的规范和要求。

#### （一）研究的目的

研究的目的是指研究所要达到的结果。从宏观的角度而言，研究是为了更好地认识世界和改造世界。从微观而言，研究具有以下四个方面的目的。

1. 描述

描述是指研究者使用文字或数字、影像等方式，对研究对象或研究现象的表现、特征等进行描写和叙述。描述是阐明"是什么"。聚焦于描述的研究也称为"描述性研究"或"叙事研究"。描述性研究是科学发展的基础。描述可以是整个研究项目的全部目的，也可以是整个研究项目中的其中一个目的。对于新生事物或新的现象，研究通常从描述开始。

描述的具体内容根据不同研究问题的情形会有不同的侧重点。有可能是描述群体现象（如男性群体的交往行为特征、女性群体的购买行为特征等），也可能描述个体现象（如临床个案、个体行为观察、人物传记等）。描述的内容通常包括：①特征类别，即从哪些方面描述；②体现该特征的文字或数字描述；③描述某一群体或某一事物的功能和变化。

2. 解释

解释是在描述性研究的基础上，运用分析、综合、归纳、演绎等方法，对所研究的现象、问题和事实"之所以是"的原因或影响因素进行剖析。如果说"描述"达成的是"知其然"的目的，"解释"达成的便是"知其所以然"的目的。以"解释"为主要目的的研究称为"解释性研究"。解释性研究的目的侧重于揭示所探究现象发生的原因，即回答现象、问题和事实"为什么"，以此解释现象发生发展的机制或现象之间的关系。

对现象的解释，必然会涉及研究者的理论视野或指导思想。即便同一个人，随着专业知识和能力的变化及个人的理论视角的调整，甚至利益关系的改变，在对同一现象进行解释时，都可能会给出不同的答案。因此，从学术研究的角度出发，人们在对多种可能影响因素进行解释性研究分析时，通常会做出"研究假设"，即对不同现象（概念）之间相互关系或产生的原因做出假定性的解释。在此基础上，收集证据，做出相应的接受假设或拒绝假设的结论。

3. 预测

预测是指基于对事物发展已有规律的认识，对未来的动态进行有依据的预先测定或推测。预测可能是基于已有的丰富经验，判断事物未来的发展趋势；也可能是基于已经发生的现象，分析事物或现象之间的相互关系，建立各变量之间的数学模型，而后根据自变量的已知值及其与因变量的关系，预测因变量的值。

预测是研究的重要目的之一。但没有一种预测方法绝对有效，所有的科学预测都必然包含不同程度的误差（error），无论采用哪种方法进行预测，预测的作用都是有限的，但这并不否认预测的意义，正如《礼记·中庸》所言："凡事预则立，不预则废"。

4. 控制

控制是指主体按照给定的条件和目标，对某个或某些受控对象施加影响的过程和行为。研究的重要目的之一是能有效控制事物的发展变化。按照美国科学家维纳提出的控制论思想，要达到控制的目的，就需要以某种方式从外界提取必要的信息（即输入），再按一定法则进行处理，产生新的信息（即输出），并反作用于外界，进而通过反馈系统调整再输入；而后根据系统的输入输出变量找出它们之间存在的函数关系，建立系统数学模型；基于系统数学模型，通过调节输入变量而得到所期望的输出变量，进而达到控制的目的。

（二）研究的原则

为了有效达成研究的目的，确保研究的质量，研究者必须遵循研究的规范和基本要求。无论任何领域的研究者，都必须遵循以下四项基本要求，也即研究的基本原则。

1. 客观性原则

客观性原则也称为真实性原则,是指研究者在研究过程中,要立足事实,尊重事实,实事求是地开展研究,反对主观臆测,妄自论断。实事求是的精神,不仅是马克思主义理论的基本特征,也是中国共产党的基本思想方法。

客观性原则要求研究者要有严谨的科学精神,在研究过程中,以事物的本来面目为依据,所获得的资料(数据)必须全面、真实、可靠,防止以偏概全,对于相关资料和数据要认真求证,研究结论要经得起实践的检验。有些研究者为了刻意"验证"研究假设的正确性,会采取选择性筛选数据甚至编造数据、捏造事实的做法,或者在分析过程中只报道对研究结论有利的结果,这些都违背了客观性原则的要求。

2. 伦理性原则

伦理性原则是指研究者在研究过程中必须遵循的道德规范,尊重研究对象的权利,研究内容和过程不违反有关的法律、法规和基本的公序良俗。

遵循研究的伦理性原则,是研究工作的基本底线,也是研究者必须具备的基本素养。在学前教育研究过程中,要避免研究过程对幼儿、家长等造成任何身体或心理的伤害或不适;必须严格遵守保护个人隐私的要求,包括幼儿的肖像权,未经监护人允许或法律要求,不得将幼儿的相关信息透露给任何第三方等。

3. 创新性原则

创新性原则是指在研究过程中,要处理好传承与发展的关系,在借鉴前人经验或已有研究成果的基础上,提出新思路、运用新方法、解决新问题,得出具有独特性和突破性的研究成果。

在研究过程中,创新性可以从以下几个方面得到体现:①研究选题的创新。在选择研究内容时,关注所研究领域出现的新现象、新政策,凸显前人没有解决或没有完全解决的问题。②研究方法的创新。即便是对同样的研究问题,也存在多种不同的研究方法和手段。③研究设计的创新。在研究过程中,通过对变量之间的关系或组合进行合理的调整,可能会产生新的发现。

4. 实践性原则

实践是指人类有目的地探索和改造世界的一切社会物质活动,包括物质生产实践、社会政治实践和科学文化实践三种基本类型。实践性原则是指科学研究应结合实践的需要,从实践中获取证据,为改进实践服务,并在实践中接受检验。

实践性原则是马克思主义认识论的实践观在科学研究中的具体表现。其基本要求包括:①实践是认识的来源。有意义的研究课题往往来自于实践。人们通过实践获得经验,通过对经验的反思形成问题,这些问题便成了研究选题的来源。在实践过程中,研究者通过对现象和经验的感知与反思,由表及里,全面观察,由感性到理性，不断加深对事物的认识。②实践是认识发展的动力。科学研究产生于实践的需要，实践的发展为人们提供日益完备的认识工具。任何一次科学技术的革命，都极大地推动了人类社会的发展。③实践是检验真理的唯一标准。一方面，任何理论的形成，要有实践经验的基础；另一方面，理论在形成之后，人们把用理论指导实践的认识和实践所产生的结果加以对照，从而检验理论是否正确地反映了客观事物。最具有说服力的证据是来自于实践的证据。④实践是认识的目的和归宿。科学研究的需要从实践中来，研究的成果最终还要用于指导实践，因此，立足于实践需要、研究实际问题的理论才是有意义的理论。认识本身不是目的，改造世界是认识的目的和归宿。实践是理论的源泉，没有实践，思维的发展就失去了动力，就不会有创造性的思维。

### 四、研究方法的理论体系与基本范式

#### （一）研究方法的理论体系

研究方法的理论体系由认识论与方法论、研究方式和资料的获取与使用三个基本部分构成。

1. 认识论与方法论

认识论（epistemology）与方法论（methodology）是重要的哲学概念。认识论是指个体对知识和知识获得所持有的信念。方法论是一种以解决问题为目标的理论体系或系统。

辩证唯物主义认识论有两个基本观点：①可知论。即世界是可知的，人类具有认识世界的能力，不仅能够认识物质世界的现象，而且可以透过现象认识其本质。即便对于当前还不认识或认识不完整的事物，随着时代的发展和人类认识能力的提高，在实践需要的驱动下，通过实践活动，最终总能逐渐认识世界。②人类的认识能力在特定阶段存在一定的局限性。结合历史唯物主义的观点，人类对世界的认识过程是一个能动的辩证发展过程，是一个不断深化的过程。一方面，对于世界，人类还有很多不认识或不完全认识的事物，在认识世界的过程中，总是存在一定的误差。科学研究的过程，就是不断与误差（errors）打交道的过程。在实证研究中，研究设计的主要目的是减小误差，从而提高研究的准确性和真实性。另一方面，人类的认识是一个"否定之否定"的过程，随着理论指导思想的变化或研究技术与条件的改进，后续的研究可能会发现之前研究的局限性，从而不断修正之前研究的不足。

方法论是关于人们认识世界、改造世界的方法的理论。在方法论上，孔子强调学思并重，明确提出"学而不思则罔，思而不学则殆"。马克思批判地吸收了费尔

巴哈的唯物主义的"基本内核"和黑格尔辩证法的"合理内核",创立了辩证唯物主义。从马克思主义哲学的角度出发,唯物辩证法是唯一科学的方法论。唯物辩证法坚持事物普遍联系的观点,在分析事物相互关系的过程中,要具有全局观、整体观;唯物辩证法坚持对立统一的观点,即事物矛盾的法则。矛盾无时不在、无处不有。有矛盾的存在,就有研究的必要。在研究过程中,要善于抓住"主要矛盾"或"矛盾的主要方面",即在研究过程中要有聚焦点,不能不分主次面面俱到,"胡子眉毛一把抓";唯物辩证法认为坚持发展的观点,认为矛盾具有转换性,随着条件或情景的改变,主要矛盾可能转变成为次要矛盾,矛盾的次要方面也可能转变成为矛盾的主要方面。研究设计也要随着矛盾的转换不断进行调整,适应实践的情景与需要。因此,唯物辩证法是科学研究的方法论基石。

2. 研究方式

研究方式是指在研究设计时所采用的基本策略和路径。研究的基本方式有侧重于收集"量化数据"的实验设计和诸如调查等非实验设计;也包括侧重收集"质性资料"的叙事研究、现象学、民族志、个案研究、田野研究等。

在侧重量化研究的研究方式中,实验设计包括随机抽样和随机分组的真实验,也包括非随机分组的准实验设计。而作为非实验设计,调查研究则包含横向调查研究和纵向调查研究。同样,结构性观察记录也是一种系统收集研究数据的方式。这些研究方式,都特别强调对数据资料的收集和分析,注重"用数据说话"。

在侧重质性研究的各种研究方式中,都注重描述的作用。教师的叙事研究则是通过叙述教师在日常生活、课堂教学、研究实践等活动中曾经发生或正在发生的事件,从对"事"的描述到对"事"的论述的过程。现象学是一种通过"直接的认识"描述现象并分析各种现象相互关系的研究方法。民族志或人种志的研究方法基于对一个群体的实地调查和参与性观察,用获得的第一手资料理解和解释社会并提出理论。民族志也可以视为以群体为研究对象的个案研究。而田野研究则是深入到现场的研究,从现实情景中得到第一手资料,从个别到一般,从行动到认识的活动。这些研究方式的共性在于强调研究的真实性、参与性与情境性,其所收集的资料以文字、图片、视频为主。在一项研究中,研究者往往会综合使用多种研究方式,以期能从多角度深入揭示所要研究现象的本质和规律。

3. 资料的获取与使用

资料是提炼理论观点的基础,可分为两种基本类型:一是数据资料,即用阿拉伯数字表示的事物量的属性,也称为"定量资料";二是文字资料,即用文字记录和表述的事物的特征,也称为"定性资料"。

资料的获取和使用,包括选取研究对象、资料收集和记录、分析资料三个基本环节。

（1）选取研究对象。

研究对象是指研究的分析单位。研究者确定研究问题的同时，也确定了研究对象。学前教育研究的研究对象通常包括人（如幼儿、教师等）、物（如幼儿作品）等。抽样法是常见的研究对象选取方法，主要指从总体中得到样本的过程。按照抽样过程的随机性，可将抽样分为概率抽样和非概率抽样两种类型。抽样的方法和样本量对于资料收集及研究结果具有重要影响。

（2）资料收集和记录的方法。

资料收集和记录的过程中需要使用一定的工具和手段。常见的资料记录方式有三种：一是仪器记录。随着互联网和信息技术的发展，许多与人们生活息息相关的数据会通过手机、网络等终端设备记录下来；而在实验过程中，也可借助仪器收集所需的研究资料，例如，在心理学研究中，眼动仪可用于记录人在处理视觉信息时的眼动轨迹特征，广泛用于注意、视知觉、阅读等领域的研究。二是表格记录。在调查研究中，研究者最常用的工具就是问卷。问卷中的封闭式问题，通常采用评定尺度或提供选项的方法，收集人们对某个特定问题的态度、观点或信念等量化信息。在系统的有结构观察中，研究者会根据所要观察的现象或概念的操作性定义，事先设计好观察的条目和要求，统一制定观察表格或卡片，以便于做量化的观察记录。三是文字或多媒体记录。无论是田野研究，还是非结构问卷或非结构观察研究，都会采用文字、照相、摄影等记录方法，收集有价值的资料，供后续分析使用。上述三种资料记录的方法也具有相辅相成的作用，如某些文字或多媒体记录既可以在一定程度上转化为数字资料，也可以为数字化的表格记录提供情境性的资料，使得研究的内容更加具体、形象、丰富。

（3）分析资料的方法。

资料分析是指对所收集和记录的资料进行深度挖掘，力求揭示其内在属性或规律。资料分析的方法与资料的类型有关，对于数据资料，主要采用统计分析的方法进行分析，现代的统计分析主要依靠计算机统计软件，如 SPSS（Statistical Package for the Social Sciences）①、SAS（Statistical Analysis System）、Minitab、LISREL 等进行；对于文字资料，研究者主要采用分类、比较、归纳、演绎等逻辑分析的方法，探寻或论证所描述现象之间的相互关系。

## （二）研究的基本范式

美国科学哲学家托马斯·库恩（Thomas S. Kuhn）在 1962 年出版的《科学革命

---

① SPSS 是世界上应用最广泛的专业统计软件。2000 年改为"统计产品与服务解决方案"（Statistical Product Service Solutions）。2009 年，SPSS 公司将产品重新定位为预测统计分析软件 PASW（Predictive Analytics Software），同年成为 IBM 子公司。

的结构》(*The Structure of Scientific Revolutions*)一书中，提出了"范式"(paradigm)的概念。范式是指特定的科学共同体从事某一类科学活动所必须遵循的公认的"模式"，它包括共有的世界观、基本理论、范例、方法、手段、标准等与科学研究有关的东西。

研究的范式属于认识论和方法论的范畴，研究范式源自人类对哲学问题的探讨。西方哲学起源于古希腊和古罗马。古希腊哲学的三大代表人物分别是苏格拉底、柏拉图和亚里士多德。三人是一脉相承的师生关系：苏格拉底是柏拉图的老师，柏拉图是亚里士多德的老师，并称为"古希腊三贤"。也正是这三人奠定了西方哲学思想的基础。因此，要理解研究的范式，就必须理解"古希腊三贤"的思想渊源。

柏拉图大约20岁时开始跟随苏格拉底学习，跟随苏格拉底8年，是苏格拉底的忠实信徒和亲密朋友，他传承了苏格拉底的思想，是西方客观唯心主义思想的创始人。亚里士多德十七八岁时来到雅典，成为柏拉图的学生，跟随柏拉图约20年。亚里士多德是一位百科全书式的科学家，他对哲学的每个学科几乎都做出了贡献。他的写作涉及逻辑学、天文学、物理学、伦理学、心理学、经济学、神学、政治学、修辞学、教育学、法学、医学等，被誉为"古代最伟大的思想家"和"百科全书式的学者"。他形成了自己的"经验论"哲学体系，最终与柏拉图的"先验论"哲学分道扬镳。先验论主张知识源自与生俱来的观念，而"经验论"主张人类知识起源于感觉。正是柏拉图与亚里士多德的思想逐渐演化，形成了18世纪之后西方哲学的"唯理论"和"经验论"两条基本发展主线，也构成了研究的两种基本范式。

1. 人文主义研究范式

人文主义(humanism)也称为人本主义，是文艺复兴时期形成的思想体系。人文主义主张一切以人为本，反对神的权威，把人从中世纪的神学枷锁下解放出来，重新强调人的价值和意义，推崇人的理性思维。

人文主义研究范式也称为解释主义，或称为现象学方法(phenomenological approach)。人文主义主张人类对世界的体验并非是对外界物质世界的被动感知与接受，而是主动的认识与解释。这一观点与以笛卡尔为代表的理性主义一脉相承。

简单地说，人文主义的研究范式源自苏格拉底的"唯理论"，在逻辑思维方法上倡导采用演绎推理。人文主义研究范式主要有以下两个特点：

（1）主客体无法分离。

社会是由互动的个人组成的，人们并非机械地对行为做出反应，而是要在交互作用中对彼此的行为进行定义、解释和领悟。人类的互动是以符号的使用、解释或对彼此行为的意义的确定为中介的。

（2）客体的意义不是唯一的，而是多重的存在。

客体的意义取决于主体如何解释。现实世界是人类对于不同行为与状况解释的产物，亦即现实世界的真相是由人的思想主观构建出来的，而不是客观且唯一的。人们对于客体的认识，只有在"此时此刻"才有意义。换言之，现实的意义是由人建构出来的。作为现象学创始人胡塞尔的学生，海德格尔在《存在与时间》一书中把现象学理解成：让人把他自己所明白的东西依其明白的方式显示出来。

人文主义研究范式构成了质性研究的哲学基础。基于不同的立场或认知水平，不同的研究者对同一客观现象可能会有不同的解释。从人文主义的角度出发，研究者无法得出"绝对正确"的结论，因为人们的视角不同，结论就不同。因此，研究者需要善于从"多个视角"分析问题，只有这样，才能对事物进行全面的辩证分析和解释。例如，对于"教育机会均等"的问题，很多教育社会学家都进行了研究，但是对于"什么是教育机会均等"及"如何实现教育机会均等"等重要问题，不同的研究者可能有不同的理解。有些研究者认为，"教育机会均等"是指"为所有儿童提供义务教育的机会"。有些学者则认为，即便所有的儿童都有同样的受教育机会，但是由于区域差异，各地学校的办学条件、师资力量等都存在很大差异，因此，"为所有儿童提供义务教育的机会"并不满足"教育机会均等"的条件，除了教育机会之外，还应该确保"教育质量"的均等。

2. 实证主义研究范式

实证主义（positivism）作为经验主义的一种表现形式，产生于19世纪三四十年代的法国和英国。实证研究认为那些一般的、抽象的理论问题只有放在实际的经验检验（实践）中才可以决定，也就是提出假设，然后实践检验。实证主义研究范式的认识论基础是经验主义，重视采用归纳法，注重实际材料的收集，相对轻视理论的价值和意义。

实证主义研究范式具有以下基本特点：

（1）强调主客体的分离。

实证主义认为规律是不以人的意志为转移的客观存在，事实必须透过观察或感觉而得到。该范式主张通过对现象的归纳就可以实现对客观规律的认识，反对纯思辨的方法，要求研究者在研究过程中注重"循证实践"（Evidence-Based Practice），即任何领域的研究工作，都必须建立在客观的数据和资料的基础之上，是"以证据为基础的实践"。循证实践在很多领域得到广泛应用，并衍生出循证医学、循证心理治疗、循证教育学、循证社会学等数十个新的学科领域。

（2）认为客体的意义是唯一的，在研究过程中要尊重客观事实，研究者要超越自身的价值判断。

实证主义将哲学的任务归结为现象研究，侧重于回答基于事实的"是什么"，不注重回答基于思辨的"为什么"。因此，实证主义成为"量化研究"的哲学基础，强调在研究过程中准确、精确地描述和量化。

## 第二节
## 学前教育研究的特点和意义

### 一、学前教育研究的特点

学前教育是研究学前教育现象及其规律的科学。广义的学前教育也称早期儿童教育（early childhood education），是指面向从出生到6周岁的婴幼儿实施的保育和教育。狭义的学前教育（preschool education）是指对3~6周岁幼儿实施的保育和教育，即儿童在进入小学之前的基础教育阶段。学前教育包括幼儿园教育、早期儿童家庭教育和社区教育三个基本组成部分。

幼儿园教育是基础教育的重要组成部分，是我国学校教育和终身教育的奠基阶段。学前教育研究是教育研究的一个分支。学前教育研究是指运用教育科学的原理和方法，有目的、有计划地分析和探讨学前教育现象与特定问题，揭示学前教育的本质和发展规律，提高学前教育质量的活动。

科学研究的基本过程、方法和原则不仅适用于教育研究，也同样适用于学前教育研究。由于学前教育在个体发展过程及教育体系中的相对独特性，学前教育研究表现出以下基本特点。

#### （一）研究内容的应用性

学前教育是一门应用性很强的学科。学前教育的基本理论建立在教育学和心理学的理论框架基础之上。学前教育研究在顶层设计或搭建总体框架时，要立足于已有的教育学和心理学的理论体系，但在底层逻辑或思考的出发点上，要关注学前教育领域的实际问题。教育学和心理学理论的一个目的是揭示教育现象的规律和个体身心发展的特点，而学前教育研究的主要目的是将这些理论应用于学前教育实践中，提出解决具体问题的相应对策和方法。

#### （二）研究对象的特殊性

学前教育研究的主要对象包括婴幼儿、幼儿园教师、家长和学前教育领域的各种现象。虽然学前教育研究的领域很广泛，但婴幼儿发展是学前教育研究的焦点。与小学等其他教育阶段的儿童不同，婴幼儿具有其独特的身心发展特点，其中与学前教育研究关系较为密切的特点包括：①在注意力方面，有意注意的稳定性较弱，注意的广度较窄，不能很好地分配注意，注意力容易转移等。因此，婴幼儿的情绪等心理状态也较容易受到外界环境变化的影响。在进行相关心理测试时，首先要能激发婴幼儿的兴趣，同时也要避免时长超过婴幼儿的心理承受度。②在婴幼儿的表达能力方面，对于书面语言和符号的理解力还处于萌芽阶段。因此，研究者在与婴幼儿互动交往时，动作、表情和口头言语是主要的交流工具和手段。③婴幼儿具有爱模仿的特点，其表情、行为容易受到榜样的影响。④婴幼儿的自理能力和自我保护能力相对较弱，在研究过程中，尤其要重视不能引起婴幼儿的焦虑和压抑等负面情绪或感受。这些因素，在学前教育研究过程中都要给予充分的考虑。

### （三）研究过程的实践性

学前教育研究过程的实践性包括两个方面的含义：一是研究内容及资料的收集要来自实践。学前教育研究的课题必须密切结合幼儿园、家庭、社区等教育实践的需求，并注重在实践过程中收集一手资料。二是学前教育的研究成果要到实践中接受检验。作为一种侧重应用性的研究，学前教育的研究成果是否有意义，归根结底要看是否有助于改进学前教育实践，提升婴幼儿保育和教育的质量。因此，学前教育的研究者在研究幼儿园教育问题时，应该深入幼儿园一线，最终才能形成对指导实践有意义的研究成果。

### （四）研究层次的多样性

研究层次是指研究在理论性和实践性方面多种不同水平的综合。学前教育研究层次的多样性表现在以下四个方面。

（1）研究队伍的多样性。

在从事学前教育研究的专业人员队伍中，既有来自高等院校和研究机构的研究人员，也有来自幼儿园一线的园长和教师；既有各自独立开展的研究，也有相互合作和支持的研究。

（2）研究内容的多样性。

高等院校和研究机构侧重解决学前教育的理论问题，为政策制定、课程改革、质量评价、教师成长等提供依据和思路。这些研究通常称为基础研究或理论研究，侧重于探讨规律，拓展知识；幼儿园园长和一线教师的教研重点是解决幼儿保育与教育过程中的实际问题，这类研究通常称为应用研究，侧重于运用理论解决幼儿保育教育或园所管理中的现实问题。

（3）研究方法的多样性。

研究的内容不同，研究方法通常也会不同。例如，宏观研究较适合采用调查研究的方法，微观研究则更倾向于采用实验研究的方法。理论研究适合采用文献和质性研究的方法，应用研究则适合采用现场研究的方法。不同的研究者在研究同一问题时，也可能采用不同的方法。

(4) 研究成果的多样性。

学前教育研究的成果，既可以表现为学术论文、研究报告，也可以表现为案例分析或经验总结，甚至还可以表现为视频与视频分析等。研究层次的多样性并不意味着研究本身有优劣之分，相反，研究层次的多样性，有助于促进理论与实践的有机结合，进而提高学前教育研究的质量。

## 二、学前教育研究的意义

学前教育研究是教育研究的重要组成部分，对于探索和揭示教育规律，提高教育质量具有重要意义。具体表现在以下三个方面。

### (一) 有助于更好地贯彻党和国家的教育方针，提升幼儿教育质量

学前教育是我国基础教育的重要组成部分。无论幼儿园的办园体制属于公立还是民办，都必须坚定地贯彻党的教育方针，即"教育必须为社会主义现代化建设服务、为人民服务，必须与生产劳动和社会实践相结合，培养德、智、体、美、劳全面发展的社会主义建设者和接班人"。

幼儿园教育无论是在教育内容还是在教育方式上，都与其他阶段的教育存在本质区别，这是由其教育对象的身心发展规律决定的。虽然各级各类学校教育都必须坚定地贯彻党的教育方针，但幼儿园不能简单地照搬中小学的经验和做法。只有通过开展学前教育研究，探索学前教育阶段教育规律的特殊性，才能更有针对性地指导幼儿园教育实践，提升幼儿园的保教质量。

### (二) 有助于完善学前教育的学科体系，促进学前教育科学的发展

从历史发展的角度看，学前教育科学研究的进程，也是学前教育学科体系不断完善和发展的过程。自从近代教育学之父、捷克教育家夸美纽斯（J. A. Comenius）于1632年出版了历史上第一本学前教育的专著《母育学校》以来，学前教育的学科体系就在实践和研究的合力推动下不断发展和完善。夸美纽斯的思想影响了德国教育家福禄贝尔（F. Fröbel）。福禄贝尔于1826年出版了《人的教育》，1837年在比利时的布兰根堡创设了一所收托1~7岁儿童的教育机构，1840年该机构命名为幼儿园，1861年出版了《幼儿园教育学》，使学前教育学成为一门独立的科学，福禄贝尔也因此被誉为"现代学前教育的鼻祖"。19世纪后期，生物学、生理学、心理学和儿童心理学的发展，为揭示学前教育的规律提供了有利条件，激发了人们对儿童的研究，从而促进了学前教育学的发展。意大利的蒙台梭利（Maria Montessori）从1907年开始发起了"儿童之家"的教育实践，并相继出版了《蒙台梭利教学法》

和《童年的秘密》等一系列研究成果，创立了蒙台梭利方法。美国教育家杜威（John Dewey）对儿童的学习与发展进行了深入、系统的研究和实践，他在《我的教育信条》《经验与教育》《经验与自然》《学校与社会》等论著中提出的"教育即成长""教育即经验的不断改造""学校即社会""从做中学"等思想，极大地影响了现代学前教育的学科体系发展。我国的陈鹤琴先生师从杜威，1918年回国，于1923年创办"鼓楼幼稚园"，提出"活教育"理论，被誉为"中国现代幼儿教育奠基人"。20世纪中叶以来，人类社会不断发展，哲学、人类学、生态学、教育学、脑科学等学科的发展，又进一步丰富学前教育的理论基础，提升了学前教育学的理论化和科学化水平，学前教育学进入新的发展阶段。瑞士儿童心理学家让·皮亚杰（Jean Piaget）通过系统的实验和观察研究，提出了发生认识论（genetic epistemology），奠定了儿童认知研究的理论基础。布朗芬布伦纳提出的生态系统理论、霍华德·加德纳（Howard Gardner）提出的"多元智能理论"（multiple intelligence theory），都对当今学前教育学科体系的完善产生了重要作用。在学前教育学科体系不断完善的过程中，学前教育研究方法好比是沟通学前教育理论和实践的一座桥梁，它的正确运用对实践活动的指导有着重要的意义，而对其规范性、科学性的理论追求，可以丰富和充实学前教育理论。

### （三）提升教师队伍专业能力

教师队伍的专业发展水平，是幼儿园保育教育质量评估的重要指标。在学前教育领域，传统的幼儿园教师队伍建设，注重的是教师在幼儿园教育实践中的经验积累。似乎教龄越长，工作能力就越强。然而，从现代教师专业发展的角度而言，教师的工作作为一种创造性的工作，需要的不仅是经验的积累，更需要对已有经验的反思。学前教育研究不只是高等院校、研究机构等研究人员的专利，更是包括幼儿园在内的早期教育机构教师的权利和义务。幼儿园的教研工作，本质上就是对经验的理性思考。幼儿园教师参与教研活动，共同研究保育教育实践问题，除了有助于形成协同学习、相互支持的良好氛围，还能在讨论、分享与交流的过程中，提高教师实践能力，提升研究素养，增强教师专业自信，进而提高幼儿园的保育教育质量。正如苏联教育家苏霍姆林斯基所言：如果你想让教师的劳动能够给教师带来乐趣，使天天上课不至于变成一种单调乏味的义务，那你就应当引导每一位教师走上从事研究这条幸福的道路上来。

幼儿教师不仅是学前教育研究的参与者，也是学前教育研究成果的学习者和受益者。幼儿教师在提升自身专业能力的过程中，要通过参阅他人的研究成果，更好地理解学前教育的理论创新，认识幼儿身心发展的规律，并将其运用于幼儿园的保教实践过程中。

## 第三节

# 学前教育研究的过程和方法

### 一、学前教育研究的过程

学前教育研究与其他领域的研究在基本过程上大体相同，简单地说，都是一个由提出问题、研究设计、研究实施、回答问题多个环节构成的活动。具体而言，学前教育研究的基本过程主要包括以下七个环节。

#### （一）确定选题

选题是指研究所围绕的主题内容。主题内容的确定，往往从发现问题开始。研究问题是研究的出发点和归属点。研究问题的提出，既有出自对理论的思考，也有源于对实践的反思。

#### （二）查阅文献

文献是指用文字、图形、符号、声频、视频等技术手段记录人类知识的一种载体。文献资料的查阅，不仅可以"引经据典"，加强论证的力度，而且通过引用文献资料，可以凸显当前研究在相应领域的"传承"和"创新"。

#### （三）研究设计

研究设计是制定研究过程的全面规划和总体安排，通常出现在开题阶段。研究设计的内容包括研究目的、研究内容、研究对象、收集资料和分析资料的方法、研究的重难点、研究时间进程等。在结题报告或论文中，研究设计通常被称为"研究方法"，其中包括研究对象、研究变量与测量工具、研究程序与数据分析工具的使用等。

#### （四）资料收集

资料的收集是资料分析的前提和基础。资料的收集通常需要借助一定的工具。在学前教育研究过程中，收集资料的工具主要包括问卷、量表、观察记录表（如检核表），有时也可能采用仪器协助记录。

#### （五）资料分析

资料分析是通过将所收集的资料条理化，发掘资料之间内在联系的过程。资料分析既包括对文字资料的分析，也包括对数字资料的分析。文字资料的分析主要借助逻辑推理的方法；数据资料的分析主要借助统计分析（statistical analysis）的方法。

### （六）撰写报告

撰写报告是指将研究的过程和成果以书面形式表达出来。学前教育研究的成果有多种表现形式，除了调研报告、观察报告、实验报告、经验总结报告、学术论文、专著、教材等之外，还包括游戏活动案例分析和视频等多媒体材料。

### （七）鉴定推广

研究成果的鉴定是指研究者在完成研究成果的撰写之后，需要由其他专业人士或机构进行质量审定。通常有两种类型：一是提交评审机构（如学位评定委员会或学术委员会）进行质量审议，以此确定是否可以获得学位或通过结题验收；二是提交杂志社或出版社审定，确定是否具有发表或出版的价值。

研究成果的推广是指让更多的同行受益于有关的研究。推广的方式有两种：一是理论推广，主要表现为研究成果由杂志社或出版社发表或出版，使得更多的同行能从中受益；二是实践推广，是指研究成果转化为对实践的指导，或成为其他学习者的学习资料。具体可参见第十二章的相关内容。

## 二、学前教育研究的方法

学前教育研究的根本目的是揭示学前教育现象的本质及其相互关系，探索学前教育的发展规律。而研究方法是实现研究目的的手段和路径。研究者基于研究的任务、具体内容、研究条件、进程和读者对象的不同情况，可以主要采用某种方法，也可以综合采用多种方法。这些方法可以概况为以下三种类型。

### （一）历史研究法

历史研究法的主要特点是采用考据法，侧重通过收集、引用文献、史料和文件等，将历史事件、观点、政策放在社会历史进程和文化背景中进行分析、比较。历史研究法主要是质性研究的方法，但随着研究技术的进步，定量历史研究也日益普遍使用。例如，涉及学前教育发展史、国内外学前教育法规、政策与体制变革等内容的研究需要对社会历史发展过程中的文献、史料进行整理和分析，从认识过去、理解现在到预测未来。

历史研究法要求研究者对相关的研究问题要有广阔的视野，掌握丰富、全面的史料。采用这种方法得出的研究结论具有以古论今、以史鉴今的作用。

## （二）经验研究法

实践是研究的源泉，也是研究的最终目的。这一基本原理也适用于学前教育研究。学前教育是实践性很强的学科领域。经验是研究的重要基础。大多数以幼儿园园长、一线教师为主体开展或有幼儿园园长、教师参与的学前教育研究，都会采用经验研究法。

立足于实践的经验研究法包括经验总结法、行动研究法、作品分析法、叙事研究法、个案研究法、田野调查、观察研究、深度访谈等具体方法。这些方法主要采用归纳法的逻辑，较为注重案例分析，通过对一个或多个案例的梳理，提炼出有一定价值的观点。这种方法具有具体、生动、形象的特点，研究结论实用性较强，通常具有较广泛的实践推广价值。

## （三）实证研究法

没有理论指导的实践是盲目的实践，不与实践相结合的理论是空洞的理论。实证研究法的基本特点是注重质性研究与量化研究的有机结合。在研究过程中，问题的提出和研究设计往往立足于一定的理论，而后对所涉及的概念进行界定和测量，收集量化数据并进行相应的量化分析，最后透过数据分析的结果，采用质性分析的方法，揭示所研究问题的本质或意义。

实证研究法较多采用调查、实验、观察等具体方法。实证研究法最基本的特点是"用数据说话"。此外，采用实证研究法，要求研究问题要明确、具体，研究设计严谨，对概念有准确的操作化定义，数据分析方法要适宜，对分析结果的讨论要有理论深度。采用这种方法的研究课题或内容通常较为微观，如研究幼儿某种心理特征的影响因素，研究者不仅要在相关领域具有较扎实的理论基础和创新思维，而且要掌握具体的技术手段。

采用实证研究法的研究者主要是高等院校、研究机构的研究人员、教师或学生，研究成果主要表现为学术论文、学位论文、调研报告、实验报告或论著。当然，这些成果形式有交叉之处，因为有些学术论文本身就是学位论文，有些学术论文中也包含了调研或实验的数据分析资料等。

以上三种研究方法的分类是相对而言的。在现代需要的研究项目中，随着分析技术和手段的进步，历史研究中也采用了量化的方法，而在一些实证研究中，也会包含历史研究和经验研究的方法，此外，立足于理论的思辨分析，在实证研究的过程中也具有重要的意义，任何实证分析所得出的数据，只有在一定的理论背景下，才具有对实践的实际指导作用。

## 本章小结

本章主要介绍了研究的特点、目的及相关概念,梳理了研究方法的理论体系,并以此为基础,认识学前教育研究的基本特点与意义,掌握学前教育研究的基本方法;从认识论和方法论的层面,形成对研究和学前教育研究基本框架的认识,知道使用研究方法的关键在于融会贯通,每一种研究方法都有自己的独到之处,优秀的研究项目通常能够根据研究问题和资料的类型,灵活综合采用多种方法,增强论据的精确性、丰富性和论证的力度,从而提高研究的质量。

## 思考与练习

### 一、单项选择题

1. 研究的质量从根本上来说取决于(　　)的质量。
   A. 研究设计　　　B. 文献资料　　　C. 研究问题　　　D. 研究结论
2. 作为一种研究范式,实证研究的认识论基础是(　　)。
   A. 理性主义　　　B. 经验主义　　　C. 教条主义　　　D. 形式主义
3. 后实证主义的主要创始人是(　　)。
   A. 洛克　　　　　B. 海德格尔　　　C. 卡尔·马克思　D. 卡尔·波普尔
4. 西方哲学"唯理论"的思想渊源来自(　　)。
   A. 苏格拉底　　　B. 柏拉图　　　　C. 亚里士多德　　D. 胡塞尔
5. 在实证研究中,研究设计的主要目的是减小(　　)。
   A. 成本　　　　　B. 误差　　　　　C. 时间　　　　　D. 样本

### 二、简答题

1. 简述研究的基本特点。
2. 简述研究的主要目的。
3. 简述实证主义研究范式的基本特点。
4. 简述学前教育研究的多层次性主要表现在哪些方面。
5. 简述学前教育研究的基本过程主要包含哪些环节。

### 三、论述题

1. 结合实际,论述学前教育研究的基本特点。
2. 试论述学前教育研究的基本方法及其在实践中的运用。

## 参考文献

[1] CRESWELL J W. Research design: qualitative, quantitative, and mixed methods approaches [M]. 2nd ed. Sage Publications, 2003.

［2］BORDENS K S, ABBOTT B B. Research design and methods［M］. California：Mayfield Publishing Company，1988.

［3］梁志燊. 学前教育学［M］. 3版. 北京：北京师范大学出版社，2014.

［4］王彩凤，庄建东. 学前教育研究方法［M］. 北京：北京师范大学出版社，2011.

［5］张燕，邢利娅. 学前教育科学研究方法［M］. 北京：北京师范大学出版社，1999.

［6］金生鈜. 教育研究的逻辑［M］. 北京：教育科学出版社，2015.

［7］陈时见. 教育研究方法［M］. 北京：高等教育出版社，2007.

［8］王孝玲. 教育统计学［M］. 上海：华东师范大学出版社，1993.

［9］裴娣娜. 教育科学研究方法［M］. 沈阳：辽宁大学出版社，1999.

［10］莫雷，温忠麟，陈彩琦. 心理学研究方法［M］. 广州：广东高等教育出版社，2007.

［11］张巨青. 科学逻辑［M］. 长春：吉林人民出版社，1984.

# 第二章
# 研究设计与开题报告

**学习目标**

1. 学习并掌握研究问题的内涵与界定。
2. 学习并掌握研究假设的内涵与确立。
3. 学习并掌握研究变量的内涵与定义。
4. 学习并掌握研究对象的内涵、抽样的方法。
5. 学习并掌握开题报告的主要内容与撰写要求,能独立撰写、汇报开题报告。

## 第一节
## 研究问题的选择

### 一、研究问题的内涵

#### (一)研究问题的含义

1. 问题

问题,往往指的是人们在日常的理论学习或工作实践中所遇到的疑难或困惑,"是指客观事物之间的矛盾在人们头脑中的反映,它反映了人们对客观事物或现象认识的不足"[①]。本书中所谈及的问题更多的是指在某一领域开展某个事务或现象的探索。

2. 从问题到研究问题

研究问题即人们通常说的研究课题,是指研究者依据研究目的,通过对研究对

---

① 刘晶波. 学前教育研究方法 [M]. 北京:人民教育出版社,2016:20.

象的主客观条件进行分析而确立的要具体解决的问题。① 研究问题来源于问题，日常实践中问题的发现和提出是进一步形成研究问题的前提条件。但两者之间是存在着一定差别的。以学前教育领域的研究为例，问题与研究问题之间的差别主要体现在以下几点：

其一，从提出角度而言，问题更多反映的是"个性"，研究问题则更多反映的是"共性"。问题往往是学前教育工作者在日常生活、工作及实践中自然而然地形成的，反映的主要是个人认识上的局限性；而研究问题从一定层面上来说更具有"共性"，即研究问题是众多学前教育工作者普遍感到认识不足、尚未寻找到解决方式的问题，需要通过有目的、有计划、有步骤、有组织地开展相关研究才能解决的问题。

其二，从描述程度而言，问题更多是学前教育从业者们针对工作中的理论与实践所遇到的困惑、矛盾点进行的大致思考，较为笼统、烦琐或者概括性不强，是大方向或者大范围内的思考与讨论，而研究问题的提出则是需要删繁就简的，需要凝练精确的，应该是某个领域内某个具体问题的聚焦，明确且具体，只有研究问题的着眼点精准才能方便后续的研究计划推进。

其三，从表述方式而言，问题的表述多为疑问句，表达上更为日常化。当问题经过凝结提炼成研究问题后，表述方式就普遍采用了陈述句，表达上通常符合书面化表达的要求和标准，用词用语需要严谨精确，字数也有一定限制，需要体现学前教育研究的专业规范和要求。

3. 研究问题的价值判断

（1）专业性。

学前教育领域的研究问题应当是具有学前教育领域特点的专业问题，幼儿教育的各个环节中存在着数量繁多、各式各样的问题。学前教育研究的问题与学前教育阶段的幼儿、教师、家园共育、课程建设等方面相关。

（2）普遍性。

在教育教学领域中，并非所有在个人工作实践中发现或存在的问题都适合作为研究问题，有不少问题可以通过请教专业人士、查阅资料得到解决，那些"共性的"、暂时未能解决且有研究价值的问题则适合作为研究问题开展研究。

（3）探索性。

随着时代的发展及自身认识水平的不断提高，学前教育工作者在实践中遇到及发现的问题也是不断变换的。在问题选择的过程中，往往会出现问题"爆发式"涌现的情况，给研究者形成一种所有问题都极具探索性的错觉，但并非所有的问题都

---

① 刘晶波. 学前教育研究方法［M］. 北京：人民教育出版社，2016：20.

必须作为研究问题纳入探索范围，人们应当结合现实中最实际、最迫切需要解决的问题，根据轻重缓急、大小主次来加以甄别与选择。

（4）明确性。

明确性，即该问题所指向的研究，最终是落脚于解决学前教育领域中某一个具体化的问题，而非笼统的、研究范围非常空泛的问题。因此，在问题的选择过程中，应当选择界限明确，能够对研究的对象、范围、方法、评价手段等进行明确定点的问题，避免空、大、烦琐、模糊、指向不明的问题，避免因选题的不恰当造成研究成果科学性差、可参考性弱、实用性缺乏。

### （二）研究问题的类型

学前教育研究问题的类型关系着研究方法的确定、评价方式的选择及研究成果的呈现。为了深入把握各类研究问题的实质，一般将各种研究问题进行类型划分。常见的分类方法有以下几种。

1. 根据研究问题的性质和目的进行分类

根据研究问题的性质和研究目的，可将研究问题分为理论性研究问题、应用性研究问题和综合性研究问题。

（1）理论性研究问题。

理论性研究问题也称为基础性研究问题，旨在解释学前教育现象的本质，以寻找学前教育过程规律，形成并发展学前教育科学理论为目的而进行的研究问题。[①]

根据学前教育理论的概括水平不同，理论性研究问题可以分为三个层次：第一层次指那些对构成学前教育理论体系具有全局性影响的核心概念、基本范畴和基本原理等进行突破性研究的问题，这类问题较为宏观，研究难度大；第二层次则为对学前教育某个领域的活动、某个具体概念的深层含义或某个学前教育原则等内容进行探索的问题，这类研究问题要求研究者在所研究的具体领域积累了较为丰富的理论知识或开展较长时间的教育实践；第三层次则是对学前教育中的个别概念、原理或原则进行详细解释或补充说明。相比较于前两个层次的研究问题，这类研究问题的切入点更小，理论要求和研究难度更低，与幼儿教师日常工作的联系也更为密切，更容易激发幼儿教师的研究兴趣。

（2）应用性研究问题。

应用性研究问题是指以改进学前教育实践活动为目的，在理论的指导下，探究各种具体的学前教育活动途径和方法的研究问题。[②] 相比较而言，应用性研究问题

---

[①][②] 秦金亮. 学前教育研究方法 [M]. 北京：高等教育出版社，2015：54.

是呈现"怎么做"的研究问题，因而对学前教育工作者尤其是幼儿教师的工作有直接指导的价值。

同理论性研究问题一样，根据实践指导的范围来进行划分，应用性研究问题可以分为三个层次：第一层次为涉及全国范围层面的学前教育实践问题；第二层次为涉及学前教育在某一方面、某一地区、某一部门、某一领域的实践问题；第三层次为涉及学前教育工作中个别的实际问题。第三层次的应用性研究问题具体而明确，且具有直接实践指导性，与一线幼儿教师工作环境中遇到的各类情境息息相关，作为幼儿园教师开展教育研究的切入点最有可能也最为贴切。

（3）综合性研究问题。

综合性研究问题是理论性研究问题和应用性研究问题的集合，既可以形成和发展学前教育的科学理论，也可以将学前教育理论转化成具体可实施的教育技能、方法及手段[①]，能较好地回答学前教育领域中某一个问题所涉及的"是什么""为什么"及"怎么做"的内容。理论性研究问题和应用性研究问题是根据某一研究问题的侧重点来划分的，但是一个具有启发意义的研究、一个由成熟敏锐的研究者所进行的研究，往往能同时解决该领域某个具体问题的理论性研究目的以及应用性研究目的，成为综合性研究问题。

2. 根据研究深度进行分类

根据研究深度可将研究问题分为描述性研究问题、因果性研究问题和预测性研究问题。

描述性研究问题指的是对学前教育领域某一现象进行具体描述或者观察分析的研究问题。研究的往往是幼儿教师在现实工作中需要直接面对或处理的问题，可直接从教师的日常工作中进行研究资料的收集、获取，理论性要求相对较低，研究难度小，容易上手。

因果性研究问题指的是揭示或探索学前教育领域中几种现象或某种现象不同方面之间的因果关系的研究问题，如幼儿的情绪认知发展及其与社会行为发展的关系研究，该类研究的探索涉及对不同现象或某一现象的具体了解，更多涉及"为什么"的探讨，涉及的范围更为广阔，理论要求更高，研究难度也更大。

预测性研究问题指的是在已掌握的学前教育某现象或不同现象彼此因果关系的基础上，对学前教育某一现象的发展趋势或发展状况进行预测的研究问题。这类研究问题关心的是"未来将怎么样"或者"未来会怎么样"的现实问题。该类问题多从某一角度对学前教育某领域或某一具体方面的发展趋势进行预测，需要在追溯回顾某个领域或某个具体方面的众多研究成果的基础上归纳、梳理、探索、总结后再

---

① 刘晶波. 学前教育研究方法[M]. 北京：人民教育出版社，2016：35.

做出相应的预测。相较前两种描述性、因果性研究问题而言，该类研究问题对研究者的理论水平、综合素质、时间、精力等方面要求较高，研究难度也最大。

## 二、研究问题的界定

### （一）研究问题的来源

#### 1. 从学前教育实践中选题

学前教育实践是学前教育研究问题的重要来源，只要留心观察、勤加思考，研究者们都能从学前教育实践的种种现象中提取出适合开展研究的问题。具体可以从以下几个方面入手。

（1）从日常观察中发现问题。

幼儿园教师在日常工作中总少不了对自己的工作流程或孩子们的表现进行细心观察。通过观察，教师更贴近孩子，更了解孩子，也更加容易从中发现一些问题，从而引发教师对这些问题进行反思与关注，进而提炼出研究问题。

（2）从有争议的热点问题中选择研究问题。

学前教育改革与发展的历程中往往伴随着诸多热点问题的出现，对富有争议性的热点问题加以关注并探讨也是开展教育研究的一种选择。对该类有争议的问题进行关注，在研究后检验各家观点并提出自己的理论观点，也是一种有意义的研究尝试。

（3）从被忽视的研究盲点中选择研究问题。

在现代科学大综合发展的情况下，各个学科间的交叉领域涌现出大片值得探究的问题，以学前教育为例，学前教育与哲学、人文科学、社会科学、自然科学等领域渗透交叉产生了诸如儿童哲学、学前教育评价学、学前教育生态学等新学科研究领域。如果研究者能够敏锐地选定某些交叉学科中的研究"盲点"进行探索，往往也比较容易取得成果。

（4）从工作面临的难题中选择研究问题。

在学前教育实践工作中，往往存在着具有一定的普遍性且需要耗费较多心力去处理的"难题"。这些"难题"的解决并非一朝一夕就能完成，倘若幼儿教师能够迎难而上，将工作中遇到的难题作为研究问题，不断推进研究问题的分解和分析，形成针对性策略，这将更能体现教育研究对于教育实践研究的指导性作用。

#### 2. 从教育理论文献中选题

在学前教育学的发展历史中，无数的教育学家、研究者、一线工作者对学前教育的理论与实践进行过探索并形成了众多先进的教育思想。而现有的教育文献和前人构造的教育理论体系中蕴含着大量值得探讨的教育研究问题，我们可以通过对这

些教育理论文献进行分析、评价、验证从而发现和提出新的研究问题,具体可以从以下几个方面入手:

(1) 在理论的空白或薄弱处挖掘研究问题。

受到社会实践以及当前研究方法、研究潮流的影响,学前教育实践中往往还存在着较多被忽视的研究方面,如过去人们较多地关注学前教育的幼儿主体地位,而对于幼儿教师自身的职业幸福感、职业倦怠以及职业素养等方面的内容关注较少……因而,学前教育的研究问题选择可尝试在当下学前教育理论探讨的空白或薄弱处进行挖掘。

(2) 在已有研究结果的基础上继续探究新的研究问题。

科学研究的发展是立足于已有研究的基础上继续深入与前进的。研究者可以选择当前学前教育研究中已经有一定研究结果的研究问题,以新时代、新趋势的眼光对已有结果进行审视,思考并判断已有研究问题的新发展,从潮流和趋势的分析中发现人们已经提出但尚未解决的问题,在已有研究成果的基础上,生发、伸展研究问题。

(3) 在理论观点的矛盾中确立研究问题。

理论观点矛盾的或有争议的理论问题意味着其本身就具有相互冲突的对立面,不同对立面的选择则给予了我们不同的思考方向,为研究问题的选择指明了道路。对于学前教育领域中有争论的问题给予简单的肯定或否定结论都不具有较大的说服力,但如果能从这些问题的矛盾点出发探究其对幼儿发展的相关作用,反而更彰显其独特价值。

(4) 在对已有理论观点的反思中寻找研究问题。

在以往的研究中,因能选择的研究方法、研究条件及研究者自身认识可能均存在时代发展的限制,所产生的观点难免存在一些缺陷或已有的观点已经不再符合当今时代的需求,因此,可在继承已有理论观点的基础上,以客观冷静的反思态度对其进行分析,指明其不合理之处并提出新的研究观点,从而确定开展新的问题研究。

(5) 在幼教事业发展改革中寻找研究问题。

我国幼儿教育事业工作总是受国家大的教育方针、政策、发展规划指导的,新的教育政策与规划的出台,必然会带来托育园所、幼儿园工作的变化,从而产生新问题、新需求以及新研究。例如《幼儿园教育指导纲要(试行)》《3—6岁儿童学习与发展指南》《幼儿园保育教育质量评估指南》等文件颁布后,地方教育行政部门往往会推行配套的教育改革措施,随之而来的也就是与之相关的各类幼教科研课题了。因而,幼儿教师可以对我国幼儿教育发展改革的各类政策或指导文件多加关注,从中寻找可研究的问题。

3. 从各级各类课题指南中选题

从中央到地方的各级教育行政部门,都会根据我国现代化建设和改革开放的需要，根据各地区教育自身发展的需要，定期制定教育科学研究规划。① 研究者可以根据自身的研究专长、兴趣、基础和能力，与所处的实践情况相结合，从国家、省、市相关部门制定的"课题指南"中选定感兴趣的研究问题，但需要注意后续对选题进行具体分析或调整，使其与研究者自身所在的教育实践开展环境相匹配，从而提出创造性的问题。

### （二）研究问题的形成过程

研究问题的形成是一个层层推进的过程，经历着从研究动机的产生到初步描绘研究问题的轮廓再到明确研究问题的各个阶段。一个研究问题从无到有、从模糊到清晰的过程大都会经过如下七个步骤。

1. 界定研究现象

研究现象指的是研究者希望集中了解的人、事件、行为、过程、意义的综合，是研究者在研究中将要涉及的领域和范围。② 研究问题源于现象，具体清晰的研究问题来源于特定范围的研究对象。在正式的研究开展之前，研究者应该充分利用时间去观察、了解自身的研究兴趣所在点，而后根据主客观条件从范围广大的学前教育研究领域中衡量挑选，从而为自己的研究问题界定特定的范围。

2. 初选研究问题

由于研究者时间精力有限，无限地对某一研究现象的各个方面都进行关注较为困难，更无法在有限的时间内对该研究现象的相关研究问题开展全面的调查。因而，研究者应对特定研究现象所对应的各个研究问题进行初步筛选，依据自身实际情况确定最为感兴趣的一两个问题，缩小研究问题的范围，最后聚焦到一个独特且微小的研究问题上。

3. 初探研究问题

在初步选定研究问题后，研究者应当对该问题进行相应的探索。通过各种可行的途径或资料查阅为该问题的进一步研究做预备性的工作，如通过查阅文献资料、访谈研究问题的相关从业人员、查阅教育科研管理部门网站信息等途径来了解该研究问题以往的情况。

4. 界定研究问题

选择研究问题、查阅文献后，则需要使研究的问题更加明确，于是，界定研究问题成为必要的一步。研究者可根据研究的时间、地点、研究者人数、研究经费、研究的方法类型等因素确立研究的内容、研究的目标、研究的任务和研究的范围。

---

① 由显斌，左彩云. 学前教育研究方法［M］. 3 版. 北京：高等教育出版社，2018：19.
② 陈向明. 质的研究方法和社会科学研究［M］. 北京：教育科学出版社，2000：76.

5. 陈述研究问题

在对研究问题进行界定之后，则需要考虑应采用何种方式来进行表达才能精准、客观并避免歧义。对于研究问题的表述一定要字斟句酌，反复考虑，尽量做到符合准确、规范、简洁、新颖的要求。

6. 论证研究问题

研究问题论证是对确定研究课题的过程中各个环节的研究工作进行反思和总结，对选定的问题进行分析、预测和评价。在这个过程中，研究者应当明确了解并能准确回答以下几方面的问题：该研究问题的性质和类型；该研究问题的目的、价值和意义；该研究问题的已有研究状况与未来发展动向；研究问题开展的可行性分析；研究方法、步骤以及成果形式。

7. 修改确定研究问题

在完成对研究问题的论证报告后，可将报告以纸质文档或电子文档的形式征求行业专家、导师以及一线教师的建议，并在此基础上反复修改，以形成最新的、正式的研究方案。

## 第二节 研究假设的提出

### 一、研究假设的内涵

#### （一）研究假设的含义

研究假设是研究者根据经验事实和科学理论赋予所研究的问题的某种答案，是对研究结果的预测，是对课题涉及的主要变量之间相互关系的猜测。[①] 研究假设是一种暂时性的、带有方向性的、待验证的猜想，但其对研究活动的组织过程却有着不可忽视的指引作用。研究假设能帮助研究者明确研究的内容和方向，并按确定的目标选择研究方法来搜集资料，指导教育研究的深入发展，避免研究的盲目性。因此，做出假设是学前教育科学研究探索的必经阶段，是准确把握教育规律的正确途径和有效手段。

---

① 郑金洲，陶保平，孔企平. 学校教育研究方法 [M]. 北京：教育科学出版社，2003：75.

## (二) 研究假设的类型

**1. 按照假设的形成方式来划分**

按照假设的形成方式来划分，研究假设可以分为归纳假设和演绎假设。

归纳假设，是指把在特殊情况或个别情况下已被证明无误的认识或规律，提升为一般的认识或规律。具体来说，归纳假设就是研究者在基于观察的基础上，通过对某些事物或者某些现象的事实材料的观察得到启发，从而以此推断总结出具体、一般的认识或规律的过程。

演绎假设是从教育科学的某一理论或一般性陈述出发推出新的结论，是根据不可直接观察的事物现象或属性之间的某种普遍性联系，通过理论综合和逻辑推演而提出的理论定律和原理。简言之，演绎假设是从教育科学的某一理论或一般性陈述出发，推出新结论，推出某种特定的假设或者演绎出具有创造性的程序性知识。①

**2. 按照假设的性质来划分**

按照假设的性质来划分，研究假设可以分为特定假设、一般假设和虚无假设。

特定假设指的是推测特定对象之间关系的假设，指向的是个别的、具体的、特定的事例。

一般假设指的是对一般种类对象之间关系的假设，指向的是普遍的、抽象的、可推广的事例。

虚无假设是推测某种不存在的、无倾向关系的假设，指向中性的、无差异的、无区别的事例。这种假设实际上就是统计学上的零假设。虚无假设在表述上大多采用某变量与某变量之间"无差异""无相关""无影响"等形式来陈述变量之间的关系。②

**3. 按照假设对研究问题的探讨程度来划分**

按照假设对研究问题的探讨程度来划分，研究假设可以分为描述性假设、解释性假设和预测性假设。

描述性假设，处于学前教育科学研究的最初阶段，主要是描述研究问题中所研究对象的结构，向人们提供关于研究对象的外部联系和大致的数量关系的推测，是关于研究对象的大致轮廓的外部表象的一种描述。

解释性假设，更多的是揭示研究对象的内部联系，指出质的方面，说明研究对象或研究问题中相关变量彼此关系的一种更复杂、更重要的假设。这是比描述性假设高一级的形式。

---

① 龚冬梅. 学前教育科学研究方法 [M]. 南京：东南大学出版社，2017：35.
② 郑金洲，陶保平，孔企平. 学校教育研究方法 [M]. 北京：教育科学出版社，2003：69.

预测性假设，是对事物未来发展趋势的科学推测，是在深入、全面了解现实事物的基础上提出的更复杂、更困难的一种假设。预测性假设主要用于大范围内的、具有战略意义的某些综合性课题的研究。

4. 按照假设在表述变量关系的倾向性上来划分

按照假设在表述变量关系的倾向性上来划分，研究假设可以分为定向假设和非定向假设。

定向假设和非定向假设都是在假定研究问题中的变量之间存在着某种关系的情况下做出的。定向假设往往是在假设的陈述中预设结果的预期方向，指出变量之间存在的差异或相关关系。非定向假设则是刚好和定向假设相反，它在陈述过程中不提示假设结果，而是希望在后续的检验结果中来揭示变量之间存在的差异。

5. 按照假设中变量关系变化的方向来划分

按照假设中变量关系变化的方向来划分，研究假设可以分为条件性假设、差异性假设和函数式假设。

条件性假设，指的是直接假设两个变量之间存在着关系，用条件式假设表述的经典模式是"如果……则（那么）……"。

差异性假设，指的是假设两个变量之间在程度上存在着差异，通常表述为变量 $A$ 等于/不等于/优于、差于变量 $B$。

函数式假设，指的是假设两个变量之间存在着因果共变的关系，并且可以用函数来表达两者的关系。

## 二、研究假设的确立

### （一）研究假设的形成步骤

1. 研究假设的形成步骤

研究假设的形成，一般都需要经过如下几个步骤：①假设的提出离不开研究问题的发现，在假设提出前，研究者需要通过自身敏锐的观察和对学科专业知识的思考，提炼出研究问题；②在确定研究问题后，研究者需要继续充分寻找各种有关的学科知识，丰富自己对该研究问题的想象和思考，并尝试依据所收集到的材料对研究问题进行初步的回答，形成解决问题的基本猜测，并将其纳入研究假设的核心；③推演相关现象的理论性陈述，使得假设具有严谨的系统和稳定的结构；④依照研究假设表述的规范性要求对表述进行修订。

2. 研究假设形成的基本条件

（1）学会科学观察和经验归纳。

教育研究中的研究假设是基于大量的理论与实践信息梳理逐步形成的，因而研究者应当有目的、有计划并系统地整理、研究有关教育教学的各种资料和经验并积极参与教育教学实践，并密切关注社会发展的需要和时代的走向，洞察社会或教育现实中所存在的不足之处，了解自身所在行业、专业及感兴趣的研究方向在国内外的研究进展及研究成果。

（2）学会运用科学的思想方法论。

研究者应将辩证唯物主义与历史唯物主义观点作为贯穿研究活动的方法论指导。描述性的经验代替不了科学规律，假设是在科学观察和经验归纳基础上所做出的合乎逻辑的某种命题或命题体系。因此，假设可以通过类比、分类归纳、演绎等方法获得，关键在于是否掌握科学的思想方法论。

（3）学会丰富自身的各类背景知识。

在现代科学大综合发展的情况下，哲学、教育学、心理学、伦理学、社会学、美学等的关联性日益加强，在一定程度上，研究者自身的背景知识越多样化，越有可能在研究的过程中因不同学科知识的相互碰撞而激发研究问题设想的萌芽。研究者要在研究过程中不断保持开放心态，吸纳新的学科知识和想法，不断深入对已有资料的研究和探索，完善研究假设，充分发挥假设在教育研究中的作用。

### （二）研究假设表述的规范性要求

#### 1. 研究假设变量的处理要求

研究假设陈述的是变量之间的关系。研究假设涉及的主要变量包括自变量、因变量和无关变量。研究假设要明确揭示因变量、自变量两者之间的关系。在教育研究中，如果涉及多个变量之间的关系，研究者应将变量一一对应地分成几组进行假设，避免因多个变量混合在一起，研究结果难以证明因变量和自变量之间的关系。

#### 2. 研究假设应敢于初步设想变量之间的关系

研究假设是研究者根据经验事实和科学理论对所研究的问题赋予的某种答案，是对研究结果的预测，是对课题涉及的主要变量之间相互关系的猜测。在此基础上，研究者应该在充分做好大量理论、实践信息收集的情况下，依据自身研究的倾向性，尝试对研究变量之间的关系做出判断猜测。

#### 3. 研究假设中变量之间的关系应当是新颖、可检验的

研究假设必须是针对研究问题，对变量之间关系进行大胆的、具有创新意义的设想。当然，研究者所提出的假设必须是可以被验证的，假设涉及的概念变量是可操纵的，所需要测量的变量应当具有被证实或者被证伪的可能性。在提出研究假设时，研究者应尽量避免以现成的结论来代替假设，要在学习教育理论或总结教育实践的基础上，创造性地提出有价值的研究假设，并尽量避免使用概念过于抽象、范围过于宽泛而且不容易操作的变量。

**4. 研究假设的表达使用陈述句式，明确具体，简要明晰**

研究假设是研究者对研究结果的预先设想，是一种对研究问题可能的解释和说明。表述研究假设应当使用陈述句，而不要使用疑问句，避免因模糊不定的表述而无法做出准确研究设想的表述。同时，研究假设的表述应尽可能做到概念简单，语义清晰，条理分明，结构完整，命题逻辑上无矛盾，并尽可能避免使用含义模糊的形容词。

## ◆第三节◆
## 研究变量的确定

研究变量是正式研究开始实施前需要厘清的重要内容。虽然研究问题已经对研究指明了大致的方向，但有关研究问题和整体研究的具体信息尚需进一步明确。

### 一、研究变量的内涵

#### （一）研究变量的含义

研究变量是统计学研究中研究对象的某一特征，该特征会随着时间、地点、人物的变化而变化。与变量相对的是常量，通常指研究中所有个体都保持不变的特征或条件。例如，要研究不同程度的教师职业认同感对幼儿园教师教学投入的影响，其中，职业就是一个常量，因为每个研究对象的职业都是幼儿教师。

#### （二）研究变量的类型

研究变量的类型可见图 2-1。

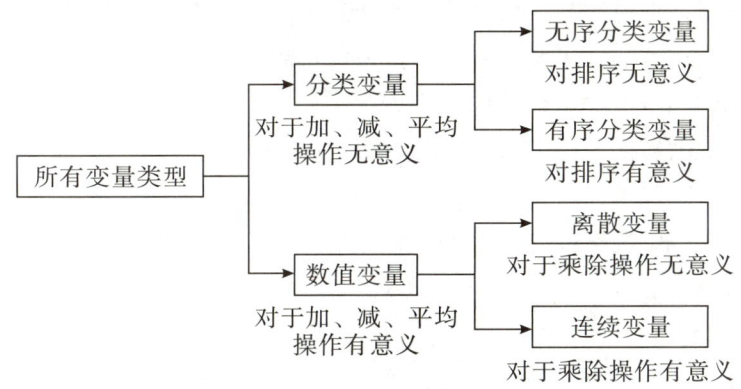

图 2-1　研究变量类型图

1. 分类变量、数值变量

（1）分类变量。

分类变量也称作定性变量，是对研究对象的分类或分组。分类变量有两种类型，一种是无序分类变量，另一种是有序分类变量，二者的具体区别见表2-1。

表2-1 分类变量的类型

| 名称 | 定义 | 举例 | 统计案例 |
| --- | --- | --- | --- |
| 无序分类变量 | 也称定名变量，是指所分的类别或组别之间，在程度和顺序上没有差异 | 性别（男、女）；血型（A、B、AB、O） | 无序分类变量在统计时也可以用数字来表示，但此处的数字并不具有程度上的意义。如男＝0，女＝1 |
| 有序分类变量 | 也称定序变量，是指所分的类别或组别之间有程度之分，数量大小有差异 | 年级（小班、中班、大班） | 教育科学研究中常见的有序分类变量的统计方式是李克特（Likert）五点计分法。例如在调查幼儿教师对某个问题的态度时，采用"非常同意""同意""不一定""不同意""非常不同意"五种回答，分别记为5、4、3、2、1分 |

（2）数值变量。

数值变量也称作定量变量，通过记录数值或数量来描述事物的特征。其中包括离散变量和连续变量两种类型。

①离散变量。离散变量，即只能取孤立数值的变量（整数）。例如，幼儿在投掷活动中，投进竹筐中的沙包数量。

②连续变量。连续变量，即在特定数字区间可以取任何数值的变量。例如，幼儿的年龄、体重；教师或家庭收入水平；温度；等等。

需要注意的是数值变量也可以转换为分类变量。例如，可以按照年龄段来划分幼儿年龄，把数值转换为年龄段：学前儿童（0～6岁）、小学生（7～12岁）、中学生（13～18岁）。

2. 自变量、因变量和无关变量

在教育科学研究中，最主要的变量有三种，分别是自变量、因变量和无关变量。

（1）自变量。

自变量又称独立变量，这是实验中唯一能改变的因素，是指研究者有计划地人为操纵的变量，以观察、测量这些变量对其他变量的影响，这些被操纵的变量称为自变量。自变量是原因变量，是实验的核心特征，通常一个实验至少包含一个自变量，且自变量至少包含两个水平或者类别。

（2）因变量。

因变量又称应变量、依变量，是研究者在实验结果中要测量或者比较的因素，它是随着自变量的变化而变化的，是结果变量。

（3）无关变量。

无关变量又称控制变量。在一项研究中，除了自变量和因变量是研究者主要控制和观测的变量之外，还有其他一些会干扰自变量和因变量对应关系的因素介入到研究中，这些其他因素统称为无关变量。无关变量在实验过程中随处可见，被试、主试、研究设计、环境条件、数据处理等诸多方面都存在无关变量。

> **小案例**
>
> **案例2-1　父母喂养风格对3~6岁儿童饮食行为影响的实证研究**[①]
> 自变量：父母喂养风格
> 因变量：饮食行为
> 无关变量：食物的味道、用餐环境、儿童情绪……

鉴于无关变量对研究结果的影响，为了确保实验的公平性，需要在实验过程中保持无关变量的一致，也就是控制变量，具体的方法如下：

①随机化。随机化是通过确保每个被试有均等机会被分配到实验中的方法。随机化主要应用在抽样和分组两个环节，即在选取样本和将研究对象分组时，通过随机化来防止来自主试与被试两个方面主观因素的干扰，避免结果失真。

②排除法。排除法，也称消除法，即通过采取一定措施，将影响研究结果的各种无关变量消除掉，是控制无关变量的理想方法和基本方法。

③恒定法。恒定法，即采取一定措施，使某些无关变量在整个研究过程中保持恒定不变。例如，在调查了解幼儿积木拼搭能力水平时，要求在同一个房间，用相同的可选择、可观察的材料，在同一时间，由同一主试进行等。这些可能会影响到观察、测量结果的无关变量没有被排除在外，只是保持在恒定的水平之上。

④匹配法。匹配法，也称平衡法，是指根据某种标准或特征，找出两个完全相同或几乎完全相同的实验对象进行匹配，通常采用前测的方式来判断这两个对象的水平是否完全相同，对于一致性高的两组对象进行分配，一个实验组，一个控制组。

---

① 卓子欣. 父母喂养风格对3~6岁儿童饮食行为影响的实证研究［D］. 阿拉尔：塔里木大学，2021.

通过这个方法,对那些既不能被消除,又不能被恒定的无关变量进行平衡,从而抵消其影响。

## 二、研究变量的定义

在教育科学的研究中,除了上述的分类,还可以从变量是否能被直接测量来划分。可以直接测量的变量称为可观测变量,如性别、年龄、年级等。不能被直接测量的变量称为潜在变量,如幼儿同伴交往水平、语言能力、情绪理解能力等。对于不可直接测量的潜在变量,我们通常需要下一个操作性定义,来确定采用哪些可以观测到的变量作为潜在变量的指标。例如,幼儿的身体素质,是一个综合的概念,在不借助工具的情况下无法直接判断幼儿身体素质的具体情况,因此可以根据国家体育总局2003年发布的《国民体质测定标准手册》(幼儿部分),从身体发展方面的主要指标如体重、身高、10米折返跑、立定跳远、网球掷远、双脚连续跳、坐位体前屈、走平衡木等诸多方面的具体标准进行测量。这些测试指标包括身体形态和素质两类(见表2-2)。

表2-2 测试指标

| 类别 | 测试指标 |
| --- | --- |
| 形态 | 身高 |
|  | 体重 |
| 素质 | 10米折返跑 |
|  | 立定跳远 |
|  | 网球掷远 |
|  | 双脚连续跳 |
|  | 坐位体前屈 |
|  | 走平衡木 |

### (一)抽象性定义

抽象性定义也称为概念性定义,是指对研究变量或指标本质进行概括,以此来揭示其内涵,并将其与其他变量或指标做出区分。抽象性定义无法进行测量和操作,无法开展实验活动,无法重复验证实验结果,不适用于量化研究。虽然如此,抽象性定义并非一无是处。它是操作性定义的前提和依据,属于理论层面的定义。通过逻辑的方法,采用概念、同义语来说明、揭示变量或指标的内涵和本质。在表2-2的类别分类中,"形态"和"素质"就属于抽象性定义。需要明晰的是,与之对应的测量指标属于操作性定义。

## （二）操作性定义

操作性定义是根据可观察、可测量、可操作的特征来界定变量含义的方法。即从具体的行为、特征、指标等方面对变量的操作进行描述，将抽象的概念转换成可观测、可检验的变量。从本质上说，操作性定义就是详细描述研究变量的操作程序和测量指标。

### 案例2-2 走平衡木

研究目的：反映人体平衡能力。

研究方法：使用平衡木（长3米，宽10厘米，高30厘米；平衡木的两端为起点线和终点线，两端外各加一块长20厘米、宽20厘米、高30厘米的平台）（见图2-2）和秒表测试。

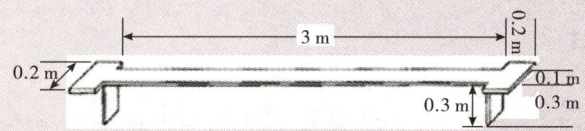

图2-2 平衡木测试器材

测试时，受试者站在平台上，面向平衡木，双臂侧平举，当听到"开始"口令后，前进。测试员视受试者起动开表计时（见图2-3），当受试者任意一个脚尖超过终点线时，测试员停表。测试两次，取最好成绩，记录以秒为单位，保留小数点后一位，小数点后第二位数按"非零进一"的原则进位，如10.11秒记录为10.2秒。

图2-3 走平衡木测试

注意事项：①测试时，受试者如中途落地须重试；②要安排人员对受试者进行保护。

表2-3　幼儿走平衡木单项指标评分表

单位：秒

| 年龄 | 1 | 2 | 3 | 4 | 5 |
|---|---|---|---|---|---|
| 3岁 | 49.8~32.5 | 32.4~17.4 | 17.3~10.8 | 10.7~6.9 | <6.9 |
| 3.5岁 | 40.4~27.5 | 27.4~15.1 | 15.0~9.7 | 9.6~6.1 | <6.1 |
| 4岁 | 32.2~22.6 | 22.5~12.3 | 12.2~8.2 | 8.1~5.3 | <5.3 |
| …… | …… | …… | …… | …… | …… |

注：年龄计算方法。

（1）3~5岁者，测试时已过当年生日，且超过6个月者：年龄＝测试年－出生年＋0.5；测试时已过当年生日，且不满6个月者：年龄＝测试年－出生年；测试时未过当年生日，且距生日6个月以下者：年龄＝测试年－出生年－0.5；测试时未过当年生日，且距生日6个月以上者：年龄＝测试年－出生年－1。

（2）6岁者，测试时已过当年生日者：年龄＝测试年－出生年；测试时未过当年生日者：年龄＝测试年－出生年－1。

案例2-2中的年龄、走平衡木的测量方式均清晰地通过具体数值呈现，连平衡木的规格都做了具体明确的规定。通过具体翔实的操作性定义，让抽象的幼儿身体素质变量变得可测量、可观察。根据测量方法和评分标准可以对"走平衡木"单项进行反复测试，以获得对"幼儿身体素质"这一抽象性概念中幼儿平衡能力方面的了解。

## 第四节 研究对象的选取

### 一、研究对象概述

#### （一）研究对象的定义

研究对象指被研究的个人、群体组织，或者其他社会单位。在教育研究中，研究对象通常是人（幼儿、教师或家长），也可以是幼儿园、教研组、学科组等各类教育教学组织。如何用恰当的方法选取研究对象，涉及抽样的方法与技术，是进行研究设计、制订研究计划的重要部分，也是科学研究的基本要求。

### （二）选择研究对象应注意的事项

研究对象的选择，首先要明确总体、样本、样本容量、抽样、抽样单元、抽样框等几个基本概念。

研究所包含的所有对象就是总体（通常用 $N$ 表示），即总的人口数量。但是因为时间、精力、经济和可及性等因素，研究中常常难以获取所有研究对象的信息。因此，需要从总人口中选择较小的群体或子集来了解信息，获取的信息代表所有研究总体情况。其中这个较小的群体或子集就是样本，样本中所有个体的数量就是样本容量（通常用 $n$ 表示），从总体中选出样本的过程就是抽样。在抽样的过程中，每一个阶段所选取的元素或者元素的集合就是抽样单元，它是构成抽样框的基本要素，抽样单元可大可小，可以分级。例如，一项全国性儿童核心素养调查，可以将省（自治区、直辖市）作为一级抽样单元（广东省），将市县作为二级抽样单元（广州市天河区），将街道、乡、镇作为三级抽样单元（石牌街道），将居民委员会或村民委员会作为四级抽样单元（华师大社区居民委员会），而更小的抽样单元可以是个人（小明）。抽样框是确定总体的抽样范围和结构的名册或排序编号，如大学生花名册、街道派出所里居民户籍册等。

选择研究对象时，由于对象总体的数量大小和课题要求、条件的不同，有多种方法。但不管用哪一种方法，都必须遵循的原则是，选出的直接研究对象必须能代表总体。[①] 因此，选择研究对象时要注意以下几点。

#### 1. 限定总体的范围

总体的范围通常是根据研究课题和研究目来决定的，同时需要考虑研究结果的应用推广范围。总体范围的清晰限定，对后续抽样和样本结果的推广至关重要。如"高校学前教育专业本科实习生职业自我效能感的研究"，这个研究主题的总体是高校学前教育专业本科实习生，既不包括高职院校的学前教育专业实习生，也不包括在校非实习阶段的学前教育专业学生。

#### 2. 选取具有代表性的样本

样本的代表性是指样本应该具备总体的性质或特征，样本能在多大程度上代表总体，将直接影响研究结论的可靠性和推广程度。样本的偏差是影响样本代表性的核心因素。最经典的案例是 1936 年美国某刊物有关总统大选，民意调查结果预测罗斯福落选，兰登将在总统选举中获胜，但事实正好相反。因为这次民意调查虽然是随机抽样的，而且样本数也不少，但调查者的样本主要是从电话号码簿和汽车登记

---

① 林崇德，李春秋. 中国小学教学百科全书·品德卷［M］. 沈阳：沈阳出版社，1993：297.

册中抽取的。1936年有电话和汽车的人仅代表了美国选民中的某个特定阶层，对于选民总体来说不具有代表性。这次民意调查的失败在于抽样偏差，样本没有代表性，抽取的样本在本质上与总体特征不吻合。

3. 确定合适的样本容量

样本容量的确定，取决于以下因素：①研究目的、研究问题；②总体等同质性；③要求的精确程度；④允许的误差大小；⑤研究者的时间、人力、物力等情况；⑥抽样的方法；⑦分析的类别；⑧研究的性质（定量、定性、混合方法）等。一般而言，样本量越大，代表性越大；样本量过少，抽样误差大，代表性也差。如果是定量研究，研究范围广，对精确的要求高，允许的误差小，总体的变异性大，变量的相关程度低，条件控制不严，测定指标信度低，因果关系复杂，分析的类别多，那么样本量越大越好。反之，样本量可以相对减少。通常情况下，每个变量至少要有30个样本，如果样本中包括不同的子群体，这个数字就应该提高。

## 二、抽样的方法

### （一）抽样的基本步骤

明确抽样的步骤有助于研究过程中抽样的顺利进行。抽样的具体步骤见图2-4。

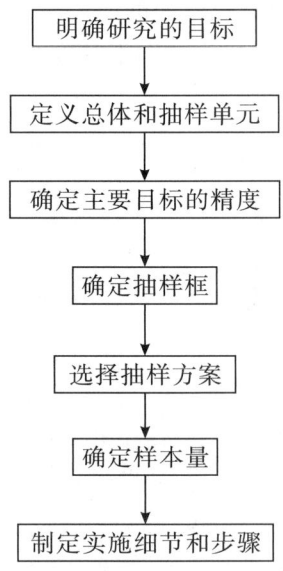

图2-4 抽样的具体步骤

## （二）抽样的基本方法

1. 简单随机抽样

简单随机抽样指的是直接按抽样原则从总体单位中，抽取若干个单位作为样本。在简单随机抽样中，所要研究的总体中的每个成员都应有同等被选中的概率，且被选中的概率不受其他成员的选择影响，即每次选择与下一次选择都是独立的。

2. 等距随机抽样

等距随机抽样又称系统抽样，是把总体中的所有个体按某种顺序进行排列编号，用总体 $N$ 除以样本容量 $n$，求得抽样间隔，然后随机抽取样本。例如，要从 1 000 名教师中抽取 200 名作为样本，1 000/200 = 5，计算出的"5"就是抽样的间隔。按照排列的编号，每 5 位教师中，选出 1 位作为样本，而选择的起点是随机的。假设在 1、2、3、4、5 个编号中，选择了编号 3 为起点，那么下一个选取的对象就是编号 8（3 + 5 = 8），具体如图 2-5 所示：

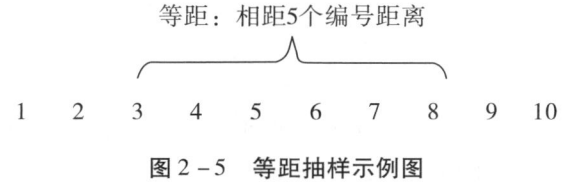

**图 2-5 等距抽样示例图**

3. 分层随机抽样

分层随机抽样是先将总体按一定标准分为若干类型，再根据类型的数量在总体数量中所占的比例，等比例随机抽取样本的数量。例如，对 3~6 岁幼儿问题解决能力的研究中，计划从全区 3 600 名幼儿中抽取 20% 的幼儿作为样本。首先对幼儿年龄段进行分层，3~4 岁（1 500 人），4~5 岁（1 240 人），5~6 岁（860 人）。然后通过简单随机抽样按比例分别抽取样本，从 3~4 岁中抽取 1 500 × 20% = 300 人，4~5 岁中抽取 1 240 × 20% = 248 人，5~6 岁中抽取 860 × 20% = 172 人。分层随机抽样的主要作用在于确保随机抽样后样本中按某些关键类别分类的各类样本比例与总体的相应类别的比例基本一致。

4. 整群随机抽样

整群随机抽样是以自然群体（学校、班级等）为单位，从大的群总体中随机抽取样本的方法。例如，在对××市学前融合教育幼儿教师角色的研究中，为了了解这些教师的情况，决定从 5 000 名幼儿教师中选取 500 名教师进行调查，为了便于工作的展开，可以抽取 10 家幼儿园的所有教师作为一个群或小组，对小组所有的成员进行调查，而不是从 5 000 名幼儿教师中随机抽取 500 名。这是教育研究中常用的方法。

## 第五节

# 开题报告的撰写

## 一、开题报告的含义与作用

### (一) 开题报告的含义

开题报告,即开展课题研究之前的报告。开题报告是研究者本人或研究团队对所选定的课题名称所做的整体构想与设计,是对整个研究过程的各个环节、各种工作的全盘计划。

### (二) 开题报告的作用

#### 1. 明晰研究思路

开题报告大都包括研究题目、研究缘起、研究意义、文献综述、研究目标、研究内容、研究方法、研究步骤等。按照这些要素认真撰写开题报告,那么就是一次促进研究者不断理清自己想研究什么、怎么研究、取得什么研究成果的思路梳理。

#### 2. 交流与研讨研究设计

同一个选题在导师、不同的专家、同行眼里可能有不一样的研究思路,专家、同行对开题报告进行价值判断、可行性判断,将能进一步帮助研究者找准研究问题、分解适宜的研究内容、选择合适的研究方法等,从而增强开题报告的学术性、逻辑性与实践性。

#### 3. 指引研究实践

开题报告可以看作实施课题的蓝图。在课题验收环节,往往会根据开题报告中提出的研究问题、研究内容、研究方法、研究成果等进行对照验收,以此判定该研究是否达成了最初的设想。

## 二、开题报告的主要内容与撰写

### (一) 研究题目

研究题目是一句包含了研究对象、研究内容、研究方法等的陈述句,能够体现本课题所要解决的问题或任务。研究题目的表述,需要做到以下要求:①语句规范。通常采用陈述句进行表述,不建议使用疑问句或反问句,可采用"研究"二字作为结尾。②用词科学。核心概念一般应属于专业词汇,符合语言学术性要求,作为普通的研究者，尽量避免造新词。③文字简洁。字数尽量控制在 20 个字以内。④结构合理。一般包含研究对象、研究内容、研究方法，还可以有以下结构变式，如研究背景（理论）+ 研究对象 + 研究内容 + 研究方法；自变量 + 因变量 + 研究方法；具体手段 + 研究对象 + 研究内容 + 研究方法。

### （二）研究缘起

研究缘起是指开展此研究的依据和理由，主要是从理论和现实的需求角度阐述研究的来源和必要性。在撰写时要遵循"从大到小"原则。研究缘起往往与社会需求、行业需求、问题需求有关，撰写时，可从大背景写到小背景，即先阐述国家/社会对特定发展领域的发展需求，接着阐述在专业领域的发展需求，最后阐述当前存在问题的解决需求。另外，需注意的是，对于一线教师而言，研究缘起更多的是基于实践需求。

### （三）研究意义

研究意义，有些开题报告会将其描述为选题价值，它是指"研究结果对有关人员、事情或社会机构的作用"[①]，研究意义体现研究者的问题意识，即是否清楚解决问题之后的学术贡献和应用贡献。在撰写时，一方面，要体现研究的贡献。通常来说，研究意义包括理论意义和实践意义。理论意义是指丰富、完善相关理论的研究价值，实践意义是指解决教育实践问题的研究价值。理论意义可以采用"丰富……相关理论知识/研究""为开发和建构……提供理论支撑"等句式进行描述，实践意义可以采用"优化……""激发……""提高……""促进……成长"等句式进行描述。另一方面，要具有针对性。应紧扣研究题目（问题）进行阐述。对于指向理论意义的表述，要清晰阐明该研究对哪些具体理论问题、理论知识具有学术价值，对于指向实践意义的表述，要清晰指明该研究对于实践的哪个内容、环节、策略等起到哪些具体的作用。

### （四）文献综述

有关文献综述的具体撰写方法，详见本书第三章"文献综述"。

### （五）概念界定

有关概念界定的具体撰写方法，详见本章第三节"研究变量的确定"。

---

① 陈向明. 质的研究方法与社会科学研究 [M]. 北京：教育科学出版社，2000：84.

## （六）研究目标

一般而言，研究目标是宏观的，是对整个课题要解决的问题以及解决问题之后形成的成果的总体设想，决定着研究的方向和最终的研究结果，找到研究问题的规律性解答。在撰写"研究目标"时，一方面要具体、可检验与平衡。即研究目标必须具体、明确、适当，具体研究可以依此展开；研究目标可以衡量，可以检验，尽可能数量化并最终可验证；一个课题研究目的下的多个研究目标之间要平衡①。另一方面，表述的结构要完整。表述时，可采用"动词＋问题或任务＋结果＋成效"的结构进行描述，即清楚阐述怎么做、做什么、形成什么结果、具有什么成效。另外，研究目标的阐述既可以列点阐述，也可以用一段话进行描述。

## （七）研究内容

研究内容是基于研究目标的分解，即通过哪些方式解决哪些具体的研究问题，是研究者在研究中要做哪些事情。研究内容与研究目标不一定是一一对应的关系，一个研究目标很可能需要多项研究内容来完成。研究问题或研究内容的撰写，一方面，要求定位清晰。不同类型的研究有不同的研究侧重点，若是基础性研究，应着重研究理论性方面的内容，若是应用性研究，应在对策方面下功夫。另一方面，要求符合逻辑。在分解研究内容时，应符合专业知识建构的逻辑体系，如在开展园本课程建构研究中，研究内容一般需要包括研究课程目标、课程内容、课程的组织与实施方式和评价内容。此外，研究问题的数量要适宜，一般以 2～4 项研究问题为宜。

## （八）研究方法

研究方法是指搜集研究资料的方法。它是判断研究是否可行的重要内容，如果研究方法选择不当，则无法顺利解决研究问题。有关研究方法的具体撰写方法，请阅读本书其他章节内容。

## （九）预期成果及形式

研究成果是指本研究完成以后，以什么内容与形式呈现。一般来说，研究成果包括论文、报告、专著等，也可以是方案、案例、教学软件等。有关研究成果撰写的内容，详见本书第十二章。

---

① 黄由衡，李晓玲，唐岚. 毕业论文开题报告主体内容的逻辑化撰写［J］. 教师，2022（2）：102－104.

### （十）研究的可行性分析

研究的可行性分析，有的开题报告会描述为"课题研究的保障措施"，它是对课题研究顺利开展并取得预期成果所需条件的分析与承诺。在撰写时，要涵盖研究基础、研究保障等内容。研究基础应写明课题组成员完成的相关研究及取得的成果情况[①]，以说明研究者或研究团队具有一定的研究能力；研究保障主要写明该课题研究所需的文献资料、设施设备、时间、制度、学习培训、学术交流及经费等条件和保障情况[②]。

### （十一）研究进度

研究进度是指研究的具体实施过程与时间安排。在撰写时，可采用分阶段的方式，依据研究目标和研究内容，写明整个研究的主要任务和要求、起止时间。一般可以采用准备阶段、实施阶段、结题阶段进行撰写。

## ◆ 第六节 ◆
## 开题报告的汇报与完善

开题报告需要通过开题报告会的方式，帮助课题研究者进行判断、调整与完善。参加开题报告会的专家的主要任务是与课题研究者共同论证课题研究的可行性，帮助课题研究者进一步理顺研究问题、研究思路等，并发现影响研究开展的核心问题，提出建设性意见，以期帮助课题研究者尽可能完善研究设计，促进课题顺利实施。因此，课题研究者需要在开题报告会前，做好汇报的准备，在开题报告会后做好完善的工作。

### 一、开题报告的汇报

#### （一）制作演示文稿

开题报告汇报时，通常需要结合演示文稿进行口头语言的整体汇报，仅仅依靠口头语言，会让专家难以快速获取课题研究者的汇报重点，也会让专家认为课题研究者对开题报告会的不重视，因此，制作好演示文稿，是汇报课题中的重要内容。

开题报告的内容非常多，而课题研究者的汇报时间一般在 15 分钟之内，这就需

---

[①][②] 徐万山. 课题开题报告的格式与撰写[J]. 河南教育（基教版），2015（4）：37-38.

要课题研究者在演示文稿中呈现核心内容,结合呈现方式看,具体要求如下:

1. 页数安排

用1页描述课题研究的选题背景与意义;用2页描述研究现状;用1页描述研究变量;用1~2页描述研究目标、研究内容;用3~5页描述研究设计,包括研究对象、研究方法、研究步骤、研究成果等。整个演示文稿的总页数控制在15页左右,当页数过多时,课题研究者急于全部汇报完,可能会出现语速过快、演示文稿换页过频的现象。

2. 图表文并茂

整个演示文稿不要只有文字,这样会让读者产生阅读疲劳,也无法较好呈现课题研究者的思路,对于能够用流程图、表格呈现的内容,尽可能图示化、表格化;另外,演示文稿中的文字,应提炼要点,简洁明了,字号最好选择24号以上,方便专家阅读。

3. 整体风格

演示文稿的风格不要过于花哨、动画技术过多,影响专家的视觉感知,可采用简约、商务风格,如果课题研究者所在学校或单位有演示文稿模板,建议采用模板。另外,开题报告第一页一般是标题页,建议在右上角或左上角的地方加上学校或单位的标志,以及在第一页上面的部分加上课题名字,如"××学校硕士研究生毕业论文开题""×××市××学会课题",以突出课题类别。

(二)汇报研究思路

开题报告汇报应有详有略,即课题研究者应重点讲清楚研究目标、研究内容、研究方法、研究步骤等核心内容,并结合演示文稿,把相关的内容用口头语言的方式进行合理补充,让专家在充分理解研究者研究思路的基础上,提出更加有价值的修改建议。由于15分钟的汇报时间是很有限的,建议初学研究者以讲稿的形式写出汇报的内容,并通过提前练习,把握好汇报的语速和时间,给专家留下认真准备的好印象。

(三)提出自己的研究困惑

课题研究者往往会对自己的课题存在这样或那样的研究困惑,有些研究困惑课题研究者尝试给出了解决想法,有些研究困惑课题研究者则感到一筹莫展,那么,课题研究者应珍惜开题报告会的机会,向专家虚心请教这些研究困惑。但需要注意的是,向专家请教研究困惑的解决思路,不等于向专家请教关于课题所有的研究思路,如有些课题研究者自己都不清楚自己想要研究什么、达成什么目的,而把这些问题都抛给专家,这种提问只会让专家质疑课题研究者开展课题研究的能力。

## 二、开题报告的完善

在开题报告会中,专家会对开题报告提出各种修改建议,有些修改建议是直接针对课题研究者开题报告提出的,有些修改建议是针对所有开题报告提出,课题研究者应认真梳理这两类修改建议,以防漏掉重要的修改信息。此外,关于专家的修改建议,有可能存在专家之间的建议不一致,这是正常的,因为不同专家的研究背景与研究关注点不同,所提出的建议自然就存在不同,这实际上是给了课题研究者开阔研究思路的机会,课题研究者可以根据自己原有的研究思路,辩证地结合专家给出的修改建议,完善开题报告,让自己的开题报告既有高度,又接地气。同时,在可能的情况下,可以把自己完善后的开题报告再次发给专家审阅指导,这样能够保障对专家所提出的修改建议的理解正确性。

## 本章小结

开展课题研究需要做好充分的前期准备工作,核心就是做好研究设计与撰写好开题报告。在研究设计时,应注意明确研究问题的类型,认真科学界定研究问题,解决研究问题并提出研究假设。要提出好的研究假设,研究者应基于科学观察与经验归纳、科学的思想方法论以及自身丰富的专业知识,明确研究变量的类型,确定研究变量的抽象性定义与操作性定义,以确保研究个体的特征或条件;遵循抽样步骤,合理选择简单随机抽样、等距随机抽样、分层随机抽样、整群随机抽样的抽样法,确定有代表性的样本,以保障研究结果的可推广性。除此之外,还应明确研究目标、研究内容、研究方法等,并将上述研究设计以开题报告的形式完整呈现。开题报告是呈现研究设计的媒介,其一般包含研究题目、研究缘起、研究意义、文献综述、研究目标、研究内容、研究方法、研究步骤等基本内容,研究者应根据每一部分内容的撰写要求做出准确、清晰、简洁的阐述,体现出研究者的学术水平。开题报告完成后,研究者还应注意汇报开题报告的注意事项,让专家能够快速、全面获取课题的核心内容。

## 思考与练习

### 一、单项选择题

1. 旨在解释学前教育现象的本质,以寻找学前教育过程规律、形成并发展学前教育科学理论为目的而进行的研究问题是(　　)。

  A. 理论性研究问题    B. 应用性研究问题

  C. 综合性研究问题    D. 描述性研究问题

2. 按照（　　），研究问题可以分为描述性研究问题、因果性研究问题和预测性研究问题。

    A．研究问题的性质和目的　　B．活动对问题探讨的深度

    C．研究手段的不同　　　　　D．研究问题的来源

3. 开题报告中的研究意义应包括（　　）。

    A．理论意义　　　　　　　　B．实践意义

    C．理论意义与实践意义　　　D．社会意义

4. 推测特定对象之间的关系，指向的是个别的、具体的、特定事例的假设是（　　）。

    A．归纳假设　　　　　　　　B．演绎假设

    C．特定假设　　　　　　　　D．一般假设

5. 研究问题的陈述应采用（　　）。

    A．疑问句　　　　　　　　　B．陈述句

    C．祈使句　　　　　　　　　D．感叹句

6. 将模糊的、不精确的观念明确化、精确化的思维过程称为（　　）。

    A．观念化　　　　　　　　　B．概念化

    C．操作化　　　　　　　　　D．精确化

7. 事先将总体中的所有个体按某一标志排列，然后依固定顺序和间隔来抽选调查单位的抽样组织方式叫作（　　）。

    A．分层抽样　　　　　　　　B．简单随机抽样

    C．整群抽样　　　　　　　　D．等距抽样

8. 为了研究不同教学模式对学生代数成绩的影响，三位教师分别采用三种不同教学模式执教三个班的代数课，这一实验研究的自变量和因变量分别是（　　）。

    A．教师和学生　　　　　　　B．教师和学生代数成绩

    C．教学模式与学生发展　　　D．教学模式与学生代数成绩

9. 为了解在校生对学校广播节目的评价，某高校学生会从1 200名学生合住的200间宿舍中随机抽取15间，对学生进行问卷调查。这样的抽样方法是（　　）。

    A．简单随机抽样　　　　　　B．系统随机抽样

    C．分层随机抽样　　　　　　D．整群随机抽样

10. 下面对于无关变量的表述正确的是（　　）。

    A．无关变量是一个相对概念，相对于一项研究的自变量和因变量关系而言

    B．无关变量与研究主体没有主观联系的变量

    C．无关变量与研究主体没有客观联系的变量

    D．无关变量是一个相对概念，相对于一项研究的主观和客观变量而言

## 二、简答题

1. 研究问题的来源有哪些？
2. 研究假设表述有哪些规范性要求？
3. 控制无关变量的方法有哪些？
4. 研究对象选择的注意事项有哪些？
5. 汇报开题报告要注意哪些问题？
6. 研究问题的形成过程一般包括哪些步骤？

## 三、论述题

1. 唐老师是一名幼儿园小班教师，她观察到班上的冬冬总是穿着纸尿裤来上幼儿园，而且不愿意脱掉。对此她想以冬冬不愿意脱掉纸尿裤这一现实情况作为研究问题开展研究。请根据研究问题的价值判断思考唐老师的设想是否可行。
2. 结合自身经历说明研究假设形成需要研究者具备的基本条件。
3. 举例说明开题报告包括的内容。

## 参考文献

[1] 刘晶波. 学前教育研究方法 [M]. 北京：人民教育出版社，2016.
[2] 邹晓燕，等. 学前教育科研设计与统计分析 [M]. 北京：北京师范大学出版社，2018.
[3] 夏雯娟，孟戡. 学前教育科研方法 [M]. 长春：东北师范大学出版社，2015.
[4] 徐俊华. 学前教育科学研究方法 [M]. 合肥：安徽大学出版社，2014.
[5] 许卓娅. 学前教育科学研究方法 [M]. 苏州：苏州大学出版社，2003.
[6] 叶澜. 教育研究方法论初探 [M]. 上海：上海教育出版社，1999.
[7] 由显斌，左彩云. 学前教育研究方法 [M]. 3版. 北京：高等教育出版社，2018.
[8] 陈向明. 质的研究方法和社会科学研究 [M]. 北京：教育科学出版社，2000.
[9] 郑金洲，陶保平，孔企平. 学校教育研究方法 [M]. 北京：教育科学出版社，2003.
[10] 龚冬梅. 学前教育科学研究方法 [M]. 南京：东南大学出版社，2017.
[11] 林崇德，李春秋. 中国小学教学百科全书·品德卷 [M]. 沈阳：沈阳出版社，1993.

# 第三章 文献综述

> **学习目标**
>
> 1. 了解文献的含义、分布和类型,知道学前教育研究相关网络资源和期刊,能结合自己的研究需要准确获取文献资料。
> 2. 掌握文献检索、资料查询的基本方法,能对文献资料进行整理、分析和运用。
> 3. 能按照文献综述的基本要求和格式,撰写文献综述。

## 第一节 文献综述概述

文献是进行科学研究的基础和前提,离开了文献,科学研究就无从谈起。因此,对文献的搜集、整理、分析和运用是进行教育科学研究的重要环节,只有充分占有资料,了解他人研究的成果,把前人研究作为基础,才能开展有意义有价值的研究。

### 一、文献与学前教育文献的含义、类型和分布

#### (一)文献与学前教育文献

**1. 文献**

1983年由中国科学技术情报研究所起草,国家标准局批准颁布的《检索期刊编辑总则》中将"文献"定义为"记录有知识的一切载体"。文献,即用文字、符号、图形、视频、音频等方式记录人类活动或知识的一切信息载体,或理解为固化在一定物质载体上的知识,可以是已发表的或虽未发表但已被整理的知识,包括书籍、报刊等印刷品,也包括文物、影片、录音录像带等其他实物形态的各种材料,还有现代技术支持的各种电子书、数据资料库、网站资料、光盘等,是人类脑力劳动成果的一种表现形式。

从上述定义可以看出，文献有三个基本要素：知识、载体、记录。知识是文献的核心内容，没有记录任何知识内容的物质载体，像空白纸张、空白光盘等，就不是文献。载体是指文献的形态或存在方式，是知识赖以保存的物质外壳。没有记录在一定载体上的知识，如口口相传的知识，就不能称之为文献。记录是指将知识记录在载体上所用的方式和手段，如文字、图像、视频、音频等。文献是记录、存储、继承和传播知识的有效手段，是人类获取知识信息的最基本、最主要的来源，是人类学习的工具，也是传播、交流知识的最基本方式。

2. 学前教育文献

学前教育文献指记载有关学前教育科学的信息和知识的载体，用各种符号形式保存下来的，对学前教育科学研究具有一定价值的一切文献资料，通常包括各种书籍、手稿、报纸、期刊、网络资源、录音、录像等。

学前教育文献是进行学前教育科学研究的基础，进行学前教育科学研究必须充分地占有文献，对文献进行梳理分析，以便掌握教育科研动态，了解前人已经取得的成果，这是每个研究者进行科学研究的必经阶段。因此，查阅和应用学前教育文献是研究过程中不可或缺的重要步骤和环节，贯穿学前教育科学研究的始终，从选题、初步调查、论证课题、制订计划、收集整理和分析研究资料到形成研究报告，无时无刻不需要充分利用和占有学前教育研究文献。[①]

### （二）文献的类型

文献的种类繁多，浩如烟海，如何从纷繁的教育研究文献中快速有效找到与学前教育研究相关的文献，了解文献的分类是前提。文献材料按不同划分标准，可以分成不同类型，常见的文献分类方式有以下两种。

1. 按加工程度进行分类

根据文献内容的加工程度和可靠性程度，可将文献分为零次文献、一次文献、二次文献和三次文献。

（1）零次文献。

零次文献是一种特殊形式的资料信息源，是未经发表和有意识处理的最原始的资料，它主要包括两方面的内容：一是未经记录、未形成文字材料之前的知识信息，即一次文献以前的知识信息；二是未正式发表和出版发行或未进入社会交流，包括一些内部使用，通过公开的订购途径所不能获得的书刊资料在内的最原始的文献，比如书信、手稿、笔记、幼儿的作品、幼儿园教师的教案、幼儿园教师的随笔反思、幼儿园的相关记载材料等。历史形成的零次文献，大都收藏在档案馆、博物馆；而

---

① 徐俊华. 学前教育科学研究方法 [M]. 合肥：安徽大学出版社，2014：54.

现实的零次文献，则分散在教育工作者和教育科研人员手中，是非常重要的教育研究情报源。①

（2）一次文献。

一次文献又称为原始文献或第一手资料，是作者以本人的科学研究、社会活动等实践经验为基本素材而创作或撰写的文献，是直接反映事件经过、研究成果，产生新思想、新知识、新技术的文献。一次文献是研究者在教育教学实践中直接产生的原创文献，是离事实最近的文献，在整个文献中数量最大、种类最多、使用最广、影响最大，具有创新性、实用性和学术性等特征，对研究工作有很高的直接参考和借鉴使用价值，主要包括专著、期刊论文、学术会议论文、调查报告、研究报告、实验报告、学位论文等。

（3）二次文献。

二次文献又称检索性文献、二级文献或第二手资料，是信息工作者对一次文献按照一定的特征进行加工、整理，将内容进行提炼或压缩，使之条理化、系统化、理论化的文献，是为了便于管理和利用一次文献而编辑、出版和累积起来的工具性文献。二次文献是对一次文献的认识，是一种派生的文献，是文献的文献，它本身不直接产生新思想、新知识、新技术，它的目的是为查找一次文献提供线索，为了能有效利用文献资源。二次文献一般包括目录、索引、文摘等，具有报告性、汇编性、简明性等优点。从这些二次文献中，研究者在大量文献信息中可以根据二次文献形成的线索方便快速地找到自己研究所需要的资料。下面介绍几种常用的二次文献。

第一，目录。目录也称书目，包括图书目录、期刊目录、报刊目录以及其他文献目录等。书目的著录项目包括文献名称、作者、卷册、版本、价格以及收藏情况等项，有的还包含简短摘要、学术源流等信息。常用的有收录全国当年出版的各类图书的《全国总书目》、收录最近出版的新书的《全国新书目》以及专门介绍各类期刊报纸的《全国中文期刊联合目录》。

第二，索引。索引就是根据一定的需要按一定顺序，将文献中有检索意义的重要信息，如图书报刊的书名、刊物名称、论文篇目、作者姓名以及期刊号等分类编成便于检索的条目。查找索引可以使研究者在短时间内了解学术前沿动态，查找到研究所需要的大量文献资料。索引按文献类型可分为期刊索引、报纸索引、书籍索引、论文索引等，如中文报刊教育论文索引、教育论文索引、全国报刊索引、复印报刊资料索引等。

第三，文摘。文摘即文献摘要，是指将原文献的主要论点简明摘录出来，分门

---

① 杨晓萍. 教育科学研究方法［M］. 重庆：西南师范大学出版社，2006：119.

别类进行整理的资料。文摘是查找最新资料的检索工具，可以帮助研究者在短时间内了解有关课题或有关文章、书籍的基本内容，迅速掌握学术信息。如《新华文摘》《报刊文摘》《文摘报》等都辟有教育专栏，还有《教育文摘》《复印报刊资料》等。①

（4）三次文献。

三次文献又称参考性文献或三级文献，是对一次文献和二次文献的再利用，是根据二次文献提供的线索，按照一定目的对某一范围的一次文献进行广泛、深入分析研究之后，加工、整理而成的带有个人观点的综合性文献资料。相比于一次文献的原始性和二次文献的客观报道性，三次文献综合性强、浓缩度高、覆盖面广，反映了文献加工者对一次文献的主观见解，是对大量一次文献的综合研究成果。三次文献所承载的资料信息量较大，对研究者在较短的时间里了解某研究领域的概况，有重要的参考价值。如学生在做学位论文前对相关文献进行整理分析而撰写成的研究综述，在进行课题研究前做的国内外研究概况的梳理分析、教育研究动态综述等都是三次文献。另外，有关教育科学方面的字典、词典、百科全书、年鉴、手册等专门文献，均属三次文献。

对文献进行分类，有助于指导研究者更好地利用文献资料。由零次文献到三次文献，经过加工、处理与压缩，文献资料由分散到集中，由无组织到系统化。在查阅文献时，要很好地利用经过加工和压缩的二次文献与三次文献，更要着重对最有参考价值和创造性的一级文献的分析和研究。

各类文献的关系如图 3-1 所示。

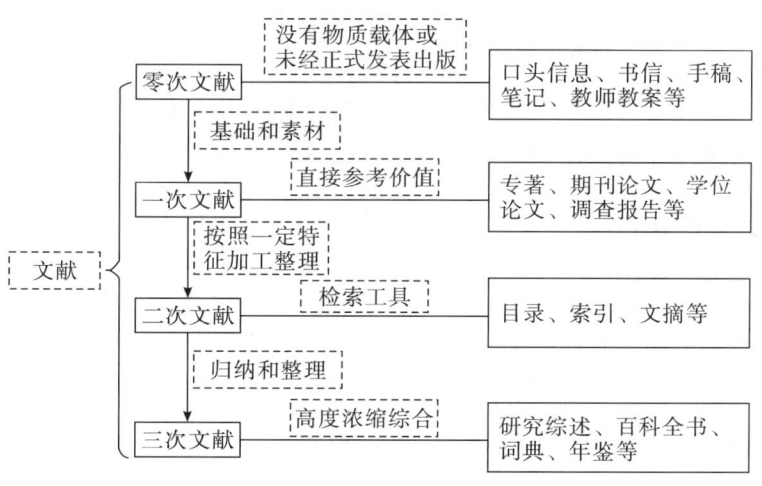

图 3-1　各类文献关系图

---

① 金哲华，俞爱宗. 教育科学研究方法［M］. 北京：科学出版社，2011：89.

## 2. 按载体形式进行分类

根据文献信息的载体不同，文献可分为印刷型和非印刷型两类。

（1）印刷型。

印刷型文献是以纸张为载体，主要通过印刷手段所形成的文献，是文献的主体，也是有着悠久历史的传统文献形式，包括图书（教科书、专著等）、期刊和各种印刷资料等。印刷型文献资料不需要特殊设备，可以随身携带，随处随时阅读，但是体积大，占据空间大，存储密度小，不便于保存。

（2）非印刷型。

非印刷型文献是用纸张之外的其他载体来记录保存知识信息的文献，包括电子型文献、缩微文献、音像文献等。①

电子型文献，又称机读型文献，是指采用高新技术手段，将文献资料存储在磁盘、光盘等媒体中，形成多种类型的电子出版物，包括电子图书、电子期刊、各种联机信息库和光盘数据库等产品。研究人员可以通过计算机阅读、编辑、检索和获取信息，通过网络访问计算机中心各种类型的数据库资源。电子型文献相比印刷型文献，其承载量更为丰富，能够快捷、高效地生产和传播知识。

缩微文献是指以感光材料为载体，利用照相复制的方法，把文献资料的记录缩小而成的一种文献形式，包括缩微胶卷、缩微胶片和缩微卡片。这类文献体积小，存储密度高，传递方便，便于收藏和保存，但是不能直接阅读，必须借助缩微阅读器进行阅读。

音像文献，也称视听文献或声像文献，是指通过声音和图像来记录保存信息的文献。这类文献直观、形象、真切，兼具视听效果，包括录音、录像带、影视片等。在开展学前教育研究的过程中，可以采用摄像录音等设备收集研究资料，如对幼儿游戏的观察实录、与幼儿交谈的录音、各类教育活动的录像等，通过摄像录音等设备收集的资料可以弥补文字型文献的不足，使得研究更为生动，更贴近事实真相。

### （三）文献的分布

科学研究文献资料依据记录、形成与传播的方式不同，分布极为广泛且形式多样，主要包括以下四个方面。

## 1. 书籍

书籍是教育科学文献中品种最多、数量最大、历史最长的一种文献门类，包括名著、教育专著、教科书、资料性工具书及科普通俗读物。

---

① 王小英. 学前教育科学研究方法［M］. 长春：东北师范大学出版社，2015：30.

（1）名著。

名著是指某个学科、某个时代、某个流派中有影响力的权威著作，是教育学专业学习者和从事教育研究工作者治学和研究的基础，是必读书目。包括古今中外著名教育家、思想家、哲学家的教育名著，例如，我国著名教育家陈鹤琴的《家庭教育》和《活教育》、法国思想家和教育家卢梭的《爱弥儿》、英国著名哲学家和思想家约翰·洛克的《教育漫话》、德国教育家和哲学家雅斯贝尔斯的《什么是教育》、捷克教育家夸美纽斯的《大教学论》等。

（2）学前教育专著。

学前教育专著一般是指著者就学前教育领域某一问题的产生和发展历史、研究方法和成果、不同学派的观点等问题进行全面、系统、深入的论述。在专著中，作者结合自己多年的研究成果和领域最新发展情况，深入分析存在问题和发展趋势，阐明自己的思想和见解。因此，通过阅读专著，可以了解某领域学术研究的最新进展和成果，为学术研究带来较高的参考价值。如刘焱的《儿童游戏通论》、虞永平的《学前课程价值论》、侯莉敏的《儿童的生活与教育》、张慧和与张俊的《幼儿园数学教育》等。

（3）教科书。

教科书一般供教学使用，是指编写时注意规范性、严谨性、科学性的专业性书籍，内容一般包括教育基本理论和知识、学科最新的研究成果和热点问题等。如学前教育专业经典教材黄人颂的《学前教育学》、陈帼眉的《学前心理学》等。

（4）资料性工具书。

资料性工具书主要包括字典、词典、百科全书、统计资料、年鉴、手册等。开展学前教育研究常用的工具书有《辞海》《心理学大辞典》《教育大辞典》《幼儿教育辞典》等。这些辞典对教育和心理相关的名词术语进行了规范准确的阐述，具有一定的权威性，对研究的概念界定具有很高的参考价值。另外，还有《中国学前教育百科全书》《学前儿童发展与教育评价手册》等具有高度学术价值和实际意义的专业性工具书。

（5）科普通俗读物。

学前教育的科普读物是为普及学前教育科学知识而编写的通俗读物，其内容浅显，通俗易懂，理论含量较低。

2. 报刊

报刊包括报纸和期刊，均属连续出版物。报纸和期刊出版周期短，更新速度快，能及时反映研究的最新动向，是进行科学研究工作重点要参考、分析和研究的文献。有关学前教育信息的报纸文献主要散见于各种教育报中，如《中国儿童报》《少年儿童故事报》《教师报》《中国教育报》《光明日报》《文汇报》等。

学前教育期刊主要是指研究学前教育的相关期刊，主要有专业学术性期刊和专业综合性期刊。专业学术性期刊主要刊载科研论文、研究报告等，理论性较强；专业综合性期刊兼具理论研究和实践分享。国内部分学前教育类期刊如表3-1所示。

表3-1 国内部分学前教育类期刊

| 序号 | 期刊类型 | 期刊名称 | 主办单位 |
| --- | --- | --- | --- |
| 1 | 专业学术性 | 学前教育研究 | 中国学前教育研究会 |
| 2 | 专业学术性 | 陕西学前师范学院学报 | 陕西学前师范学院 |
| 3 | 专业学术性 | 教育导刊 | 广州市教育研究院 |
| 4 | 专业综合性 | 幼儿教育 | 浙江教育报刊总社、浙江师范大学杭州幼儿师范学院 |
| 5 | 专业综合性 | 早期教育 | 江苏教育报刊总社 |
| 6 | 专业综合性 | 学前教育 | 北京教育音像报刊总社 |
| 7 | 专业综合性 | 上海托幼 | 上海教育报刊总社 |

3. 电子信息资源

电子信息资源是当下非常便利且高效的文献资源，我们可以通过网络轻松获得海量信息。学前教育研究相关的电子文献可以通过三种途径获得：一是图书馆的各种电子文献资源，如最常用的"中国知网"，包括期刊、学位论文、会议论文、年鉴、报纸等全文数据库；二是互联网上的各种搜索引擎，如谷歌学术、百度等；三是专门的学前教育门户网站，如"中国学前教育网""上海学前教育网""中国学前教育研究会官网"等。

4. 教育档案

教育档案是指人们在教育实践活动中直接形成的具有保存价值的原始文献材料，例如，《中国教育统计年鉴》是一本全面反映历年教育事业发展情况的资料性年鉴，是研究教育改革和发展的必备资料工具书。除教育年鉴外，教育档案还包括教育法令集、教育统计、教育调查报告、学术会议文件、学位论文、资料汇编等。

## 二、文献综述的含义和特点

### （一）文献综述的含义

文献综述即文献综合评述，简称综述，是指围绕某一领域、某一专业或某一方面的课题、问题或研究专题搜集大量相关资料，通过阅读、比较、分析、归纳和整理，对某个领域、当前课题、问题或研究专题在某一时期内的研究发展状况、最新进展、研究成果、研究存在的问题、未来研究方向和趋势等内容进行系统、全面的综合叙述和评论。文献综述是一种对已取得的研究成果或研究文献进行的"再研究"，不是对文献资料的简单摘录和堆砌拼凑，是研究者根据研究的需要，在对文献内容进行全面的评判性阅读和分析基础上，提出自己的见解和研究思路，综合得出的一份脉络清晰、有内在逻辑关系的研究成果。

文献综述就像是研究的指航灯，为研究者指明研究的方向，主要包括两类：一是为其他研究者提供相关信息，使他人能从中了解研究的最新动态、进展，获得研究启发。此时，文献综述是一项学术性研究成果，是独立的文献，属于三次文献，常以论文的形式在期刊上发表。例如，杨红岩发表在《陕西学前师范学院学报》2018年第1期的《我国近年来幼儿园游戏分享环节研究综述》就属于此类，读者通过阅读这篇文献可以了解"我国'游戏分享'之名的由来""游戏分享环节的价值""游戏分享环节的开展""游戏分享环节开展中存在的问题"等最新研究成果，以及作者对"已有研究的不足和未来研究方向及趋势"的见解。二是为自己的学位论文和课题研究做铺垫，是研究准备阶段的重要环节。此时的综述不是独立的文献，而是文献的一部分，属于绪论或引言部分。例如，广州大学学前教育专业硕士研究生杨幼榆的学位论文《大班建构游戏中促进幼儿深度学习的教师支持研究》"绪论"的第三部分"文献综述"，包括建构游戏相关研究、深度学习相关研究、幼儿深度学习相关研究、教师支持相关研究、对已有研究的述评五个部分。

**（二）文献综述的特点**

文献综述包括"综"和"述"两方面。"综"是对相关研究的大量文献资料进行分析、比较、归纳和整理，形成逻辑清晰、观点清楚明确的资料；"述"是对综合整理后的文献进行全面、深入、系统的阐述和评价。据此，文献综述有以下三个特点。

（1）综合性。

文献综述的综合性特点主要体现在两个方面：一是围绕相关研究的文献资料搜集要综合全面。文献综述是对某一时期某个领域或课题专题研究成果的综合概括，因此研究者搜索的文献资料一定要全面，应尽可能搜索到所有相关的研究文献。二是文献综述的内容要体现综合性。搜索到大量文献资料后，研究者要对资料进行整理分析，通过清晰的思路将不同学者的观点和研究结论有条理地综合阐述。

（2）叙述性。

文献综述首先是要对各种研究成果进行阐述，那么在撰写文献综述时就要求尊重原作者的观点，以客观的态度描述或转述文献中所涉及的各种观点，不添油加醋。

（3）评价性。

文献综述不是对文献资料的简单罗列和堆砌，需要对文献进行综合分析和评价。文献综述不仅要有"述"，更需要有"评"，有述有评，述评结合是撰写文献综述的基本要求。因此，研究者对文献资料中的他人研究成果进行阐述后，在综合分析的基础上，对前人研究成果进行恰当评价，表达自己的观点和见解。

## 第二节

# 文献综述的目的与步骤

文献综述是在搜集大量文献的基础上，通过分析、比较和判断，将所有相关文献信息综合起来，对已有研究进行述评。文献综述是整个研究过程中的重要一环，不仅是对前人研究进行综合描述和评价，还能揭示未来研究的方向和趋势。

## 一、文献综述的目的

### （一）为选题寻求切入点和突破点，进一步明确研究方向和具体问题

在即将开启研究之门时，或许只是有一个大致的想法，要想正式进入研究，进行文献研究和综述是必经之路和首要工作。正如大多数刚接触毕业论文撰写的同学，在对论文选题方向和具体研究方案制定一筹莫展时，查阅文献、研究文献会带来启发思考和帮助。研究者通过广泛搜集相关文献资料并深入研究，可以了解相关领域已有研究的成果、最新研究动态和进展，掌握以往研究者采用了什么研究方法，解决了什么问题，还有哪些问题有待进一步研究，明确可以从哪个角度切入研究等。这些信息都可以通过文献综述得到，帮助研究者进一步明确研究方向和具体问题。

### （二）启发研究思路，提高研究方法的科学性和有效性

文献综述综合了国内外的学术思想和最新研究，是了解教育科学研究前沿动向和最新研究信息的重要途径。通过查阅文献，可以开阔研究者的思路，拓宽研究视野。在对文献进行整理和归纳时，研究者可能会借鉴以往研究并从中得到启发，举一反三，触类旁通，也可能通过分析以往研究存在的问题和不足，找到研究的突破点和研究的新思路。

在研究方向和具体研究问题确定之后，研究方法的选择尤为重要，关系到整个研究能否科学有效地开展。在进行文献综述时，要深入分析已有研究中与自己研究相类似的问题采用了什么研究方法，获得了什么结论，该方法对此类问题的研究是否科学有效，存在什么问题，还可以采用哪些研究方法，从中获得启发，少走弯路。如果以往研究中某些研究方法并不能对研究问题进行科学有效的探究，那么研究者就要悬崖勒马，果断放弃该研究方法。此外，在查阅已有研究的文献资料时，研究者可以了解到某研究方法的使用全过程，包括研究工具的选择和制定、研究资料的搜集和整理分析等，研究者可以结合自身知识结构、时间、精力、可用资源等实际

情况，综合考量研究的可行性和可操作性，进而调整研究方案，避免出现研究开了头收不了尾的局面。

### （三）提升研究的意义和价值，避免重复劳动

教育科学研究不能单凭个人兴趣和热情盲目地进行，需要在充分了解前人研究的基础上进行不断创新，避免不必要的重复劳动。重复的研究不仅浪费大量的时间和精力，还将导致科学研究本身处于低水平的状态，因此，科学研究需要站在巨人的肩膀上不断前进。文献综述是建立在大量文献搜集和综合分析基础上的，通过文献综述，研究者可以掌握前人进行了哪些研究、有哪些研究成果、采用了什么研究方法、存在哪些问题等，避免重做前人已经做得非常系统深入的研究，重提前人已经解决的问题，重犯前人已经犯过的错误。因此，在进行研究时，做好文献综述，可以提高研究的意义和价值。

## 二、文献综述的步骤

### （一）确定主题

选好主题，确定主题，是写好文献综述的首要条件。

作为独立文献的文献综述，常常会通过在期刊上发表的形式与其他研究者进行交流。对于此类纯文献综述的选题，研究者可以根据自己的需要和兴趣，考虑研究的理论和实践意义进行选题；也可以关注当下理论和实践研究的热点进行选题，如幼儿劳动教育、学前融合教育、幼儿游戏等。一般来说，选题不宜过大，一个具体明确的选题不仅便于文献资料的搜集，研究者在撰写文献综述时更易整理、归纳和分析，也更能把文献综述写得深入和透彻，如游戏分享环节综述、幼儿模式能力发展综述、幼儿欺负行为综述等，都聚焦于一个非常具体明确的主题。

作为学位论文或课题研究的文献综述，是研究的准备阶段。如果已经确定了论文或课题选题，可以按照具体的选题方向筛选主题进行文献搜集和整理；如果只是有一个初步研究方向，可以根据大致的研究方向查阅文献，进而通过文献综述明确研究方向和具体问题。

### （二）搜集文献

确定了主题之后，就要开始广泛搜集文献资料。在搜集文献资料时，需要考虑三个问题：一是搜集哪些文献，是像幼儿作品、幼儿园活动照片视频、教师教案与观察记录等未经发表的零次文献，还是专著、期刊论文、学位论文等一次文献，又或是研究综述、百科全书、词典、年鉴等三次文献；二是去哪里搜集文献，图书馆、

档案馆、幼儿园、互联网等都是获取教育文献的主要场所；三是怎样搜集文献，教育文献一般可以通过手工检索和计算机检索两种途径进行，主要采用顺查法、逆查法、参考文献查找法等方法。下面介绍几种常用的工具和方法。

1. 手工文献检索

手工文献检索是一种传统的检索方法，即以手工翻检的方式，利用目录、索引、文摘等检索工具来获取文献信息的一种检索手段。手工检索常用目录卡片和资料索引进行检索。一般图书馆会根据其馆藏的文献制作目录卡片，目录卡片摘录了文献的题目、作者、出处、发表年月、编号等主要信息，按照一定格式制作成卡片，分类存放于图书馆或资料中心。另外，手工检索还可以利用资料索引进行检索，资料索引汇集了一定时间内各类文献的题目、出处和作者姓名，包括报刊目录索引、书籍目录索引等。手工检索的方法比较简单、灵活，容易掌握，但费时费力，现在几乎所有图书馆都会把馆藏文献信息录入计算机管理系统，所以通过计算机检索会更方便快捷，也为绝大多数研究者所使用。①

2. 计算机文献检索

随着信息科学技术的迅速发展，文献资源的储存、管理与利用发生了巨大变革，这也使得文献检索越来越便利高效。计算机文献检索也称电子文献检索，是运用计算机检索储存的电子文献，主要包括图书馆使用的文献检索系统、互联网上的各种搜索引擎、专门的学前教育门户网站等。

（1）图书馆文献检索系统。

图书馆一般都会将馆藏文献资料录入到计算机管理系统，进入图书馆资源管理系统，输入书名、作者名、出版社等相关信息，可以迅速找到想找的书籍文献。此外，图书馆资源系统中还存储着电子书籍、音频、视频、图片、教学案例、教学素材等资源，可以按照文献的篇名、书名、作者、其他关键主题词进行查找。与传统的手工文献检索方法相比，计算机检索省时省力，效率高。

（2）电子资源数据库。

电子资源数据库由专门的信息情报机构建立，涵盖的信息量非常大，不仅文献数量种类丰富，专业性还非常强，是进行学术研究的首选资源。开展教育研究常用的中国电子资源数据库包括中国知网、超星、维普、万方等。

---

① 张宝臣，李兰芳. 学前教育科学研究方法［M］. 上海：复旦大学出版社，2012：38.

### 案例3-1 利用中国知网进行"幼儿园科学集体教学的现状研究"相关文献检索

首先,登录进入中国知网首页,如图3-2所示。然后,既可以按照文献类别的默认项,利用主题或其他搜索条件进行文献检索,也可以点击首页的"高级检索",进入高级检索页面,如图3-3所示。教育类文献属于社会科学Ⅱ辑,点击最左边文献分类的社会科学Ⅱ辑前面的小框,接下来设定右侧检索条件。右侧检索条件默认为"主题",下拉菜单中还有"篇名""关键词""摘要""全文"等内容范围。按照宽泛程度来说,"全文"最宽泛。"主题"就是这篇文献讨论的主要问题,在实际操作层面,多数数据库是通过文献的篇名、关键词、摘要来综合确定一篇文献的"主题"归属。文献检索可以利用"主题""关键词"等检索项进行单一检索,也可以采用组合检索。在进行组合检索时,须根据需要对不同检索条件之间的关系进行设定。这些"关系"中的"and"表示同时满足与其相邻的两项检索条件,"or"表示与其相邻的两项检索条件满足其一即可,"not"表示满足紧随其后的检索条件的文献不进入检索结果。除了可设定检索的内容范围之外,我们可设定检索的起止时间及期刊的来源类别。

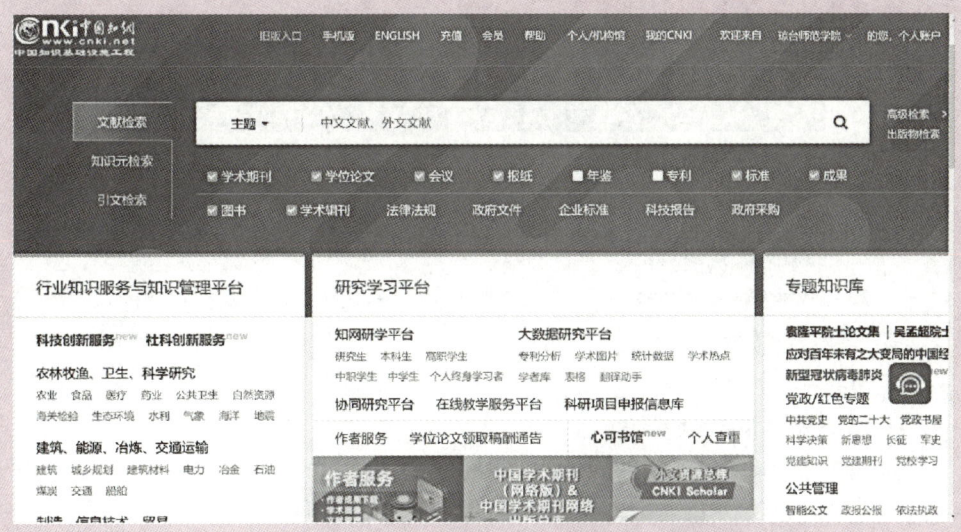

图3-2 中国知网首页图

图3-3 中国知网高级检索页

所有条件设定好后,点击"检索",就能得到检索结果了。但并非所有文献都是我们想要的,因此,在下载时,需要对检索结果中的文献进行筛选。那些只看题目就能判定与我们的研究主题明显相距较远的文献,就无须下载了。当仅看题目无法做出判断时,我们可以点击这篇文献的题目,在打开的新页面查阅这篇文献的摘要。如果看完文献摘要仍然无法做出判断,为免遗漏,这样的文献最好也下载下来。最终,"幼儿园科学集体教学的现状研究"文献检索结果会以题录的形式呈现,如图3-4所示。

图3-4 中国知网检索结果页

(3) 互联网搜索引擎。

互联网是大家在日常生活和学习中习惯性使用的一种信息搜索工具,开展学前教育研究也会利用互联网一些免费的大众搜索引擎,比如百度、谷歌、搜狗等。这类大众搜索引擎使用方便,涵盖的信息量庞大,内容综合。但是,需要注意的是,在下载引用通过免费的大众搜索引擎搜索到的文献时,需要对其科学性、可靠性进行认真思考和辨别。有些文献逻辑混乱没有系统性,有的文献没有标明来源出处,甚至有些文献内容是错误或虚假的。因此,在利用大众搜索引擎时,一定要多方考量,谨慎对待。

(4) 学前教育相关网站和公众号。

进行学前教育研究除了通过上述途径和方法获取文献外,还可以通过浏览各类网站和公众号获取信息。比如教育主管部门、各类教育团体、教育研究机构、师范院校等单位创建的网站,发布的新闻、教育理论和实践研究动态、政策法规文件等信息。研究者可以结合自己研究的需要,在这些网站的主页上,查找相关文献信息。此外,近几年,通过微信公众号获取信息资源也成了一种普遍的方式,如发布学前教育理论研究动态和实践探索的公众号,有幼师口袋、安吉幼教、日敦社幼师学园、教育的世界、全儿童等。

3. 参考文献追踪检索

参考文献追踪检索法又称引文查找法或追踪法、追溯法,通过已获得的教育文献中所列的参考文献和所附的引文注释,查找有关主题的原文献,进而再从这些原文献所附的参考文献目录中进行检索,依次类推,产生滚雪球的效应。这是一种非常实用且便利的文献检索方式,根据已有文献的参考文献可以获取更多与研究密切相关的文献资料,针对性强,文献检索效率高。但要注意的是,在追踪文献时,注意先追踪查找权威性的文献,如领域内学术造诣深厚的学者的著作、优质出版社出版的图书专著、核心期刊上发表的论文等,确保所查文献的代表性。

(三) 阅读整理文献

阅读整理文献是写好文献综述的关键,研究者在搜集了大量的学前教育相关文献后,接下来的工作就是要认真阅读文献资料,在全面了解所有文献的基础上,对文献进行系统分析、归纳整理和综合评价,为撰写文献综述打下基础。

首先,初步浏览文献,判断其价值,决定文献的去或留。在搜集文献的过程中,为了尽可能掌握所有与研究相关的材料,有时会混杂一些价值不高的资料。因此,研究者需要对检索到的所有文献资料快速浏览一遍,通过浏览对搜集的文献资料内容、价值进行初步了解和判断,以此决定该文献是否需要保留,是否需要进行更深入的阅读和分析。在浏览文献时,可以通过快速阅读标题、文献来源等内容判断文献的价值和权威性；结合自己研究的主题，通过浏览文献的结构和体例，剔除重复、发表时间过久、逻辑混乱甚至错误的材料，保留那些全面、完整、深刻和正确地阐明所要研究问题的有关资料，并对其进行初步分类，这些文献是真正对自己研究有帮助、有启发的资料。

其次，精读文献，深度分析、整理归纳文献。通过对挑选出来的文献进行精读，可以全面把握文献的内容和逻辑结构，掌握文献的研究切入点、研究方法、研究结论、研究存在的问题以及对自己研究的启发等。在精读的过程中，要对文献材料进行批判性思考，将文献中的概念界定、引用的案例、搜集的数据资料、采用的研究方法、阐述的观点与客观事实、相关研究结果和结论与研究主题联系起来，进行对比和分析，做出客观判断和全面评价，并提出自己的思考。

最后，阅读时要做好笔记，将重要文献中的研究问题、目标、方法、结果和结论、作者、出处等内容，用摘要的方式记录下来，也可以将自己阅读时受到的启发、想法记录下来，如做批注等。此外，精读时可以将文献按照一定的标准进行分类，以便在后续研究中使用。可以参考的标准有：按学科领域分类；按学术观点、学术流派分类；按问题研究的历史发展阶段分类；按研究程序或研究方法的运用分类；等等。①

### （四）撰写文献综述

在阅读整理文献后，研究者可以着手撰写文献综述。文献综述不是各种文献观点的堆砌，也不是各种参考文献的罗列，撰写时不仅要忠于原作者的观点客观阐述，还要有自己的批判思考，提出自己的观点和见解，按照一定的逻辑撰写一份脉络清晰、有述有评的高质量文献综述。关于文献综述的具体撰写要求在本章的第三节会有详细介绍。

## ◆第三节◆
## 文献综述的撰写

在了解了文献、学前教育文献的含义、类型和分布之后，通过多种途径和方法搜集了广泛的文献资料，结合自己研究的需要，对文献进行了阅读、分析和整理，接下去就要开始撰写文献综述。那如何撰写文献综述呢？本节将围绕文献综述的基本结构、撰写的基本要求以及撰写时常见的问题展开论述。

---

① 王琪. 撰写文献综述的意义、步骤与常见问题［J］. 学位与研究生教育，2010（11）：49-52.

## 一、文献综述的结构

文献综述是对某个领域、某个研究专题在某一时期内的研究进展、成果、存在问题、研究趋势等内容进行系统、全面的综合叙述和评论。由于研究主题、文献资料的不同，文献综述的结构和内容没有统一规定。如果是学位论文或课题研究的文献综述，格式按照学位论文或课题研究的格式要求，一般都包括对前人研究的综合概述以及评价。如果是纯文献综述的论文，内容和结构形式虽多样，但基本包含以下几个方面：标题、前言、正文、结论以及参考文献。下面结合徐东等人2021年发表在《幼儿教育（教育科学）》的《近30年我国幼儿劳动教育研究综述》一文为例，阐述作为独立论文的文献综述的基本结构。

### （一）标题

标题是文献综述内容的高度概括和浓缩，能清楚地表达综述的主题和范围。例如《近30年我国幼儿劳动教育研究综述》，从题目一看就明白综述主题是"幼儿劳动教育"，综述范围是我国学者近30年的研究概况。

### （二）前言

前言是综述的开始部分，需开门见山，直接明了，简明扼要，主要阐述清楚综述的对象、背景、价值、意义与重要性。除此，研究者还需交代清楚综述的范围、文献情况以及基本内容概要，让读者对本文将要论述的主体内容有一个大致了解。

> **小案例**
>
> **案例3－2　近30年我国幼儿劳动教育研究综述[①]**
>
> 《幼儿园教育指导纲要（试行）》提出，要引导幼儿了解自己的亲人以及与自己生活有关的各行各业人们的劳动，培养其对劳动者的热爱和对劳动成果的尊重。《幼儿园工作规程》也明确规定，要将"爱劳动"作为保教的主要目标之一。党的十八大以来，我们国家高度重视劳动教育，相继颁发了系列文件，就加强新时代大、中、小学劳动教育进行了系统规划和全面部署，由此进一步引发了学前教育领域对幼儿劳动教育的关注和探讨。如何准确定位并科学开展幼儿劳动教育是学前教育领域亟待关注和探索的重要课题。面临幼儿劳动教育体系重构的契机，了解幼儿劳动教育研究的现状至关重要。

---

① 徐东，程轻霞，彭晶. 近30年我国幼儿劳动教育研究综述［J］. 幼儿教育，2021（Z6）：77－82.

## （三）正文

正文是文献综述的主体部分，也是文献综述的重要部分，研究者需将搜集到的具有代表性、科学性、权威性的资料进行整理、分析、归纳综合，重点阐述某个领域或主题研究的发展历史、研究手段和方法、研究成果、现状以及对这些问题的评价。正文写法上没有统一格式，可以按照不同学术派别综述，按照研究时间的推进进行综述，也可以按照不同内容进行综述，不管用哪种形式进行综述，都需要和前言中所概括的基本内容一致。要注意的是正文部分不能是各种学者观点的罗列，重点要分析，归纳各种观点达成共识的部分和有分歧的地方等。

## （四）结论

结论部分需要解决的问题是归纳总结以及展望。首先需要对已往研究的情况做一个高度概括，接着对研究存在问题和不足进行简单小结，最后提出未来研究的方向和展望。

## （五）参考文献

参考文献是文献综述的最后一部分，科学规范地列出参考文献，不仅体现了研究者严谨的科学研究态度，也表明对其他研究者的尊重，在一定程度上也能反映研究者学术探究的深度和广度。在进行文献综述时，直接在文中引用和列举的文献一定要标明，没有直接引用但是对综述有启发有帮助的文献也要列出，文献需按照规范格式要求标明。另外，需要注意的是，所参考的文献要能反映某领域研究的最新动态，因此应尽可能搜集近期发表出版的文献资料，如近10年内出版的专著，近5年内发表的期刊，等等。

> **小案例**
>
> **案例 3-3　参考文献及示例**
>
> 1. 图书类文献：作者. 书名 [M]. 出版地：出版社，出版年：页码.
>
> 示例：张宝臣，李兰芳. 学前教育科学研究方法 [M]. 上海：复旦大学出版社，2012：38.
>
> 2. 学位论文类文献：作者. 论文名 [D]. 学校所在地：学校名称，写作时间.
>
> 示例：杨幼榆. 大班建构游戏中促进幼儿深度学习的教师支持研究 [D]. 广州：广州大学，2022.

> 3. 期刊文章类文献：作者. 文章题名［J］. 期刊名，出版年，卷（出版期次）：页码范围.
>
> 示例：宋国才，周序. 文献检索与快速阅读必须知道的那些事［J］. 福建教育，2016（Z6）：47-50.
>
> 4. 报纸文章类文献：作者. 文章题名［N］. 报纸名称，出版年-月-日（版次）.
>
> 示例：王佩佩. 尊重幼儿的"游戏心"［N］. 中国教师报，2015-07-01.
>
> 5. 网络电子资源类文献（不包括电子专著、电子连续出版物、电子学位论文、电子专利）：作者. 文章题名［EB/OL］. 时间. 来源网址.
>
> 示例：中华人民共和国中央人民政府. 教育部关于印发《幼儿园教育指导纲要（试行）》的通知［EB/OL］.［2021-01-22］. http://www.gov.cn.

## 二、文献综述的撰写要求

### （一）文献资料搜集要"全"

文献资料是撰写文献综述的原材料，原材料丰富，撰写高质量的文献综述才有可能。因此，要想写好文献综述，首先是搜集的文献资料要尽可能全面，只有这样才能对某学科、某领域或某个研究专题有整体全面的把握，进而通过分析、比较、归纳、综合和评价，对文献进行深入系统的研究。有些学生做毕业论文时，仅查阅了十几篇文献，有些带着个人偏好进行选择性文献查找，导致以偏概全，在此基础上进行论文写作或课题研究，其科学性和学术性将会大打折扣。

### （二）文献资料选择要"精"

文献综述的撰写不是将所有查找到的学前教育相关文献都罗列出来，简单拼凑和堆砌，而是按照一定的逻辑对文献展开分析、归纳和整合，因此，需要对搜集到的文献进行筛选。研究者选择文献资料要"精"，可以结合自己研究的需要，选择具有权威性的（文献来源权威、作者权威等）、代表性的（代表性的学术观点）、与研究主题密切相关的文献，以及能反映学前教育学术前沿和最新研究动向的前瞻性文献。对这类精挑细选出来的文献进行整理、分析和评价，撰写出来的文献综述才有可能体现较高的学术性、创造性和科学性。

### （三）文献资料运用要"真"

通过浏览、精读筛选出优质文献资料后，就要开始对文献资料进行分析、比较和综合，通过直接引用文献或转述的方式，按照一定标准和逻辑撰写文献综述。研究者所搜集的各类文献有不同研究视角、各种不同观点、各种结论，在对这些文献进行分析、比较和综合时，一定要忠于原作者的观点，认真研读文献，思考分析其要表达的意思，不可妄自揣测，更不能为达到自己的目的，随意篡改和歪曲原文献。因此，在运用文献资料撰写综述时切记要"真"，始终坚守科学严谨的治学态度。

### （四）文献综述撰写要"思"

文献综述包括"综"和"述"两方面，"综"是对文献资料进行分析、比较、综合，形成逻辑清晰、观点清楚明确的资料；"述"是对综合整理后的文献进行全面、深入、系统的阐述和评价；文献综述不仅要"述"，更为关键和重要的是"评"。因此，撰写综述要善"思"，不是简单地将所查阅到的文献的各种观点、研究角度、研究方法、研究成果等向读者一一罗列和介绍，而是要进行深入思考，比较、分析各种研究达成的共识、存在的差异和不足、未来研究的方向等，提出自己的观点和见解，按照一定的逻辑，撰写一份脉络清晰、思路严谨、有述有评的综述。

## 本章小结

文献综述是进行学前教育科学研究的重要环节，不论是进行毕业论文写作还是开展课题研究，又或是作为独立文献的综述，首先要做的就是搜集、阅读、整理、分析文献，然后撰写文献综述。本章介绍了文献、学前教育文献的含义、类型和分布，详细阐述了文献综述的含义和特点。结合案例，分析了文献综述的目的和一般步骤。最后，通过案例的形式直观介绍了文献综述的结构，以及撰写文献综述的基本要求。

## 思考与练习

### 一、单项选择题

1. 文献的三个基本要素是（　　）。
   A. 知识、书籍、记录　　　　　　B. 知识、记录、载体
   C. 期刊、知识、载体　　　　　　D. 载体、记录、书籍
2. 下列属于一次文献的是（　　）。
   A. 目录　　　　B. 索引　　　　C. 专著　　　　D. 文献综述
3. 下列属于三次文献的是（　　）。
   A. 目录　　　　B. 索引　　　　C. 专著　　　　D. 文献综述

4. 文献综述的特点不包括（　　　）。

A．综合性　　　　B．叙述性　　　　C．多样性　　　　D．评价性

5. 学前教育期刊文献在大的学科领域属于（　　　）。

A．哲学与人文科学　　　　　　　B．基础科学

C．社会科学Ⅱ辑　　　　　　　　D．社会科学Ⅰ辑

6. 通过文献中所列的参考文献，查找有关主题的原文献，进而再从这些原文献所附的参考文献目录中进行检索，依次类推的检索方法是（　　　）。

A．顺查法　　　　B．追踪法　　　　C．逆查法　　　　D．综合查法

二、简答题

1. 什么是文献？什么是学前教育文献？

2. 按照对文献内容加工程度不同，文献可以分成哪些类型？

3. 简述零次文献、一次文献、二次文献、三次文献之间的区别和联系。

4. 请阐述为什么要进行文献综述。

5. 撰写文献综述时需要注意哪些问题？

三、实践操作题

1. 请至少列出 10 个与学前教育有关的报刊、网站或公众号名称，并提供详细信息与大家分享。

2. 请自选题目，围绕某一主题搜集资料，并撰写文献综述。

## 参考文献

[1] 徐俊华. 学前教育科学研究方法［M］. 合肥：安徽大学出版社，2014.

[2] 杨晓萍. 教育科学研究方法［M］. 重庆：西南师范大学出版社，2006.

[3] 金哲华，俞爱宗. 教育科学研究方法［M］. 北京：科学出版社，2011.

[4] 王小英. 学前教育科学研究方法［M］. 长春：东北师范大学出版社，2015.

[5] 张宝臣，李兰芳. 学前教育科学研究方法［M］. 上海：复旦大学出版社，2012.

[6] 龚冬梅. 学前教育科学研究方法［M］. 南京：东南大学出版社，2017.

[7] 张黎. 怎样写好文献综述：案例及评述［M］. 北京：科学出版社，2008.

[8] 宋国才，周序. 文献检索与快速阅读必须知道的那些事［J］. 福建教育，2016（Z6）：47－50.

[9] 王琪. 撰写文献综述的意义、步骤与常见问题［J］. 学位与研究生教育，2010（11）：49－52.

[10] 徐东，程轻霞，彭晶. 近 30 年我国幼儿劳动教育研究综述［J］. 幼儿教育，2021（Z6）：77－82.

# 第四章 观察法

> **学习目标**
> 1. 理解观察法的基本概念、实施基本原则和不同类型的观察法。
> 2. 了解并能初步尝试运用几种常用的观察方法。
> 3. 掌握观察法的实施步骤及基本要求。

## ◆ 第一节 ◆
## 观察法的概述

观察是教育科学研究中最基本的一种方法，对搜集教育原始资料、探索教育问题起着重要作用。

### 一、观察法的定义及适用范围

#### （一）观察

"观"是看，"察"是分析研究，观察具有一定的目的性、计划性，是一种受思维影响的高级知觉活动。《社会科学大词典》这样定义观察：观察是在事物的自然条件下，为一定任务进行的，有计划的知觉过程。① 观察不是随意地看，而是要有以认识事物为目的，借助感官来仔细地看清楚事物的现象和发展规律。

#### （二）观察法

随着人类社会和科学技术的发展，人们对事物和现象的研究更加深入，衍生出越来越多的科学研究方法，观察法便是其中之一。早在古希腊时期，观察法在自然界研究领域得到广泛应用。直到20世纪20年代，观察法在心理学、社会学等其他

---

① 陈婷. 幼儿园教育活动中教师观察行为的研究［D］. 长春：东北师范大学，2013.

学科领域中得到广泛应用,在此期间,卢梭、夸美纽斯、蒙台梭利等大教育家运用观察法展开对儿童的研究。

在教育科学研究中,观察法指通过感觉器官或辅助工具,有目的、有计划地对自然状态下发生的现象或行为进行系统、连续的考察、记录、分析,从而获得事实材料的研究方法。"自然状态"是指在不干扰和控制被观察的对象活动的情况下,使观察的内容客观、真实地呈现出来。"系统、连续"指观察应是全面、纵向跟踪,而不是片面、偶然的观察。"考察、记录、分析"指观察的基本过程,即通过仔细看,详细记录,综合分析以获取对事实的了解和认识。[①] 例如,在幼儿园的活动中,教师想要了解幼儿的合作游戏情况,通常借助感官或其他辅助手段(照相机、摄像机、记录表等),捕捉幼儿分工、协作、配合与沟通等各种信息,在一定的时间阶段内持续跟进观察与记录,以综合分析、解读幼儿的合作游戏情况。

### (三)观察法的适用范围

观察法是学前教育科学研究中最基本、最常见的一种方法,适用范围很广,凡是幼儿呈现的任何行为现象均可作为观察目标。观察法通常用于描述自然条件下的行为状态或正在进行着的某些过程,如幼儿交往活动的类型、幼儿的助人行为、幼儿的游戏状态等。另外,观察法也适用于获取第一手资料或对研究对象进行纵向跟踪研究。如儿童动作技能的发展过程、儿童的搭建技能发展水平、儿童书写能力的形成过程等。

## 二、科学观察与日常观察的区别与联系

### (一)科学观察的要求

科学的研究始于观察,科学观察是为了科学研究或职业需要而进行的一种有目的和有计划的活动。从观察的准备到观察的实施再到获得观察的结果,这一过程不是被动、消极的"看",而是一种积极的思维活动。通过大脑积极地思考,扩大感性认识,启发新知产生。科学的观察法应符合以下要求:

(1)明确的观察目的。

有一定的观察目的,有具体的观察对象,并借助一定的观察工具对客观事物进行认识。

(2)详尽的观察计划。

具有一定的理论准备,制订较完备的观察计划,有目的、有意识地搜集资料。

---

[①] 张宝臣. 学前教育科学研究方法 [M]. 3 版. 上海:复旦大学出版社,2020:5.

（3）自然的观察情境。

观察者对被观察对象的活动不加干预，对于影响被观察对象的各种社会因素也不加干预。

（4）科学的结果解释。

观察结果必须是可以重复验证的，能够概括研究对象的一般性特征。

（5）专业的观察者。

观察法的运用是一个人能力的反映过程，观察者的素质和水平会影响研究的质量。

### （二）随机的日常生活观察

生活中的观察是随机发生的，没有明确的目的性、计划性，也不会对观察到的内容进行有意识地反思，有时就是时间稍久的"看"。由于教师对幼儿的了解信息大多来自于日常生活中的观察，因此生活中的观察对于一线工作者来说也很重要，有时教师可根据自身兴趣随机捕捉观察的目标行为与事件。在不具备正式开展观察研究的条件下，可以根据现实情况来进行日常生活的观察，以了解幼儿、探究生活中常见的现象和问题。

## 三、观察法的特点

科学研究中的观察区别于生活中的观察，有严格的观察计划、明确的观察目的和严格的观察记录。在科学观察中，可以对特定的行为情景做出反复多次的观察，达到系统地解决问题的目的。科学的观察法具有以下特征[1]：

### （一）目的性与计划性

观察法需要在正式观察之前，根据一定的研究目的事先进行研究设计，突出目的性和计划性。

### （二）直接性

直接性指观察者与观察对象在观察中有直接接触与联系，中间不需要其他环节，观察到的结果，所获得的信息资料，具有真实可靠性，是第一手资料。

### （三）情境性

情境性指观察一般是在自然状态下进行的，对观察对象不会产生作用与影响，

---

[1] 刘晶波. 学前教育研究方法 [M]. 北京：人民教育出版社，2016.

即无外来人为因素的干扰，不会产生反应性副作用，能获得生动朴素的资料，具有一定的客观性。

### （四）情感性

情感性指观察者往往容易受到个人的感情色彩和"先入为主"成见的影响。

### （五）及时性

及时性指观察及时，能捕捉到正在发生的现象，所获得的信息资料及时、新鲜。

### （六）纵贯性

纵贯性指观察者对观察对象可以做较长时间的反复观察与跟踪观察，对观察对象的行为动态演变可以进行分析，这样才能避免表面化和片面化。

### （七）普适性

普适性指观察法适用范围较为普遍，不但普遍适用于自然科学研究与社会科学研究，而且很多教育研究方法如调查法、实验法、访谈法等也与观察法有密切关系。

## 四、观察法的意义及优缺点

《幼儿园教师专业标准》《幼儿园教育指导纲要》《3—6岁儿童学习与发展指南》《幼儿园保育教育评估指南》等各项文件的颁布，分别指出观察在教学实践工作与教育教学研究中的重要性，可见观察能力是幼儿教师专业素质的重要组成部分。通过观察，幼儿教师能够搜集幼儿资料，分析了解幼儿的身心发展特点，改变教学方法，用以指导实践，促进幼儿发展；通过观察，幼儿教师可以获得幼儿发展和教育教学实践的相关知识，优化自身的知识结构，促进自身的专业发展。观察力是幼儿教师的必备能力，发展自身的观察力是教师成长为专家型教师的必由之路。因此，在学前教育科学研究中，观察法作为一种常用的研究方法，无论对于教育实践者还是研究者来说都具有十分重要的意义。

### （一）观察法对于幼儿研究的特殊意义

**1. 观察法能够促使各种学前教育科研选题的产生**

通过细心观察，做一名有心人，捕捉和洞察教育现场中的问题，能够从实践中获得学前教育研究课题。学前教育科学研究的课题大部分是幼儿教师通过细心观察发现的。例如，某幼儿教师在实际教学过程中发现幼儿鲜少与环境中的表征进行互动，便从这里入手展开了中大班幼儿与环境表征互动的研究。

**2. 观察法能够获得较为真实具体的信息，观察到更多自然情境中的行为**

学前儿童受年龄及认知发展的局限，理解能力较差，言语表达能力较为有限，有些控制性较强的研究方法如实验法就难以顺利开展。观察法旨在考察幼儿的实际行为，不需要他们做出特定的反应，所以在一定程度上可避免在其他测试方式中有可能发生的诸如不理解指示语，做出反应时取悦于成人，或以自我为中心的思维方式等现象的干扰，因此观察往往是获得第一手资料的方法。

**3. 观察是评价教育、验证科研成果的重要手段**

观察法能直接获取第一手资料，不仅可用于对儿童及成人的理解，而且还可以用于评价学前教育，如评价学前教育的服务质量、教育研究中干预方案的效力等。此外，科研结果的有效性与教育科学理论的正确性也可以通过观察法来验证，尤其是对一些外显的结果更为适用。例如，幼儿教师想要进行关于幼儿在生活中分享行为培养的研究，就需要进行大量的观察，根据观察内容进行分析判断，进而提出有针对性的教育策略，促进幼儿的行为得到改进和培养，通过相应的教育方法的实施，幼儿的分享行为较之前明显增多，也更愿意分享，就说明研究是有效果的。

观察是教育科学研究搜集资料的基本途径，既可以单独使用，也可以配合其他研究方法如访谈法、实验法、经验总结法、行动研究法、个案研究法等一起使用。总之，观察法是发现教育现象与问题，深入了解教育对象及行为，探索教育对策的重要手段，是进一步认识教育现象之间的联系，把握事物的本质规律，评价教育质量的重要方法。

### （二）观察法的优缺点

与其他研究方法相同，观察法也有其自身的优缺点，只要我们认识到它的优点与局限性，并在研究实践中扬长避短，就能发挥它的最大作用。

观察法的优点表现在：它作为科学研究最基本的方法，是搜集第一手资料最直接的手段，所得资料相对客观、可靠；观察是在自然状态下进行，不需要幼儿做出超越自身的反应，能够把握当时特殊的情境、氛围；研究者可以考察幼儿身心各方面发展的过程，关注到个体差异，对幼儿的行为做出正确的判断和评价；还可对观察对象进行持续追踪研究，便于获得行为现象发展趋势的相关资料，实施起来较为简单。

观察法的缺点表现在：观察法受观察对象的限制，不适宜对内部核心问题、事物内部联系及较为隐蔽的事物进行研究，所得资料难以用系统的方式进行编码和分类，定量困难；受观察者本人理论认识、能力、素养、经验等因素的影响，难以做到绝对客观化，所得资料不免带有一定的主观性；观察法需要大量的时间与精力，它受人力、财力、物力的限制，不适用于大范围、大场面的研究，因此样本量较少，可能会影响研究结果的代表性；自然状态下的观察缺乏控制，无关变量混杂其中，可能会使观察结果缺乏科学性，如果产生推论太多，会影响研究信度；受时间的限制，某些行为或事件的发生是出现在一定时间内的，过了这段时间就不会再发生，而这种情况则会拖延观察者的研究进度。

### 五、观察法应遵循的原则

观察的原则，是研究者在进行有价值的观察活动时应遵守的基本准则。由于观察的原则是在认识科学观察的特点基础上提出来的，因此，在观察过程前后需要我们熟知并贯彻落实观察原则，才能正确研究客观对象，克服观察过程中的不利因素，获得有效观察信息，从而提高观察质量及科研水平。

#### （一）目的性原则

观察的目的要指向一定的教育现象和教育问题。在观察的过程中，研究者通常要根据自己的研究目的来开展观察活动。真实的观察活动现场是错综复杂且变化万端的，观察到感知范围内的每一件事情或行为是不可能的，所以在进行观察时一定要尽量避免因关注问题过多，使观察结果仅仅停留在表面现象，没有深入调查，流于形式。从日常教学生活中存在的具体的、可操作性、有代表性、有研究价值的问题入手，有选择、有目的地进行观察才能获得有效资料。

#### （二）系统性原则

有明确的观察目的之后，研究者通常根据自己的研究目的来制订观察的计划、选择观察的策略，对观察的整个过程做出系统的规划，使观察活动系统地、有计划地进行。就某一教学问题的观察，应该包括观察前的准备、正式实施观察、记录分析观察结果三个主要阶段。如果是较大的研究课题，则应注意分层次、有步骤地将问题细化，分解后再进行观察。

#### （三）客观性原则

在正式观察的活动现场，研究者应尽量保持客观，不带有个人主观色彩，即避免随意对观察到的内容进行主观判断。由于在生活中，观察者与被观察者总是有这样或那样的联系，观察者对生活的感知经验也会受到这种联系的影响。一般来说，观察者同被观察的人或事物的联系越密切，情感因素对观察过程的影响就越大。同时，观察者的知识与经验、个人研究素养也会影响观察过程。观察法的客观性不在于一概排除观察者的情感、知识与经验等因素，而在于坚持科学标准，实事求是，不因个人偏见或个人狭隘的经验而歪曲、掩饰或编造事实。

### （四）全面性原则

观察的全面性，是观察的客观性的内在要求。任何客观事物都有多方面的属性、多方面的联系、多方面的表现形式，要正确认识客观事物，必须从不同侧面、不同角度、不同层次进行全面的观察，才能了解客观事物的全貌，从而正确认识事物。一方面，全面性的观察能够如实地反映教育现象的全貌，便于形成记录材料，完整地保存下来；另一方面，观察过程要连续、不得随意间断。由此而获得的材料，能够全面反映教育现象，有利于观察者较好地抓住教育现象的本质。否则，获得的材料可能是局部的、支离破碎的，不但无助于正确揭示教育现象的本质，甚至可能出现歪曲教育现象的情况，对研究结果产生误导。

为了贯彻观察的全面性原则，在观察的初期，可以先安排一个短暂的预观察，通过其中产生的问题修改研究计划。如果场面较大，应配备足够的观察人员或利用录像、录音设备予以帮助，避免只观察到局部的现象而以偏概全。另外，观察记录也要完整、详细，才能全面反映观察到的实际情况。

### （五）深入性原则

在观察中，要坚持观察的客观性和全面性，就必须进行深入、细致的观察，这是因为社会生活的纷繁复杂、千变万化，会对之前的观察结果产生影响，观察者在短时间内不一定能观察到事物的本质。特别是在信息爆炸的时代，有些人为了快速完成研究任务，往往会自觉或不自觉地用一些片面的、偶然的，甚至虚假的资料来应付、欺骗研究者。如果观察者仅仅满足于走马观花，停留在表面现象浮光掠影，难以做到深入、细致地观察，那么，最终就有可能得出片面的甚至错误的观察结果。

### （六）持久性原则

由于观察研究的目的是认识教育教学的本质及其发展规律，所以持久性的原则是必不可少的。有时为了获得一个小小的研究结论，需要经历数日、数月、数年，甚至更长时间的观察。而实地观察往往是一种较为单调、枯燥的活动，要进行全面、深入的观察，就必须经过重复多次的观察过程，具有百折不挠的精神，才能苦尽甘来，有所收获。

## 六、观察法的基本类型

由于分类的角度与标准不同，观察法可以分为不同的类型。通过了解观察法的类型，能够帮助我们在实际研究活动中根据研究的主要对象，选择适合的观察法类型进行观察研究。一般来说，观察法采用二分法进行分类。

### (一) 根据观察者所处的环境特点划分

按照观察者所处的环境特点划分，可分为自然情景中的观察与实验中的观察。

1. 自然观察

自然观察也称为现场观察，指在现场自然情境中，对观察对象不加以控制的一种观察。通常采用纸和笔对偶然现象或系统现象做描述性的记录和分析。自然观察法就是被观察者处于完全自然状态的条件下，观察者对被观察者的行为不进行任何暗示与控制，自然而然地观察被观察者的行为而获取研究资料的一种研究方法。在自然观察过程中，被观察者一般不知道自己正处于被观察状态，因为如果被观察者知道自己正处于被观察之中，观察者就很难观察到被观察者在完全自然状态下的真实行为。

自然观察法的优点是可以真实地反映观察对象在日常生活中的行为表现；其缺点是不能控制观察对象的行为，有些被动，有时需耐心等待目标行为的出现。

2. 实验观察

实验观察是指在实验室有控制的条件下的观察，要设置特定的情景，规定刺激的性质，观察特定条件下的特定行为。实验观察法又称控制观察或条件观察。在实验观察中被观察者有可能知道自己正处于被观察的状态，也有可能不知道自己正处于被观察的状态。目标观察行为或事件不可能每时每刻都在发生，在自然观察中难以观察到的行为可以用实验观察法进行观察，也就是借助一定的辅助手段来诱发被观察者出现观察者所希望发生的行为。

实验观察的优点是在严密且可控制的条件下进行观察，能够避免因主观选择而产生的误差；缺点是对环境条件的人为控制难度较大，实施起来较困难，也有可能会影响研究成果的真实性和可推广性。

### (二) 根据观察的方式（手段）划分

按照观察的方式对观察法进行分类，可分为直接观察与间接观察。

1. 直接观察

直接观察是凭借人的感官，在现场直接对观察对象进行感知和描述，相对来说，更为直观具体。直接观察法就是指在观察的时候不借助任何仪器、设备、技术的支持，而是运用观察者的感觉器官来进行观察的方法。

直接观察的优点在于无须经历过多程序，便能获得第一手资料。同时，观察者在观察的过程中，能够根据观察的任务、观察时活动的具体情况和时间的安排，及时灵活地调整观察的方向，便于一线教师使用。其缺点是单纯依赖感官观察，可能会对实际效果具有制约作用，因为被观察对象在活动中的一言一行很难在当下被完整记录，也难以呈现完整的活动情境。

2. 间接观察

间接观察是利用一定的仪器或其他技术手段作为中介来进行观察。这种观察突破了人的生理能力的局限，扩展了观察的深度和广度。在现实观察场景中，常用的辅助观察的仪器或设备有照相机、摄像机、录音笔等。

间接观察的优点是借助这些辅助观察的仪器、设备，能够在一定程度上克服观察者使用感觉器官进行观察的缺陷，提高观察记录的便捷性、及时性和有效性。同时，由于借助仪器设备可以突破人的视听距离的限制，从而可以从更远的距离观察被观察者的行为，也就可以避免因距离被观察者过近而产生对被观察者的干扰。例如，借助摄像机观察幼儿在室外的游戏活动踪迹，统计出幼儿在各个区域的游戏频次和时间，这种间接观察的手段能够记录更大空间的活动轨迹，结束后还可以重复观看和反复分析。缺点在于观察者如果对仪器设备使用不当，容易引起研究对象的注意，造成其行为发生变化，从而降低观察资料的真实性。

### （三）根据观察者在观察活动中所扮演的角色划分

按照观察者在观察活动中所扮演角色的不同，即作为参与者或局外人的观察角度，将观察的方法分为参与观察和非参与观察。

1. 参与观察

参与观察是研究者直接参加到所观察对象的群体或活动当中，作为其中一员对研究对象进行观察，从而系统地搜集资料的方法。参与观察根据参与的程度又可分为完全参与观察和不完全参与观察两种。

完全参与观察是指观察者隐瞒自己的真实身份和研究目的，自然地加入被观察者群体进行的观察。完全参与观察能深入了解到被观察者的真实资料，但如果参与过深，又往往容易失去客观立场。

不完全参与观察是指观察者不隐瞒自己的真实身份和研究目的，在被观察者接纳后进行的观察。不完全参与观察避免了被研究者的紧张心理和疑虑，可以进行自然的观察。但这种观察的缺点是，被观察者容易出现不合作行为，或是隐瞒和掩饰对自己不利的表现，或是故意夸大某种表现，使观察结果失真。

2. 非参与观察

非参与观察是观察者不介入观察对象的活动，以局外人或旁观者的身份进行的观察。这种观察可以是公开的，即观察者知道有人在观察；也可以是隐蔽的，即观察者在不知晓的情况下被观察。

非参与观察法的优点是调查人员以局外人的身份深入调查现场，从侧面观察记录所发生的行为或状况，以获取所需信息，由此得到的结论相对客观，但观察到的信息如果没有分析好可能会停留于表面，难以把握深层次的信息。

### （四）根据观察过程的严密性与灵活性划分

按照观察过程的严密性与灵活性划分，即观察内容是否具有系统设计或结构要求的不同，可分为结构式观察与非结构式观察。

#### 1. 结构式观察

结构式观察，也称为正式观察，是指观察者根据事先设计好的观察提纲并严格地按照观察的内容和计划所进行的可控性观察。结构式观察是比较程式化的观察活动。

结构式观察的实施较为严密和科学，通常是在查阅大量与研究课题相关的理论和文献的基础上设计出结构清晰、严格对观察行为或实践下定义的观察提纲，它有利于获得较为可靠的观察结果，便于研究者搜集和整理资料，后期可节省研究时间。但结构式观察对观察者与观察手段的要求比较高，且缺乏灵活性，不适合对偶发事件进行观察。

#### 2. 非结构式观察

非结构式观察，也称非正式观察，是一种无周密的观察计划，没有记录表，没有观察提纲，记录内容往往是文字描述和质的分析，结构较为松散，但易于实施的观察。适用于教师获取日常教育、教学等方面的信息和对儿童身心发展各方面的认识，多用于探索性的观察研究。

非结构式观察只有总的观察目的与大致内容，与结构观察相比更灵活、更简便、更易于实行，记录也更松散。不过，非结构式观察所获取的资料比较零散，难以进行定量分析，无法进行比较严格的对比研究。

表4-1 各类观察法优缺点一览表

| 观察法类型 | | 优点 | 缺点 |
| --- | --- | --- | --- |
| 观察者所处的环境特点 | 自然观察 | ①真实反映观察结果；②具有生态效应 | ①耗费一定的时间和精力；②无法控制干扰因素 |
| | 实验观察 | ①周密的研究计划；②避免主观误差 | ①对环境及研究者的要求较高；②实践起来有难度 |

续上表

| 观察法类型 | | 优点 | 缺点 |
| --- | --- | --- | --- |
| 观察的方式（手段） | 直接观察 | ①观察程序简易方便；②充分发挥观察者的主观能动性，灵活调整研究方向 | ①容易遗漏观察信息；②难以呈现原始且完整的情境 |
| | 间接观察 | ①提高效率，记录便捷；②观察范围更广；③能够保留现场情境 | 仪器设备使用不当影响观察资料的真实性 |
| 观察者在观察活动中所扮演的角色 | 参与观察 | ①便于获得第一手资料；②研究较为深入，能够追根溯源 | 研究的主观性和客观性容易受到影响 |
| | 非参与观察 | 所得结论相对客观、真实 | 难以获得丰富、深层次的资料 |
| 观察过程的严密性与灵活性 | 结构式观察 | ①观察过程科学严密；②所得结果较为可靠，并可用于验证研究假设 | ①观察的灵活性较低；②不适合观察偶发事件 |
| | 非结构式观察 | 观察问题没有严格的界定，易于实施与记录，具有弹性 | 观察结果缺乏必要的信度，难于重复验证 |

表 4-1 总结了不同类型观察法的优缺点，我们需要在学前教育研究的实际过程中综合考量自身研究需要，有选择并合理使用以上观察方法。

## ◆ 第二节 ◆

## 常用的观察方法

### 一、日记描述法

#### （一）含义

日记描述法是一种非正式的观察方法，它是研究儿童发展问题的最古老的方法。这种方法又被称为"婴儿传记法"，即研究者对同一个或同一组儿童长期跟踪进行反复观察，以日记的形式描述性地记录儿童的行为表现。1774 年，裴斯泰洛齐最早用该方法持续跟踪观察他的儿子三年，写了《一个父亲的日记》，引发了人们对儿童身心发展进行观察研究的兴趣。儿童心理学创始人普赖尔（C. Preyer）连续三年记录儿子的成长变化,并将每日观察记录的结果加以整理,于1882年写成了著名的《儿童心理》一书。我国最早采用日记描述法进行观察研究的是陈鹤琴先生,他在对儿子观察记录的基础上,写成了我国儿童心理研究的经典著作——《儿童心理之研究》。

根据日记记录取向的不同,可以将日记描述法分为两类:一是按婴幼儿的成长顺序记录观察对象,注重记录当中新的行为事件。如着重记录和描述第一次坐、第一次站、第一次走、第一次说话等新生行为事件。二是专题式日记,主要跟踪记录儿童某一方面的新进展,如以认知、情绪、身体机能、语言等专题为标准,对儿童发展进行详细记录。

### (二)优点与不足

日记描述法的优点包括以下几点:①由于是在日常生活中边观察边记录,所以能够系统地获取儿童身心发展的第一手材料。通过对这些材料的分析,很容易发现儿童身心发展的连续性变化。②通过日记描述法搜集到的资料不仅翔实和丰富,而且是在自然环境下进行的,资料相对更真实,也更可靠。③书面记录可以永久保留,且调用也相对简单。

日记描述法的不足之处是:①大多数观察者无法运用这种方法。比如刚毕业的大学生想用日记描述法做一个研究,这就很难了。除非他(她)有了自己的孩子或者他人对他(她)有足够的信任以至于能把自己的孩子交与其观察。②由于是单个样本的研究,对于一些结论的推广,不是那么容易。因为这里会涉及样本代表性的问题。③采用日记描述法进行研究需要的是持续性的观察和记录,这需要花去观察者大量的时间和精力。

## 二、逸事记录法

### (一)含义

逸事记录法是另一种非正式的观察方法,教师常用这种方法进行教学研究。它着重记录观察者认为有价值、有意义的任何可表现儿童个性或某方面发展的行为事件,而且这些特定的行为事件都是观察者亲眼所见,非道听途说而获得的。一般情况下,记录会跟随儿童从一个年级到另一个年级,从一个教师到另一个教师。于是教师就可以利用这个记录对儿童的某方面能力或特点做推断和进行了解。

词典上对于"逸事"二字是这样解释的:同"轶事",不见于正式记载的事迹。从对"逸事"的定义来看,我们不难发现这是一种不常发生的非典型性事件。那么对于逸事记录法,研究者要记录的仅仅就是非典型性的,不常发生的行为事件吗?

其实不然，不常发生的非典型性行为事件当然是记录的对象之一，但是对于那些典型性的行为事件，如果符合观察者所要研究的主题内容，就应该被观察记录。

### （二）优点与不足

相比于前面所讲的日记描述法，逸事记录法有属于自己的独特优点，那就是运用简单方便，且几乎不受条件的限制。它不必像取样观察法那样在事前做大量的分析、编码和表格，也没有日记描述法那么高的门槛。它只需观察者在发现值得记录的行为事件的时候，用尽量客观、及时的语言将事件和背景记录下来即可。在格式上也没有太大的要求，形式工整，字迹清晰可见即可。尽管它操作方便，简单易行，但是却能够给教师的教学工作提供非常重要的帮助。教师借此可以分析出儿童在成长和发展中遇到的问题，归纳出各个阶段儿童身心发展的特点。

逸事记录法的不足之处是观察者在观察记录行为事件的时候会有意无意地掺杂进自己的主观偏见，这种主观偏见有时还会影响到下一位逸事记录者。如此一来，逸事记录所得到的信息也失去了应有之义。

## 三、实例描述法

### （一）含义

实例描述法，又叫"实况详录法"，它是指详细、完整地记录观察对象在自然状态下所发生的行为，然后对所搜集的原始资料进行分类并加以分析的方法。

通过对逸事记录法的学习，我们知道了它是一种较随意且易上手的观察方法。然而对于这里提到的实例描述法，它的随意性就不那么强了。一般情况下，实例描述法的实施方法只有两种：一是对观察对象的行为事件进行连续的定期观察，二是定点的持续观察。在一个行为事件和场景的观察过程中，观察者的观察和记录要做到足够的完备和详细才行。为了实现这一目标，观察者一般会用录音笔、摄像机等设备，先将观察的行为事件全部实录下来，然后对信息进行分析处理。这同样也是实例描述法区别于逸事描述法的特点之一。

### （二）优点与不足

实例描述法是三种叙述性观察法当中记录最翔实的方法，它的优点在于能够最大限度地以连续的方式记录下特定的行为事件的详细细节。首先，该法不仅能使人知其然，而且能够使人知其所以然。除此之外，高质量的实例描述法还可以告诉人们在不同的情境下，观察对象在行为事件上所表现出来的细微差别。其次，跟其他叙述性观察法一样，实例描述法的观察材料同样利于保存，且保留的时间越久就越有价值。因为通过翔实资料的保留，可以帮助研究者了解儿童的行为是怎么随着时间和地点的变化而变化的。最后，使用实例描述法进行观察研究时，研究者可以灵活地调整观察时间，对于需要时间比较长的观察任务，可以安排多位观察者轮流对行为事件进行观察和记录。所以，实例描述法不仅可以不耗时间和精力，而且可以做到灵活机动。

实例描述法的不足之处是对观察者的要求非常高。这是由于它对记录要求要有比较高的客观性、翔实性和条理性。通过纸笔记录能够做到这几点是很困难的，即便是通过录音、录像进行后期加工，如果研究者没有很好的实际操作经验和专业知识，也很难做到。

## 四、时间取样法

### （一）含义

时间取样法是在统一确定的时间内，按一定时段观察预先确定好的行为，或按预先规定好的行为进行分类观察，记录行为出现与否、行为发生的次数以及持续的时间。时间取样法的典型范例是帕滕（M. B. Parten）于1926年10月至1927年6月所做的儿童社会性发展问题研究。他根据儿童在游戏中的社会参与程度，将游戏分为六种活动类型：无所事事、旁观、单独游戏、平行游戏、联合游戏、合作游戏。他给每一种游戏类型都确定了操作定义（见表4-2），然后设计观察记录表（见表4-3），以此观察每个儿童一分钟游戏活动的情况并做出判断，并做相关记表。

表4-2 六种游戏类型的操作定义

| 游戏类型 | 操作定义 |
| --- | --- |
| 无所事事 | 儿童没有做游戏，只是碰巧观望暂时引起他们兴趣的事情，如果没有可注视的就玩弄自己的身体，或走来走去，爬上爬下，东张西望 |
| 旁观 | 儿童基本上观看其他儿童的游戏，有时凑上来与正在做游戏的儿童说话，提问题，出主意，但自己并没有直接参与游戏 |
| 单独游戏 | 儿童独自一人游戏，只专注于自己的活动，根本不注意别人在干什么 |
| 平行游戏 | 儿童能在同一处玩，但各自玩各自的游戏，既不影响他人，也不受他人的影响，互不干涉 |
| 联合游戏 | 儿童在一起玩同样的或类似的游戏，相互追随，但没有组织与分工，每人做自己想做的事情 |
| 合作游戏 | 儿童为某种目的组织在一起进行游戏，有领导、有组织、有分工，每个儿童承担一定角色任务，并且相互帮助 |

表4-3 时间取样法观察记录表

| 游戏类型 | 无所事事 | 旁观 | 单独游戏 | 平行游戏 | 联合游戏 | 合作游戏 |
| --- | --- | --- | --- | --- | --- | --- |
| 1 | | | | | | |
| 2 | | | | | | |
| 3 | | | | | | |
| 4 | | | | | | |
| 5 | | | | | | |
| … | | | | | | |

经过对一系列观察记录资料的整理和分析发现，2~5岁儿童的社会性行为发展有一定的顺序性，随着年龄的增长，儿童从喜欢单独游戏、平行游戏逐渐发展到喜欢社会性程度较高的联合游戏和合作游戏。

### （二）优点与不足

时间取样法在学前教育研究中有着广泛的应用。它适用于研究经常发生和易于观察的外显行为，如分享行为、依赖行为等。一些不常出现的、内隐的行为，如思维、同情心等，则不能用时间取样法进行研究。此外，使用时间取样法要求对观察行为与事件必须给予明确的操作定义，制订观察记录表格，抽取具有代表性的时间以及确定观察时间的长度、间隔等，这些工作在一定程度上克服了观察者的主观偏见，使观察到的行为具有客观性。同时时间取样法使观察过程本身变得简化，可对搜集到的关于频率行为的资料进行定量分析。

当然，时间取样法也存在许多不足之处。首先，时间取样法只适用于经常发生或出现的行为，平均来说，至少要每15分钟频次。如果研究者对这点不能肯定，就必须深入实际进行初步的观察，以确定所要研究的行为或事件是经常发生或出现的，以及影响这些行为出现或发生的各种个人的或情景的因素。其次，时间取样观察只适用于易被观察到的一些外显行为，而不适用于观察内隐行为，如思维、想象等。最后，时间取样法所获得的材料往往只能说明行为的某种特性（如频率），而难以得到关于环境、背景的资料，难以考察行为的相互关系和连续性，因而很难揭示因果关系。

## 五、事件取样法

### （一）含义

事件取样法注重观察某些特定行为或事件的完整过程，是从被观察者众多的行为中选出与研究目的直接联系的、有代表性的行为进行观察,记录其发生和变化的过程。

早期运用事件取样法的经典研究是海伦·大卫(Helen Dawe)对学前儿童争执事件的研究。他于 1931 年 10 月 19 日至 1932 年 2 月 17 日,对保育学校 25~60 个月的 40 名幼儿(男孩 19 人,女孩 21 人),在每天的自由游戏时间中发生的争执事件进行观察。他在观察前设计了观察记录表(见表 4-4),只要儿童争执事件一发生,他就按照记录表一一进行观察记录。从争执开始发生到结束,他都详细记录。

表 4-4 事件取样观察法记录表①

| 项目 | 观察记录 |
| --- | --- |
| 儿童姓名 | |
| 年龄 | |
| 性别 | |
| 争执持续时间 | |
| 争执发生背景(起因) | |
| 争执什么(争玩具、争领导权、妨碍活动等) | |
| 参与者的角色(争吵的爆发者,主要侵犯者,报复、反抗、被动接受者) | |
| 伴随争执的特殊语言、动作结果(被迫让步、自愿让步、和解、旁观儿童干预解决、教师干涉解决) | |
| 后果(高高兴兴、愤恨、不满) | |

海伦·大卫的观察持续了 4 个月,对学前儿童争执发生的原因、频率、发生的年龄、性别差异以及终止争执的有效条件等方面进行观察记录,获得了较全面的有价值的资料。

为了更好地使用事件取样法,应注意以下四点:一是确定所要观察的特定行为或事件,给其下操作性定义,并尽可能对所研究事件或行为有所了解。这样,研究的事件或行为一旦发生,就能及时、迅速地辨认并记录下来。二是确定观察的时间或地点。在不同时间、不同地点研究同一行为可能会得出不同的结论,因此,确定有代表性的时间、地点是十分重要的。三是确定所要记录的信息。事件取样观察既可以事先对所观察的行为进行分类,然后在观察中根据所确定的行为是否发生,有哪些特征等进行记录,也可以采用叙事性描述记录方法记录所观察到的信息,因而比较自由、灵活。四是在设计、使用记录表和代码系统时,应遵循它们各自的原则和方法,并努力使之简便易行。

---

① 杨丽珠. 教育科学研究方法 [M]. 大连:辽宁师范大学出版社,1995:129.

## （二）优点与不足

事件取样法既注意到行为本身发生时的有关情况，同时注意到了行为发生的情境信息。这样就有利于进行因果分析，容易说明并解释行为的产生原因、内容和结果。

但是，由于事件取样观察记录的是与行为或事件的特征、性质有关的信息（如行为为何发生、包括什么内容等），因而资料不易进行定量分析。此外，事件取样观察中所收集的是预定的某种完整行为的资料，忽略了与该事物无关的条件与情境。

## 六、等级评定法

### （一）含义

等级评定法是观察结束后在一个事先制定好的量表或行为核查表上，按照等级对行为进行评定。使用等级评定法，首先要求研究者确保等级评定表具有良好的信度和效度。这里建议初学者使用已经被证明具有良好信度和效度的等级评定量表。否则，如果使用自编量表的话，研究的难度、工作量都会骤增。从某种意义上说，被试填答的问卷与观察法等级评定量表从研究结果的获得上看都是一致的，即根据实际情况选择出符合等级。但是，两者在形式上却有着天壤之别：被试填答的问卷是研究对象自行作答；而观察法等级评定量表却必须经由研究者的主观判断后，方可给出相应的等级分数。如何才能有效地隔绝主观因素的影响呢？这是研究者在使用该种方法时必须要思考的核心问题。

量表简要地分为左右两列，一般左侧一列要求列出需要观察、评定的观察行为；右侧则为评定的等级。一般来说，等级分为三级、五级两种，在实际操作中五级量表的应用更多。另外，等级的表述方式既可用文字描述，如"从不、偶尔、一般、经常、总是"，或"完全不符合、基本不符合、不清楚、基本符合、完全符合"；也可用阿拉伯数字表示等级，如"1、2、3、4、5"。如使用数字等级，研究者需在表格之外注明每个等级代表的具体含义。示例见表4-5。

表4-5　幼儿生活技能等级评定量表

| 观察行为 | 评定等级 | | | | |
|---|---|---|---|---|---|
| | 从不 | 偶尔 | 一般 | 经常 | 总是 |
| 自己穿衣服 | | | | | |
| 自己穿鞋子 | | | | | |
| 自觉如厕 | | | | | |

续上表

| 观察行为 | 评定等级 | | | | |
|---|---|---|---|---|---|
| | 从不 | 偶尔 | 一般 | 经常 | 总是 |
| 独自进食 | | | | | |
| 整理玩具 | | | | | |

表4-5呈现的就是一个使用文字描述的五级量表。在设计等级评定量表时，一个最关键的问题就是选择用于判断幼儿在特定行为方面的能力或技能的指标。量表必须包含若干等级，不同等级分别代表不同的水平，难点在于对各级别水平做出精准的区分。一方面，如果等级划分得太笼统，那么就没有区分度，量表就不能有效、准确地记录幼儿在特定行为上的发展差异；另一方面，如果等级划分得太精细，作为研究者就几乎看不到等级之间的差别，没法做出评定。因此，与检核表一样，等级评定量表需要有高度的结构性，在使用之前，必须严格、清楚地界定所要观察和评价的行为或技能，不仅要界定需要观察的行为，而且要清楚地界定根据哪些特征来判断幼儿行为技能的各个水平或程度。比如在表4-5中，观察幼儿的自我生活技能，其中观察行为的指标是自己穿衣服、自己穿鞋子、自觉如厕、独自进食、整理玩具；而划分的等级包括"从不""偶尔""一般""经常""总是"。

（二）优点与不足

等级评定法在评价观察行为的整体性以及对印象进行量化方面比较有效。例如，评价幼儿园教师的课堂教学能力、幼儿的肢体活动能力等。

等级评定法对评定许多个体和整体的行为非常有效；在记录行为的量化方面也很有效；此外，等级评定法的记录数据更适合做量化的统计分析。但是，等级评定法可能会由于以下问题降低观察者信度：对量表的等级定义不明确；不同观察者对等级的理解不同；观察者为避免极端倾向而做出趋中评价；等级评定法易导致以偏概全，即观察者根据对被观察者的总体印象或最明显的特征做出判断，而忽略了被观察者的其他特征，导致做出片面的结论。

## 七、频数计数法

频数计数法是指在观察记录中只对确定的行为发生的频率计数，或者对行为持续的时间计数的一种方法。例如，有研究者对6岁儿童的捣乱行为进行观察研究。首先是将捣乱行为概括为8个方面，对每一个方面都进行操作化定义，列出具体的行为表现（见表4-6）。然后，研究者根据这8个方面记录频数并制作观察记录表（见表4-7）。

表 4-6  6 岁儿童捣乱行为

| 序号 | 类别 | 行为表现 |
| --- | --- | --- |
| 1 | 粗鲁行为 | 离开位置、站起来、走动、跑动、蹦跳、摇动椅子 |
| 2 | 跪 | 跪在椅子上、坐在脚上或地上、横躺在课桌上 |
| 3 | 侵犯别人 | 投掷、推、撞、拧、拍、戳及用东西打其他幼儿 |
| 4 | 扰乱别人 | 抢夺他人东西、破坏其他幼儿的所有物 |
| 5 | 说话 | 和其他幼儿讲话、老是喊叫或唱歌 |
| 6 | 叫嚷 | 哭闹、尖叫、咳嗽、吹口哨 |
| 7 | 噪声 | 发出咯咯声、撕纸、鼓掌、敲击书桌 |
| 8 | 转方向 | 把头和身子转向其他幼儿、向别人显示自己的东西 |
| 9 | 做其他事情 | 玩弄东西、解自己的鞋带 |

表 4-7  6 岁儿童捣乱行为频数观察记录表

幼儿园_____  班级_____  儿童姓名_____  性别_____

观察时间_____  活动内容_____  教师姓名_____

| 类别 | 次数 | 持续时间/秒 | 备注 |
| --- | --- | --- | --- |
| 粗鲁行为 | | | |
| 跪 | | | |
| 侵犯别人 | | | |
| 扰乱别人 | | | |
| 说话 | | | |
| 叫嚷 | | | |
| 噪声 | | | |
| 转方向 | | | |
| 做其他事情 | | | |

记录者_____  日期_____

## (二) 优点与不足

频数计数法只需在现场记录目标行为发生的次数或持续时间，大大简化了记录内容，提高了观察效率，是纸笔记录的观察法中最简便实用的方法，特别适合于一线教师使用。该方法的不足之处是：所得行为信息仅限于明显外露行为的频率与次数。行为发生的前因后果等背景信息则随着时间的流逝而逐渐被遗忘。

## 八、行为检核法

### （一）含义

行为检核法也称清单法，是研究者用来核查某种行为是否发生或出现的一种简表。使用行为核查表有助于观察目的的具体化，使观察活动更具有针对性。为此，在众多的观察法中，它是普遍采用的观察方法或观察策略之一。

编制行为核查表一般要经历以下几个步骤：首先，根据研究目的确定所要观察的内容。其次，在核查表中分别列出所要观察的目标行为，这是将第一步所确定的观察内容进一步具体化为观察的实际项目。再次，在核查表中按一定的逻辑关系组织、排列目标行为。核查表的组织方式是多种多样的，其中常常使用的是按项目的难易水平循序渐进地组织核查表。最后，核查表中所列出的项目应当包括所需要的一切信息，例如，某一行为是否发生，第一次发生是在什么时间，等等。

### （二）优点与不足

行为核查表具有省时省力、简便易行、结果易于分析等优点，既适合专业研究人员使用，也适合幼儿园教师使用。但是，它的不足之处也是显而易见的，如不能提供有关行为频率、行为持续的时间，特别是行为性质、特征方面的信息。

## ◆ 第三节 ◆
## 观察法的实施过程

### 一、准备阶段

#### （一）明确观察的目的和意义

在进行观察之前，首先要明确进行观察的目的和意义，即为什么要观察，观察要了解哪些方面的情况，观察对于教育理论及实际教学有哪些方面的意义，等等。确定了观察的目的和意义，就意味着确定了观察的方向，有利于观察者在有限的时间内搜集到最想要的信息，否则就容易被观察过程中的其他行为吸引。例如，要观察幼儿的亲社会行为，将精力放在幼儿的亲社会行为上即可，观察过程中幼儿的其他行为如攻击、吵闹、注意力是否集中等就无须过多关注和记录。

### （二）制订观察计划

一个好的观察计划可以有效保证获得数据的有效性和系统性。观察计划需要明确规定观察的目标、重点、范围，要搜索的资料，观察的次数及密度，每次观察持续的时间，所采用的仪器以及使用的时间。制定观察表格、观察方式、填写表格的方式及观察项目的操作性定义都要呈现在观察计划中。

### （三）搜集相关资料及其他准备工作

为了使观察者能够对即将要观察的教育情境有更深的了解，在观察之前搜集足够的相关资料是非常有必要的。观察者应在观察前熟悉观察设备，掌握观察工具的使用方法，如有必要，还可以在正式观察前进行预观察，根据预观察的情况对观察计划进行适当的调整，经过完善，在正式观察中，研究者能顺利获得较为可靠的观察资料。

## 二、实施阶段

### （一）按计划进行观察

实施阶段是观察工作的核心阶段，观察者要按照观察计划进行实际观察。研究者要围绕最初的观察目的，将注意力集中于观察的对象和行为上。如果在观察过程中发现有需要完善的地方，可根据具体情况进行及时调整。

### （二）选择合适的观察位置

在进行观察前要根据研究目的选择观察者的身份是参与者还是非参与者。如果是非参与者，选择合适恰当的观察位置很重要。合适的观察位置要满足两方面的要求：一是观察的位置要尽量保证观察对象不受到观察的影响，呈现自然的状态；二是保证观察项目可以完整、清晰地进入观察者的视野之内，无遮挡物。由于观察的目的是获得被观察者在自然状态下的表现，因此观察者需要考虑合适的观察位置以尽量减少干扰。在正式观察开始之前，如果被观察者对于观察者还比较陌生，作为被观察者的教师和幼儿的行为表现可能会过于拘谨或过度表现，因此可以先与观察者熟悉之后再进行观察和记录。经过熟悉后，观察者也许会观察到更为真实的情况。观察过程中，观察者要灵活变化自己的位置以选取最佳的观察视角，尽可能将被观察者的行为客观如实地详录下来。

### （三）做好观察记录

观察记录是一种有目的的行为，它要求观察者必须明晰研究的目的、任务和每次观察的目的、重点,并将其贯穿到观察的全过程中,认真观察,如实记录。记录可以有多方面和多层次的目的。最基本的目的是观察的一个重要辅助环节,是观察的一个因素或后期的延续。因此,观察者要观察什么,就记录什么。观察记录也是一种有计划的行为。观察记录需要有一定时间安排和方式进程等方面的规划,其中包括记录的规模、频率、时间段、总时间长度、辅助工具(包括表格和各种机器设备)的设计与使用、保存与整理等。

依据记录的结构性可将观察记录分为开放的日记或逸事性记录和表格记录两种方式。前者经常应用于局部观察或随机观察中,类似于日记或记叙文。表格记录则在整体观察、结构观察和实验观察中经常使用,它根据预先设计好的表格对场景中的内容进行反应和判断。根据观察的时间可将观察记录划分为现场记录、事后回忆记录、现场和事后回忆相结合的记录。现场记录所获得的资料相对而言更容易保证局部和细节的真实性。事后回忆记录用于开放的、质的记录。而现场和事后回忆相结合的方法通常用于质的记录。

观察者在做好观察前的知识储备的同时,应避免受已有知识和观点的影响,克服偏见,实事求是地进行观察和记录。观察时如遇到特殊情况,不要慌张,可如实将所发生的情况记录下来,在观察结束后进行适当处理。

### (四)及时记录,积极思考

观察记录的内容是观察记录最为核心的部分,观察者应客观、准确地描述被观察者行为的全过程,悬置起研究者的成人感和主观性。在观察过程中,要及时将观察资料记录下来,把头脑中最鲜活的记忆保存下来,必要时可借助观察设备以保证观察的精确性,便于后期深入分析。例如,借助视频、录音设备当作记录的辅助工具,可以获得最真实、最形象的记录,如实反映教育现象的全貌。同时,在观察过程中,观察者既要做到观察的范围要广,思考现象与理论之间的连接,也要做到抓住重点,积极思考,深入研究问题的本质。观察者可以将观察过程中突然产生的想法或灵感记录下来,之后再进行梳理,有利于后续对于观察记录的分析,也有助于自身观察能力的提高。另外,观察记录要完整、详细,能全面反映观察到的实际情况。

### (五)必要时进行分组观察

有些情况下观察者需要进行分组观察以提高观察的效果。例如,在较为复杂的观察任务或观察对象较多的情况下,进行分组观察是非常有必要的。在观察之前,各小组要明确自己的任务,划分统一的观察标准。每个小组都有自己的核心任务,但最终都是为总的观察目的服务。为了增加观察的客观性,也可以多个观察者同时观察一个研究对象，同时记录，相互核对，观察的结果会更加真实客观。

### 三、整理分析资料，撰写观察报告

#### （一）整理资料

经由大量观察所得到的资料往往纷繁复杂，有单纯描述现象的叙述性资料，也有记录行为次数的数据资料。观察结束后首先应仔细检查核对所有的数据、表格、录音、录像、笔录、相片资料等，必须确认无误。对录音、录像等资料可反复检查，如有错误或遗漏应及时更正或补充。其次，要对冗杂的资料进行取舍，对资料进行抽丝剥茧的提炼。此时需要考虑以下几个问题：研究主题是什么？与主题相关的信息有哪些？选择自己所需要的信息和数据，然后进行归类。

在整理观察资料时，要注意检查观察资料是否严格遵循科学的程序获得；如果是分小组进行的观察，可以将各组所获得的资料进行比较，若有差异，可进行讨论和验证；一般来说，长时间的观察要比短时间的观察更加真实可靠，因此，对于较为重要的问题应该保证有较为足够的观察时间。

#### （二）分析资料，撰写观察报告

撰写观察报告是观察法的最后阶段，需要对观察记录进行分析、概括，得出结论，提出自己的认识与理解。为了对观察资料进行有质量的分析，研究者需要具备相应的理论知识、逻辑分析的能力以及认真严谨的态度。

观察研究的成果表现形式是观察报告，一种对某一现象观察后所形成的文字材料。观察报告作为科研报告的一种形式，必须真实可靠。观察报告中的所有部分，包括现象、过程、数据等都要做到准确客观，不可主观臆断，不应将主观情感与客观现实混淆。报告不仅要写清观察过程中的现象，还要写明观察对象的自然情况，观察现象所发生的背景及观察资料的统计结果和经过缜密分析得出的结论。

观察报告主要由研究背景、研究过程及研究结果与讨论三个部分组成。研究背景包括研究的目的、假设、选题缘由、选题意义及对关键术语的界定。研究过程是观察报告的主体部分，包括研究对象的选择，研究方法及搜集资料的工具，观察时间、地点，研究的具体程序。在研究结果与讨论部分，需要呈现观察者搜集到的资料，对于研究结果的原始数据进行简要的描述和分析。最后在讨论部分，研究者要总结性陈述自己的观点，并将研究结论扩展到更广阔的范围，阐述研究结果的意义。

## 本章小结

观察法是学前教育研究中极为有用的一种方法，在许多领域中都有着非常广泛的应用，尤其是对幼儿研究有着特殊意义。本章主要介绍了观察法的基本内容，即观察法的概述、常用的观察方法以及观察法的实施过程。第一节观察法的概述包括定义及适用范围、科学观察与日常观察的区别与联系，以及观察法的特点、意义、优缺点，实施观察法时应该遵循的原则，同时介绍了依据不同维度来划分不同类型的观察方法。第二节主要介绍常用的具体观察法，即日记描述法、逸事记录法、实例描述法、时间取样法、事件取样法、等级评定法、频数计数法、行为检核法。研究者可以根据研究的实际需求，有针对性地选择或综合地使用各种类型的方法。第三节是介绍观察法的实施过程，即在准备阶段需明确观察的目的和意义、制订观察计划和搜集相关资料及其他准备工作；在实施阶段，需要严格而有步骤地按计划进行观察、选择合适的观察位置、做好观察记录等；最后是整理分析资料和撰写观察报告等相关事项。

## 思考与练习

### 一、单项选择题

1. 与日常观察相比，如下有关科学观察的特征中描述错误的是（　　）。

   A. 有系统完整的记录

   B. 观察过程应避免主观和偏见

   C. 无目的、无系统的观察

   D. 可以对特定的行为情景做出反复多次的观察

2. 根据研究目的来制订观察的计划、选择观察的策略，对观察的整个过程做出具体的规划，体现了观察法的（　　）。

   A. 全面性　　　　B. 系统性　　　　C. 目的性　　　　D. 深入性

3. 典型的非参与观察，是（　　）。

   A. 间接观察　　　　　　　　B. 结构式观察

   C. 实地观察　　　　　　　　D. 实验室观察

4. 下列关于非结构式观察的叙述，其中正确的是（　　）。

   A. 非结构式观察缺乏足够的灵活性

   B. 非结构式观察所搜集的资料会受到事先规定的观察项目和观察提纲的干扰和限制

   C. 非结构式观察的结果往往用于定量分析

   D. 非结构式观察的结果缺乏必要的信度

## 二、简答题

1. 简述观察法的含义、特点和优缺点。
2. 简述运用观察法应遵循的原则。
3. 简述时间取样法的含义、优缺点。

## 三、论述题

1. 按照不同的维度来论述观察法的基本类型。
2. 结合实际，谈谈观察法对于幼儿研究的特殊意义。
3. 研究者在使用观察法时会遵循哪些实施步骤？请详细论述。

## 参考文献

[1] 张宝臣. 学前教育科学研究方法［M］. 3 版. 上海：复旦大学出版社，2020.

[2] 刘晶波. 学前教育研究方法［M］. 北京：人民教育出版社，2016.

[3] 郭淑芬，王晨霞. 学前教育科学研究方法［M］. 南京：东南大学出版社，2015.

[4] 徐俊华. 学前教育科学研究方法［M］. 合肥：安徽大学出版社，2014.

[5] 陶保平. 学前教育科研方法［M］. 上海：华东师范大学出版社，2006.

[6] 龚冬梅. 学前教育科学研究方法［M］. 南京：东南大学出版社，2017.

[7] 陈秋珠，郭文斌. 学前教育研究方法［M］. 西安：西安交通大学出版社，2017.

# 第五章 调查研究法

> **学习目标**
> 1. 了解调查研究法的适用范围和特点。
> 2. 了解调查研究法的基本概念和类型。
> 3. 掌握调查研究的步骤。
> 4. 掌握问卷法、访谈法、测验法的基本操作要点。
> 5. 初步掌握运用调查研究法进行教育研究的技能。

## ◆ 第一节 ◆
## 调查研究法概述

### 一、调查研究法的含义及其特点

调查研究法是一种古老的研究方法，也是社会科学研究中特有的、最常用的方法之一，同时也是学前教育研究中运用最广泛的一种方法，可以使研究者深入了解学前教育现状，发现问题，弄清事实，为教育行政部门制定教育政策和教育规划提供事实依据。

#### （一）含义

调查研究法是指在科学研究中，研究者借助一定的手段和方式（如访谈、问卷等），对某种或几种现象或事实进行考察，通过对搜集到的各种事实资料的分析处理，进而得出结论的一种研究方法。调查研究通常按一定的程序，从全体研究对象中抽取一部分样本进行研究，并以问卷、测验等间接手段获取资料，然后概括全体对象的特征。

## （二）特点

**1. 调查对象的广泛性**

学前教育调查研究的对象，可以是一个人、一个班级、一个学校，也可以是一个市、一个省或一个国家的学前教育情况，甚至可以是国际性的学前教育发展情况。学前教育调查研究是以活动形态或显示存在状态的教育问题、教育现状为研究内容，研究对象广泛存在于各个领域之中，从理论上说，一切学前教育现象都可以作为学前教育调查研究的对象。

**2. 调查手段的多样性**

在进行学前教育调查研究时，可以采用多种多样的调查手段和方法，如问卷、访谈、测量等，每种方法在不同的情况下可以表现出不同的方式。在具体研究过程中，研究者可以根据课题的大小和性质，以及研究者自身的情况选择适当的方法。

**3. 调查方法的可操作性和实用性**

在进行学前教育调查研究时，要设计详细、具体的调查方案。在调查方案中，有各种研究变量的操作提示，有根据各种调查方法设计出的调查工具，如问卷、访谈提纲、测量表及试卷，也有供分析资料用的整理信息和统计的方法等。这样在开展调查研究时，调查者就可以依据调查方案进行具体操作。另外，调查研究对设备条件的控制环境没有太多的要求，特别是数据资料的搜集，可以在较大的范围内进行，从而在较短的时间内搜集到大量的数据资料，因此有较大的实用性。

**4. 调查结果的延时性**

利用调查手段和方法获得的结果，一般通过书面报告或口头语言等形式表达出来，具有一定的延时性。相对来说，其所得的资料的信度、效度不及观察研究所得的资料。

## 二、调查研究法的基本原则

### （一）客观性原则

客观性原则是指在调查时，调查者应该按照事物的本来面目了解事实本身，必须无条件地尊重事实，如实记录、搜集、分析和运用材料。调查者在实施调查计划时，对调查对象不抱任何成见，搜集资料不带主观倾向，对客观事实不能有任何一点增减或歪曲，这就是教育调查中必须遵循的实事求是的科学态度，也是从事调查研究最基本的一条原则。

### （二）实证性原则

实证性原则指调查研究的结论及与此相联系的所有观点，都必须为真实、可行的资料所充分支持。在调查研究中贯彻实证性原则主要体现在以下三个方面：①调查报告要以资料、数据为依据，观点、意见、建议等不能凭空臆想。②调查所产生的结论要既来自调查材料、真实可行，又要避免以偏概全，以局部、零散的材料说明总体、全面的情况。③要尽量用定量资料说明观点。在调查过程中要坚持对调查材料进行定性与定量相结合的分析。在进行具体操作时，不能使用"也许""大概""差不多"等词句。只有坚持定性定量相结合的调查研究和分析，才能真实、具体地反映现象。

### （三）系统性原则

系统性原则指调查任何教育教学客观现象，都要从系统的整体性出发。调查研究不是就事论事，而是把事物放在一个系统内，从整体来分析。遵循调查研究的系统性原则，主要的要求是：①调查研究应从系统的整体目标出发；②系统的边界要确定清晰；③要善于把一个系统分解为若干要素；④调查研究中要充分注意到系统内部诸要素之间及系统与环境之间相互作用的有机联系，认识系统与系统之间、子系统与大系统之间的关系。

### （四）多向性原则

多向性原则是指调查者在调查中，应该多角度、多侧面去获得有关的材料，即进行全面调查，注意横向与纵向、宏观与微观、多因素与个别因素的结合，使调查既全面又有代表性。教育调查的对象是干部、教师、学生、家长等，都是活生生的人，是不断变化的。因此，在进行调查研究时，不仅要注意了解对象以往的特点，也要调查他们新产生的特点，了解他们的发展趋势。

### （五）灵活性原则

在教育调查过程中，由于教育现象的复杂性，如调查对象的地位、职业、年龄、性别等的不同，或者调查题目、调查方法手段的不同，因而一定要适应情况的变化，注意灵活性，根据调查对象的特点，灵活对待，随时调整，以保证取得可信的调查材料。

## 三、调查研究法的类型

### （一）依据调查对象的范围进行分类

根据调查对象的范围进行分类，可分为典型调查、普遍调查、抽样调查和个案调查。

1. 典型调查

典型调查即重点调查，就是从研究对象中选取具有代表性的部分进行调查。典型调查的对象较少，因而比较容易组织调查活动，所需要的调查员和调查经费可以控制在一定额度内，且活动途径较为多样灵活。但典型调查结果不具有一般性特点，代表不了大众结论，因而其推论不能推到总体上去论述。

2. 普遍调查

普遍调查又称为全面调查，是指对被调查对象总体中的每一个单位或个人都进行调查。全面调查是一种一次性调查，其目的是把握某一时点上、一定范围内研究对象的基本情况。如我国适龄儿童入学率的调查、全国幼儿园教师工资发放状况的调查、学前儿童身心健康状况的调查等。这类调查有利于全面了解情况，但是往往需要花费很多人力、物力和财力，难以对某些情况进行深入细致的了解，在学前教育科学研究中较少采用。

3. 抽样调查

抽样调查是指从被调查的总体中抽取一部分具有代表性的对象作为样本进行调查，根据调查所得的数据资料，推断被调查总体的状况。抽样调查要有教育统计学的基础，具有较高的科学性和准确性，对调查结果侧重定量分析。抽样调查可以大大节省人力、物力、财力和时间，是学前教育科学研究中最常用的调查方法。

4. 个案调查

个案调查即在分析调查对象或现象后选取其中具有代表性的个体进行调查分析。个案调查研究相对于其他研究方法更为深入、细致，其可以详细地记录调查对象或调查现象的发展过程。

## （二）依据调查手段进行分类

根据调查手段的不同可将教育调查分为问卷调查、访谈调查和测验调查。

1. 问卷调查

问卷调查是研究者通过事先设计好的问题来获取有关信息和资料的一种方法。研究者以书面形式给出一系列与研究目的有关的问题，让被调查者做出回答，通过对问题答案的回收、整理、分析，获取有关信息。

2. 访谈调查

访谈调查，又称谈话法或访问法，是指调查者通过与研究对象交谈搜集所需资料的调查方法，是一种研究性交谈。也就是两个人（或更多人）之间一种有目的的谈话；其中由访谈者通过询问来引导被访者回答，以此了解调查对象的行为或态度，最终达到调查目的。

### 3. 测验调查

测验调查是采用一种数量化的分析方法，以测试题为调查工具让被调查者填写的一种调查方法。

## 第二节

# 问卷调查法

### 一、问卷调查法的优点与局限

#### （一）问卷调查法的优点

1. 操作方便，节省人力、物力、财力

在问卷调查法的操作过程中，如果按要求编制调查问卷、派发问卷、收集问卷和分析整理问卷，以及撰写调查问卷报告，就不需要花费太多人力、物力、财力。

2. 信息真实，调查误差较小

问卷调查一般不要求调查对象在问卷上署名。采用报刊登载、邮寄或电子问卷的方式进行问卷调查，更增加了其匿名性，它有利于调查对象无所顾忌地表达自己的真实情况和想法。特别是当问卷内容涉及一些较为敏感的问题和个人隐私问题时，在署名状态下，调查对象往往不愿意表达自己的真实情况和想法。

3. 调查范围广，效率高且统一

问卷调查不受人数限制，调查的人数可以较多，因而问卷调查涉及的范围较大。为了便于调查对象对调查问题做出回答，在设计问题时往往会给出回答的可能范围，由调查对象做选择。这种对"回答"的预先分类有利于从量的方面把握所研究的教育现象的特征。由于问卷调查大多是使用封闭型回答方式进行调查，因此，在资料的搜集整理过程中，可以对答案进行编码，并输入计算机，以进行定量处理和分析。同时，所有的被调查者都以同一种问卷的提问、回答的形式和内容进行询问，这样有利于对调查对象的平均趋势与一般情况做比较分析。

#### （二）问卷调查法的局限

1. 对问卷编制要求较高

编制问卷要考虑到调查问题的范围、内容、数量及排列顺序，也要考虑到回答者的年龄和知识水平，更要考虑到回答者的心理因素。

2. 调查结果的可靠性受被试的影响大

不合作的态度或回答问题时考虑过多会降低研究效度。调查者希望被调查者的回答是诚实的、准确的，而不希望他们按照社会所赞许的模式来回答，但这一点无论是孩子还是大人都很难做到。此外，调查者的态度和倾向也有可能影响被试效果，使调查的客观性降低。

3. 不适用年龄小的孩子

在对幼儿的调查中，年龄小的孩子还不会阅读或对语言不能理解。调查者难以保证孩子用与成人同样的方式来理解问题。因此，研究中所得到的结论可能受孩子理解和表达方式存在差异的影响，没有体现出他们情感、思维或行为上真实的或潜在的变化。在对幼儿及其父母同时进行调查时，往往会出现幼儿的描述与他们父母的描述不同的情况，这时调查者就不易辨别哪种调查结果更准确。

4. 回收率难以保证

在问卷调查中，问卷的回收率和有效率必须保证有一定的比率，否则会影响调查资料的代表性和价值。因无法控制被试因素，回收率不能保证；特别是邮寄发出问卷的寄还，要靠调查对象的自觉和自愿。没有任何约束，往往回收率不高，这就对样本所要求的数量造成了一定的影响。

5. 不能深入了解调查对象的内心世界

问卷的问题是事先以表格的形式拟定好的，但调查对象的特点是丰富的、生动的和灵活的，问题不能穷尽研究对象的所有特征，这就使得调查流于表面化、片面化，不能够深入了解研究对象的内心世界。

6. 不能控制问卷回答的质量

问卷回答的好与差在于调查对象的配合程度。如果被调查者态度积极，没有顾虑，问卷回答的质量就高，问卷也更客观、科学和真实；如果被调查者态度消极，问卷回答的内容就会缺乏客观性和有效性。

## 二、调查问卷的类型

调查问卷按不同的标准，可分为不同的类型。

### （一）依据问题类型的不同进行分类

根据问题类型的不同，可将调查问卷分为封闭式问卷和开放式问卷。

1. 封闭式问卷

封闭式问卷是指对调查问题的答案做了肯定或否定、分等级或分层次限定的问卷。封闭式问卷一般要求被调查者从所限定的答案中做出选择。封闭式问卷对问题答案做限定，便于数量化统计，但往往会由于追求精确而损失一些重要的信息和资料。封闭式问卷适合于规模较大、内容较多的市场调查。例如，对幼儿园家长满意度的调查。

①您认为班级教师是否具有亲和力，对您和您的孩子是否热情？

A. 热情　　　　B. 较热情　　　　C. 一般　　　　D. 较差

②您认为幼儿园的哪些方面让您满意？（可多选）

A. 师资队伍建设　B. 办园质量　C. 服务态度　D. 生活护理　E. 课程设置　F. 习惯、能力培养

2. 开放式问卷

开放式问卷是指只提出问题，不提供和限定答案，由被调查者按照自己的实际情况和认识回答问题的问卷。开放式问卷有利于了解一些有关动机、思想、观念、价值等方面的问题，给被调查者充分发表自己观点的空间，但缺点是难以统计。开放式问卷适合规模较小、深层访谈或试探性的调查。例如，关于母亲育儿焦虑的调查。

①孩子入园后，在教师对孩子的态度及行为这个问题上，有哪些引起您焦虑的因素？

_____

②孩子入园后，在孩子的行为习惯方面，有哪些引起您焦虑的因素？

_____

③在育儿过程中，除了孩子自身的原因外，还有哪些引起您焦虑的原因？

_____

## （二）依据问题控制范围的不同进行分类

从问题控制范围的角度出发，可将调查问卷分为结构问卷、半结构问卷和无结构问卷。

1. 结构问卷

结构问卷又称封闭式或者标准式问卷，即在设计问卷时将答案控制在一定范围内，由被调查者在控制范围内进行选择性回答。结构式问卷问题的排列和提问方式都是固定模式，调查者不能随意改动。结构式问卷的问题有两种：一种为选择式问题，另一种为是否式问题。

（1）选择式问卷。

选择式问卷即将答案列出所有可能的情况，由被调查者自由选择其中的一项或几项。例如，关于幼儿创造行为的调查。

①画图时，幼儿是否喜欢临摹他人的作品？

A. 从不　　　　B. 偶尔　　　　C. 有时　　　　D. 经常

②幼儿是否喜欢幻想一些想知道或想做的事情？

A. 从不　　B. 偶尔　　C. 有时　　D. 经常

（2）是否式问卷。

是否式问卷就是将问题分出两个答案，即"是"与"否"。例如，关于大学生"双十一"购物节购物行为的调查。

①你在"双十一"购物节中的花销是否远高于平时？　　　　　是　　否

②你是否提前很久就开始期待"双十一"购物节？　　　　　　是　　否

③你是否会花费非常多的时间和精力计算、参与"双十一"促销活动？

是　　否

2. 半结构问卷

半结构问卷介于结构问卷和无结构问卷之间，一般以结构式题目为主，需要探究的问题用开放式的问答题目，或者在结构式后面加不明确选项（其他）。例如，家庭教育问题的调查。

您认为作为父母是否有必要去专门培训一下家庭教育的科学知识，还是顺其自然或参考市面图书？

A. 顺其自然　　　　　　　　B. 多买些教育书籍

C. 沿袭上一辈的教养方式　　D. 参加家庭教育培训

E. 其他看法

3. 无结构问卷

无结构问卷又称开放式问卷，答案是非固定的，由被调查者自由作答。无结构问卷与结构问卷最大的不同之处在于不给出任何答案，答案完全由被调查者自由决定。无结构问卷可以填空式或问答的形式出题。例如，对大学生心理健康的调查。

①请描述一下你认为恐怖的场景。

②请简单介绍一下你和寝室室友的关系。

③请简单评价一下自己。

三种问卷相比，无结构问卷针对较深层次的问题，被调查者按自己的想法自由填写，便于搜集到更为真实且有价值的信息。结构式问卷的目的性、可控性更强些。半结构问卷介于两者之间，起到补充作用。在研究初期，研究员与被调查者之间并不了解，可以通过无结构问卷对其特点进行掌握，从而更科学合理地设计出结构问卷，得到针对性较强的材料。因此，无结构问卷是结构问卷的铺垫。

### （三）依据问卷发放方式的不同进行分类

根据发放方式的不同，问卷可以分为发送问卷、访问问卷、邮寄问卷、报刊式问卷、人员访问式问卷、电话访问式问卷、网上访问式问卷等。

发送问卷即研究者将问卷发放给全体被调查者手中,并在其填写完后第一时间收回。

访问问卷即研究者与被调查者面对面座谈,并按问卷上的内容进行了解和记录。

邮寄问卷是研究员通过邮寄的方式将问卷送至被调查者手中,要求被调查者按照要求进行填写,并在一定时间内通过邮寄的方式寄回给研究者。

报刊式问卷是指随报刊传递分发问卷,请报刊读者对问卷做出书面回答,然后按规定时间将问卷寄回报刊编辑部的问卷类型。

人员访问式问卷是指由调查者按照事先设计好的调查提纲或调查问卷对调查对象提问,然后依照调查对象的口头回答如实填写问卷的问卷类型。

电话访问式问卷是指通过电话来对调查对象进行访问调查问卷类型。

网上访问式问卷是指在互联网上制作,并通过互联网进行调查的问卷类型。

### 三、问卷的基本结构

一份完整的调查问卷通常包括标题、前言、指导语、问题与答案、结束语五个部分。由于问卷需要被调查者回答,因此调查者在设计问卷时,既要突出自己研究的主题,又要考虑到被调查者回答问题的方便。为了达到该目的,问卷设计不宜过长,题目不宜太多、太难,更要避免被调查者不愿意回答的敏感问题和涉及个人隐私的问题。

#### (一) 标题

标题是问卷的研究主题,即问卷的题目。问卷的标题既要简明扼要又要点明调查对象及调研主题,使受访者对要回答的问题有一个大致的了解,如幼儿教师职业倦怠调查问卷、幼儿在家庭中的睡眠情况调查问卷等。

#### (二) 前言

前言又称为引言或说明。前言要用简单概括的语言说明调查的目的和意义、调查及调查结果的适用范围、保密措施及感谢语等,同时让调查对象了解本次调查的重要性,消除顾虑,从而认真、如实地回答问题。前言部分的说明力求言简意赅,文笔亲切但不可太随意。

#### (三) 指导语

指导语用于说明问卷的要求和注意事项,指导调查对象应该如何回答问卷中的问题,以完成问卷。例如:

本问卷的每个题目后列有5个不同程度的答案,请您从中选择一个与您实际情况最为相符的答案,在对应的"□"内打"√",不要漏掉任何一个问题。问卷答案没有对错之分,只需根据自己的实际情况填写即可。问卷的所有内容需由您个人独立填写,如有疑问,敬请垂询您身边的工作人员。您的答案对我们改进工作非常重要,希望您能如实填写。谢谢您的支持与合作!

(四) 问题与答案

问题与答案是问卷的主体部分。调查人员要根据研究的具体问题选择合适的问卷形式,编制相应的问题,问卷中的问题应按一定的顺序排列。这部分内容的好坏直接影响整个调研的价值。编制的问题要简洁明了,适合被调查者的程度,符合研究的目的要求。

1. 问卷中问题的类型

问卷中常用的问题类型有以下几种。

(1) 事实和行为性问题。

此部分主要是客观存在的某一类事实或者已经发生的行为事实。包括客观存在的事实,例如,年龄、性别、职业等;包括是否做过某事,或做过多少等;也包括行为发生的时间、地点及行为方式等多方面内容。此类问题能够进一步了解被调查对象的具体情况,并且可以了解被调查者对其他人的信息的了解情况。例如:

您的教龄是?

A. 1年以内　　　　B. 1~2年　　　　C. 3~5年　　　　D. 6年以上

(2) 原因或理由性问题。

此部分问题就是为了对某一部分行为进行进一步说明,如为什么这样做、怎样去做等。例如:

您认为下列哪些因素会导致幼儿学说脏话?

A. 模仿父母　　　　　　　　　　B. 模仿同伴

C. 受电影、电视的影响　　　　　D. 其他

(3) 态度或情感问题。

态度是一个人对某类事件结合自身的经历、素质、倾向等给出的综合看法。例如,赞成或不赞成、喜欢或不喜欢等。态度很难用语言去形容具体倾向如何。所以我们可以从不同侧面去了解被调查对象的倾向。包括情感性意见、评价性意见、认同性意见和认识性意见。

①情感性意见主要是针对其喜恶的问题。例如:

您的孩子喜欢吃青菜吗?

A. 不喜欢　　　　　　　　　　　B. 喜欢

C. 只喜欢一部分蔬菜　　　　　　D. 其他

②评价性意见主要指评价者要根据自己的喜好给出某种品质的判定，如优、良、中、差等。例如：

请您对本次服务留下评价。

A．非常满意　　　　B．比较满意　　　　C．一般　　　　D．不满意

③认同性意见指人对某事物或某人的意见是否倾向于赞同。例如：

您对"一切为了孩子，为了一切孩子，为了孩子一切"这句话：

A．非常满意　　　　B．比较满意　　　　C．一般　　　　D．不满意

④认识性意见指人对某事物或其他人的理解或看法。例如：

您认为作为父母是否有必要去专门培训一下家庭教育的科学知识，还是顺其自然或参考市面图书？

A．顺其自然　　　　　　　　　B．多买些教育书籍

C．沿袭上一辈的教养方式　　　D．参加家庭教育培训

E．其他看法

⑤环境性问题主要指影响或涉及人们思想观念或行为的各种各样的环境因素的调查。例如：

您家里主要由谁负责给幼儿讲故事？

A．祖辈　　　　B．爸爸、妈妈　　　　C．保姆　　　　D．没有人

2．设计问卷问题的基本要求

（1）问题不得有暗示性。

例如，"随地乱扔垃圾不是很好的生活习惯，在逛街时您将怎样处理手中的空水瓶？""当前年轻人生活压力较大，您是否有生二胎的打算呢？"等。这些均为有暗示性的用语，被调查者会被暗示性语言诱导做出相应的价值取向。可改为："逛街时您一般怎么处理手中的空水瓶？""您是否有生二胎的打算呢？"

（2）问题要明确。

很多问题会涉及双选或多选。例如，"您重视孩子的语言发展和艺术审美吗？"这类问题里有两个问题主干：一是语言发展，二是艺术审美。有的家长比较看重幼儿的语言表达能力，对语言发展比较重视却忽略了幼儿的艺术发展。但有的家长却很希望自己的儿女多才多艺，而忽略对幼儿语言方面的培养。因此，一部分家长只能满足问题中的一部分要求，不知道该如何作答这个问题。所以我们在设计问题的时候一定要明确自己到底是问的什么内容，不可以给家长带来问题只能选择一部分的烦恼。可改为："您重视孩子的语言发展吗？""您重视孩子的艺术审美吗？"

（3）问题通俗易懂。

在设计问卷问题时要考虑到被调查者的理解程度，尽量选择通俗易懂的语句和便于解答的方式让被调查者进行回答。例如，"您认为社区教育对幼儿的影响如

何？"很多人不太理解"社区教育"究竟是什么教育，因此此类问题是无效的，会让被调查者不知道如何回答。如果问题改成"您认为您所在的小区环境和文化设施的优劣是否影响到孩子的发展？"就具体化了，被调查者就会懂得调查者让其回答的问题到底是什么，并明白可以从哪些方面进行回答。

3. 问卷中问题的排列

（1）整齐美观。

问卷格式清晰明了，便于被调查者阅读。合理的布局不仅可以节约纸张，还给被调查者以美的体验，更有利于回收率的提高，便于统计整理。

（2）先易后难。

在问题的排列上，应该先将简单的、常识性或经验性的问题放在前面。多从调查对象感兴趣的问题开始，能够调动被调查者回答问题的积极性和自信心。同时也为问卷后面的开放性题目做铺垫，使被调查者在回答前面问题的同时打开思路且更放松。

4. 问卷中对敏感问题的处理

由于调查目的的不同，问卷可能会涉及敏感性问题。但是被调查者无法直接面对此类问题，从而大大地降低了问卷的效度、信度。因此在涉及此类问题时要遵循一定的规律和技巧。

（1）委婉、迂回提问。

对于敏感的问题可以考虑委婉的表达或采用迂回的方式进行"绕圈圈"的提问。例如，对于倒垃圾、扫厕所的人员我们不能直接称其为"收拾卫生的"，而是要称呼为"环卫专员"。我们在问一些问题的时候也可以委婉迂回地进行，让被调查者不明确你具体的问题，从而打消其顾虑才能得到真实有效的反馈答案。

（2）假设性提问。

对于一些敏感性问题，只能通过假设性的问题不给退路，让被调查者在假设性的情境下承认某些问题。例如，"您嫉妒过某人吗？"很多人会觉得嫉妒不是好的事情，会选择说没有嫉妒过。所以为了让被调查者如实回答，可改为："您嫉妒过别人吗？偶尔/经常/总是"。

（3）投射式提问。

人们常常将自己的想法投射到其他人的身上，从而说出真实的想法。例如，"人们对公共场合接吻行为褒贬不一。请你谈谈对此的看法"。从被调查者判断别人对某事的看法而说出自身的想法中，调查者可得到真实有效的材料。

5. 设计问卷答案的要求

问卷中的问题大致可以划分为封闭式和开放式两种，相应的也就存在封闭式与开放式两种类型的答案。由于在开放式问题中，受访者可根据题目自由作答，畅所欲言，有时研究者对于不好把握的问题答案也采用开放式问卷做一种试探性、预测性的研究。研究者不需单独对开放式问题的答案进行设计，因此本书主要探讨封闭式问题答案设计的要求，其需遵循以下三个原则：

（1）详尽性原则。

问卷答案设计过程中需考虑到所有可能出现的情况，不能出现受访者没有对应选项的情况。例如：

您的学历是？

A. 大专　　B. 本科　　C. 硕士研究生　　D. 博士研究生

该题中的选项能囊括大多数的学历情况，但若少部分家长学历在大专以下则会出现无法选择的情况，因此可从"中专及以下"开始向后排列，或当该研究问题不需要对学历有过于细致的要求时，也可直接将第一个选项改为"大专及以下"则可以包含所有可能出现的情况。此外还需注意其间的用词为"及"，若缺少则会出现"大专"这一学历无法选择的情况。

同时，若研究者在设计答案时不确定自己是否已提及所有可能出现的情况，可参照前文的半结构问题，设立其他选项。例如：

您所在的园所，园本教研的形式有：

A. 年级组备课　　　B. 专家讲座　　　C. 同行相互进班观摩并研讨

D. 导师带教　　　　E. 课题研究　　　F. 骨干教师（或自己）教学展示

G. 同课异构（一课多演）　　　　　　H. 其他

（2）排他性原则。

排他性原则是指同一道题的答案不能出现互相有交集的可能，即不能出现某一情况对应两个或多个选项的问题。例如：

请问您是属于以下哪个年龄段的父母：

A. 25~28岁　　　B. 29~35岁　　　C. 35~45岁　　　D. 45岁以上

该答案中的"35岁"在B选项与C选项中都出现了，那么35岁的父母则有可能选择B选项也有可能选择C选项从而造成统计时的误差。因此可将B选项的"35"改为"34"，或将C选项的"35"改为"36"，但不可同时更改以免违反详尽性原则。

（3）适宜性原则。

适宜性原则是指研究者在设计问卷时要对调查对象的基本情况及可能回答的答案有大致的了解或一定的假设，以便更好地划分不同选项的区间，否则会出现答案大量集中于某一选项而区分度不高，造成答案无效的情况。例如，同样针对"家庭月均总收入"这一问题，在不同地区发放时，选项应有所区分，当问卷在广州地区发放时，可适当提高数额以适应当地经济水平，当问卷在西藏山区发放时，可适当降低数额以形成选项间的区分度。因此，对此类问题的设计需查询相关资料根据具体情况设计，不可凭空想象。

### （五）结束语

结束语要对被调查者的合作再次表示感谢，以及提醒被调查者不要漏填，并进行复核。这一表达方式的目的在于显示调查者的礼貌，督促被调查者完整准确回答问题，以免漏答、错答。例如，可以采用以下的表达：

问卷到此结束，请您再从头到尾检查一次是否有漏答、错答的问题。最后，衷心地感谢您对我们调查的热情支持！

## 四、问卷的发放与回收

### （一）问卷的发放

一般采用邮寄、集体组织分发、当面填写这三种方式进行发放和回收。邮寄方式比较省力，但由于某些具体原因如问题设计比较敏感或被调查者心情问题等导致回收效率较低。集体组织分发的优点是发放和回收比较快速，但由于是集体填写所以被调查者受他人影响的概率很高。当面填写的回收率最高，遇到不明白的问题被调查者和调查者能够及时地进行沟通，使被调查者能够积极合作。

### （二）问卷的回收

对收回的问卷，在剔除废卷的同时要统计有效问卷的回收率。一个研究的成功与否与问卷有效回收率有着密切关系，它是真实可靠资料的保证。如果回收率过低就应该进行调查补充。一般来说，回收率如果在30%左右，资料仅作为参考；回收率在50%以上，可以采纳建议；回收率在70%以上，可作为研究结论。一般问卷的回收率不低于70%。

## 第三节

# 访 谈 法

## 一、访谈法的定义

访谈法是调查者依据调查提纲，通过与调查对象直接交谈的方式来收集语言资料的方法，是一种口头交流式的调查方法。访谈作为言语事件不是一个一方"客观"地向另一方了解情况的过程,而是双方相互作用、共同构建"事实"和"行为"的过程。交谈双方实际上是在一起营造访谈的氛围和话语情境。访谈法同文献法、问卷法、观察法合称为社会科学研究中的四大经典研究方法,是社会科学研究中一种重要的研究方法。如何提高访谈技巧,使访谈更有效地进行,直接关系到访谈法研究的质量。

访谈作为一种研究方法,与日常生活中的相互交谈是有区别的:首先,在访谈中,访谈者与受访者接触较为正规,受访者所提供的信息应该大致限定在访谈目标规定的范围之内;其次,访谈有明确的目的性,因为所有研究方法的最终目的都是为研究服务的,因此作为研究方法的访谈法也在更大程度上侧重于其目的性;最后,访谈法从目标的制定到访谈计划的制订、问题的设计、访谈的实施、访谈信息的记录到最后访谈结果的整理与分析等都有一套科学的原则。以上这些在很大程度上保证了访谈法的科学性、有效性和访谈结论的客观性,使访谈完全不同于一般的交谈或生活中的"聊天"。

访谈是一种有目的性的、个别化的研究性交谈,是通过研究者与被研究者口头谈话的方式从被访者那里搜集第一手资料的一种研究方法。

## 二、访谈法的优点与局限

### (一)访谈法的优点

1. 访谈调查具有较好的灵活性

访谈是双方直接的交流和沟通,是互动的社会交往过程。因此,在访谈过程中,访谈者可以随时了解访谈对象的反应,并根据当时的情境状况提出一些更合适的问题,或转换话题。有时,访谈对象可能表现出对某些问题的误解,访谈者可以根据情况重复提问,或在允许的范围内做一些必要的解释和提示。这种灵活性不仅可以保证访谈的顺利进行,而且能够最大限度地搜集到所需要的信息。

2. 访谈调查获得的信息比较完整真实

访谈一般是面对面地进行语言交流。访谈对象可以生动具体地描述事件或现象的经过,真实、自然地陈述自己的观点和看法。同时,由于访谈具有适当解说、引导和追问的机会,因此双方还可以探讨较为复杂的问题,调查人员也可以获取新的、深层次的信息。另外,调查人员还可以观察访谈对象的动作、表情等非语言行为,以此鉴别回答内容的真伪。

3. 访谈调查适用范围比较广泛

与其他调研方法相比,访谈调查法是适用范围较广的一种调查方法。对于不同性别、不同年龄、不同职业、不同文化水平的人,只要具备一定的语言表达能力就可以用访谈法进行调查。例如，对于能够听懂和表达简单语义的幼儿也可以进行访谈。

### （二）访谈法的局限

1. 访谈成本比较高，样本数量小

访谈调查通常需要面对面地进行个别访问，有时会遇到访谈对象失访或拒访等情况，花费的时间和费用比较多。大规模的访谈需要培训一批访谈人员，需要动用大量的人力、物力和财力。由于访谈调查费用高、耗时多，所以难以大规模进行，通常调查的样本数量比较小。

2. 受访谈者影响比较大

通常访谈调查是研究者单独进行的调查方式。在这个过程中，无论是访谈对象还是访谈员都极易出现各种偏差。访谈员的性别、种族、社会地位、年龄、服装、外貌，谈话中的表情、语调，甚至访谈员的经验等都会影响访谈对象回答问题的准确性。同时，访谈对象的心境、访谈经验及文化程度等不同也会使其在作答时发生各种偏差。

3. 标准化程度低，统计结果难以统计分析

由于具体访谈情境的变化，尽管研究者设计好一整套访谈提纲，也不得不根据情境变化对访谈提纲做一定程度的调整或修改。虽然这样可使访谈更适用于在年龄、性别、文化程度、种族、风俗习惯及个性特征等各方面可能存在差异的访谈对象，但也带来了标准化程度低的缺点，使访谈员难以进行统计分析。

## 三、访谈法的适用范围

访谈法适用于以下几种情况：①对于复杂的问题，可通过访谈调查向不同对象了解不同类型的材料，以便搜集更详尽的资料；②有关个人问题，特别是涉及个人情感等敏感问题的调查，应采用访谈法，以利于研究者根据访谈对象的情绪变化，随机变化地安排访谈内容，控制谈话节奏和进度；③对文字表述方面有障碍的访谈对象应采用访谈调查，如识字不多者等；④调查有一定深度的问题应采用访谈调查方法，因为这些问题往往不是一两句能讲清楚的，而访谈可以提供向深层次了解的机会，能给访谈对象厘清思路、陈述清楚对某一复杂问题的观点和看法的机会。

## 四、访谈法的类型

访谈一般以面对面的个别访谈为主，也可采用小型座谈会、调查会的形式进行团体访谈，还可以进行电话访谈。访谈既可以作为一种独立的研究方法，也可以作为其他研究方法中搜集资料的辅助方法。

访谈调查法依据不同的分类标准，可以分为多种类型。

### （一）依据访谈员对访谈的控制程度进行分类

依据访谈员对访谈的控制程度，可将访谈分为结构性访谈、非结构性访谈和半结构性访谈。

1. 结构性访谈

结构性访谈也称标准式访谈，它要求有一定的步骤，由访谈员按事先设计好的访谈调查提纲依次向被访者提问并要求被访者按规定标准进行回答。这种访谈严格按照预先拟订的计划进行，它最显著的特点是访谈提纲的标准化，可以把调查过程的随意性控制到最小限度，能比较完整地搜集到研究所需要的资料。这类访谈有统一设计的调查表或访谈问卷，访谈内容已在计划中做了周密的安排。访谈计划通常包括：访谈的具体程序、分类方式、问题、提问方式、记录表格等。

2. 非结构性访谈

非结构性访谈也称自由式访谈。非结构性访谈事先不制订完整的调查问卷和详细的访谈提纲，也不规定标准的访谈程序，而是由访谈员按一个粗线条的访谈提纲或某一个主题，与被访者交谈。这种访谈是访谈双方相对自由和随便的访谈。这种访谈较有弹性，能根据访谈员的需要灵活地转换话题，变换提问方式和顺序，追问重要线索。所以，这种访谈搜集到的资料深入且丰富。通常，质的研究、心理咨询和治疗常采用这种非结构性的"深层访谈"。

3. 半结构性访谈

在教育调查中采用的访谈形式，还有一种是介于结构性访谈和非结构性访谈之间的半结构性访谈。在半结构性访谈中，有调查表或访谈问卷，它有结构性访谈的严谨和标准化的题目，访谈员虽然对访谈结构有一定的控制，但给被访者留有较大的表达自己观点和意见的空间。访谈员事先拟订的访谈提纲可以根据访谈的进程随时进行调整。

### （二）依据调查对象的数量进行分类

依据调查对象的数量，可将访谈分为个别访谈和集体访谈。

1. 个别访谈

个别访谈是指访谈员对每一个被访者逐一进行的单独访谈。其优点是访谈员和被访者直接接触，可以得到真实可靠的材料。这种访谈有利于被访者详细、真实地表达自己的看法，访谈员与被访者有更多的交流机会，被访者更易受到重视，安全感更强，访谈内容更易深入。个别访谈是访谈调查中最常见的形式。

## 2. 集体访谈

集体访谈也称团体访谈或座谈，它是由一名或数名访谈员亲自召集一些调查对象就需要调查的内容征求意见的调查方式。集体访谈是教育调查研究中一种很好的方法，通过集体座谈的方式进行调查，可以集思广益，互相启发，互相探讨，而且能在较短的时间里搜集到较广泛和全面的信息。参加座谈会的人员要有代表性，一般不超过10人。主持人一般不参加争论，以免限制与会者的思路。另外还要做好详细的座谈记录。

### （三）依据人员接触情况进行分类

依据人员接触情况，可将访谈分为面对面访谈、电话访谈和网上访谈。

## 1. 面对面访谈

面对面访谈是访谈双方通过面对面直接沟通来获取信息资料的访谈方式。它是访谈调查中一种最常用的搜集资料的方法。在这种访谈中，访谈员可以看到被访者的表情、神态和动作，有助于了解更深层次的问题。

## 2. 电话访谈

电话访谈是访谈员借助电话向被访者搜集有关资料的访谈方式。电话访谈可以减少人员来往的时间和费用，提高访谈的效率。电话访谈与面对面访谈的合作率相差不多，对于学校系统的成员（教师、校长等）通过电话访谈比通过个别访谈更容易成功（据估算，与面对面的访谈相比电话访谈大约可节约二分之一的费用）。电话访谈也有它的局限性。比如，它不如面对面访谈那样灵活、有弹性，不易获得更详尽的细节，难以控制访问环境，不能观察被访者的非言语行为，等等。

## 3. 网上访谈

网上访谈是访谈员与被访者通过网络进行交流的调查方式。网上访谈的方式比较灵活，可以通过文字进行，也可以通过微信和QQ进行视频或语音访谈。但是，网上访谈也有局限，如无法控制访谈环境；对访谈者的电脑操作和物质条件有要求，一定程度上也会影响访谈的开展。

### （四）依据调查次数进行分类

依据调查次数，可将访谈分为横向访谈和纵向访谈。

## 1. 横向访谈

横向访谈又称一次性访谈，它是指在同一时段对某一研究问题进行的一次性搜集资料的访谈。这种研究需要抽取一定的样本，被访者有一定的数量，访谈内容是以搜集事实性材料为主，研究一次性完成。横向访谈搜集内容比较单一，访谈时间短，需要被访者花费的时间较少。横向访谈常用于量的研究。例如，《幼儿教师幼儿心理健康观访谈研究》一文对 60 名幼儿教师进行半结构式的深层访谈，了解了幼儿教师心中的幼儿心理健康观。结果发现，教师认为幼儿心理健康体现在性格、个人行为及能力、人际交往与社会适应、情绪、道德品质等五个方面，其心理健康观具有模糊性、经验性、主观性等特点，并呈现出重外轻内、重适应轻发展的倾向。

2. 纵向访谈

纵向访谈又称多次性访谈或重复性访谈，它是指多次搜集固定研究对象有关资料的跟踪访谈，也就是对同一样本进行两次以上的访谈。纵向访谈是一种深度访谈，它可以对问题展开由浅入深的调查，以探讨深层次的问题。纵向访谈常用于个案研究或验证性研究，这种访谈常用于质的研究。按照美国学者塞德曼的观点，深度访谈至少应进行 3 次以上。

访谈调查法的类型多种多样，一个访谈可能同属于两种类型，比如，有时面对面访谈也同时是纵向访谈或非结构性访谈，集体访谈也同时是结构性访谈，访谈员可根据研究的具体需要扬长避短，灵活运用。

### 五、访谈法的实施程序

采用访谈法时，需要严格遵循操作流程。

#### （一）访谈准备阶段

1. 制订访谈计划

访谈计划是调查研究计划的一种，是访谈研究的依据，也是访谈能顺利进行的前提。访谈计划主要是规定访谈调查的目的、类型、内容、对象、时间，以及访谈所需要的工具。

访谈内容大致分为三种：第一种是事实调查，由访谈对象提供自己知道的一般情况；第二种是意见征询，征求被访问者对某些问题的意见、观点；第三种是个人的基本情况，包括个人经历、兴趣、爱好、动机、信仰、思想特点、个性特征、心理品质，以及家庭情况、社会关系等。

2. 编制访谈问卷或访谈提纲

如果采用结构式访谈，首先应编制访谈问卷。编制的要求基本与调查问卷的编制相同，可以开放型、封闭型、半封闭型问题并用。

访谈提纲是一个粗略的访谈大纲。访谈者在提纲中要确定访谈的程序、主要问题及问题的排列顺序，但是访谈的过程可以灵活、随意一点。访谈的问题既要涵盖研究主题所涉及的范畴，又要有层次性。提问的方式、用词的选择、问题的范围要适合访谈对象的知识水平和习惯。

访谈问卷和提纲编制完成后，访谈者可以先进行一次试谈，根据试谈的情况，对问卷和提纲进行分析、修改和定稿。

3. 培训访谈者

对于小样本且比较简单的访谈研究，研究者本人既可以是研究设计者，也可以是搜集数据资料的访谈者。对于大样本且比较复杂的访谈研究，研究者必须选择一些人作为访谈人员来搜集数据资料。

进行访谈调查尤其是进行大规模的结构式访谈时，往往需要动用大量的访谈人员参加访谈工作。为此，必须事先对这些访谈人员进行培训。培训可以使访谈人员了解有关科研方法的基本常识、课题的研究目的、研究所采用的方法、研究中采用的变量、课题研究的理论框架和性质、访谈的基本方法和技巧等基本问题。有条件的还可以给访谈人员提供模拟访谈实践的机会，或采用录像的方式将示范性访谈片段呈现给访谈人员，供访谈人员模仿，以熟悉访谈的全过程。

4. 选取访谈对象

选取访谈对象是访谈的关键环节，它与访谈的成败有直接的关系。选择访谈对象时首先要考虑访谈目的，根据访谈目的确定调查的总体，再从总体中根据随机原则抽取出需要的访谈对象。根据调查研究的目的和性质，以及人力、时间、经费来确定样本规模（研究对象的数量）。通常，结构性访谈、横向访谈和验证访谈研究样本应大一些，非结构性访谈、纵向访谈、探索性访谈选择的样本应相对较少。在选择访谈对象时，还应考虑到访谈对象是否能提供对研究有价值的资料，尤其是样本小的访谈，更应充分考虑这一点。

### （二）访谈实施阶段

访谈实施阶段需要做好以下工作。

1. 初步接近访谈对象，争取理解和支持

在访谈开始之前，访谈者要与访谈对象联系，向访谈对象说明此次访谈的目的、意义及保密措施，争取访谈对象的支持和配合，消除访谈对象的顾虑。如果需要拍照、录像、录音等，访谈者要向访谈对象说明必要性，征得访谈对象的信任和支持。

2. 按照访谈计划和提纲进行访谈

一般来说，访谈者应先从非研究问题切入，询问对方的工作、学习、家庭状况等，创造良好的交谈氛围。当访谈者与被访谈者关系融洽时，访谈者就可以提出所要探讨的研究问题。对于那些敏感性问题，尤其是那些易于使访谈对象感到不快的问题，则应当放在访谈结束前提出。

访谈中要注意发问、追问的时机和技巧，肢体语言和表情的回馈，以引导访谈对象，控制谈话方向。访谈者要保持中立的态度，不能给访谈对象任何暗示，以保证材料的真实性。

### 3. 做好访谈记录

访谈记录是访谈的结果，是调查研究的原始资料。在访谈过程中，访谈者要及时做好访谈记录，尽量做到准确、客观。访谈记录的内容一般应包括访谈的情境、访谈的程序、回答的内容，访谈对象的表情和行为特征，以及访谈人员的追问等。记录时要尽可能详细地记录访谈对象对非限定性问题的所有回答，以及回答限定问题时主动做出的额外说明，注意不要总结、分析或改正语法。在记录的同时，访谈者还要与访谈对象保持联系，以保证访谈顺利进行。

### （三）访谈结束

访谈者应选择合适的方式和时间结束访谈，并对访谈对象的支持和合作表示感谢。结束访谈需要遵循两个原则：一是适可而止，即访谈时间不宜过长，一般不宜超过 2 小时；二是把握结束访谈的时机，访谈者最好问访谈对象"我们什么地方还没谈到"或"你还愿意告诉我些什么"。做集体访谈时，访谈者可以请每个访谈对象总结自己的看法、观点，或补充没机会说的话，但是访谈者不应在现场对本次访谈进行概括性的总结，以免访谈对象认为这是定论式的评价。如需进一步访谈，就必须与访谈对象约定下次访谈的时间和地点，告知访谈对象下次访谈的主要内容，以便访谈对象做好下次被访谈的准备。

### （四）访谈记录的整理与分析

访谈过程中搜集到的资料为原始资料。原始资料是零散的、片段式的，缺乏系统性的。访谈结束后，访谈者必须对访谈所获得的资料进行初步整理，以确定所获取的信息是真实可靠、没有遗漏的，如果确实存在问题，应该通过重访或电话访谈的形式加以确定，切忌蒙混过关。分散的材料经过归类、综合、分组和统计处理之后，研究者就可以对资料进行定性或定量分析，并撰写研究报告。

## 六、儿童访谈的注意要点

聆听儿童的声音非常重要，儿童是可靠的，是可以提供信息的受访者。访谈可以获得儿童的观点，获得一些重要的真知灼见。当然，由于儿童是学前教育领域的特殊研究对象，因此在对儿童进行访谈时应注意技巧。

### （一）尊重儿童的权利

我们应明确的是，我们是与受访儿童一起研究，而不是研究受访儿童的。在访谈中，研究者与受访儿童是平等的，应尊重儿童的权利，成人不能滥用自己的权威。尊重儿童自由选择的权利，在访谈之前或访谈过程中，研究者必须细心地给儿童提供决定参不参加的权利，需清楚地向儿童说明他们在访谈中发挥的作用，以及他们有退出的权利，不能用成人的角色强迫儿童参与。

### （二）应充分相信儿童的能力

我们应充分相信，只要访谈得当，给儿童提供一个轻松、自然的访谈气氛，让儿童能够自由地说话，这样儿童就可以在言辞上表现得很好。

### （三）为儿童准备特别的物品和设备，辅助儿童自由表达自己的观点

儿童的年龄越小，越需要特别的准备和物品的置备，物品如柔软的玩具或玩偶、照片和图片、笑脸、儿童自己的绘画等，可以激发儿童的反思，也可以减轻成人指导的一问一答的程式带来的压力。当儿童在言语交流上有困难的时候，可以让他们对照片和图片进行分类、分组或指出对应的图片。此外，让儿童绘画可以被看作开始访谈的一个有效且尊重儿童的方式。

### （四）注意提问的方式

在访谈中，研究者不是"领导"，而是要让自己的提问成为儿童思维的刺激物。其实很多儿童都知道，成人问他们问题时，心中已经知道了问题的答案。换句话说，成人的提问只是要验证问题。所以，很多儿童会努力找出成人认为正确的想法。如果研究者自愿提供自己的信息，那么关系就会发生变化。例如，若成人暗示自己也在思考，并暗示儿童有能力帮助他提供其中一些答案，那么访谈将会更加有效。

## 第四节

## 调查法的实施步骤

学前教育调查是一项有目的、有计划、系统的研究活动，有着严格的操作程序。学前教育调查的程序通常分为两个阶段：准备阶段与实施阶段。具体如下。

### 一、准备阶段

#### （一）确定课题

进行调查研究，首先要确定具有一定理论意义和实践意义的调查课题，调查课题的来源和前述课题来源相似，但研究问题的内容和性质应符合调查研究的特点，即必须在真实的教育环境中研究问题。

## （二）选择调查对象

调查对象的选择是调查过程中的关键环节，因为调查资料主要是从调查对象那里获得的，所以调查对象的选择是否科学将直接影响到调查的结果。调查对象的选取要依据问题的性质和具体的调查方法而定。问题的性质决定了调查对象的来源，决定了调查对象总体的构成方式。

## （三）确定调查内容

确定调查内容是学前教育调查中的重要环节，一般要做好以下三个方面的工作：

1. 选择项目

根据调查课题的实际需要拟定调查项目。

2. 明确指标

拟定了调查项目后，接下来就要明确项目的评价指标。例如，要衡量学生德育方面的发展情况，就要大致确定学生的政治立场、思想观点、道德品质、行为习惯和个性心理品质等评价指标，每个指标可以分为不同的等级。

3. 确定等级划分标准

划分等级后就必须明确提出每个等级的具体要求。

## （四）制订调查计划

制订调查计划是调查研究设计的中心环节。拟订调查计划，实际上是对调查工作的具体程序进行安排。调查计划一般包括以下几个方面。

1. 阐明研究课题的目的和意义

调查计划主要说明研究课题的产生过程，这一课题的重要意义（理论意义和实践意义），研究要解答哪些问题、要达到什么目的，以及选择这个课题的意图和价值。

2. 明确调查的内容

确定调查内容是指将调查目标具体化为可以实施调查活动的项目。调查研究的内容往往由一些抽象的概念组成，要进行调查，首先要明确调查的变量是什么，把变量操作化，确定调查指标。指标是表示一个概念或变量含义的一组可观察到的事物。概念是抽象的，而指标是具体的。所谓操作化，就是将抽象的概念转化为可观察、可测量的具体指标的过程。操作化是调查研究中的关键一环，是由理论到实际，由抽象到具体这一过程的"桥梁"。指标的确定没有固定的标准，要根据研究的具体变量和研究对象的行为表现来确定。调查项目要全面、具体，影响被调查对象某些特征的直接或间接因素都要予以考虑。

3. 说明调查范围（总体）和调查对象（样本）

调查计划应写明调查对象的范围，以及调查对象的年龄、性别、抽样方法、样本容量等。

4. 说明调查手段、方法及调查的具体步骤

调查计划要说明调查的手段和方法，或综合运用了哪几种手段和方法进行调查，并说明调查将分几步进行。

5. 说明调查人员的组成、组织结构及培训安排

调查计划要说明调查人员的知识水平和能力水平，明确人员分工和组织管理，突出调查研究人员的组织保障和能力保障。

6. 确定调查的时间进度和经费使用计划

调查计划要说明调查研究每一步的具体时间安排，调查研究经费的来源和预算。根据研究的具体情况，上述步骤有的可以省略或合并。

## 二、实施阶段

### （一）搜集资料，实施调查

进入实施阶段后，调查人员按照调查计划制定的调查步骤到现场实施调查。在调查过程中，为了能够准确地得到调查数据，一般在正式调查前要进行小范围的试调查。例如，采用观察、谈话的方式，可先找一两个对象看看、谈谈；采用问卷法，可先在某个小组试一试，看看调查工具设计的有效性如何，运用调查工具搜集的数据是否便于后期分析，问题的提法是否过于空泛或易产生误解，调查对象的选择、时间的安排是否合适，调查实施的过程中是否还有其他疏漏的问题，等等。

### （二）整理和分析资料

调查中直接采集到的材料被称为原始材料，调查者必须对之进行整理分析，使之系统化和条理化。调查者要想弄清材料之间的相互关系，发现教育现象和事物联系的规律，就要做一系列整理分析资料的工作。首先，要对资料进行检查、分类、汇总，检查资料的真实性、可靠性，筛选出有效的调查资料；其次，对文字材料进行分析、综合，对数据资料进行录入、统计分析；最后，将定性分析和定量统计的结果相结合，得出全面、可靠的结果。

### （三）总结、撰写调查报告

这一步骤是指结合实际情况及有关学前教育理论对调查结果进行综合分析，得出调查结论，并以调查报告的形式呈现出来。这样既可以保存调查研究的成果，也

可以与同行进行经验和学术交流。

撰写调查报告是调查研究过程中最后也是最重要的一步。调查报告一般由导言、正文和结论三部分组成。根据读者对象不同，调查报告也可以分为通俗性报告和专业性报告。但不论是什么形式的调查报告，只有把理论和实践结合起来，才有一定的深度和价值。

## 第五节 调查报告撰写

调查报告的撰写，有统一的格式。所谓格式，就是根据研究目的和研究内容的需要在结构上做出的不同安排。一般来说，一份调查报告的基本结构是由题目、正文、结尾三个部分组成。要写好一份调查报告，首先必须掌握调查报告的格式和基本结构。

### 一、题目

#### （一）标题

调查报告的标题通常有三种写法。

1. 用调查对象及其主要问题做标题

这是一种使用范围较广的单标题法。如"天津市单纯性肥胖幼儿现状调查及分析""大班同伴交往不良幼儿的调查和教育干预策略的思考"，此类标题简明、客观、主题突出。

2. 用提问做标题

这也是一种单标题法，常常用于揭露问题和总结经验方面的调查报告。如"幼儿教师为何成为一种边缘性职业"，此种标题简洁明快，又尖锐泼辣，对读者有较强的吸引力。

3. 主标题与副标题相结合的复式标题法

此类标题的主标题部分是一种判断或评价，副标题部分则是对主标题所做的必要补充和说明。如"无证幼儿园，在尴尬中顽强生存——福州市农民工子女学前教育调查"，主标题既表明了作者的态度，鲜明地提示了主题，又富有吸引力，但是调查对象、调查范围以及所研究的问题在主标题中不易看出，因此，必须用副标题来加以补充说明。

实际上标题的写法很灵活，但不论采用何种方法，都要注意这样几点：一是标题要与报告主题吻合；二是标题文字要简洁，一目了然；三是标题要有吸引力和感染力。

### （二）摘要与关键词

1. 摘要

论文摘要是为读者检索论文服务的，是便于读者用最短时间掌握信息，了解研究工作或文章的主要内容和结果，从而决定是否需要详读全文。对于摘要的总体要求是：读者即使不看全文而只看摘要，也可以获得文档的信息以决定是否有必要花时间阅读全文。所以从摘要中应该能很容易看出该研究做了哪些具体工作，有哪些具体成果及与以往同类研究的不同之处。摘要是调查报告非常重要的部分，因为它要用最少的语句表达最重要的信息。

摘要一般要包括以下内容：研究目的（简短说明要解决什么问题，该部分可以省略）、研究方法和过程（对象、条件、原理、步骤等）、研究结果和结论。重点应突出作者研究的创新内容和结果。

2. 关键词

关键词是为了文献标引工作从报告、论文中选取出来用以表示全文主题内容信息的单词或术语。关键词应该主要包括研究对象、研究手段（方法）等。大多数文章选取的关键词一般在3~5个。当然，有的文章主题比较单一，关键词亦可少于3个；而有的论文是多元主题，关键词就需要多选几个，但也不要超过8个。关键词的作用有：一是关键词用于文献标引。文献标引是根据文献的特征，赋予某种检索标识的过程。如依据文献的外表特征（包括题名、著者等），就有题名标引、著者标引；依据文献的内容特征，就有分类标引、主题标引。关键词是主题词的一种（主题词还包括标题词、单元词、叙词等），即以能揭示和反映文献主题的关键词用作文献标引。所以，关键词的选定，实际上是文献标引的一个过程。二是关键词反映文献主题。

## 二、正文

### （一）引言

引言又叫前言或序，是作者对调查报告主题、动机以及调查研究经过等内容的简单介绍。引言简短扼要地说明调查的目的、意义、任务、时间、地点、对象、范围等。要注意将调查的目的性、针对性和必要性交代清楚，使读者了解概况，初步掌握报告主旨，引起关注。它是报告的有机组成部分，对整篇报告起着总领和引导作用。引言写得如何，对能否激发读者兴趣具有重要意义。

引言的写作方法一般有以下几种。

1. 主旨直述法

引言中着重说明调查研究的目的和宗旨。

2. 结论先行法

开门见山,直接把调查的结论写在前头,使人一目了然。

3. 提问法

开头首先提出问题,设下悬念,增强调查报告的吸引力。

调查报告引言的写作方法,形式多样,在具体的写作过程中,可根据所撰写报告的类型、目的、内容以及手头所掌握的资料和预计的篇幅等情况做适当的选择,灵活运用。

### (二) 调查方法和结果

此部分可谓正文的正文,一般包括两个内容,即说明本调查所采用的方法和简单介绍此次调查的结果。正文是调查报告的核心部分,它是展开论题,对论点进行分析论证,以表达见解和研究成果的中心部分,占调查报告的绝大篇幅。

1. 阐明调查方法

(1) 被试及取样方法。

说明被试具有哪些特征,是怎样被确定的;说明样本从何而来,是怎样进行抽样的;要写明是普通调查还是非普通调查(重点调查、典型调查、抽样调查),是随机取样、机械取样还是分层取样,调查方式是开调查会还是访问或问卷等,以使人相信调查的科学性和真实性,体现调查报告的价值。

(2) 材料与工具。

首先要对研究的主要变量进行说明,它们是什么,是用哪些指标进行测量的,以及对这些指标进行评分、赋值的程序和方法;其次说明调查过程中所用的材料和应用的工具,如阅读材料、测量用的量表、调查所用的问卷等。

(3) 数据处理方法。

要说明采用何种分析方法对调查所搜集的数据进行分析,例如,某篇调查报告在此处写了"利用 SPSS 统计软件进行了描述统计、方差分析和 $t$ 检验"。

2. 介绍调查结果

第一,呈现结果。把调查结果展示给读者,以文字叙述或图表演示的方式均可,最好是以图表为主,辅以适当的文字说明。

第二,概括描述。对调查研究的结果进行说明,详细解释结果中每个数据、每个变量及其所代表的含义。

第三,列出图表。进一步说明结果,比如表格、条形图、饼式图等,使读者有更直观的印象和理解。

第四，假设检验。就是依据科学推断方法，对总体做出的判断，看是否与研究假设相符合。

这部分要把调查得来的大量材料做分析整理，归纳出若干项目，条分缕析地叙述，做到数据确凿、事例典型、材料可靠、观点明确。数据如能用图示的形式表示，可以增加说服力，一目了然。写作安排先后有序、主次分明、详略得当。调查报告大致有如下几种写法：按调查顺序逐点来写；按被调查单位的人和事的产生、发展的变化过程来写，以体现其规律性；将两种事物加以对比，以显示其是非、优劣，找出其差异性；按内容的特点分门别类逐一叙述，这种安排较为常见。最后要写清楚调查的结果。

### （三）分析、讨论

此部分是研究者对调查结果的评价或推论，凡是与课题有关的内容都可以从不同层面、不同角度展开分析讨论。

一般而言，分析讨论的主题涉及以下几方面：解释调查结果；对结果做出理论上的分析和讨论；调查的不足之处及尚待解决的问题，可进一步朝哪些方面推广；等等。此部分与引言部分密切相关：引言里所出现的问题会在此部分再次出现。如果把一篇调查报告看作一个"沙漏"，引言相当于"沙漏"的上瓶，研究方法和结果是最狭窄的部分——"瓶颈"，而分析讨论部分则相当于"沙漏"的下瓶。引言的叙述由宽到窄，而分析讨论则恰恰相反，由窄到宽。

### （四）结论、对策

调查结果是调查最终所获得的信息，是具体的事实；结论则是对此信息的说明，是对所获事实的推断和解释。分析讨论之后一般要下结论，针对假设，简洁中肯，要有概括力和普遍性，即交代调查研究了什么问题，获得了什么结果，说明了什么问题；或者，也可以给出作者对调查问题的某些建议，说明此调查所得到的启示，亮出自己的观点，提出建设性的意见。

结论是调查报告的结束部分，即解决问题的部分，它起着画龙点睛的作用，是整篇调查报告的归结，但不是研究结果的简单重复，而是经过综合分析，将各种数据材料连贯起来，思索判断，逻辑推理，形成总体论点。结论是去粗存精、由表及里，抽象出共同的、本质的规律，它与正文紧密衔接，与前言相呼应，使调查报告首尾呼应。结论的要求是措辞严谨、准确、鲜明。

## 三、结尾

### （一）注释与参考文献

注释主要包括释义性注释和引文注释，一般排印在页脚或集中列于文末参考文献之前；参考文献是作者撰写论著时所引用的已公开发表的文献书目，集中列表于文末。在文中所引用的书籍、期刊、年鉴、报纸等，均要以注释或参考文献的形式按照参考文献著录规则进行标注。

### （二）附录

有些资料由于太长不适合全部呈现于调查报告的主体部分，如各种调查表格、原始数据、研究记录、有关调查背景的照片等，可将它们归入附录。这些资料可以帮助读者进一步了解调查的细节，增加可信度，或回答在报告的正文部分由于篇幅所限而产生的某些疑问。附录位于报告的最后，但并不是每篇调查报告都有附录，视具体情况，在必要的时候才附上。

## 本章小结

调查研究法是指通过问卷、访谈、测验等手段和方法，对教育现象和事实进行有计划、有系统的间接了解和考察，并对所搜集的资料进行统计分析或理论分析，得出科学的结论，以达到认识教育问题，指导教育实践的目的的一种研究方法。本章介绍了调查研究法的基本知识，包括调查研究法的定义、特点和类型。在此基础上对问卷法和访谈法进行了具体的介绍。在问卷法中介绍了问卷法的定义和特点、问卷的结构、问卷法设计的步骤等知识。在访谈法中介绍了访谈法的定义、特点、类型，访谈法的实施步骤、访谈中提问的技巧等，特别介绍了儿童访谈的知识。并在此基础上，对调查法的实施步骤以及如何撰写调查研究报告展开了进一步的叙述。

## 思考与练习

### 一、单项选择题

1. 课题"广州市幼儿教师职后培训状况调查"是属于（　　）。

   A. 现状调查　　　B. 相关调查　　　C. 原因调查　　　D. 跟踪调查

2. 以下关于问卷设计的说法，正确的是（　　）。

   A. 问卷调查只能针对成人

   B. 问卷设计要符合简明原则

   C. 问卷答题时间应该控制在 1 小时之内

D. 问卷中的题量应该控制在 60 题之内

3. 根据研究者是否对访谈过程进行控制和访谈过程是否使用经过严格设计的问卷或提纲，访谈可分为结构性访谈和（　　）。

A. 非结构性访谈　　B. 间接访谈　　C. 直接访谈　　D. 电话访谈

4. 适合对调查对象进行深入访谈的调查类型是（　　）。

A. 抽样调查　　B. 个案调查　　C. 现状调查　　D. 发展调查

5. 在学前教育科学研究中，问卷调查与其他形式的调查相比，其优势表现在（　　）。

A. 搜集资料的效率高　　　　　　B. 能获取多种形式的资料

C. 匿名性强　　　　　　　　　　D. 节约研究资源

## 二、简答题

1. 调查研究法的类型有哪些？
2. 问卷调查法的优点和局限分别是什么？
3. 一份完整的调查问卷由哪几部分构成？
4. 问卷调查法的具体实施步骤有哪些？
5. 什么是访谈法？访谈法有什么特点？有哪些具体的类型？

## 三、论述题

1. 设计编制一份调查问卷，了解家长对幼儿园提前学习小学知识的看法（也可以自拟主题）。

2. 以"幼儿教师对工作现状的满意度"为主题，选择 2～3 名教师进行访谈，并做好访谈记录。

## 参考文献

[1] 龚冬梅. 学前教育科学研究方法［M］. 南京：东南大学出版社，2017.

[2] 揭青，梁志红，潘一. 学前教育科学研究方法［M］. 成都：西南财经大学出版社，2021.

[3] 郭淑芬，王晨霞. 学前教育科学研究方法［M］. 南京：东南大学出版社，2015.

[4] 刘颖，张斌，虞永平. 疫情背景下普惠性幼儿园的现实困境及其化解：基于全国 4 352 所普惠性幼儿园的实证调查［J］. 中国教育学刊，2021（6）：58-64.

# 第六章 教育实验法

> **学习目标**
> 1. 掌握教育实验法的基本含义、特点及分类。
> 2. 了解实验效度的影响因素,并学会控制无关变量。
> 3. 掌握教育研究法的基本程序以及研究报告的核心要素。
> 4. 了解常用的实验设计模式,学会进行简单的实验设计。

## ◆ 第一节 ◆ 教育实验法概述

### 一、教育实验法的含义

教育实验法是学前教育研究中最基本且重要的研究方法之一,其主要是按两条基本线索发展的。一条线索是受到自然科学实验方法的影响,将自然科学实验的方法引用到教育领域,从而探究教育发展的内涵与规律。该线索最早出现在物理学研究,19 世纪引入生物科学研究,19 世纪末开始大量运用于心理学研究,19 世纪末 20 世纪初才运用在教育研究,在 20 世纪初诞生了以梅伊曼和拉伊为代表的实验教育学派并形成了对教育问题进行实验研究的一种潮流。另一条线索则是从一般的教育活动本身分化发展而来。在文艺复兴时代后期,受到自然科学实验思想的影响,引发了声势浩大的教育实验运动,如裴斯泰洛齐创办孤儿学校,蒙台梭利创办儿童之家,福禄贝尔创办第一所幼儿园,陶行知创办了晓庄学校,陈鹤琴、程雪门等人进行幼儿教育改革实验,等等。

脱胎于上述两条基本线索的教育实验法,从发展的根源上就注重对自然科学思维的运用,强调假设要具有科学性、论证具备严密性和控制体现精确性;同时要注重教育的自然环境,突出研究目的的应用效果,实验要体现人文关怀、从整体来看待实验对象等。①

总的来说，教育实验法是研究者基于一定事实，在相关教育理论的指导下，提出科学的假设，通过创设一定的实验环境对受教育者施加教育影响，探究教育现象之间的因果关系，揭示教育规律的一种研究方法。

## 二、教育实验法涉及的基本概念

变量在实验研究中指的是在性质和数量上可以进行变化、操纵、观测的各种因素、现象或特征，根据实验的需要可以分为自变量、因变量两种。

自变量也称为刺激变量、实验处理，是研究者能操纵的假定的原因变量，通过自变量能促使被试产生反应和变化。在教育实验中，设定的自变量要求能够独立地变化并引起因变量变化且能被人为操纵。例如，几种不同的教育方法对幼儿正确地书写自己的名字起到作用，这其中几种不同的教育方法就是自变量。

因变量是一种假设的结果变量，指的是当自变量作用于实验对象后产生的效果变化。在教育实验中，因为要验证实验的效果，因变量的基本要求是能被观察和测量。例如，在上文提及的案例中，幼儿最终能否正确书写自己的名字这一结果是能被观察和测量的。

无关变量指的是与特定研究目标无关但会影响研究进程或影响实验结果需要加以控制的变量。在上文提及的案例中，幼儿是否存在手部疾病、家长是否额外对幼儿进行培训、教师水平的差距等因素就是这个实验中的无关变量。

实验组是接受实验变量处理的对象组。在上述案例中，有接受教学方法干预的幼儿就构成了实验组。

控制组指的是在研究中不接受实验变量处理的对象组，要求实验组和控制组要尽可能达到一致的要求。在上述案例中，如果要比较不同教学方法效果就可以引入控制组，观察没有经过干预的幼儿和经过不同教学方法干预的幼儿在正确书写自己名字上的差距。

个体变量是指在研究中构成实验组或控制组的个体组员固有的特征，例如年龄、智力水平等。在确定组员时，要把握好个体对整体的影响，个体不宜与整体平均水平差异过大。

主试指的是在实验过程中对因变量进行观察、测量的人员。可以根据实验需要设置多名主试，但需保证主试相关水平一致。在上述案例，如不同教学方法对幼儿正确书写自己名字的作用研究中，需要对多组幼儿进行测量，需要多名研究人员，这些研究人员就是主试，需要确定评价幼儿能正确书写自己名字的标准，以免结果偏差过大。

---

① 王彩凤，庄建东. 学前教育研究方法［M］. 北京：北京师范大学出版社，2011：119.

## 第二节

# 教育实验法的特点与分类

## 一、教育实验法的特点

### （一）教育实验具有明确的目的

对于实验研究而言，实验是带着探究教育现象之间的因果关系，进而揭示教育规律，促进教育规律的发展是实验研究的任务。调查法、观察法主要是描述教育现象，主要解决"是什么"和"怎么样"的问题，重点在于对问题的发现和描述，让问题浮出水面，或者是在诸多现象中归纳、提炼出影响因素和发展规律，不对研究对象进行干预和操纵；实验法则通过对研究对象进行干预和操纵，探究教育行为对教育结果的影响，要揭示教育因素之间影响的方法和程度，进而归纳出相应的教育规律。

### （二）教育实验是在一定的科学假设下进行

假设指的是尝试对所研究变量之间的关系进行解释，是对研究结果的预测。[1] 在教育实验中，假设是指研究者根据对教育现象的观察，经过一定的理论思考和推演，对教育现象中存在的疑惑进行合理推测或解释，是对设计研究的变量之间存在的因果关系进行理论设想。可以说，没有假设就没有实验研究，没在一定理论和实践观察下做出的假设也是空中楼阁，不符合实验研究的要求。

### （三）教育实验要通过控制变量达到实验效果

实验研究是对相关变量之间因果关系的探讨，为了更好、更准确地呈现变量之间的关系和影响程度，研究者在研究过程中务必要通过科学、有效的方式对教育实验进行干预，如将无关变量的影响降至最低，对研究对象有意识、有步骤改变某一方面的条件，同时保持其他因素的稳定和有效，以此得到较理想的实验效果。

### （四）教育实验需具备可重复性

实验最大的特征就是可以重复验证。教育实验作为实验的一种，同样也不例外。

---

[1] 卢乐山，林崇德，王德胜. 中国学前教育百科全书·教育理论卷 [M]. 沈阳：沈阳出版社，1995：240.

每一项实验研究都需要明确说明实验流程、变量的性质、控制方法以及具体的操作方法。因此，不同的人也可以按照实验程序，在不同的时间、地点按照规范的操作再次进行实验。可以说，教育实验需具备可重复性，有助于人们更全面、更准确地通过实验来论证教育方法的可靠性和可行性，其重复验证的程度越高，可靠性越大。

### （五）教育实验是一种特殊的实验

教育实验之所以是一种特殊的实验，主要的原因在于实验对象是人。在实验过程中，实验人员和实验对象处在相对自然的环境且会受多种因素的干扰，这将影响实验的客观性。

#### 1. 教育实验务必遵守实验伦理

与自然科学最大的区别在于，教育实验的对象是身心尚未全面发育的幼儿，其辨别和承受能力较差，在实验过程中应尊重他们的意愿和个体差异，发挥他们的积极性，以正面影响的实验为主，切忌产生不良影响，损害儿童的身心健康。

#### 2. 教育实验受主观因素影响大

在教育实验中，由于教育实验并非一蹴而就，实验人员需要较长时间维持在一个教育环境中，反复影响和记录幼儿的表现，以期了解幼儿的情况。而实验人员和实验对象是在不断发展的，实验人员和对象价值观、知识经验、动机、态度、相互关系以及研究工具能否达到需要的水平均会对实验的客观性产生影响。

#### 3. 教育实验主要在一定的自然环境状态中进行

在进行教育实验时，不同于自然科学实验对场所、设备的严格要求，教育研究的对象处于一定的教育和生活环境中。只有在这一特定的环境中，教育现象和行为才会发生，同时也不宜苛刻追求实验的精确度。

## 二、教育实验法的优缺点

### （一）教育实验法的优点

#### 1. 研究内容的丰富性

教育实验法在实际运用中，既可以研究幼儿身心发展多种现象之间的关系，也可以只对其中一个现象进行深入探索；既可以对多名幼儿、多所幼儿园进行研究，也可以只对个别、少数幼儿或幼儿园进行研究；既可以进行长期跟踪研究，也可以在较短时间内进行探索。

#### 2. 研究过程的计划性

与其他教育科学研究活动相比较而言，实验研究对于研究过程有严密的计划性，在进行教育实验前必须做好实验设计，对研究目标和理论进行假设，设定被试的挑选标准，对研究材料和工具进行确认，设计好相关的实验程序。

3. 研究结果的科学性

与其他研究方法不同，教育实验法主动对研究对象施加教育影响，探究两种因素或多种因素之间的因果关系，需要对不相关的因素进行控制，因此所呈现的结果更科学、更可靠、更能让人信服，更能揭示相关教育规律。同时由于实验可以重复进行，也让实验结果能够得到验证和推广。

### （二）教育实验法的缺点

1. 教育实验法不适宜多变量研究

教育实验法适合研究自变量数量较少且清晰、可进行分解操作的问题，但在具体教育实践中，往往变量较多且需要具体的教育场景作为背景。教育实验法要扬长避短，跟其他研究方法相结合才能较全面、科学地揭示相关教育规律。

2. 教育实验法脱离了部分的教育情景

教育实验与自然科学实验不同的是，教育实验需要在真实教育场景中实施，不同于自然科学实验可以高度控制无关变量。控制无关变量后的实验存在失真的情况，与真实教育场景有区别。因此，从实验场景得出的结论不宜直接运用到实际教育场景，还需要更广泛的实践检验。

3. 教育实验法受人的影响大

教育实验的实施主体是人，实验人员和被调查者价值观的取向、知识经验储备情况、动机、态度、两者之间的关系都会影响实验结果；实验人员对实验的期望过高、被调查者知道自己参加实验也可能更积极配合，进而造成结果的偏离；被调查者的身心发展也会给长时间的教育实验带来影响。简而言之，人这一因素容易影响教育实验的结果。

## 三、教育实验法的分类

### （一）根据实验的情境和场所进行分类

根据实验情境和场所的不同，可将教育实验分为实验室实验和自然实验。

1. 实验室实验

实验室实验是在人为设计的条件下，研究者严格控制外部条件开展的实验研究。一般是指在实验室环境中，利用精密的仪器，借助严谨的自然科学实验研究方法实现的，因此实验室实验的结果比较准确和客观。但是，因为实验室实验往往受到实验环境、设备条件和被试等要素的限制，在实际操作中往往会遇到许多困难。即使实验得出了精确的结果，考虑到教育现场的复杂性，结果在实践中也难以推广。

## 2. 自然实验

自然实验是研究者在真实的教育情境中通过对自变量和因变量进行操纵观测，同时尽可能控制无关变量，来分析变量间的因果关系的实验研究。研究者需要在真实的教育环境中严格控制无关变量，这具有一定的难度，无关变量也会影响研究结果的精确性。不过，自然实验立足于现实的教育，所以所揭示的现象规律较符合教育现场的实质，研究成果容易得到推广。因此，在开展自然实验研究时，研究者既要保持教育情境的真实性，又要尽量控制无关变量。

### （二）根据实验的控制程度和内外效度的高低进行分类

根据实验控制程度和内外效度的高低，可将教育实验分为前实验、真实验和准实验。

#### 1. 前实验

前实验可以对变量进行观察比较，但无法严格控制无关变量，因此误差大，内外效度低。

#### 2. 真实验

真实验是指能够随机抽取和分配被试，系统操纵自变量，能严格控制无关变量，内外效度高，实验误差小。实验室实验一般属于真实验。

#### 3. 准实验

准实验是介于前实验和真实验之间的一种实验设计。准实验能够比较严格地控制无关变量，从而尽量减少实验误差。而教育实验的对象和内容往往限制了严格的实验设计在实际中的应用，所以教育实验大多属于准实验。准实验是在教育的实际情境中进行的，因此外部效度较好。但教育情境的无关变量多，如何最大限度地保证实验的内部效度，将是确保准实验结果精确的重要因素。

### （三）根据实验目的的不同进行分类

根据实验目的的不同，可将教育实验分为探索性实验、验证性实验和改进性实验。

#### 1. 探索性实验

探索性实验是在一定的理论和实践基础上，提出新的问题，检验新的假设是否成立的实验研究。探索性实验的特点在于"新"。

#### 2. 验证性实验

验证性实验是对已研究过的问题进行重复研究。但这并不是完完全全的重复，而是在不同的时间、地点或针对不同的对象进行再次研究，也是对已取得一定成绩的实验结果做进一步巩固和推广的过程。

3. 改进性实验

改进性实验是对已有的研究成果进行修改和完善。实验成果往往是在一定的时间、区域或一定的研究对象中研究取得的,需要对其进行充实和改造才能更好地推广。

### (四) 根据实验自变量的多少进行分类

根据实验自变量的多少,可将教育实验分为单因素实验和多因素实验。

1. 单因素实验

单因素实验是指只有一个自变量的实验。例如,在"父亲参与对幼儿社会性发展的影响研究"中,"父亲参与"为单一自变量,这个实验就是单因素实验。

2. 多因素实验

多因素实验是指变量有两个及以上的实验。如"探究教师态度与指导方式对幼儿坚持性的影响"实验中,"教师态度"和"指导方式"都属于自变量。当然,多因素实验不仅可以研究每个自变量的主效应,还可以研究自变量之间的交互作用。

## 第三节

# 教育实验法的设计

### 一、实验效度

实验效度是指实验达到或实现实验目的的程度,是衡量和检验实验设计水平的基本操作标准。在实验研究中,往往会出现各种各样的因素影响实验效果,即实验的有效性。效度一般分为内在效度和外在效度。

### (一) 内在效度

内在效度是指自变量真正影响因变量的程度。也就是在实验结束后,因变量的改变有多少取决于自变量。如果保持自变量恒定,因变量也不发生变化,则说明因变量的变化确实是自变量而不是其他变量引起的,那么这个实验就有较高的内在效度。据此可得,对无关变量的控制影响了内在效度。内在效度是实验研究的基本条件,是讨论外在效度的前提。

影响内在效度的因素主要有以下几个。

1. 历史(同时事件)

在研究过程中,其他事件影响了被试的行为,从而对实验结果造成了影响。比如在研究某一英语教学方法对学生英语听力成绩的影响时，教师恰好给学生提供了丰富的英文电影观看学习。一段时间后，学生听力成绩的提高就无法完全归功于这种教学方法的使用，因为看多了英文电影也有可能提高听力水平。

2. 成熟

实验期间，被试的生理、心理、阅历、情绪等都会发生变化，也会影响自变量对因变量的作用。例如，研究某种方法对小班幼儿自理能力的影响，幼儿自身动作技能的提高以及家庭的训练也会提升幼儿的自理能力。

3. 测验

许多教育实验，为了比较实验前后的情况，常常在实验处理前对被试进行测试。但被试在前测中积累的经验，熟悉测试的技巧和内容，很有可能提高后测分数，因而无法保证实验内在效度。

4. 工具

工具指测量手段对实验结果的影响。在测量过程中，测量工具、主试或评价方式不同，因变量也可能随之改变，进而影响实验结果的准确性。例如，前后测的测验题目或难易程度不同，实验结果也缺乏说服力，所以实验中尽可能使用信效度得以保证的实验工具。

5. 统计回归

统计回归是指被试的第二次测量的成绩会向团体平均数靠近（回归）的现象。在采用前后测的教育实验中，如果存在被试为极端对象的情况，则容易产生统计回归现象，从而使实验结果难以解释。例如，研究者选取成绩低的群体作为被试，那么经过实验处理后，再以相同的工具对其进行后测，后测的分数有可能会升高；反之选择高分团体进行实验处理，后测的成绩则会有降低的倾向。

6. 差异的选择

如果某项教育实验研究中，实验组和对照组不是随机抽样或随机分派产生的，那两组被试的能力本身就存在着差异，就算最后的实验结果不同，也很难将结果的差异归因于实验处理。因此，在两组或多组实验中，研究者需要考虑到被试群体间的差异性。

7. 被调查者的缺失

在实验过程中，被调查者的迁居、退学、死亡等因素，也会对实验结果的准确性造成影响。

8. 选择与其他因素之间的交互作用

样本选择与其他各项因素之间的交互作用，也会影响实验的内在效度。以"选择与成熟的交互作用"为例。研究者要检验某种心理治疗方法对心理障碍幼儿的干预作用，选择有心理障碍的特殊儿童作为实验组，选择普通幼儿作为对照组。进行教学方法处理之前，对两组进行测量，发现实验组与对照组的分数差距较大。进行实验处理之后，再次测量，发现两组分差缩小。这一结果可能并不是心理治疗产生的效果，而是实验中的对照组本身就有一定的"自然恢复"倾向。在这一实验中，实验组和对照组本身就存在质的不同，这是"差异的选择"；实验处理后，实验组发生了"自然恢复"，这很可能是"成熟"的作用。这两种因素就造成了选择与成熟的交互作用对实验的内在效度产生了影响。

### （二）外在效度

外在效度是指实验结果的概括性和代表性，也就是实验结果能否推广到被试以外的其他受试者，或实验情境以外的其他情境。如果一个实验能实现这个目标，说明其外在效度高，反之则低。一般来说，内在效度是外在效度的前提条件，如果实验结果不可靠，推广的可能性就不会高。

影响外在效度的因素主要有以下几个。

1. 测验的反作用或交互作用效果

测验的反作用指前测对后测的作用；测验的交互作用，指前测与后测的交互作用。有前测的实验一般后测成绩会比较好。因为受试者对实验处理具有敏感性，平常情境下未曾注意到的问题或现象，这时会变得更加敏感和警觉，以致实验效果可能部分来自于前测的经验所产生的敏感性。例如，研究者欲了解纪录片对学生对于历史事件看法改变的效果。学习之前，如先测量学生对某历史事件的态度，由于这一测验经验的影响，学生在一周的纪录片观看学习期间，特别集中注意和前期测验相关的问题和内容，结果导致测验成绩有很大的改变。这种改变可能是前测所产生的敏感性和纪录片学习的交互作用结果（因为前测使学生对纪录片的学习更易引起警觉和重视）。但在没有前测的实验情境下的一周纪录片学习，可能就不会有这样好的测验成绩。因此，有前测的实验结果，只能推论到有前测经验的情境，而不能推论到其他没有前测经验的团体中去。

2. 选择偏差与实验变量的交互作用效果

当研究者选取一些具有独特心理特质的被试做实验时，选择偏差与实验变量的交互作用效果就容易产生。因为这些独特的心理特质有利于对实验处理造成较好的反应。例如，选择一些具有高智商的学生，进行启发式教学，实验结果发现启发式教学能提高学生成绩。但这一结果不能推论到实验以外的其他一般的学生中去。因为选择参加实验的对象，具有高智商的独特心理特质（选择偏差）。如果将这种结果随意推论到智力一般或较低的学生身上，启发式教学（实验变量）的效果未必能显现出来。

### 3. 实验安排的反作用效果

关于实验安排的反作用，典型的是"霍桑效应"。1924年在美国西部电器公司的霍桑工厂进行了一项实验研究，研究认为产量的提高不是由于技术的改进，而是由于工人知道了他们正在接受实验从而具有强烈动机。

由于实验情境的安排，受试者知道自己正在参加实验，其所表现出来的行为，自然而然地与他没有参加实验时大相径庭。这时，他们往往为了能提供给研究者想要的结果，可能改变正常的行为方式，努力表现出研究者所期望的行为。但受试者在非实验情境的表现，可能与此完全不一样。例如，学生知道自己被选择在参加一项新的教学方法的实验，因而在实验期间表现出比平时更高的兴趣和动机，更大的学习主动性和积极性，结果使实验效果产生很大的改变。由此可见，在实验情况下所得的结果，可能和自然情境下的结果大不相同，实验结果常不能推广到日常生活情境中。通常，实验室的实验研究受这项因素的影响较大。

### 4. 多重实验处理的干扰

当同样的受试者重复接受多种的实验处理时，由于前面的处理通常不易完全消失，以致几项实验处理间会相互产生干扰的作用。因此，这种实验的结果，只能推论到类似这种重复实验处理的受试者，而无法应用于只有一种实验处理的情况。例如，研究者想实验支架式教学的作用时，在应用传统式教学方法的同时，穿插应用支架式教学，结果显示学生成绩确实提高了，但不能据此判断支架式教学法一定比传统式教学法优越，因为成绩的提高可能是上述两种方法共同作用的结果。

## 二、实验质量判断标准

在教育实践中，为了实验能顺利推进，研究者务必按照教育实验的相关程序进行设计。一般而言，教育实验可以划分为准备、实施和总结三个阶段。一个好的教育实验是始于对现实教育实践和现有教育理论困惑的回应，经过提炼后用理论进行初步思考，经过缜密且逻辑自洽的实验设计体现有效且充分的实验控制，尽量避免无关变量的干扰，在实验过程中如实且充分记录因变量和自变量的变化，而后客观分析变量之间的关系，揭示一定的教育规律。好的教育实践应该具有以下特征：

### （一）有意义的实验议题

在现实教育实践中，教育者常常会遇到各种各样的问题或进行教育理论的深度思考，有的问题经过查阅文献或者请教他人可以得到答案，而有的问题由于时空等各方面因素的不同需要进一步用不同的科研方法进行探究。好的教育实验并不是凭空想象的，需要研究者在日常教育实践中去发现和提炼，归纳出议题进行探究。

## （二）充分的实验控制

在发现了问题之后，需要研究者根据一定的教育理论进行思考，根据实验的要求进行实验设计，要求准确把握自变量和因变量的关系，尽可能避免无关变量的干扰，以便于研究者能够解释最终的结果。

## （三）不加修饰的实验记录

在实验过程中，通常采用实验组或对照组、前测和后测对教育实验的效果进行对比，个别研究者为了凸显自己的研究水平可能会采用掩耳盗铃的方法对实验记录进行修改，但这样做始终是徒劳的。教育实验很重要的一点是可以进行重复实验，具备推广性，随意对实验记录进行修饰，后者将无法重复研究者的实验，直接扼杀教育实验的普及意义。

1. 充足的实验数据

在实验设计中，关于被试的数据主要由两个方面来体现，一是被试的数量，二是经过被调查者干预后的变化，两者缺一不可。在教育实验中，如果被调查者的数量过少，会直接导致数据在先天上的不足，而干预后的数据过少，则难以说明实验的效果。

2. 有代表性的实验结果

在教育实验中，通过选择有意义的实验议题并对实验过程进行充分的控制，要求实验记录真实可靠，产生的数据充分，一切都是为了有代表性的实验结果做铺垫，为了揭示一定的教育规律和进行推广。

## 三、教育实验的基本程序

一般而言，教育实验法按照程序可以划分为准备、实施和总结三个阶段。

### （一）准备阶段

在准备阶段，主要完成的任务是选择问题、形成假设、设计实验和选择被试。

1. 选择问题

在教育实践中，一个勤于反思的研究者会对现实教育实践和现有教育理论的不足进行反思，在反思的过程中就会形成问题。一般而言，一个问题是否具有教育实验的价值和意义，主要从以下方面进行考量。一是前人是否已经解决了这个问题，如果没有，那该问题是否有助于提高教学质量或者为教育工作者提供可行性较高的策略，简而言之是需要具备研究的价值。二是该问题是否具备研究的可行性。规范的实验研究需要多方面的资源作为支撑，这其中包括研究者自身和完成研究所需的保障，如研究者已有的理论水平、研究能力、相关经验，所需的人、物、财、技术设备是否充分准备等。

2. 形成假设

在问题确定之后，为实验研究的顺利推进就必须形成实验的假设，对自变量和因变量的关系进行设定。这里有几点需要注意：一是要以一定的事实和相关教育理论作为支撑；二是假设要对发现的现象和事实进行解释；三是假设本身务必逻辑自洽，不能有自相矛盾或无法自圆其说的模糊地带。

3. 设计实验

设计实验是教育实验的核心环节，需要根据假设选择实验的类型，制定一个详细且可行性高的方案。方案中必须明确实验的目的和相关技术指标，确定实验相关变量、具体的实验流程和进度安排、控制无关变量的手段、实验数据搜集的方法、实验结果的统计处理方式。此外，对于非实验相关理论和技术问题，但可能影响实验的相关因素也应该在此过程充分考虑，如是否需要相关设备、经费如何解决等现实问题。

4. 选择被试

在实验过程中，被调查者的选择是影响实验数据的关键，进而影响实验的有效性。通常情况下，对于被调查者的选择，首先，要考虑实验的总体规模，被调查者样本与实验总体规模成正比；其次，被调查者的选择要具有代表性，其年龄、所处的身心发展阶段等要符合实验的要求；最后，被调查者常采用抽样的方式进行，以体现随机性和广泛性，促使实验具有更高的推广意义。

在被调查者的选择上常用的方法有方便取样和代表性取样。方便取样是使容易得到的人来进行实验，如通过社交渠道发布信息招募志愿者参加实验；代表性取样则先划分目标人群，在目标人群中通过随机取样、机械取样、类型取样和整体取样选择被调查者。

随机取样是通过在总体样本中抽取部分样本进行实验，以其结果推论整体情况的一种抽样方法。在随机取样中，每个被调查者被抽取的概率是相等的，常采用抽签或者随机数字的形式进行。

机械取样则先将总体样本随机分成数量相等的组，使组数和取样的数目相同，然后再从每组中按事先规划的机械次序来抽取实验对象。如有50个实验样本，可按号数平均分为10个组，研究者随机从1～5中确定一个数，被抽中则为实验对象或构成实验组。

类型取样则是根据总体样本中具有各类特征的对象所占的比例，在总体中随机抽取同样比例样本的取样方法。常用在明确研究对象某一特征将直接影响研究结果时，为了消除这一因素对研究结果的影响而采用类型取样。类型取样法的具体步骤是先确定总体样本中各特征类别和类别所占的比例，然后根据样本总量，按比例计算出每一类别的实际样本量，最后从不同类别的组中随机抽取实验对象构成实验组，简单来说是先进行分类再按照比例随机抽样。

整群抽样与其他抽样方法不同的是，不从总体实验样本中抽取实验对象，而是通过抽取整体的实验对象进行对照，如同一年级有若干的班级，随机从中抽取一个班级进行实验。

### （二）实施阶段

实施阶段是实验研究的最为实质性工作，在此阶段主要完成的工作是根据实验设计的方法有目的操纵自变量，控制无关变量，对实验研究进程进行调控、发现并解决问题，严格按照实验设计观察、测量因变量和相关实验情况，真实记录和积累原始实验资料和数据。

#### 1. 无关变量控制的内容

在教育实验中，无关变量控制的内容主要从实验者、被实验者、实验环境和实验时间几方面来考虑。

实验者对于实验起到引导和控制的作用，因此在实验中，实验者对于被实验者和实验结果不应存在明显的倾向，应尽量避免霍桑效应或皮格马利翁效应对实验的影响，尽量使实验者和被实验者都处于正常的状态。如果是有多个实验者，还应在前期进行一定的培训，使各个实验者在各方面的水平尽量保持一致。

由于幼儿处于无意注意为主，有意注意开始发展的阶段，在开展实验前，实验者应对周围环境采取一定的措施，保证实验环境的相对稳定和不受干扰，避免偶然因素对结果的影响。

受限于幼儿有意注意维持的时间，在开展实验时，应把握好实验开展的流程，避免无效等待；与此同时，幼儿处在快速发展的阶段，教育实验的总体跨度要跟实验假设相匹配，不宜将时间跨度拉得太长。

#### 2. 无关变量控制的方法

常用无关变量控制的方法主要有以下七种：随机法、消除法、平衡法、恒定法、盲法、抵消法以及统计控制法。

随机法是在选择和分配被试时不受实验人员主观因素的影响，而由偶然因素决定，如从总体中随机选择被试或随机形成实验组或对照组等。

消除法也就是规避无关变量，尽可能不让这些因素影响实验结果。如进行注意力的实验，就要避免噪声等教学环境对教学效果的影响，要找安静的教室进行实验。

平衡法就是通过设置实验组和控制组，将无关变量的影响平均分配到实验组和控制组中去，使各组之间的差异尽可能相等。采用平衡法时，实验组和控制组的唯一差异就是实验组接受实验处理,而控制组不受实验处理,其他方面基本相同。

恒定法就是对一些无法排除的无关变量在实验中采取保持恒定的方法,也就是把变量变为常量加以控制,使无关变量的影响在实验前后保持不变。

盲法分为单盲和双盲。单盲是指被试不知道自己在参与实验或正在接受实验处理,而双盲是指主试和被试都不知道自己在参与实验或其中一方接受了实验处理。盲法控制主要是为了避免主试和被试的主观态度对实验结果的影响,以便准确地研究实验处理的真实效应。

在一些实验中,由于被试需要在各种不同的实验条件下接受重复测量,鉴于重复测量、练习、迁移、疲劳等作用会影响因变量的测量效果,此时可采用抵消的方式来控制这类无关变量。如在比较A、B两种训练方法哪种更有效时,研究者可以将一组按照A、B的顺序进行实验,另一组则按B、A的顺序进行实验,最后将两组分别按A和B分开统计,再进行比较就可以得知A和B哪种方法更有效。

统计控制法是通过统计方法对实验数据进行处理,来排除或削弱无关变量对因变量的影响。如在多人评分中,为避免极端评分,常去掉一个最高分和最低分,然后将剩余分数进行统计得出平均分作为整体的平均分。

### (三)总结阶段

这是实验研究的最后阶段,在这一阶段主要完成的任务是整理和分析数据、形成实验报告或论文、应用与推广实验结果。

#### 1. 整理和分析数据

在实验实施过程中,积累的大量原始资料或数据必须经过研究者按照实验的要求和目的进行审核、评价和汇总,去芜存精。在整理时,务必坚持资料或数据的真实性和客观性,奠定可靠的基础为实验研究进一步分析创造有利条件。

#### 2. 形成实验报告或论文

对于教育实验研究的结果,往往以统计图或总结性表格进行展示,同时用简明扼要的文字将背后的含义"翻译"给读者。在这一过程中,需要研究者用科学的理论和方法对最终实验结果形成原因进行说明,做出因果关系的结论,同时要将定量分析和定性分析相结合,还要对影响实验结果的条件做简要的说明。

(1)撰写实验报告时要注意的要求。

第一,要以陈述事实为主。实验报告与一般论文在写作方法上不同。论文的撰写多从概念、判断、推理的思维方式对某一问题进行分析,强调理论联系实际,不要求对事件的全过程进行论述,而实验报告以陈述事实、实验数据、实验过程与结果为主,尽管也对实验结果进行分析和论证,但不是从概念出发,而是对确凿的事实和数据进行统计分析,得出理论的认识。

第二，要进行定性和定量的分析。撰写实验报告尽管以陈述事实为主，但并非原始材料的罗列，而是既要揭示研究事物的内在联系，总结出该实验的基本原则，又要找出实验成功或失败的原因，为推进某一方面的教育问题的研究提供经验和依据。

第三，要以严肃认真的态度撰写实验报告。实验报告中的事实和数据要确凿无误，分析要客观公正，实验结果要真实可靠经得起检验，要客观表述研究取得成果与存在的不足。

（2）教育实验报告基本要素。

对于实验报告的撰写，没有统一的格式要求，但一般包含以下要素：题目、署名、摘要、关键词、前言、实验的目标和原则、实验的内容、实验的过程和方法、实验结果、结论和讨论、参考文献和附录。

题目：实验报告的题目是整个实验的高度凝练，应简洁精练且合乎逻辑，反映该实验是属于哪方面的问题，一般采用"……报告"的形式。

署名：教育实验报告的署名可以为幼儿园或研究机构，可以是主要负责实验人员的署名，也可以是个人署名，多机构多人参与的情况下可以按所起的作用大小进行排序署名。

摘要：摘要是对报告内容的简短陈述，内容包括研究所要解决的问题、方法以及获得的结果和结论。

关键词：对实验研究中的关键术语进行展示有利于读者了解全文，同时对于关键术语的界定和操作定义还可以在文中进一步阐述。

前言：前言是实验报告的开场白，需简要说明实验课题是基于什么情况提出，对以往研究做一定的评述，实验的目的、意义是什么，又通过何时、何地对何人采取什么方式进行了实验，效果如何，实验的基本指导思想也可在此进行阐述。

实验的目标和原则：实验报告的正文，一般需要先将实验的目的及原则进行阐述，使读者对实验有纲领性的了解，特别是在多因素的实验中，由于牵涉实验因素多、内容复杂，将实验目的和原则先进行明确的阐述，有利于把握实验要领。

实验的内容：也称为实验因素，尽管实验内容是多方面的、复杂的，但也有确定的实验因素，在撰写报告时务必将实验的自变量、因变量和控制的无关变量清晰地表述出来。

实验的过程和方法：这是实验报告主要内容之一，目的是使人了解研究结果是在什么条件和情况下，通过什么方法，根据什么事实得出，无关变量的控制及相关观察记录，并以此判断实验研究的科学性和结果的真实可靠性，也可以据此再次进行验证。

实验结果：对于实验结果这一部分的撰写，最重要的是提出数据和列出典型事例，要详细介绍实验中收集到的数据和典型事例，并展示分析数据得出的结果。在报告中，实验所得的事例和数据最好采用图表的形式加以描述和简要说明，力求对实验结果的描述更加概括和准确，一方面有利于研究者整理实验结果，另一方面也有利于读者通过阅读获得相关信息。

结论和讨论：结论是对整个实验的总结，下结论要求根据实验的事实慎重描述，不夸大也不缩小，语言要准确和简明，推理过程要严密、符合逻辑。讨论是研究者根据研究的客观事实和结论，结合自己的认识与理解，讨论与实验结果相关的问题，将研究结果放在一个更广阔的背景下讨论，对该实验与相类似的实验结果进行比较，找出优劣得失，提出可以进一步深入探讨以及本实验存在的一些问题的改进设想，为实验进一步推进提出自己的建议。

参考文献和附录：参考文献主要列举在实验过程中参考了哪些文献资料，告诉读者该实验是在什么基础和水平上进行的，给人启发和参考。可以把一些在正文中没有全部使用但又有必要作为参考的重要材料和图表，作为附录附在实验报告的文后。

3. 应用与推广实验结果

实验研究是受限于具体的实施条件的，作为一定条件下得出的结论，在相似条件下可以得到有效推广，这也是进行实验研究的初衷。但在推广过程中要注意不同环境条件对实验的制约，有步骤、分层次推进，不急于求成。

### 四、教育实验设计的基本类型

下列符号可以简明地表示实验设计的类型：

$X$：表示操纵的自变量；

—：表示无实验处理；

$O$：表示一次测试或观察；

$R$：表示被试已做随机分配控制；

……：表示上面和下面的组不是等组；

由左至右：表示时间次序或先后。

另外，字母下标的数字表示次数，如 $O_1$ 表示观测1，$O_2$ 表示观测2；$X_1$ 表示实验处理1，$X_2$ 表示实验处理2。

教育实验的设计有很多种分类方法，比如有的分单组、等组、循环组设计。这里我们参考坎贝尔和斯坦利的研究成果，按实验中自变量的数量，将教育实验的设计划分为两大类。一类被称为单因素设计（仅仅含有一个自变量）。根据对实验中变量控制的严格程度，单因素设计具体可分为前实验设计、准实验设计和真实验设计。另一类则被归为多因素设计（包含两个及以上自变量）。

### (一) 前实验设计

前实验设计具备实验设计的基本要素,但无法有效地控制无关变量的影响,因而很难验证自变量和因变量之间的规律性关系,实验效度很低,尚未达到实验研究的基本要求,通常不把它看作正式的实验设计。不过前实验设计简单,获取被试容易,操作方便,因此在学前教育研究的初期常被采用,其结果可供正式研究参考。前实验设计包括单组后测设计、单组前后测设计、固定组比较设计三种表现形式。

1. 单组后测设计

基本模式:$X\quad O$

这种设计只有一组被试且不是随机选择,没有控制对照组;实验中只施加一种实验处理,再观测实验处理的效果。

例如,为研究情境教学法对大班幼儿模式认知能力的影响,于是采用一个大班的幼儿实施这种教学方法。

实验假设:情境教学法能提高大班幼儿模式认知能力水平。

实验处理:在日常教学活动中,教师运用情境教学法开展集体教学。

样本:一个大班的幼儿。

因变量:大班幼儿的模式认知能力。

后测:使用情境教学法后进行评价。

一个学期后,研究者通过对幼儿的模式认知能力进行测量,并凭主观的判断认为这种教学方法有助于模式认知能力的提高。但由于"历史""成熟""差异的选择"和"被试的缺失"等因素可能干扰实验结果,因而结论可能是不正确的。

这种实验设计虽然简单易行,但缺乏对控制组和前测加以比较,也缺乏对无关变量的控制,故结论的可靠性很低。

2. 单组前后测设计

基本模式:$O_1\quad X\quad O_2$

这种设计只有一组被试且不是随机选择的,没有控制对照组。首先对被试进行前测($O_1$),然后进行实验处理,再进行后测($O_2$),通过比较前测和后测的差异,来说明实验处理的效果。例如,为研究情境教学法对大班幼儿模式认知能力的影响,取一个大班的幼儿作为被试,先对其模式认知能力进行测量(前测),然后在实践了一个学期的情境教学法后,采用同样的测量方法对该班幼儿的模式认知能力进行再次测量,比较前后两次测量结果,从而判断情境教学法对大班幼儿模式认知能力发展的效果。

这种研究设计的优点是由于被试接受前测和后测,因此能通过被试行为变化的直接数据来验证实验处理的效果,同时能控制"差异的选择"和"被试的缺失"两个因素的影响。缺点则是实验效果可能受到"历史""成熟""工具"等因素的干扰，因此内在效度不高。

3．固定组比较设计

基本模式：$X \quad O_1$

$\qquad \cdots\cdots$

$\qquad X \quad O_2$

此种设计除了实验组外，增加一个控制组，但二者都不是随机选择和随机分配的。通常以自然班为单位，因此称为固定组比较设计。基本方法是对实验组实施一次实验处理，而控制组不接受实验处理，两个组都进行后测，根据两个组后测结果的比较说明实验处理的效果。例如，研究者在幼儿园两个大班中进行"情境教学法对模式认知能力的影响实验"，实验班引入情境教学法（$X$），控制组沿用传统的教学方法，一学期后进行测量，并对两个班的测量结果进行比较，看情境教学法是否更有效。

固定组比较设计使用了不接受实验处理的控制组，以便与接受实验处理的实验组进行比较，比单组实验有所改进，在一定程度上使"历史"与"成熟"等因素得到控制。但由于被试不是随机分组，而且没有前测处理，因此难以判断被试组是否相等，"差异的选择""选择与成熟的交互作用"和"被试的缺失"等因素也可能干扰实验效果。

（二）准实验设计

准实验不能随机分派实验对象，不能完全控制无关变量，只尽可能予以条件控制。准实验是在教育的实际情境中进行的，因而具有推广到其他教育实际中去的可行性。之所以说教育实验大多属于准实验，是因为教育实验的情境和教育实验的对象的特殊性，教育实验难以满足一般科学实验的规范要求。在许多教育实验中，实验对象是处于正常的自然状态接受实验的。准实验设计包括不等组前后测设计、时间序列设计、轮组实验设计。

1．不等组前后测设计

基本模式：$O_1 \quad X \quad O_2$

$\qquad \cdots\cdots$

$\qquad O_3 \quad — \quad O_4$

此种设计中的两组被试不是随机分配的，常以自然情境中的自然教学班、年级或学校为单位，因此人数可以不等，两组都有前测和后测。一般步骤为：①以班级为单位，将班级随机分派为实验组和控制组；②对两组实施前测；③实验组接受实验处理，而控制组则不接受；④实验处理后，两组进行后测。统计的结果分析有两种：一是如果两组数据的前测无显著差异，则直接比较实验组和控制组的后测数据（$O_2$—$O_4$）；二是如果前测两组数据有显著差异，则对实验组前后测的增值分数与控制组前后测的增值分数进行比较 $[(O_2 - O_1)—(O_4 - O_3)]$。

这种实验设计适应了教育实验发展的现实需要，是教育实验中最具广泛应用价值的设计类型。例如，在"戏剧教育促进幼儿创造性思维发展的实验研究"中，用整群取样的方法，选取幼儿园小、中、大共三个班幼儿为实验组，又选出相应的三个班幼儿作为控制组。首先分别对两组幼儿的创造性思维能力做前测，经过比较，确定两组的相似程度，然后在实验组进行实验处理，即实施戏剧教育活动，一学期后同时进行后测，通过两组前后测中各种数据的比较来说明戏剧活动的效果。

由于既有控制组，又有前后测比较，因此这种实验设计能够控制"成熟""历史""测验""工具"和"统计回归"等因素的影响，也能在一定程度上控制"差异的选择"因素的影响，从而提高了研究的内在效度。但由于没有采用随机方法分配被试，因此只能对一部分无关变量进行控制，同时前后测也可能产生一定的交互作用，影响了实验的外在效度，从而干扰实验效果。

2. 时间序列设计

基本模式：$O\ O\ O\ O\ X\ O\ O\ O\ O$

时间序列设计是指，非随机抽样选出一个实验组，对其进行周期性的一系列测量（前测），根据测量结果确定一条基准线，再对实验组实施实验处理（$X$），然后再进行与前测次数和周期相同的一系列测量（后测），通过比较前后测的一系列观测记录是否发生显著变化，从而推断实验处理是否产生效果。

时间序列设计是前实验设计中单组前后测设计的一种扩展形式，由单一的前后测变为多次的、定时的前后测序列。通常实验结果可通过曲线图直观地表示，图6-1所示结果曲线能表示实验处理作用的不同性质。①

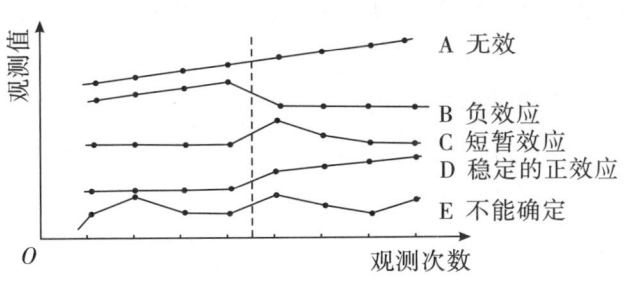

图6-1 时间序列设计实验结果曲线图

图6-1中，横轴和纵轴分别表示观测次数和观测值，五条曲线分别表示五种可

---

① 裴娣娜. 教育研究方法导论[M]. 合肥：安徽教育出版社，2000：288.

能的结果,曲线 A 表明实验处理无效,因为实验处理前后曲线的发展趋势没有太大的变化,可能是由于成熟的自然发展所致。曲线 B 在实验处理介入后呈现下降趋势,表明实验处理产生了负效应。曲线 C 在实验处理介入后出现短暂的向上波动,表明实验处理的短暂效应。曲线 D 在实验处理后脱离了原来的趋势,向上抬升,表明实验处理具有稳定的正效应。曲线 E 是无规则的曲线,无法判断实验处理是否有效。

例如,在对某幼儿园小一班幼儿进行生活自理能力培养的实验研究中,在实验处理之前,每周一对该班幼儿的生活自理能力进行一次测试,连续四周共四次。然后对幼儿进行为期一个月的以培养幼儿生活自理能力为主的教育活动,一个月之后,又在每周一进行连续四周的生活自理能力测试。测试结果形成的曲线可帮助研究者来说明教育活动的效果。

值得注意的是,时间序列设计采用的是定时的重复测量,为保证实验结果的可靠性,测量时间须定时;实验处理之前的测量次数一般不要少于 3 次;要等前测结果趋于稳定后再介入实验处理;实验处理介入后的测量也应到结果稳定为止。

这种实验设计特别适用于进行纵向研究,通过一系列的测量能够控制"成熟"的影响,还能减少由于测量次数不足而出现的偶然情况。但缺少选取控制组做对比比较,因此不能排除"历史"的影响。同时测量的次数较多,"测验的交互作用"不能控制,可能会增加研究者的工作量和工作难度。

3. 轮组实验设计

基本模式:$X_1 \quad O_1 \quad X_2 \quad O_2$

$$\cdots\cdots$$

$$X_2 \quad O_3 \quad X_1 \quad O_4$$

轮组实验设计是指非随机选择两个实验组,并轮流对其进行不同的实验处理,根据每个处理的总和效果 $[(O_1+O_4)-(O_2+O_3)]$ 来确定实验处理的效应。例如,在"启发探索法和游戏法对幼儿的数学思维发展的影响研究"中,分别选择两班幼儿作为实验组。第一轮实验,对甲组进行启发探索法教学,对乙组进行游戏法教学;第二轮实验则反过来,对甲组进行游戏法教学,对乙组进行启发探索法教学。最后比较两种教学法的效果总和。

轮组实验设计较适用于自然情境下的实验,无须为配置等组而打乱班级,并可通过对实验处理的轮换达到某种平衡,由于是对实验处理总和效应进行比较,在平衡配置过程中很多无关因素被互相抵消了。另外,轮组设计对分组的要求和对无关变量控制的要求都比等组设计低,便于操作。但轮组设计周期较长,被试反复测试可能产生多重处理的干扰。

### (三) 真实验设计

真实验设计是指在随机化原则上选择或者分配被试，并且都有一个控制组的设计。这种设计不仅保证被试的代表性，也对无关变量进行了有效的控制，因此具有很好的内在效度和外在效度。真实验设计主要包括实验组、控制组前后测设计，实验组、控制组后测设计以及所罗门四组设计。

1. 实验组、控制组前后测设计

基本模式：$R \quad O_1 \quad X \quad O_2$

$R \quad O_3 \quad — \quad O_4$

此种设计是用随机方法选择被试，并将其随机分派到实验组和控制组，两组都接受前测。实验组接受实验处理，控制组不接受。实验处理后，两组都接受后测，最后比较两组的实验结果 $[(O_2 - O_1) — (O_4 - O_3)]$。

由于采用相等的控制组，而且两组都有前、后测，所以在前测到后测期间影响内在效度的"历史""成熟""测验""工具""统计回归"等因素，两组完全一样。而且，由于采用随机方法，两组在各方面的特质相等，故可控制"差异的选择""被试的缺失"和"选择与成熟等因素交互作用"三个因素的干扰。可见，它是一种严格控制的实验设计，在教育实验研究中常被采用。因此这种实验设计的内在效度很高。

但在外部效度方面，由于采用前测，实验结果可能受到"测验的反作用或交互作用效果"因素的干扰，"实验安排的反作用效果"因素的干扰有时也可能产生。

2. 实验组、控制组后测设计

基本模式：$R \quad X \quad O_1$

$R \quad — \quad O_2$

此种设计是指随机将被试分配到实验组和控制组里，不进行前测，只对实验组进行处理，两组都有后测。由于实验没有前测，因此能消除前测与后测、前测与自变量的交互影响。但是，它无法确定实验处理是否对不同层次的受试者有不同的效果。如果有前测，则可据之形成不同组别，从事进一步的分析。例如，假定要比较采用情境教学法和活动教学法教英语的效果，如实验前，两组都没有进行英语成绩的测验（前测），仅在实验后测量英语成绩。如经比较结果，发现两组没有显著差异，据此而确定实验处理没有效果。但是，如果有英语成绩的前测，研究者就可根据英语成绩将学生分成高、中、低三个层次，进行 2（教学法）×3（英语成绩）的实验设计。最后，我们可能进一步发现两种教学方法的效果因学生英语前测成绩不同而不同。

3. 所罗门四组设计

基本模式：$R \quad O_1 \quad X \quad O_2$

$$R \quad O_3 \quad — \quad O_4$$
$$R \quad X \quad O_5$$
$$R \quad — \quad O_6$$

这种设计包含两个实验组和两个控制组，四组被试均随机抽取。其中，有两个组接受前测，实验处理后，四组均接受后测。该设计由所罗门在 1949 年首创，故称"所罗门四组设计"。这种设计是用最简单的形式把实验组、控制组前后测设计和实验组、控制组后测设计组合起来的一种设计。

所罗门四组设计由于是以上两种设计的综合，所以综合了以上两种设计的优点，并克服了二者的缺点。通过比较 $(O_2-O_1)$ $(O_2-O_4)$ $(O_5-O_6)$ $(O_5-O_1$ 或 $O_5-O_3)$ 的差异，以检验实验处理所产生的影响是否显著，等于重复做了 4 个实验。其局限在于往往很难找到四组同质的被试，而且被试的数目越多，数据分析就越困难，因此实用性不强。

（四）多因素设计

多因素设计是指在同一实验研究中，操纵两个或多个变量（因素）的设计，其特点是将实验中每一变量的各个水平都结合起来进行实验，是各因子水平的有机结合，而不是单因素设计的简单组合，因此具有更高的外在效度。

多因素设计至少要有两个自变量，每一个自变量至少要有两种水平，因此最简单的多因素设计称为"$2\times2$ 因素设计"。多因素设计通常以数字来命名设计模式，数字的个数表示自变量的数目，而每个数值为各个自变量的水平数，如 $2\times3$ 中有 2 和 3 两个数字，表示有两个自变量，前一个自变量有两种水平，后一个自变量有三种水平。假如再增加一个具有三个水平的自变量，那么这个设计模式就是 $2\times3\times3$ 因素设计，即有三个自变量，各个自变量的水平分别为 2、3、3。

我们以最简单的 $2\times2$ 因素设计为例说明多因素设计，见图 6-2。①

因素 A

| 因素 B | | $A_1$ | $A_2$ |
|---|---|---|---|
| | $B_1$ | $A_1B_1$ | $A_2B_1$ |
| | $B_2$ | $A_1B_2$ | $A_2B_2$ |

图 6-2　$2\times2$ 因素设计

此类设计的特点是，有 2 个自变量，每个自变量各有 2 个水平，4 种不同的实验处理（各种处理的总数是各因素所包括的水平数的乘积）。按组间设计，需 4 个组；如按组内设计，每个被试都需要进行 4 次实验。

---

① 杨晓萍. 教育科学研究方法 [M]. 重庆：西南师范大学出版社，2006：327.

## 本章小结

实验是发现真理的基础和手段，教育实验法是进行教育研究的一种重要方法，教育中很多重大的改革都是以实验作为基础的。教育实验法是研究者基于一定事实，在相关教育理论的指导下，提出科学的假设，通过创设一定的实验环境对受教育者施加教育影响，探究教育现象之间的因果关系，揭示教育规律的一种研究方法。

自变量、因变量和无关变量作为实验研究的要素，需要研究者对其进行合理的操作和控制，尤其要严格控制无关变量，可采用随机法、消除法、平衡法、恒定法、盲法、抵消法以及统计控制法等方法，才能保证实验的内在效度和外在效度，从而得出准确可靠的实验结果。

一个完整的实验研究主要包括以下程序：选择问题、形成假设、设计实验、选择被试、实施实验、整理分析数据、形成实验报告或论文。

在学前教育领域中，相比于前实验设计和真实验设计，使用较广泛的是准实验设计。准实验设计模式一般包括：不等组前后测设计、时间序列设计、轮组实验设计等。研究者要熟悉各种类型的实验设计的逻辑结构以及思路策略，从而选择合适的实验设计，这对于实验研究的成功至关重要。

## 思考与练习

**一、单项选择题**

1. 下列有关教育实验的陈述，错误的是（   ）。

  A. 教育实验是一种自然科学实验活动

  B. 教育实验是一种科学实验活动

  C. 教育实验是一种特殊的教育活动

  D. 教育实验是一种特殊的实验活动

2. 能够随机抽取和分配被试，系统操纵自变量的实验是（   ）。

  A. 前实验　　　　B. 准实验　　　　C. 真实验　　　　D. 化学实验

3. 反映实验自变量与因变量的因果关系的真实性，决定实验结果的解释的是（   ）。

  A. 内在效度　　　　　　　　　　B. 外在效度

  C. 总体效度　　　　　　　　　　D. 生态效度

4. 在实验过程中，控制组和实验组的唯一区别是（   ）。

  A. 进行实验处理　　　　　　　　B. 不进行实验处理

  C. 学习条件不同　　　　　　　　D. 学习内容不同

5. 对随机分派的控制组和实验组进行前后测，通过观察数据差异得出实验结果的实验模式是（　　）。

A. 不等组前后测设计　　　　　B. 固定组比较设计

C. 单组前后测设计　　　　　　D. 轮组实验设计

二、简答题

1. 教育实验法的优缺点有哪些？
2. 如何理解教育实验内在效度和外在效度的影响因素？
3. 教育实验法的基本程序是什么？

三、论述题

1. 举例说明三种实验设计模式。
2. 联系实际确定研究问题，并进行实验设计。

## 参考文献

[1] 李方. 现代教育科学研究方法［M］. 广州：广东高等教育出版社，1997.

[2] 徐俊华. 学前教育科学研究方法［M］. 合肥：安徽大学出版社，2014.

[3] 王彩凤，庄建东. 学前教育研究方法［M］. 北京：北京师范大学出版社，2011.

[4] 钟杨. 学前教育科学研究方法［M］. 成都：西南交通大学出版社，2015.

[5] 张宝臣. 学前教育科学研究方法［M］. 3版. 上海：复旦大学出版社，2020.

# 第七章 个案研究法

**学习目标**

1. 了解个案研究法的特点及意义。
2. 掌握个案研究使用的基本方法。
3. 熟悉个案研究实施的基本步骤。
4. 学会撰写个案研究报告。

## 第一节 个案研究法概述

### 一、个案研究法的含义

个案研究法（case study），又称个案法、案例研究法、个案研究，是由医疗实践中的问诊方法发展而来的。20 世纪初，个案研究法已成为主流研究方法，1935 年以后，经历量化研究的兴起，个案研究方法日渐式微，直至 20 世纪 60 年代，个案研究法又重新得到人们的重视。近年来，个案研究法作为一种重要的质的研究方法逐渐形成了自己的体系，也逐渐规范化、科学化。

个案研究法是针对单一个体在某种情境下的特殊事件，广泛系统地搜集有关资料，综合运用量化、质性及分析技术，通过细致入微、层层解剖的方法，进行深入细致的研究，从中总结出个性与共性的问题，作为研究相同、相似或相对的问题的范本或借鉴。在教育研究中，个案研究法能够实现理论与实践的对话，对教育案例进行深度解读，诊断其产生问题行为的原因，提出解决问题的方法，以达到因材施教、改进教学和促进幼儿发展的目的。

## 二、个案研究的类型

### （一）根据研究对象的不同进行分类

根据研究对象的不同，个案研究可分为个体个案研究和群体个案研究。

1. 个体个案研究

个体个案研究的对象是个体，既可以是个人，也可以是某一现象、某一团体、某一事件等。例如，对某一教师专业发展的个案研究、对某一特殊幼儿的个案研究等。

2. 群体个案研究

群体个案研究的对象是具有相同特征的群体，既可以是一类人，也可以是一类现象、一类团体、一类事件等。例如，对幼儿园多动幼儿身心发展特点的个案研究、对幼儿园研训机制的个案研究等。

### （二）根据研究内容的不同进行分类

根据研究内容的不同，可将个案研究分为诊断性研究、指导性研究和探索性研究。

1. 诊断性研究

诊断性研究主要是对学前儿童身心发展现状做出判断，主要用于特殊儿童，研究其问题行为以及心理异常原因等。例如，对多动症幼儿的个案研究。

2. 指导性研究

指导性研究主要是研究如何博采众长使教育过程质量得以提升。如选取名师案例作为研究对象，总结归纳教育质量提升的路径与方法。

3. 探索性研究

探索性研究常常用于大型研究的准备阶段，是进行综合性研究的前提和基础。如幼儿园就自然教育进行多方面、多层次的研究，并在研究成果的基础上推广开展自然教育的方法，为将来的研究分析、理论概括做好准备。

## 三、个案研究法的特点与意义

### （一）个案研究法的特点

1. 研究问题的真实性与实际性

个案源于教育教学实际，这是个案研究法的显著特点之一。个案研究法的研究对象及内容一般是当下教育教学过程中的难点或热点，个案既可以是教师，也可以是幼儿；既可以发生在室内，也可以发生在户外；既可以聚焦于特殊幼儿，也可以聚焦于普通儿童。总之，事实材料具有时代性与真实性，反映当前的教育现状。

2. 研究对象的个别性与典型性

个案研究对象通常是单一个体或单一群体，研究对象往往是具有特殊行为或反常行为表现的个体，如特殊儿童、多动儿童、超常儿童等。所谓典型性，就是能反映同类事物的共同属性或事物发展趋势的特殊个体。个案研究的对象是个别的，但不是完全孤立的个别，而是与其他个体相联系的，是某一个整体中的个别，因而对这些个别对象的研究必然在一定程度上反映其他个体和整体的某些特征和规律。个案研究法通过对典型个案的研究，能找出与同类事物共有的一般规律，由个性推导出共性，举一反三。

3. 研究内容的深入性与全面性

个案研究对象聚焦且典型，便于进行深入细致、全面系统的分析和研究，不仅可研究个案的过去与现在，还能跟踪研究个案的未来发展；个案研究不仅可以做静态的分析诊断，也可以做动态的研究或跟踪。研究中可以采用各种相关研究方法直接或间接地全面获取材料，通过深入地解剖和分析，掌握个案的全景全貌，对个案做到充分理解。

4. 研究方法的综合性与多样性

个案研究中为了搜集到全面的个案资料，研究者必须运用各种手段，从各个不同的角度搜集各方面的资料，这些资料既有研究者通过访谈和观察获得的资料，也有以其他形式获得的资料，如幼儿作品、幼儿活动录像、幼儿成长档案等。并综合运用多种研究方法加以分析，如追踪法、追因法、临床分析法、教育会诊法、作品分析法等，以便从多角度把握研究对象的发展变化。

### （二）个案研究法的意义

个案研究具有很强的实践意义，便于掌握个案的全面情况与动态发展，在对个案全貌研究和了解的基础上，有利于提出有针对性的教育措施，真正做到因材施教。所以，个案研究法非常适宜教师开展，教师可以选取典型案例，结合教育教学工作实践并根据共性规律归纳总结出一些积极的教育措施，从而为以后开展教育教学工作提供支持。

1. 为教育理论提供具体案例，实现理论与实践的结合

个案研究能为经典的学科理论提供具体佐证，能够丰富相关学科的理论成果。个案研究通过典型材料，以案例的方式来说明某种抽象的教育理论和观点，使理论既有概括性，又有实用性，有助于推动教育研究成果的广泛应用，从而促进学前教育科学的发展。

2. 便于为幼儿的全面发展制定个性化的支持策略

个案研究方便教师对个别幼儿进行一对一、全面细致的研究，也可以对少数案例进行长时间的追踪研究，便于掌握研究对象的动态发展。教师可以通过个案研究掌握幼儿个体发展和个别差异，为幼儿制定个性化的教育教学支持策略，促进幼儿全面发展。

3. 帮助教师成长为一名反思型教师

真实、有价值的案例积累是教师成长路上的强大助力，个案研究有助于提高幼儿教师的观察能力、反思能力与专业综合能力。在个案研究中，教师在选择典型案例后，能够对研究对象与内容进行系统的判断、分析与总结，并从中逐渐培养自己的反思力，更能提升教师的逻辑思维与文字撰写能力，这一过程教师的反思更为自觉深刻，对教师的个人专业发展大大有益。

4. 有助于教师把先进的教育理念落实到具体的教育教学活动中

随着学前教育教学改革的不断深化，幼儿教师也接受着各种各样的教育理念，思想是行为的翅膀，理念如是，但在教育教学实践中，幼儿教师实际的教育行为与先进的教育理念相脱节的现象依然存在。而个案研究能够很好地使教师摆脱"只听不做"的境地，个案研究是将先进的教育理念落实到具体的教育行为的重要媒介。在研究过程中，教师通过对教育行为的观察、诊断、分析及多维度的解读，能将具体的教育行为诉诸教育理论一并思考，从中加深对教育理论的理解，并进一步指导教育实践。

## 四、个案研究法的优缺点

### （一）个案研究法的优点

1. 便于教师掌握与使用

每位教师都可以成为一名研究者，个案研究法便于教师掌握与使用。在教育教学实践过程中，教师可以使用个案研究的方法将理论与实践进行结合，选取典型案例进行系统的分析与研究。通过个案研究，教师可以及时了解整个班级的情况，及时搜集到教育教学过程中的反馈信息，不断解决问题、总结经验，为个人专业发展与提升教育质量搭建桥梁。

2. 个案研究法系统全面

个案研究法的实施过程中会综合使用各种研究方法，并对研究对象进行全方位的剖析与解释，如使用访谈法、问卷调查法、观察法、测验法等。使用多种多样的研究方法能够使研究者全方位、细致地了解研究对象，并为针对相关问题提出适宜解决方案打下良好的基础，进而达到研究的目的。

### (二) 个案研究法的缺点

**1. 样本量小，普适性差**

一般个案研究的研究对象数量少，从统计学角度而言，小样本研究难以具有代表性，对于小样本研究，我们无法保证在研究限定的条件之外，得到同样的结果，由此得出的研究结论也不一定具有普适性。因此，个案研究得到的结论大范围适用性也常常受到质疑，推广度有限。

**2. 易受研究者主观影响**

在个案研究的过程中，研究者的专业水平、专业态度、价值观等常常会影响研究结果，如选择案例时的偏差、观察中的主观判断、研究报告撰写中的主观倾向与夸大成分等，会使研究者轻易做出主观的、不精确的结论，因此，个案研究法对研究者的要求较高。

## ◆ 第二节 ◆
## 个案研究的基本方法

### 一、追踪法

追踪法是在多个不同时间点对同一组调查对象进行研究，搜集关于其发展和变化的各种数据资料，以揭示研究对象随时间变化的变化以及不同现象之间的因果关系的研究方法。对调查和研究的对象进行连续跟踪的时间可以根据研究需求设定为几个月、几年或更长的时间。

在追踪法研究阶段，要密切关注研究对象的发展变化情况及趋势，搜集相关资料，探讨其发展的连续性、稳定性、阶段性和对应的影响因素，揭示其发展趋势和规律，找出存在的问题并采取相应措施。

追踪法特别适用于以下三种情况的研究工作：

第一，探讨单一研究对象发展的连续性。追踪法通常对同一对象进行长期且连续的研究。可以纵向比较每个人或事物的发展和变化，以便研究人员了解其发展过程中的连续性。

第二，探索单个研究对象发展的稳定性。追踪法主要是探索人的某些方面的特质或某些教育现象在各个历史时期发展的稳定性情况。例如，在研究智力测试分数的稳定性时，可以从婴儿期开始测量，然后定期再次测量，直到青年时期为止。这样，我们就可以看到个人的智力发展水平是否稳定。

第三，探讨早期教育对后续教育的影响。例如，研究人员可以选择一些早期教育较好的儿童从小学一年级开始进行后续研究，并对他们的道德、智力和身体发展进行全面调查，以分析他们的各种发展与早期教育之间的关系。

## 二、追因法

追因法是根据研究对象在一定时间和一定地点的实际情况即各种实际结果，来搜集相关资料，以研究其发生原因的研究方法。简而言之，这是一种寻找和探索现象背后原因的方法。追因法实际上是因素分析法，它是基于搜集的相关资料来分析研究对象现状的原因，包括主观、客观、积极、消极、遗传、环境、教育等因素，然后从这些原因中揭示影响个体发展的主要因素。

个案研究法中经常使用追因法，根据发现的结果调查原因。例如，一个孩子具有攻击性，经常通过打、踢、推、咬和威胁等方式来攻击其他幼儿。他上课总是无法集中注意力，经常离开座位或寻找其他小朋友一起说话。我们在了解到上述的几种现象之后，再去研究及寻找该幼儿会有这些表现的原因，就是追因法。

追因法是先接受现有实际现象，然后根据事实推断事实的演变及发生的原因。具体可参考如下案例：某校某班某科目的教学质量特别高，其中有名学习后进生最近发生了很大的变化，学习成绩迅速提高。这是一个现有的事实，我们可以将其确定为研究问题。通过分析，研究人员确定该后进生最近学习成绩显著提高的主要原因是他的学习热情大大提高，在进一步研究中发现，是因为老师特别关注他，而且他周围的学生学习成绩都很好，也愿意积极帮助该学生，在学习上给了他许多帮助；此外，在家庭中，父母给了他许多的鼓励，并且他自己的努力也是显而易见的。所有这些都是使得该学生成绩大大提高的原因。这一研究过程是案例追踪方法应用的一个典型例子。

## 三、临床分析法

临床分析法是皮亚杰首创的一种研究儿童心理发展的方法。该方法将自然观察、灵活多样的对话框架以及观察儿童的实物操作（实验）相结合，以综合研究儿童心理发展的方法。皮亚杰所设计的临床分析法也是不断改进和迭代的。起初，这只是一种通过简单的口头交谈来研究的方法；而后逐步发展为以对话为主，以实物操作为辅的观察方法；到最后所迭代出来的临床分析法则是以实物操作为主，辅以对话交流，结合实验、对话、观察三种模式。所谓实物操作，实际上是一套有专业实验设备，从简单到深入，从容易到困难的综合性实验研究。例如，面积守恒、三山实验、液体守恒、容积守恒、隐形磁力实验、体积守恒、液体辨别、颜色组合以及投影实验等。

临床分析所涉及的对话可以是口头对话，即面对面地进行对话交流，也可以是书面形式的对话，比较典型的就是问卷对话。提问者可以根据具体的分析情况选择不同的对话模式。对于复杂的个案问题，甚至可以使用两种对话方法结合，进行综合判断和分析。例如，对一名患有情绪障碍的大学生进行临床研究，既可以采用面对面对话也可以通过问卷的方式，来全面了解其情绪障碍的具体情况，并对其情绪障碍的原因做出初步判断。

口头对话是双方之间的互动过程，可以快速地建立信任关系，用以获得更多真实准确的资料。从这个角度可以看出，教师在与学生进行口头对话时，首先需要与学生建立信任的基础，并缓解学生的紧张感、焦虑感和警惕性，营造轻松自由的交谈氛围。教师应平等参与对话，在交流时可以保持和学生处于同一朝向的坐姿，通过肢体语言响应学生的发言，从而建立平等且融洽的交流环境。在谈话的时候，不应该居高临下并咄咄逼人。在谈话中，避免一问一答的交流方式，学生被动地回答问题并不能真实地表达潜层想法和诉求，最好将开放性问题及封闭式问题交替提问，让学生的被动应答变为主动回答。而书面形式的对话通常按照标准问卷的要求程序进行，教师应向学生清楚解释问卷的具体要求和注意事项。问卷评分应严格按照标准进行，客观且公正。

### 四、教育会诊法

教育会诊法是召集各领域的相关教育专家学者（特别是教师），通过讨论确定个案（学生行为）并对研究对象做出比较综合、全面、客观结论的一种研究方法。教育会诊法的主要特点是通过各领域专家发表各自领域专业内对个案的观点及意见，通过集中讨论得出最终结论，具有集体性、公平性和简单性的特点。它不仅适用于存在问题的个别学生，也适用于其他学生的个案研究。教育会诊法主要针对学生的思想品质和学习方面的问题，是一种非常受教师推崇的个案研究方法。

苏联著名教育家巴班斯基认为，教育会诊法一般包括以下四个环节：①确定会诊目标、会诊目的及本次会诊的参与者；②由班主任详细阐述个案基本情况，由会诊参与者各自说明对个案学生的看法，并列举对应的依据，组织集体讨论，广泛地交换意见；③综合性地识别学生问题，归纳总结，并提出有针对性的教育措施；④根据会诊输出的材料，教师结合案例复盘个人的教育工作即自我反省，优化自身教学工作，提高教育教学水平。

综上所述，教育会诊法可以针对个案提供全面、客观的信息，同时也是提高教师个人素质及教学能力的过程。

### 五、作品分析法

作品分析法是个案研究中常用的研究方法之一，通过分析研究个案的作品，分析研究对象的能力、技能、倾向、熟练程度、知识范围和情感状态。一般而言，学前儿童的活动作品包括绘画、泥塑、手工纸制品（剪纸、折纸）、自制玩具等。通过对这些作品的分析，我们可以了解到以下方面的内容：学前儿童的一般能力发展，包括观察力、想象力、理解力等；学前儿童的特殊能力和个性倾向，如构图、颜色、形状、动作协调和其他个性因素；已有教育教学课程对学前儿童的作用，如想象力培养的教育效果考核、对色彩应用的教学效果等。

值得一提的是，在使用这种作品分析法时，教师不仅要研究个案的活动作品，还要研究作品制作过程的动作、语言表达以及相关的心理活动。在心理学上，绘图是用来表达内心特征的一种常用工具，儿童绘画的作品可以反映他们的许多心理特征。儿童绘画可以反映儿童对外界的感知特征和对所绘画对象理解的图形特征。例如，某些儿童对太阳的理解是亮光，因此会采用线条的方式表达光线。此外，智力水平也可以通过他们的绘画，在一定程度上进行定量分析。研究表明，智力发展较为缓慢的学前儿童的绘画内容，内容通常是比较原始的，并且比较类似。

由于学前儿童的日常生活主要是参与各种活动，搜集儿童的各种活动作品相对容易，因此作品分析法在学前教育领域有着广泛的应用，既可以在小范围内进行研究，也可以大范围进行群体性研究。同时，作品分析法流程易于操作，可供专业研究人员和教学工作者使用。研究人员应当具备一定的专业基础知识，并在分析中注意客观性和公正性。

## 第三节

## 个案研究法的实施原则与步骤

### 一、个案研究法的实施原则

#### （一）综合性原则

个案研究法的综合性原则是指研究者在研究过程阶段、资料的分析处理阶段要综合运用访谈法、观察法、调查法、测量法、文献研究法等多种方法，全方位搜集研究对象的翔实材料并进行研究。

#### （二）灵活性原则

个案研究主要针对个人、单一群体或事件进行，因此面临的突发情况也可能会各种各样，因此研究者要灵活处理研究中出现的各种变化，尤其是对研究对象进行个别访谈时出现的各种变化。对于不同的问题、不同研究阶段以及不同的研究对象，应根据需要和进展，调整研究进程和研究内容，选择或变换更为恰当的研究方法。

### （三）真实性原则

个案研究因为面对的是当下的实时事件、个人或团体，研究者能直接接触到研究对象，因此搜集的资料与信息基本是一手的。为保持研究的客观性，要坚持真实性原则。

### （四）谨慎性原则

个案研究法针对具体的研究对象，有时可能会涉及个人隐私问题。因此，在对研究结果进行处理和公布时应充分尊重研究对象的意见，遵循伦理，为研究对象严格保密。

## 二、个案研究法的实施步骤

### （一）确定研究对象

个案研究是以个体、个别团体或者某种教育现象为研究对象而进行深入研究的方法，是通过研究个体反映总体的研究方法。因此，研究对象选取要具有典型性与代表性，要符合研究要求，否则将不利于研究的开展与进行。研究者在选择个案研究对象时，要考虑以下三个方面。

1. 个案研究的目的和内容

研究者要明确自己的研究目的和内容，以此来选择在某些方面具有明显突出行为特点的个体、团体或者事件作为研究对象。

2. 个案研究对象的典型性与特殊性

个案研究法能够综合使用多种方法全方位获取研究对象的各种资料，便于教师掌握与使用，特别适合幼儿教师在日常教育教学实践中使用。教师选择研究对象时可以考虑以下三个方面：①根据自己对研究对象观察所形成的主观印象来判断其行为表现是否具有显著特点；②采用测验法或测量法来比较研究对象与其他儿童之间的差别；③向家长、教师及其他有关的人进行调查了解，深入了解他们是否也认为研究对象具有特殊性。例如，对社会交往发展较弱的某一幼儿的个案研究，可以根据周围人的评价看他与同伴的相处情况如何；同伴互动时是否较为被动；能否举出一些该幼儿与同伴相处等方面的事例。当以上三个方面的意见一致时，才可以认定该研究对象具有典型性与独特性，才能确定其为研究对象。

### 3. 全面分析研究对象

确定研究对象后，研究者要对研究对象的现状进行全面分析、了解与评定，分析的主要内容一般是个案突出方面。除专门的测验、测量外，还应对个案的现状有全面的了解与评定，如个人资料、家庭结构、教养方式、父母的文化水平、职业及兴趣爱好、问题发展史、适应情况、个案潜在发展趋势的现状等。

如在研究攻击性幼儿特点问题时，就要分析该攻击性幼儿的行为表现、家庭结构、家长教育观念及教育方法、攻击性行为发展史等相关的多种情况。还要考虑选定的研究对象是否能够积极配合研究者进行研究工作，是否能够坚持完成研究工作，是否会中途退出研究等问题。

### （二）制定个案研究方案

研究方案设计是整个个案研究工作的重要一步，研究设计是否合理，不但直接影响研究目标的实现，而且影响研究结果的可靠性、科学性。为了有计划、有质量地完成个案研究，研究者一定要制订切实可行的计划与方案。个案研究的设计可以依据研究的实际需要随时调整，因此，制订好的研究方案可以依据研究的实际情况执行或修改。个案研究方案应包括以下几方面：

### 1. 选定研究对象

研究方案需要明确研究对象。为了使研究成果具有普遍的指导意义，应充分考虑研究对象的代表性、典型性，以保证研究结果能说明某一地区、某一情境或某一对象的一般规律。以下为抽样策略所对应的个案选择。

（1）重要特征抽样策略。

①极端或偏差型个案抽样：表现出高或低两个极端特点的个案。

②强度抽样：表现的特征强度或高或低但不极端的个案。

③典型个案抽样：具有一定代表性的个案。

④最大差异抽样：最大限度覆盖研究现象中各种不同情况的个案。

⑤分层抽样：表现出事先确定的不同层次特点的个案。

⑥同质个案抽样：内部成分比较相同的个案。

⑦目的随机抽样：在可获得总体中经过随机抽样选择的个案。

（2）单一特征抽样策略。

①关键个案抽样：对检验某个理论、项目或其他现象比较关键的个案。

②以理论为基础的抽样或操作性构念抽样：表现出特定理论构念的个案。

③相符或不符个案抽样：能够证实或否定以前的个案研究结果的个案。

④校标抽样：符合某个重要标准的个案。

⑤重要政治个案抽样：比较著名或具有重要政治意义的个案。

（3）突发性抽样策略。

①机遇式抽样：由于有些情况事先难以预料，研究者在数据搜集过程中根据具体情况选择的个案。

②滚雪球或链锁式抽样：知道可能提供相关丰富信息的个体推荐的个案。

（4）无依据抽样策略。

方便抽样：指因为方便找到而选择的个案。

2. 明确研究范围

研究方案要将研究的范围、角度进行界定，便于其他人查看研究报告时理解研究结果，并判断其合理性。研究范围需考虑以下几个方面：①研究对象与同类个体之间的差异；②研究问题及目的；③研究时的主客观条件；④研究的有效性与真实性等，只有综合考虑这些因素，才能使研究工作有计划地顺利完成。

3. 确定研究问题

研究问题的确定就是为接下来的研究指明方向，因此研究问题务必要做好确认及界定。只有明确研究的具体问题，才能进一步阐明研究的目的，明确研究活动的哪些方面会探索和揭示规律，理论的哪些方面可以补充和完善，哪些方面可以解决实际问题，等等。研究问题不仅反映研究者研究的目的，还决定了研究方法与方式、研究流程与步骤的选择，关系整个研究过程的组织与实施。

4. 选取适宜的研究方法

学前教育的个案研究在搜集数据和整理分析数据的过程中使用了多种方式方法，如追踪法、追因法、临床分析法、教育会诊法、作品分析法等。研究人员在制订研究计划时，应确定具体方法和各种方法的协调应用，使它们相辅相成，确保研究的完整性和深度。

5. 研究过程中的合作

学前教育的个案研究需要与参与特定研究对象的人员合作，如研究某一特殊儿童时，需要与该儿童的家长、教师进行合作，以便间接获得可以通过参考来识别或比较的信息。因此，研究人员在制订研究计划时应提前做好准备，友善且专业地完成对此类人员的合作邀请、对研究中他们需要配合与完成的事项做好说明，并严格遵循研究伦理做好相关保密工作，从而确保研究工作有计划、高质量地完成。

获得信任和进入个案场景是案例研究的前提和必要步骤。如果研究对象是某一事件，则必须获得各方的信任和合作。进入研究现场后，能否获得研究对象的信任，取决于研究者与研究对象之间的互动。除了对研究对象有全面的了解外，研究者还需要让研究对象充分了解研究者、研究目的和研究意义，努力消除研究对象的顾虑，特别是在调查内容涉及隐私的情况下，一定要遵循研究伦理。此外，研究者要尽可能广地接触到与主要研究对象相关的其他人士或团体，并尽量不遗漏任何可能提供有价值信息的个人。

6. 尽量遵循研究步骤

学前教育的个案研究过程中的方方面面都是非常具体且详细的，有时除了研究对象本身还需要其他人员的配合与加入，因此研究者在考虑研究过程灵活性的前提下，要对研究工作做细致的统筹规划，明确研究过程中的工作任务、内容、时间、人力、财力分配等，以保证研究任务的完成。

研究方案制订之后，研究者就需要进行下一步工作，深入研究现场，搜集相关资料。

### （三）深入研究现场、搜集相关资料

全面搜集个案资料是个案研究的前提，有助于研究者对个案的完整认识，也是个案研究有效性的重要保证。个案资料的搜集应首先围绕研究目标、研究问题展开。其次，为了找出个案在某些方面发展强化的脉络，确保资料搜集的广度，要务必保证所搜集的与研究对象相关的信息细致且翔实，以便研究顺利进行。再次，信息的搜集要力求达到一定的深度，避免浮于表面。最后，要确保信息的真实性。研究者应按照科研要求开展规范化操作，及时对搜集到的资料进行分析和识别，消除或纠正不真实、非客观的数据。

1. 研究者的专业敏感性

在个案研究中，研究者进入研究现场搜集数据是研究者参与研究过程中最重要的环节，这对研究者自身的专业敏感性提出了很高的要求。首先，研究者要有判断、识别、灵活调整研究过程的能力，研究者要抱着开放的研究态度，对研究方向、研究路径和研究结果有大体的认识与判断。为了不干预研究对象，要学会在研究过程中保持旁观者的态度。其次，研究者在搜集数据的过程中要始终保持高度的敏感性。个案研究中的个案总是在发展变化，研究者要对客观环境变化、材料的性质、个体的偏见等保持高度的敏感性。

2. 个案资料包含的内容

个案资料包含个案本身的资料、幼儿园提供的资料，以及家庭资料及个人成长背景。

（1）个案本身的资料。

个案本身的资料包括身份资料、个人发展史、身心资料和问题发展史。具体如下：

身份资料：个案姓名、性别、年龄、出生年月和籍贯。

个人发展史：胎儿史、出生及新生儿期的情况、发育情况、人际关系情况、健康状况、智力发展状况、社会适应能力和个性发展等。

身心特征：个案身高、体重、生长发育情形、健康情况、能力、兴趣爱好、生活习惯、人格与智商发展、意志力、习惯、情绪、食欲和睡眠情况等。

问题发展史：个案问题首次发生的时间、在何种情况下发生、当时家庭与学校的背景事件、问题的处理及效果。

（2）幼儿园提供的资料。

个案的学校记录要规范、连续，便于前后对比。幼儿园提供的资料包括现就读幼儿园的班级简介信息、各种情况登记表、幼儿成长档案、家园联系手册、高光作品记录、教师测评结果、观察记录表、同班互动的影像及分析等。

（3）家庭资料及个人成长背景。

个案的个人生活史，是个案研究的重要信息源。家庭资料和个人成长背景方面包括父母的姓名、年龄、健康状况、文化程度，父母或抚养人的职业、生活方式、性格倾向、家庭结构、家庭经济状况，父母的管教方式及对被研究者的态度，家庭成员间的关系情况，家人的情感状况，个案在家庭中的地位，家庭中有无重大挫折和意外遭遇，所在社区的文化状况，交往的同辈群体，等等。

3. 个案资料的搜集方法

个案资料的搜集方法有许多种，如文献资料研究、观察法、访谈法、调查法、实物分析法等，也可以通过测验、评定的方式查阅个案的相关资料来获得信息。

（1）文献资料研究。

文献是记录知识的载体，是科学研究的基础，贯穿于科学研究的全过程。文献的数量和质量是判断相关研究发展水平的重要指标。对于个案研究，文献类型包括信件、日记、备忘录、会议记录、报纸、简报、正式的研究报告等。但文献本身也会反映作者的偏见，影响其可信度。如档案资料是高度准确和可靠的文件，但研究者不能简单地把它们等同于"正确"。因此，研究者应该综合利用多种渠道获得的较为全面的信息，以达到对文献可信度的验证。

（2）访谈法。

访谈法是个案研究中搜集资料的重要方法之一，它与日常生活中的对话有很大的不同。①访谈比普通的对话更有目的性，日常谈话的目的很广泛，如寒暄、打招呼、问问题等。而访谈的目的比较直接、单一，即从访谈对象那里获得关于研究对象有关问题的全部信息。②对话双方的关系不同。日常交谈是人与人之间自由、平等、随意的交谈，双方互相询问并回答对方的问题。但在个案研究中，研究人员通常控制谈话的内容和方式，以及信息的类型和容量，访谈由一方做主导，从而导致双方的地位差异。因此在访谈个案之前，研究人员必须先获得个案的信任，使个案愿意接受访谈并谈论自己的真实感受，从而了解问题行为的动机、前因和后果。

（3）观察法。

在教育研究中，对教师而言，观察法是可以经常使用且操作简便的一种方法。因为教师工作的前提就是了解学生，如果教师能够有目的地进行观察，就能够更好地了解学生。观察法具体应用于区域活动、户外活动、同伴交往与互动、小组活动、集体活动等。具体的应用对象有某团体或者某小组、需要重点了解的个别学生等。

观察是搜集个案研究数据的重要方法之一。在案例研究中最常用的是直接观察和参与式观察。直接观察是指研究者来到现场，直接面对研究对象并观察，观察对象确定后，研究者进入现场确认观察的变量，也就是观察的重点。参与式观察是指研究者不仅亲临现场，还在特定的案例情境中扮演特定的角色，真正参与到被研究的事件中。参与式观察最大的优点是研究者可以深入到事件中去，观察事件的细节和内部情况。但在与被观察者长期接触的过程中，研究者的情绪情感、态度容易受到影响，有可能使观察失去客观性和公正性。

（4）实物分析法。

实物是指与个案研究相关的有着某种文化意义的物品、玩具、作品或其他手工制作物品。这些实物资料，可以帮助研究者解析个案的内在思考和情感。

上述资料的搜集可以通过多种不同的方式进行。如可以通过问卷调查的形式，请有关人士填写；也可以采取测验的方式，让个案回答；可以采取心理测量的方式，搜集个案的智力、性格、成就、人格等测验分数以了解个案的心理特征；还可以通过访谈的形式，面对面地观察研究对象的反应与行为，搜集第一手资料，发现谈话过程中隐藏的因素等。

（四）资料汇总整理、编码分类分析

搜集整理数据的目的是研究异常行为产生的原因，理清问题的发展脉络，找出影响案件的主要因素。对于以提高教育效果为主要目的的研究者来说，除了了解问题的因果关系外，还需努力确定问题的症结所在，并对案例做出必要的诊断。资料整理和分析是指对搜集到的所有原始数据进行处理，使其逐渐变得更加系统化和组织化的过程。从概念上讲，整理和分析数据似乎是独立的活动，但实际上，它们是同时进行的活动。

个案研究法中分析资料这一环节是最难进行程序化操作的。由于搜集资料的方法多样，如可以按不同的主题进行分类，并对与主题无关的材料进行剔除；可以按照时间先后或其他顺序对信息资料进行排序；可以把信息整理成不同的序列；编制不同事件出现的频率图；对资料进行计算加工，如均值、方差，检验不同图表之间的复杂关系；等等。所以分析研究资料时也综合采用多种方法，如定量与定性相结合的统计分析、分类编码等。

1. 资料汇总整理

个案研究中搜集的资料零散、条理不清，通过一定的逻辑进行分门别类，可以使信息逻辑化，使任务简单化。

（1）对资料进行初步的整理。

由于搜集到的资料往往比较粗糙、琐碎，难以直接解释问题，因此对搜集到的资料必须进行细致而有效的整理加工，将零碎的资料信息系统化、清晰化，以利于进一步的研究。其中包括对每一次观察或访谈后的记录进行通读、调整，把当时记录得不太清楚的或者没有来得及记录下来的信息补全，确保资料的准确性和完整性。

（2）资料分组分类。

在整体把握资料的基础上，寻找适当的分析单位，通过分组，使资料更加逻辑化和条理化，形成分析的工具与框架。

（3）量化或质性分析。

由于个案研究侧重于研究对象的自然状态与发展历程的描述，缺乏对研究变量的控制和实验数据，因此需要借助明确的概念和分析工具，对原始资料进行量化处理或质的分析。

对资料的整理与分析可以帮助研究者弥补个案研究缺乏对变量的控制与操作的不足，理清思路，找出引起结果的重要原因，确定问题的症结所在，揭示个案发展的特征及规律。

2. 编码分类分析

面对搜集到的丰富而详细的资料，如何进行分析，以及从哪些方面分析，直接影响到研究的质量。对资料的分析应坚持唯物辩证的方法、实事求是的态度，根据事实真相和客观材料，用心理学、教育学的有关原理、技术和方法，深入分析，客观地推论，对资料的分析整理可采用经过实践确定的简易筛查方法，也可以靠专门的仪器或标准化的测量工具进行诊断。

（1）编码分类。

个案研究中分析各类资料前，我们需要对搜集到的各种事实资料进行编码。编码是指用分析的概念或数字、符号对记录的文字资料进行标注。例如，影响个案成长的各种事件或环境因素，可以分类标注"家庭因素""学校因素""社区因素"等；著名纪录片《人生七年》中的个案从出生到7岁这一段，可以标注"童年期"；个案在9岁时父母离异，可以标注"父母离异"，以表明事件性质等。除此之外编码的内容和种类还有很多，主要根据研究内容的实际情况进行设计，常见的有过程编码、活动编码、策略编码等。

（2）判断分析。

雷尼塔·特奇在回顾各种分析案例资料方法的基础上，把资料分析分为结构性分析、诠释性分析和反思性分析三类。

结构性分析通过检查个案研究资料，以确定对话、事件、文本或其他现象中的模式，可以分为结构性描述和半结构性描述。结构性分析与诠释性方法相似，但它克服了诠释性方法的缺点，能够简洁、全面地呈现案例的特点，情景再现是结构性分析的主旨。

诠释性分析通过仔细检查个案研究数据来描述和解释研究现象的组成、主题和模式。这种分析方法的优点是有助于研究人员深入了解印证假设的例证。分析过程可以手动进行，也可以用计算机进行。缺点是数据搜集过程中涉及人员的情绪和态度难以真实表达，耗时长。主要步骤是对数据库进行分段、分类、编码、分类系统的分类以及得出结论。

诠释性分析和结构性分析都是按照规定的顺序来描述具体的过程，而反思性分析主要是基于研究者的直觉或判断来描述或评价研究过程。除了直觉和判断，其他术语也被用来描述这个过程：反思思维、想象力、艺术敏感性和"以惊奇的感觉进行检查"。主观性是反思性分析的主要特征，因此不可能为这种数据分析建立标准的程序。

以上三种案例数据分析方法各有特点，在个案研究中相互结合，分析会更全面、更有组织、更有说服力。除此之外对资料的整理、分析还有类属分析和情境分析两种方法。

类属分析是对重复出现的现象和可以用来解释它们的重要概念进行数据搜索的过程。在这个过程中，研究者将数据按照一定的主题进行分类，并给出一定的重要名称。类属分析从情境中提取出一些数据，比较符合对事物进行分类的习惯，突出数据之间的异同。但它忽略了数据之间的连续性，不能反映动态事件的流动过程，也可能排除无法分类的重要数据。

情境分析是指将数据置于研究现象所处的自然语境中，根据故事的时间顺序对相关事件和人物进行描述性分析，即根据事件的时间序列或事件之间的逻辑关系对数据进行分析和整理。情境分析强调个案行为或现象的形成和发展与当前水平之间的动态关系，侧重于将数据连接成叙事结构的关键线索。情境分析的叙事内容更贴近研究者的现实生活，叙事结构也更接近他们的日常生活，但容易忽略基于相似性的意义关系。

在资料整理过程中，应将事实资料与意见资料分开，有时在对一个案例的描述中，一部分是事实数据，一部分是意见数据。研究人员应明确区分哪些是客观事实，哪些是主观意见。区分二者的主要方法如下：

经验法：根据研究者的知识和经验来确定事实或观点。

推理法：用归纳或演绎的方法，从个案的基本资料中推断事实和观点。它还可以对不同来源、不同方式获得的数据或信息进行比较分析，从一致性的角度判断数据是否为事实数据。

提问法：通过提问来帮助研究者区分陈述的内容是事实还是观点。

3. 量化处理与解释信息

量化处理是指利用统计方法对编码和分类的数据进行求和、平均、百分比和差异检验等。解释信息意味着分析搜集到的数据与正在研究的主题的相关性。这种相关度通常由两个标准决定：一是所获信息的内部效度。这主要是由研究方法与结果是否令人信服、研究程序是否得当、研究过程是否带有偏见等因素决定的。如果搜集到的信息被证实是真实的，则该信息源具有较高的内部效度；否则，信息源的内部效度就不高。二是所获信息的外部效度。这主要涉及研究结构的泛化程度和结论是否具有推广价值。只有内部效度，而没有外部效度，说明这些资料即使有价值，也与所研究的问题关联不大。相反，只有外部效度，没有内部效度，说明这些数据是无用的，甚至可能影响个案研究的进行。

4. 实施个案指导

个案研究不仅需要提出研究问题，而且需要提出解决问题的策略和指导意见。因此，在明确个案问题的诊断和假设后，有必要提出有针对性的问题解决策略和行为矫正方法。研究者可以通过追踪、观察、记录等方法验证之前的诊断和假设。在个案研究的诊断、假设、分析和指导过程中，难免会出现错误的判断和推断，因此，在实际案例实施过程中，需要通过各种信息和数据来检验以往主观推断的合理性。

由于个案研究对象的问题纠正和指导是一项长期且非常复杂的工作，一些教育措施往往需要一段时间才能看到充分的效果。因此，有必要通过长时间的随访观察和研究来检查研究对象矫正的有效性，尤其是针对已经接受矫正和个别指导的问题儿童。如果成功，案例研究将结束；如果问题还没有解决，就需要重新诊断和纠正，并继续研究。

5. 形成结论

在完成上述程序后，研究者应对研究数据进行深入分析，获得有价值的数据，形成对个案的科学结论。个案研究除了搜集案例的相关信息、讨论和评估个案的表现外，还需要与个案进行沟通，以达到解决问题的目的。在交流过程中，研究者应特别注意个案的非言语信息、动作、表情等，以了解个案反映的真实性。

由于个案研究属于定性研究，所以在个案数据的搜集、研究对象的陈述、他人的判断以及研究者的决策中都会存在一定程度的主观因素。如果判断错误或处理不当都会影响研究结果。因此，在得出结论之前，应特别注意对个案研究中的不真实的客观数据进行自检、识别、删除或纠正。

## 第四节 撰写个案研究报告

### 一、个案研究报告的类型

个案研究的最后一步是撰写研究报告，个案研究报告应该包含详细的研究过程、研究方法、研究内容和研究结论等，以展示对研究对象的综合分析与评价。个案研究报告类型在不同情境下有所不同，大致可分为以下三类。

#### （一）描述性报告

描述性报告指的是比较直接详细地叙述个案资料，常见的即访谈中直接使用被访者的原话，而不经过转述加工，尽可能真实、客观地反映对研究者的描述与解释，在研究过程资料较多的情况下，需要研究者筛选重点内容，比较耗时。

#### （二）简洁性报告

简洁性报告相较于描述性报告会更加简洁明了，着重描述与解释个案的主要特征、重点情节。撰写时花费的时间也较短，容易突出个案的关键细节，但缺点也较明显，即难以详细地了解个案细节。

#### （三）分析性报告

分析性报告通常对论点进行直接的论述，针对论点进行有理有据的探讨，并说明个案的各种现存现象及可能会出现的现象。分析性报告是一种使用客观方式呈现个案资料并使用主观方式进行资料分析的撰写形式。

### 二、个案研究报告的基本格式

个案研究就是使用各种方法搜集案例的相关数据，通过科学推理提出解决问题的策略，然后评估其有效性的研究过程。个案研究不仅是一种研究方法，也是一个复杂的认知过程和解决问题的理论框架。个案研究报告没有统一格式，但大体应包括以下四大部分。

#### （一）简要说明研究对象的典型性及代表性、相关背景信息

1. 基本资料

基本资料主要包括研究对象的姓名、性别、年龄、籍贯、住址、学校（幼儿

园)、年级等。例如,研究对象优优,女,5岁,××省××市××区××幼儿园大班。

2. 个案来源

个案来源包括日常教育教学观察、他人介绍或其他关系等。

3. 个案典型行为的基本描述

个案典型行为的基本描述主要包括研究对象的特殊表现,如问题学生的问题行为表现、超常儿童的智力超常表现等。

4. 个案背景介绍

个案背景主要包括个案的家庭生活、学校生活和社会关系。

(1) 个案的家庭生活。

个案的家庭生活主要介绍父母或直接抚养人的年龄、文化程度、生活方式、政治面貌、职业健康状况、性格倾向、教育观点和方法、家庭经济状况、居住条件、家庭成员之间的关系、社会交往等,还有研究对象的被抚养历史与现状,因为家庭成长背景对研究对象个性形成与成长表现有着直接的关系。例如,优优爸爸、妈妈均为公司职员,平时工作较忙,陪伴优优的时间较少,优优主要由奶奶照顾、接送上下学。

(2) 个案的学校生活。

个案的学校生活要对个案在幼儿园的态度、表现进行介绍等。

(3) 个案的社会关系。

个案的社会关系主要介绍个案与他人的人际关系,如与其他小朋友的交往。

## (二) 主体部分

报告的主体占主要篇幅,包括研究问题、研究目的、研究方法、对研究内容的全面归纳和论证等。主体部分的结构方式应根据具体研究的目的和内容确定,一般包括以下三个部分。

1. 研究问题的描述

详细说明研究对象的典型性问题发生的情境、时间,以及经常在何种情况下出现及其具体表现,以及目前的表现等。例如,幼儿 A 经常与其他幼儿发生冲突,随着教师的介入、引导与示范,幼儿渐渐地掌握了与他人沟通的能力,遇事能与他人主动沟通并寻找解决方案。

2. 诊断与分析

诊断与分析主要是使用描述的方式完成一份个案研究,这是撰写研究报告的关键,也是整个研究的难点。这一部分内容,主要呈现的是分析什么问题以及如何解决分析问题。

(1) 明确需要分析的问题。

分析问题将以个案研究前期搜集的资料为基础，具体分析的内容主要包括诊断结果的分析和矫正指导结果的分析，其中含有研究对象的典型性及代表性、基本资料、相关背景信息等内容的分析。

(2) 对资料的分析方法。

分析问题需要实事求是、严肃认真的态度，根据事实真相和客观材料，用有关原理、技术和方法，深入分析，客观地推论。一般在研究报告中可分为诊断情况分析和矫正指导结果的分析。诊断情况分析更强调的是以客观性、可靠性的资料为基础进行分析；矫正指导分析更重视以特殊性的资料和教育学的有关原理、技术和方法为依据，深入分析，客观地推论。

(3) 透过现象，捕捉本质。

由于个案研究侧重于研究对象的自然表现和发展历程，缺乏对研究变量的控制，因此，分析过程中特别需要注意各种内外因对研究个体问题的影响，找出个案现状问题之间实质性的联系。如分析沉默寡言的幼儿时，除了要掌握幼儿个体的自然生活事实以外，还要了解他是否有生理缺陷、家庭和社会对他施加了哪些影响，以及智力、情感、动机和对该研究起一定作用的特征等。

3. 实施指导策略

实施指导策略包括个案的选定、研究者与被研究者建立和保持关系的方式、搜集资料和分析资料的方法与手段、研究伦理的考量、研究持续时长等。实施指导策略的详细撰写能够使读者较为全面地了解研究过程。

(三) 个案研究的结论

个案研究的结论主要阐述研究形成的总体观点，明确指出研究已解决哪些问题，仍需要对哪些问题做深入研究。结论及建议是对研究中的关键元素及研究结果进行深入讨论，从个案研究的结果中推论出最终的结论，并且对结论的有效性和真实性做出解释，对个案研究问题提出建设性意见。

(四) 列出参考文献及附录

列举参考文献须参照标准的格式。附录位于文章的最后，主要包括一些无法全部呈现于报告主体部分的资料。

## 三、撰写个案研究报告应注意的问题

撰写个案研究报告时，必须明确、有区别地描述：事实资料、有关证据、有价值判断和推论。

个案研究中"事实"资料是个案真实发生的事件，而"意见"资料则主要涉及主观感受和价值判断。在撰写个案报告时，难免将"事实"资料与"意见"资料混淆起来，区分"事实"与"意见"的方法主要有以下几种：

（1）简单判定法。

根据研究者自己掌握的知识经验，对"事实"资料和"意见"资料进行主观的定性判断。

（2）提问澄清法。

通过提问的方式帮助研究者澄清叙述句的真实性和有效性。如"这是真实存在的吗""还有别的证据吗""这个句子是什么意思"等。

（3）逻辑推理法。

采用归纳或演绎的方式，从个案基本资料的内容中，推断哪些是"事实"，哪些是"意见"。

（4）多重证据法。对不同来源或不同方式得来的资料或信息进行比较分析，看是否具有一致性来判断资料的真实与否。

除此之外，在撰写学前教育个案研究报告时，研究者应特别注意抓住问题和研究的重点，对材料和结论的表述应精练、简明扼要，还要善于运用实例和有关的图、表等，保证报告生动具体。

## 本章小结

本章主要讨论了个案研究法的内涵、基本方法、原则、实施步骤、如何撰写个案报告。这是掌握个案研究法的基础内容，只有理解并掌握以上内容才能科学地设计个案研究计划、实施个案研究并撰写个案研究报告，获得运用个案研究法进行学前教育科学研究的基本能力。每位教师都可以成为一名研究者，个案研究法便于教师掌握与使用，在教育教学实践过程中，教师可以使用个案研究的方法将理论与实践进行结合，选取典型案例进行系统的分析与研究。通过个案研究，教师可以不断解决问题、总结经验，为个人专业发展与提升教育质量搭建桥梁。

## 思考与练习

**一、单项选择题**

1. 下列不属于个案研究法的特征的是（　　）。
   A. 资料来源的多元化　　B. 实施方法的综合性
   C. 研究结果的普适性　　D. 研究对象的特殊性
2. 个案研究法属于（　　）。
   A. 定性研究方法　　B. 定量研究方法

C. 质的研究法　　　　　　D. 描述研究法

3. 下列各项不属于个案研究对象的是（　　）。

A. 家庭　　　B. 组织　　　C. 团体　　　D. 档案资料

4. 个案研究一般适用于（　　）。

A. 不需要过分观念化和学说建构的场景

B. 不熟悉的社会系统

C. 了解真实场景中的现象

D. 需要探讨变量关系

5. 关于个案研究的优缺点，下列表述不正确的是（　　）。

A. 有利于客观

B. 由于样本很少和对象缺乏代表性，研究发现不能进行推论

C. 有利于提出有效和具体的处理办法或解题的方案

D. 研究不需要花费许多时间

6. 由医疗实践中的问诊法发展而来的心理学研究方法是（　　）。

A. 个案研究法　　　　　　B. 观察法

C. 定性研究法　　　　　　D. 定量研究法

7. 关于个案研究法，下列叙述不正确的是（　　）。

A. 个案研究法需选取若干具有代表性的典型人物

B. 个案研究可分为典型人物研究和典型资料研究两种形式

C. 典型资料研究就是以典型人物或事件的文字资料为直接研究对象，通过对这些材料的分析总结，归纳出绩效考评要素体系

D. 选择典型人物和资料时，必须选择成功的典型人物和资料，不能选择失败的典型人物和资料

8. 关于个案研究的说法，正确的是（　　）。

A. 个案研究是对单个对象的整体深入研究

B. 个案研究是对一个案件卷宗的全面查阅

C. 个案研究是对社会工作方案的策划设计

D. 个案研究是对个案辅导过程的详细记录

二、简答题

1. 什么是个案研究法？

2. 简述个案研究法的特点。

3. 个案研究法的一般步骤是什么？

4. 个案研究法的具体方法有哪些？

5. 个案追踪法与个案追因法的区别是什么？

### 三、论述题

1. 利用幼儿园见习实习的时间，选取 1~2 名幼儿作为研究对象，了解他们的同伴交往情况，对研究对象进行个案研究，并撰写个案研究报告。
2. 结合实际，制订一份个案研究计划。
3. 个案研究报告应包括哪些内容，你认为哪一部分是写作的重点和难点？为什么？

### 参考文献

[1] 麦瑞尔姆. 质化方法在教育研究中的应用：个案研究的扩展 [M]. 于泽元, 译. 重庆：重庆大学出版社，2008.

[2] 郑金洲，陶保平，孔企平. 学校教育研究方法 [M]. 北京：教育科学出版社，2003.

[3] 张燕. 学前教育科学研究方法 [M]. 北京：北京师范大学出版社，2014.

[4] 江芳，王国英. 教育研究方法 [M]. 上海：华东师范大学出版社，2009.

[5] 潘淑满. 质性研究：理论与运用 [M]. 台北：台湾心理出版社，2003.

[6] 周希冰. 学前教育科学研究方法 [M]. 北京：高等教育出版社，2006.

[7] 应国瑞. 案例学习研究：设计与方法 [M]. 张梦中，译. 2 版. 广州：中山大学出版社，2003.

[8] 张景焕. 教育科学方法论 [M]. 济南：山东人民出版社，2000.

[9] 林佩璇. 个案研究及其在教育研究上的应用 [M]. 高雄：丽文文化公司，2000.

[10] 杨丽珠. 教育科学研究方法 [M]. 大连：辽宁师范大学出版社，1995.

[11] 周家骥. 教育科研方法 [M]. 上海：上海教育出版社，1999.

[12] 刘文霞. 教育科学研究方法 [M]. 呼和浩特：内蒙古大学出版社，1993.

[13] 陈向明. 教师如何作质的研究 [M]. 北京：教育科学出版社，2001.

[14] 刘电芝. 教育与心理研究方法 [M]. 重庆：西南师范大学出版社，1997.

[15] 高尔，高尔，博格. 教育研究方法：实用指南 [M]. 屈书杰，郭书彩，胡秀国，译. 北京：北京大学出版社，2007.

[16] 龚冬梅. 学前教育科学研究方法 [M]. 南京：东南大学出版社，2017.

[17] 胡中锋. 教育科学研究方法 [M]. 北京：中国人民大学出版社，2018.

[18] 金哲华，俞爱宗. 教育科学研究方法 [M]. 北京：科学出版社，2011.

[19] 叶澜. 学校教育研究方法 [M]. 北京：教育科学出版社，2003.

# 第八章 行动研究法

> **学习目标**
> 1. 了解行动研究法的内涵、特点、类型与适用范围。
> 2. 理解并掌握行动研究法的实施步骤、方法与要求。
> 3. 树立将行动研究法与学前教育实践相结合的意识。

## 第一节 行动研究法概述

### 一、行动研究法的内涵与特点

#### （一）行动研究法的内涵

行动研究是近年来在教育研究领域较受关注的一种综合性的研究活动。它的产生起源于社会心理学、自然科学、组织科学和社会规划等学科，它的发展也有着多学科的背景。行动研究法是一种适合于广大教育实践工作者的研究方法。它既是一种方法技术，也是一种新的科研理念、研究类型。行动研究法是从实际工作需要中寻找课题，在实际工作过程中进行研究，由实际工作者与研究者共同参与，使研究成果为实际工作者理解、掌握和应用，从而达到解决问题、改变社会行为的目的的研究方法。行动研究法的宗旨在于探讨解决实践问题的具体策略，有效改进现实教育实践，因而，它既是一种研究方式，又是一种社会实践行动。

《国际教育百科全书》对行动研究法的定义是"由社会情景（教育情景）的参与者，为提高对所从事的社会或教育实践的理性认识，为加深对实践活动及其依赖的背景的理解，所进行的反思研究"。对于行动研究的解释，学者们有种种表述。仅从此定义理解，行动研究不是一种研究方法，而是一种研究取向。行动研究关注的不是理论研究者认定的理论问题，而是实际工作者将研究和实践结合起来，通过批判性的思考及采取相应的行动而解决的实际问题。

### (二) 行动研究法的特点

行动研究是一种综合性的活动，既不同于单纯的访谈、观察等研究方法，也不同于量的研究、应用研究等某一个具体的研究类型。行动研究的问题是产生于实际的工作情境中，并根据实际情境不断修正的，因此，它不仅不同于日常工作中普通的经验总结，而且必须要遵循一些科学研究中既定的基本规范，有着区别于其他研究的特点。

1. 研究目的：提高行动质量、改进实际工作、解决实际问题

行动研究的目的不是构建系统的学术理论，而是着眼于日常教育教学实践中所面临的亟待解决的实际问题，以及如何提高教育教学质量和研究水平。例如，如何缓解小班新生的入园焦虑、如何提高家园沟通的有效性等，这些问题具有一定的情境性和特殊性，能及时解决教师们面临的日常问题。研究的目的关注特定情境中的特定问题，具有实用性；同时，关注通过科学方法的运用解决实际问题，具有即时性。

2. 研究主体：教育实践者

从行动研究的目的"提高行动质量、改进实际工作、解决实际问题"来看，教育实践者带着明确的研究目的，通过实践检验理论、解决实际问题，从而成为了行动研究的主体，以往以专业研究为职业的专家、学者等教育研究者则在研究过程中扮演了提供意见与咨询的协作者角色。教育实践者不是被动地接受"局外人"的专业研究成果，而是以教育教学中的实际问题作为研究切入点，主动对自己所从事的实践进行研究，同时将研究结果应用于实践当中，通过研究与实践的密切配合，解决教育实践问题，使教育研究成果具有实际应用价值，促进教育实践者的能力素质及个人专业发展。

3. 研究环境：教育教学实际情境

行动研究以解决实际问题为目的，其研究问题来源于实际工作情境，研究过程与结果检验依托于"计划—行动—观察—反思—计划"的实际工作中，其所解决的是教育教学实际情境中的问题，并力求改善实际问题。在行动研究中，因实际工作情境中所面临的问题较为复杂，应关注主要问题，寻找研究方向。行动研究有利于克服脱离实践、从理论到理论研究的弊端。因此，行动研究也被称为"现场研究"。

4. 研究方法：质、量兼顾，质性为主

教育教学实践问题的复杂多样，决定了行动研究不受传统研究范式的限制，可以超越量的研究和质的研究的界限，灵活选用研究所需要的研究方法。在一项行动研究中，研究者既可以运用观察法、个案法等质性研究方式，也可以运用操作规范、

相对严谨的实验、问卷法等量化研究方式。总之，行动研究的研究方法灵活多样，任何一种教育研究方法只要有利于研究实践，就可以应用于研究过程。此外，行动研究虽然兼用质与量的研究方法，但偏向质的研究，且重视运用反馈与反思的方法。通过反思，研究者可以及时找出研究计划、研究方法等存在的不足或漏洞，从而及时进行调整。

5. 研究过程：螺旋上升、循环发展

行动研究不同于自然科学研究，无法通过量化手段揭示复杂的教育教学实践问题背后的规律性特征，或简单、集中地表现出计划与结果间的必然的线性关系。它是一个由"计划—行动—观察—反思—计划"多个环节构成的螺旋上升、循环发展的运作系统。由于教育教学实践是一个复杂、多变的动态过程，研究者通过信息反馈，随时调整计划，在自我反思、不断螺旋式上升的循环发展过程中解决问题、完善行动。

6. 研究成果：形式多样

行动研究以现实问题的解决和行动的真正改变为最终的研究目的，因此，其研究成果的呈现方式比一般研究方法更为丰富。除了研究报告、论文、教育案例等书面表达外，还可以借助活动展示、研究前后实际情况变化实录与对比等形式多样的方式来证明研究成果的有效性。

7. 研究价值评估：重结果实效

行动研究的目的、主体、方法、过程等特点，决定了其研究价值评估的实效性。首先，行动研究的问题产生于实际工作情境，强调实际问题的解决，实际情境改进越大，其研究价值就越大；其次，行动研究是教育实践者对自身实践进行的有意识、系统的、不断调整的探究反思，突出研究参与者的参与及反思。随着研究过程的开展，需要对研究计划、行动措施和实际情境的变化不断地作出判断、评价和反思，并对进一步计划作出调整，直至问题得到解决，其表现为即时评价和持续评价相结合。

## 二、行动研究法的类型与适用范围

### （一）行动研究法的类型

得益于多学科的理论支撑，也因为其在具体应用过程中不拘泥于某一固有研究形式的灵活性特征，行动研究可以依据不同的分类标准划分出多种类型。可以从研究的侧重点、研究的发展历程、参与者的反映以及参与者的不同类型几个角度，对行动研究进行分类。

1. 根据研究任务的侧重点不同进行分类

根据研究者在研究过程中侧重内容的不同，行动研究可分为以下三种类型。

（1）用科学的方法对自己的行动进行的研究。

在这种类型的行动研究中，研究者的主要工作是采用相对客观的研究方法对自己研究实践中的问题进行探讨，比如用测量、统计的方法来验证与其研究相关的理论假设等。这一类型的行动研究既可以是小规模的实验研究，也可以是较大规模的验证性调查。

（2）为解决自己实践中的问题而进行的研究。

这种类型的行动研究不是为了验证什么，也不是为了建立理论，其核心目的在于解决实践中的具体问题。进行这样的研究时，研究者既可以使用量的研究方法，也可以采用质的研究中一些收集数据的方式，比如日记、照片、访谈记录等。

（3）对自己的实践进行批判性反思的研究。

这种类型强调以理论的批判和意识的启蒙来引起和改进行动，实践者在研究中通过自我反思追求自由、自主和解放。其目的在于解决某一种具体的问题，而不关注实证性的研究手段。

上述三种类型分别强调的是行动研究的不同侧面：第一种类型强调的是行动研究的科学性；第二种类型强调的是行动研究对社会实践的改进功能；第三种类型强调的是行动研究的批判性。

虽然这些类型强调的方面各有侧重，且不同研究者在开展行动研究时对上述侧重点的划分是比较明确的，但在实际研究中，有时研究者们也可能在一项研究中同时结合不同方面的特征。

2. 根据研究的发展历程进行分类

根据每一个行动研究内部的发展历程，可将行动研究分为以下四种类型。

（1）试验型。

试验型以科学的方法探讨社会问题，由研究引发的行动改变被认为是理性的活动，可以被规划和控制，这种类型研究法追求研究的科学性和理性特征。

（2）组织型。

组织型将行动研究应用于对组织问题的解决，其核心在于创造富有生产力的工作关系。研究者与参与者共同确定问题，寻找可能导致问题的原因及可行的改变措施，研究是一个相互合作的过程，强调研究对社会现实的改造功能。

（3）专业型。

专业型的研究植根于实际的社会机构之中，目的是促进和形成新的职业，如护理、社会工作、教育等；通过研究发展这些专业人员的社会实践活动，对自己的价值观念进行反思，设法改变自己早已熟悉的行为实践。

（4）赋加权力型。

赋加权力型研究与社区发展紧密相关，以反压迫的姿态为社会中的弱势团体摇旗呐喊。研究的目的是结合理论和实际解决社区的具体问题，研究者协助参与者确认研究的问题，提高彼此相互合作的共识，强调研究的批判功能。

这四种类型有如一个光谱的连续体，从试验型到赋加权力型，由理性的社会管理到结构的改变，然后往社会的冲突逐步演进。一个研究项目可能随着阶段的不同从某一个形态转移到另外一个形态，也可能如同一个螺旋体，在不同的形态中循环往返。

3. 根据参与者的反思不同进行分类

根据参与者对自己的行动所做出的反思，可将行动研究分为以下三种类型。

（1）内隐性"行动中认知"。

通常实践者对自己的实践知识及其来源缺乏意识，无法用语言清楚地表达出来。他们通常是在行动中思考，用行动进行思考，行动和思想处于一种未分化的混沌状态。他们知道的却未必能用语言或文字表达出来。行动中获知的研究就是实践者对自己日常的例行活动进行研究，通过观察和反思来了解自己的内隐性知识。

（2）行动中反思。

有研究发现，当一个人在实践中反思时，他就成了实践中的研究者。这种研究者不是依靠现存的理论和技巧来处理问题，而是针对一个独特的情形来思考问题。他将目标和手段视为一种相互建构的关系，根据彼此之间的需要进行相互的调整。他的思考不会脱离实践事物，所有的决定都一定会转化为行动，在行动中推进自己对事物的探究。这种研究无须借助语言，它是以一种非口语的形式进行的，是一种针对特定情境而进行的反思式交谈。它促使参与者将自己的思考转换为行动，比较不同的策略，将相同的因素提出来，排除不恰当的做法。这种研究还可以提高参与者将知识由一个情境转移到另外一个情境的能力，运用类比法来评估知识，并在此基础上发展知识。这种方法通常发生在比较复杂的环境中，特别是当参与者的例行式做法不足以应付当前的问题时。

（3）对行动进行反思。

这种研究方式要求参与者尽量用精炼的口语建构或形成知识，把自己从行动中抽离出来，尽量像旁观者一样对自己的行动进行反思，并在反思时把自己的实践知识、过去的经验、当时的情境和未来的方向结合起来。虽然这么做减缓了参与者行动的速度，干扰了他们例行式行为的流畅性，但催化了他们对自己行动的细微分析，有利于他们规划改变。同时，将参与者的内隐性知识明朗化、口语化，既有利于他们进一步计划自己的行动，又可以增进参与者之间的相互沟通、学习和传承。对行动进行反思也是幼儿教师专业化发展的必然要求和有效策略。

4. 根据研究参与者身份背景的不同进行分类

根据研究参与者身份背景的不同，可将行动研究分为下面三种类型。

（1）合作模式。

在这种研究中，专家（或传统意义上的"研究者"）与实践工作者一起合作，共同进行研究。研究的问题由专家和参与者一起协商提出，双方一起制订研究计划，共同商定对研究结果的评价标准和方法。这是行动研究的典型层次，也是最高层次，理想的行动研究法应该体现在这一层次上。

（2）支持模式。

此种模式中，研究的动力来自实践工作者，他们自己提出并选择所要研究的问题，自己决定行动的方案。专家则作为咨询者帮助实践者形成理论假设、设计具体的行动以及评价行动的过程和结果。

（3）独立模式。

在这种类型中，实践工作者独立进行研究，不需要专家的指导和帮助。他们摆脱了传统的研究理论和实践规范的限制，对自己的研究进行批判性的思考，并且采取相应的行动对教育活动进行改造。

## （二）行动研究法的适用范围

行动研究法的适用范围主要是教育教学实际问题而非理论研究问题，是中小规模而非宏观研究。

### 1. 行动研究法的适用人群

单个教师的行动研究的特点是规模小，研究问题范围窄，具体易于实施，但力量单薄，很难从事深入的、细致的、说服力强的研究。小组协作型行动研究的特点是可以发挥多个教师的集体智慧和力量，但可能在理论的指导方面较欠缺。学校范围内的联合行动研究是由专业研究人员、教师、政府部门、学校行政领导等组成的较为成熟的研究团队从事的研究。这是较为理想的行动研究，它的特点是有专业人员参与，有较强的理论指导，研究力量大，充分发挥领导、教师、研究人员等的作用。

（1）单独研究。

单独研究，因研究者和实践者的角色统一在一个教师身上，教师的研究往往是关注身边的问题，以教育教学、师幼关系、幼儿行为等微观问题为研究焦点。这一层次的行动研究因其规模小、参与人数少、研究内容具体而容易实施，能较好地发挥研究者的积极性，使研究活动和教育实践活动实现完整的统一。但因参与研究的人员单一，对问题的探讨难以做到全面、深入，研究过程的规范性也难以保证。研究人员可有针对性地选择教育内容的某一具体部分或教育活动的某一具体环节中出现的实际问题来展开研究，也可以通过行动研究将自己新的观点、新的方法直接转化成教育实践。

（2）小组研究。

小组研究，因参与人员增加，可充分发挥集体的智慧和力量，研究人员之间可相互取长补短，研究的边界可适当扩大、职能可相应扩展、范围也可相对放大。研究的问题可以是带有一定普遍性的中观研究，可针对教育改革与发展中存在的具有普遍性的问题来开展研究，也可将某种教育活动或管理措施上的改革作为研究的课题。

（3）联合研究。

联合研究，因有专家和研究人员的参与，研究集体的研究实力得以增强，而行动人员的参与又能使研究工作获得多方面的支持，从而改善了研究条件。因而，在这一层次的行动研究中，研究者可以选择教育实践活动中影响面较大的、带有根本性的宏观问题进行研究，注意发挥研究活动的社会效益，扩大研究的影响，提高研究结论的理论层次。

2. 行动研究法在实践中的具体表现

行动研究法针对教育教学的实际情境，从现实问题中来，再回到现实问题中去，在实践中的具体表现举例如下：课堂教学研究将改革措施实施于教学过程；对课程进行中小规模的改革研究；教师职业技能训练，提供新的技术和方法；学校管理评价；对已确诊的问题所施行的改革措施，如困难学生的教育措施、不良心理行为的矫正、环境因素的变革等。

## 第二节

## 行动研究法实施的步骤、方法与要求

### 一、行动研究法的实施步骤

因为行动本身具有多样性与复杂性的特征，行动研究法强调应该就每一个具体研究的情境而定。不同研究者对于行动研究法实施的步骤提出了不同的看法，但总体上均遵循"螺旋上升、循环发展"的结构，以下介绍"四环节"和"六步骤"模式。

#### （一）四环节模式

四环节模式是由勒温（K. Lewin）等研究者提出的经典的行动研究模式。该模式把行动研究看作一个螺旋式加深的发展过程，简明地提炼了行动研究的一般程序，即每一个螺旋发展圈都包括了"计划—行动—观察—反思"四个相互联系、相互依赖的基本环节。

1. 计划

计划，是旨在改进现状的行动蓝图，它始于解决问题的需要和设想。这一环节，研究者面临的主要任务是明确问题、分析问题、制订计划。以大量的事实发现和调查研究为前提，从解决教育情境中问题的需要和设想出发，收集各种相关的理论基础与背景知识，以及一切具有潜在运用价值的方法、技巧，从多个角度加深对所要研究问题的认识，同时，初步确定解决问题的策略。行动研究的计划应该包括研究的总体计划和每一个具体行动步骤的计划。研究者可以依据认识的不断深入和实际情况的变化来修改总体计划和具体行动计划。

2. 行动

行动，即实施行动计划，是行动者有目的、负责任、按计划地进行实践。行动计划的执行和实施具有灵活性，在行动环节，也可根据其他研究者、参与者的监督观察和评价建议进行不断的修正和调整。

3. 观察

观察，是对行动者及其行动的实际状态的全面了解和认识。观察不是一个独立的环节，而是对行动全过程、结果、背景以及行动者特点的观察。观察既可以是行动者本人借助各种有效手段对本人行动的记录观察，也可以是其他人的观察。该环节是反思、修订计划和进行下一步的前提条件。

4. 反思

反思，是对先前计划的行动，涉及对行动的目标、方式、策略、步骤等各个环节进行反复评定，寻求行动或实践的合理性。其主要任务是整理描述、评价解释、写出研究报告。它是第一个螺旋圈的终结，又是过渡到另一个螺旋圈的中介。在反思环节中，在对观察到、感受到的与制订计划、实施计划有关的各种现象加以归纳整理的基础上，对行动的全过程和结果做出判断评价，并为下阶段的计划提供修正意见。

（二）六步骤模式

有学者根据人们的研究习惯，将行动研究实施的过程概括为以下六个步骤：预诊—收集资料初步研究—拟订总体计划—制订具体计划—行动—总结评价。这六个步骤围绕着研究活动的总体目标运行，构成了一个相对独立、首尾相互衔接的研究过程。达到某一研究总目标，同样要经过若干回合的反馈，形成更多反馈体系，这也是一个循环的、螺旋上升的过程。

1. 预诊

"预诊"借用了医学术语，表明行动研究的第一步类似医生在采取治疗措施之前要对患者的病情进行明确的诊断。这一阶段的任务是发现问题、研究问题、进行反思，并根据实际情况进行诊断，得出行动改变的最初设想。

2. 收集资料初步研究

这一阶段的主要任务是成立由教研人员、教师和教育行政人员组成的研究小组，对问题进行初步讨论和研究，查找解决问题的相关理论、文献，充分收集资料，参与研究的人员共同讨论，听取各方意见，以便为总体计划的拟订做好诊断性评价。

3. 拟订总体计划

拟订总体计划是最初设想的一个系统化计划。行动研究法是个动态的开放系统，所以总体计划是可以修订更改的。

4. 制订具体计划

制订具体计划是以解决实际问题为前提，指导改变现状的干预行动。具体计划是实现总体计划的具体措施。

5. 行动

行动，即实施制订的具体计划，是整个研究工作成败的关键。这一阶段的特点是边执行、边评价、边修改。在实施计划的行动中，注意收集每一步行动的反馈信息，如可行，则进入下一步计划和行动；反之，则调整或修改计划。行动的目的，不是检验某一设想或计划，而是解决实际问题。

6. 总结评价

该环节是对整个研究工作的总结和评价。这一阶段除了要对研究中获得的数据、资料进行科学处理，得到研究所需要的结论外，还应对产生这一课题的实际问题作出解释和评价，为下一个阶段的行动研究诊断出新的问题。

上述两种较为主流的行动研究模式，均表现出以下三个典型特征：一是动态性，即所有的设想、计划，都处于一个开放的动态系统中，都是可修改的；二是较强的联合性与参与性，即由研究者、教师、行政人员组成的全体小组成员参与行动研究实施的全过程；三是诊断性、形成性、总结性评价贯穿整个研究过程。现实中的行动研究过程往往是这些模式的种种变式，或者是它们的简单化。

下面将以四环节模式为例，分析行动研究法实施的具体方法和要求。

## 二、行动研究法的实施方法

### （一）计划

计划是行动研究的第一个环节，也是整个行动研究的基础。计划的主要任务是：

在明确研究目标的基础上，确定研究问题，制订研究计划。

1. 确定问题

确定问题包括发现问题和分析问题。由于行动研究的问题通常是研究者在实际工作中发现的，因此，发现问题是行动研究的起点。分析问题即对问题进行梳理，诊断原因、确定范围，研究问题的本质。确定问题需要明确以下六点：①现状如何？为什么会如此？②存在哪些问题？③关键问题是什么？它的解决受哪些因素制约？④众多的制约因素中哪些虽然重要，但一时改变不了？哪些虽然可以改变，但不重要？哪些是更重要且可以创造条件改变的？⑤创造怎样的条件，采取哪些措施才能使问题有所改进？⑥什么样的设想是最佳的？

2. 拟订计划

行动研究计划包括总体计划和具体计划，总体计划是整个行动研究过程的全面系统安排，具体计划是根据总体计划而制订的具体措施。拟订行动研究计划之初，应至少安排好第一步、第二步的行动研究进度。

行动研究计划的基本内容包括：陈述问题或研究目的与意义、确定变量、形成研究问题、说明创新之处、介绍研究小组成员、列举有必要举行的会议、制订进度表、陈述可利用的资源和说明资料收集的方式等。此外，较为复杂的行动研究还需要有经费预算等。

（二）行动

行动是行动研究的第二个环节，它既是问题解决的实际操作过程，也是研究计划付诸实践的过程。行动的主要任务是在研究中促进工作的改革、认识的改进和行动所在环境的改善。从行动研究的整个过程来看，研究者的行动具有实质性的意义，也是后续考察和反思的实践基础。

1. 理解并熟悉计划

研究者需充分理解并熟悉行动计划，因此，课题组成员应对行动研究计划和每一个行动步骤开展协商、讨论，从而理解研究目的、熟悉行动步骤、明确责任。

2. 课题组成员研讨或培训

为了使研究计划真正实施，研究者可邀请专家对课题组成员进行培训。通过集中研讨或培训，课题组成员可从研究专家那里学习并掌握基本理论和方法技术，同时，研究专家可熟悉教育实际，获取教育教学改革信息。

3. 按照"大计划、小步骤"要求采取行动

按照"大计划、小步骤"的要求采取行动，即在总体计划的指导下，确保计划之间的连续性，避免较长时间间隔或较大步骤跳跃。

### (三) 观察

观察是对行动者及其行动的实际状态（包括背景、过程、结果、特征等）的全面了解和认识。主要任务是收集行动过程中的背景、过程和结果相关资料，其中，背景资料是分析计划设想有效性的基础材料，过程资料是判断效果是否由计划方案带来的以及怎样带来的观察依据，结果资料是分析计划方案带来怎样的效果的直接依据。收集资料是教育科研中一项十分重要的工作，它直接影响着研究的质量。这些资料是反思、修订计划和进行下一步研究的前提条件。

因不受研究范式的制约，行动研究在具体研究方法的运用上非常灵活。不论是量的研究方法还是质的研究方法，只要对达到行动目标本身有帮助，研究者都可以采用。部分研究方法，如观察法、调查法等在行动研究中被采用的频率比较高。

### （四）反思

反思是行动研究的第四个环节，也是在行动和观察之后做出的对整个行动研究过程的系统描述和对行动研究过程、结果进行的判断和评价。反思是行动研究的一个螺旋圈的终结，又是过渡到另一个螺旋圈的中介，其主要任务是对收集的资料进行整理与分析、评价与解释以及写出研究报告，具体方法如下：

1. 整理与分析

该环节是对研究过程中收集的资料进行整理归纳与分析，从而描述出行动过程和结果，勾画出多角度的行动过程。分析是为了得到正确认识，因此分析时应注意思考研究的问题和关注的问题分别是什么，假设是什么。要保持眼睛明亮、头脑清醒，去发现原来预想不到的东西。

资料分析一般有统计分析和理论分析（定量和定性）。统计分析是将丰富的数据资料经过统计学的处理，揭示事物内在的数量特征，事物之间的相互联系及事物发展变化的规律，包括绝对数和相对数分析法、平均数分析法、动态数列分析法、表格法和图示法等；理论分析是将丰富的资料进行思维加工，对客观事物的本质和内在联系进行系统化分析，使感性认识上升到理性认识的方法，包括分析与综合、抽象与概括、归纳与演绎等。

2. 评价与解释

该环节是对整理和分析的数据及描述进行说明，对行动结果做出判断评价，对有关现象和原因作出分析解释，找出计划与结果的不同之处，从而形成新的判断和构想。

3. 撰写研究报告

尽管行动研究可以借助诸如活动实录等具体形象的方法来展示研究成果，但撰写研究报告仍然是行动研究中非常重要的一个步骤。行动研究报告基本内容包括：摘要、引言、文献综述、研究设计和方法（对象、事件、时间、情境、方法技术）、结果、自我反思、参考文献和附录（调查的原件、访谈、记录、信件、研究记录的摘引、相关的其他任何资料）等。

行动研究报告可以采取多种不同的写作形式，如全体参与者共同撰写叙事故事，也可以研究对象的视角，编制一系列个人的叙述、生活经验等。研究报告中的"案例"可以使其他教师在阅读时能有所启发、反思现状，从而产生共鸣，触发他们去正视、了解本身的教学问题。一般来说，行动研究的研究报告撰写风格与质的研究报告有比较多的相近之处。但由于研究报告的总体特征与研究中具体应用的研究方法密切相关，所以如果行动研究过程以量的研究方法为主，行动研究报告在数据呈现、文字说明方面都会更趋近量的研究报告的成文方式。

4. 形成修正性计划

行动研究是循环进行的，反思既是一个循环的结束，又是过渡到下一步循环的中介。因此，反思的任务包括重新确定行动范围，形成修正性计划。在修正性计划的指引下，行动研究将开始一个新的循环，从而使行动效果不断得到深化。

## 三、行动研究法的实施要求

### （一）计划

1. 确定问题的要求

行动研究确定的问题除了具有一般教育研究问题的科学性、创新性等要求之外，还要能解决教育教学实践中的实际问题，一般具有以下特点：

（1）直接性。

行动研究的问题一般来源于研究者本人的教育教学实践，是研究者的直接经历和亲身感受。

（2）特殊性。

行动研究的问题来源于教育教学实践，因此表现出较多的特殊性，而不具备普遍性。这就要求在评价研究成果时，应注意其适用范围和推广范围。

（3）微观性。

行动研究的对象多为教育教学实践中比较具体的微观问题，结构较简单，相关因素较少。行动研究注重在行动中追求一点一滴的、实在的进步。

2. 拟订计划的要求

（1）以充分的调查为基础。

行动计划始于问题解决的需要，并最终指向问题解决。研究者需围绕现实问题，在充分调查的基础上，对研究所需的综合条件作出准确的判断，并制订适宜的行动研究计划。

（2）具有可行性与可操作性。

行动研究计划是研究者制订的，用来指导、规范自身研究实践的行为规范，拟订计划时，应充分考虑每一步骤的可行性与可操作性，否则，研究计划将难以落实。首先，计划所设计的每个步骤应具有转化为行动的可能性；其次，应准确、清楚地表述具体步骤或问题，以保证行动研究的实施效果。

（3）具有清晰的层次或梯度。

行动研究计划包括总计划和具体行动计划，总计划是对整个行动研究过程的总体规划与设想，具有原则性和规范性；具体行动计划规定每个行动的步骤，要求明确、具体、可操作。不同层次的计划之间应保持内在一致性，体现清晰的层次或相应的梯度，同时，具体计划应反映总计划的指导精神。

（4）具有灵活性与开放性。

严格来说，行动研究计划的意义不在于规定研究实践的每个细节，而在于提供研究实践的基本规范和要求。因此，行动研究的计划不是一成不变的，它允许在行动过程中不断地修正计划，把本来未考虑到却在行动中显现出的各种新情况、新因素纳入计划。

（5）体现参与者的需要。

行动研究计划是行动计划与研究计划的高度统一，它并不是在行动之外制订一份研究计划，而是在行动之中融入研究，通过研究提高行动的自觉水平。因此，行动研究中每个人既是计划的制订者，又是计划的实施者。制订行动研究计划要综合考虑问题的实际价值和参与者自身可供支配的资源（如时间、经费支持等）。

## （二）行动

在行动研究中，行动是根据已经制订好的计划展开教育、教学实践的过程，具有鲜明的目的性和计划性。

### 1. 行动之前，做好准备

首先，做好思想准备。在采取行动之前，研究者需要获取有关行动及其背景条件、效果的信息，并对这些信息进行必要的分析，从而在一定程度上理解行动的动因与意义，为采取行动提供思想上的准备。其次，保证人和物到位。课题组成员在共同分析背景和行动的信息基础上，对总计划、具体行动提出修改意见，对所需资料进行核实，对考察手段进行核对，保证人和物到位。

### 2. 处理好研究与其他工作的相互关系

研究者兼有实践者与研究者等多重角色，可能在实施计划的过程中面临着来自其他方面的干扰与阻力，影响到原定计划的实施。这就要求教师处理好行动研究与其他工作之间的相互关系。在执行计划时，不能唯计划是从，而要充分考虑行动中现实因素的变化，并根据实际情况做出必要的计划调整。

3. 注意研究过程与行动过程的统一

虽然行动研究以解决实际问题为其首要目标，但并不因此排斥对事物规律的研究，它只是更强调理论和措施都必须接受实践的检验、修正、补充甚至证伪；更强调知识和理论的源泉是实践，并在实践中得到发展。因此，在采取行动时注意行动与研究的结合，注意研究过程与行动过程的统一。

（三）观察

1. 进行多视角观察

在行动研究中，教师的身份既是"研究者"也是"行动者"，而不再是一个研究活动的"旁观者"或"局外人"。为获得行动研究状态的真实信息，观察阶段既可以有教师的自我反思，也可以借助其他仪器或由其他研究者、同事来观察和描述。

2. 使用有效观察技术

为了使观察更加系统、全面、客观，行动者和研究者可以运用各种有效的观察技术。这些观察技术既可以是行动者借助各种有效手段对本人行动的观察，也可以是来自他人的观察。究竟采取哪种观察技术，应视教师的能力和具体的研究情境而定。

3. 观察与思考相结合

观察过程应与思考相结合，从而进一步提高研究质量。例如，如何对所发生的现象进行深刻认识？针对研究过程中出现的问题，如何调整计划？是否能设想出新的计划？等等。

（四）反思

1. 以研究问题为基点

行动研究始于问题解决，在反思改进环节，研究者应以研究的问题为基点，积极开展反思改进。研究者可从以下维度进行反思：是否解决了问题？在多大程度上解决了问题？还有哪些问题需要在下一步计划中得到解决？等等。

2. 以研究计划为参照

行动研究中，研究者的行动或实践是在计划指导下展开的。结合研究计划反思行动或实践，不仅有助于考察原有研究计划的合理性，而且有助于完善下一步计划。在后续的计划中可以汲取合理的内容，摒弃失当或不合理的内容。因此，无论原有研究计划的合理性如何，都能为下一步的研究计划提供参照的价值。

### 3. 以教师行动为对象

在行动研究中，反思是行动者的反思，是教师对自身行动或实践的反思。这种反思有时是描述性的，如对行动或实践所处的教育情境的记述；有时是批判性的，如多角度地对自身行动或实践合理性的综合剖析。

### 4. 以改进实践为归宿

行动研究从教育实践中的问题开始，最终走向实践的改进。研究者反思的指向也应该以实践为归宿，即在研究的过程中，教师个人的教育教学素养是否得到了提升？是否增进了教育效果？

## ◆ 第三节 ◆
## 行动研究法在学前教育实践中的应用

### 一、行动研究法在学前教育实践中的意义

随着《幼儿园教育指导纲要（试行）》《3—6岁儿童学习与发展指南》等的实施，学前教育改革实践正在不断深化，课程研发、人文教育、创新教育和素质教育等都已成为学前教育改革关注的热点。而行动研究在学前教育领域具有一定的应用意义。

#### （一）有利于解决教育实际问题，促进教育改革

在我国，幼儿园环境构成了在园幼儿大部分的成长环境，学前教育对幼儿发展所产生的整体性影响相当突出，各种各样的实践问题等待着幼儿教育工作者去探讨、解决和改进。如何把幼儿园教育作为连贯的动态整体进行全面研究，以确保学前教育适宜幼儿的发展，就显得尤为重要。然而，就我国学前教育研究的基础、现状和条件而言，目前尚不完全具备高度科学的控制、测量手段和设备、技术条件，幼儿教师所接受的研究方法训练也相对薄弱，独立进行研究的能力、精力和时间相对有限。在这种情况下，一味强调进行严格的量的研究或质的研究，难度过大。而主体多元化、过程民主化、方法灵活化的行动研究法，则无疑成了教育实践者的最佳选择。

#### （二）促进理论与实践的有机结合

理论与实践脱节，是我国学前教育研究长期存在的问题。某种程度上，学前教育研究者多为专职研究者。很多研究的过程只限于相关理论的阐释与推导，多数结

果是出书或撰写成论文。这种情况不仅造成了研究的低有效性，还在根本上拉大了研究者与实践工作者之间的距离。行动研究法则是改变这一局面的重要途径。在行动研究法中，专职研究者和教育实践者同为研究的主体，各类型研究者围绕现实中的具体问题各展所长、通力合作，共同制订研究计划、实施行动、开展反思、修订计划。整个研究过程既解决了实际问题，又获得并建构了新的知识。因此，行动研究法是克服以往教育理论脱离教育实践弊端的有效方法。

### （三）有效促进幼儿教师专业化发展

教师专业化发展是教师教育改革的重要取向，也是教师教育实践的主流话题，行动研究法在促进幼儿教师专业化发展中有着重要的意义。首先，行动研究法是"以问题为中心"的研究，由于幼儿教师与幼儿朝夕相处，能深入幼儿生活，他们对孩子行为的理解与判断往往更贴近于事实本身，他们所提出的解决问题的策略往往可操作性更强，他们的研究成果也更有价值、更被看重。教师开展行动研究的过程也是教师逐步成为研究者的过程。行动研究法有助于教师成为研究者。其次，行动研究法能促进教师完善专业知识结构和实践智慧的发展。实践性知识为教师专业发展中更重要的知识，在行动研究法中教师通过对自身教育教学实践的反思，有利于改进自身教育实践活动和解决实际问题的知识和方法，完善自己的专业知识结构。最后，行动研究法有利于幼儿教师合作精神和意识责任的提升。行动研究法强调教师具有与理论工作者同等的权力和责任，这种权力和责任能促进教师合作精神和意识责任的提升。

## 二、行动研究法在学前教育实践中的运用

行动研究法在学前教育实践中有着较为广泛的运用，既可以贯穿于幼儿园管理的全过程，也可以促进教育教学活动质量的提高，其研究与运用对儿童个性发展也具有一定的实践价值。

### （一）提高幼儿园管理水平的研究

行动研究法可贯穿于幼儿园管理的全过程。首先，行动研究法有助于确定幼儿园的工作重点。行动研究法的诊断性评价机制，可以使幼儿园工作在全面展开前就得到反馈信息，从而避免因个别领导的决策失误导致幼儿园工作的损失。其次，行动研究法可用于制定合理的规章制度。它的形成性评价，保证了能不断得到有关教师的意见，通过一系列的修改和调整，可以使规章制度变得更为公正、公开、公平。最后，行动研究法可运用于幼儿园管理的评价。它是一个集诊断性评价、形成性评价、总结性评价于一体的完整的评价体系，在它的整个运行中，不仅有日常的观察

记录、谈话录音、录像、开会记录等，还有研究人员对这一研究所作的统计分析、数据处理、图表显示等，因此，可以为幼儿园工作的评估提供全面客观的依据。

### （二）提高教育教学活动质量的研究

一日生活、游戏活动和教学活动是幼儿园教育的重要组成部分，行动研究法的运用可以更好地完成教育教学任务，提高教育教学活动质量。首先，通过"观察"了解某教育教学活动的情况，从中发现问题；其次，制订出有指导性、可实施、有评价和可修改的具体行动"计划"；再次，将计划付诸"行动"，在行动研究中探索提高教育教学效果的方法措施；最后，"观察"行动的结果并进行"反思"，并对结果进行总结评价，将行动得出的有效教育教学方法措施推广应用，使教育教学活动获得更好的效果。

### （三）发展学前儿童个性的研究

学前儿童的个性发展是学前教育的重要组成部分，行动研究强调研究过程中各角色的参与性，专家、教师、儿童等都是研究过程的重要角色，彼此之间的广泛接触交往，有利于调动相互间的积极性。在行动研究过程中，一旦发现某些学前儿童产生个性发展的问题，这种参与式的行动研究法，将集中专家、教师的智慧，并在具体过程中对儿童的实际反应进行调整补救，直至问题妥善解决。

值得注意的是，行动研究法虽是一种很有实用价值的教育研究方法，但不是万能的，它需要一个有组织并能相互协调的高效率的研究小组，并且只有在相互合作的基础上才能获得良好的研究效果。

## 三、实施行动研究法需注意的问题

行动研究法对学前教育具有多方面的积极意义，但由于传统研究观念的影响，教师自身某些素质的缺陷以及教育教学管理方面的某些偏差，在学前教育领域开展行动研究容易遇到一些障碍。在学前教育领域开展行动研究需注意如下问题：

### （一）从实践者向行动研究者转变

幼儿教师要实现从单纯的实践者向行动的研究者转变，须对现成的经验、传统的做法进行彻底的变革，要探索新的理论，构建新的模式。首先，勤于学习提高理论素养。这是开展研究工作的准备和基础。行动研究需要借助理性思考的力量，发现有价值的研究问题，提出解决问题的新设计、新方案，增强科学的预见性，避免行动的盲目性。它还要求不断将行动的经验概括上升为一定的理论。其次，要多行动。教师事事处处留意身边的问题，关注身边的事情，就能找到很多可以用于开展探讨的课题。勤于行动研究，才能提高研究能力。再次，要共同合作。促使行动研究不断深化的动力不仅仅在于改造教育技术现实的需要，而且在于合作者之间的相互切磋、取长补短、寻求共识的内在需要。因此，幼儿教师要注意加强各方面的共同合作。最后，要善于思考。反思是行动研究的灵魂。教师通过反思，可以深刻地领会到先进的教育思想，更新教育教学观念，从根本上改进教育教学工作方法。

### （二）掌握行动研究的方法技术

技术是指为某一目的共同协作组成的各种工具和规则体系。行动研究的方法技术是行动研究所必需的知识或方法，具体体现在制订计划、开展行动、收集资料和进行反思的操作技术中，掌握行动研究的方法技术是开展行动研究的基础。例如，要掌握制订计划的方法技术，就要在理解有关知识的基础上，善于分析研究问题，能够按行动计划格式和要求撰写行动研究计划。又如，收集资料的方法技术。研究资料是教师行动反思和专业发展的重要依托，是评价的工具，是促进行动研究进展的重要媒介。教师在明确资料的标准条件下，需要按照备忘录、描述性记录、解释性记录或深度反思等不同形式的记录要求记录观察信息，为研究提供生动的素材。再如，表述研究成果的技术。行动研究成果的主要表述形式有教育日志、教育叙事、教育案例、教育反思、教学课例等。教师要掌握这些表述形式的格式和要求，才能有效地记录和推广研究成果。

### （三）优化教育研究管理机制

《幼儿园教育指导纲要（试行）》倡导教师开展行动研究，要求幼儿园与上级行政部门构建教师开展行动研究的保障机制。行动是幼儿园教育管理中的一项综合性活动，需要管理者加大支持与投入力度。首先，幼儿园领导应鼓励全体教师增强科研意识，为教师减去不必要的工作负担，增加教师行动研究的时间，使教师有机会并乐于从事教育科学研究。其次，提供一定的物质、资源等支持。如为教师提供研究学习的理论书籍，聘请有关专家为教师开展行动研究专题培训等。最后，加大激励措施。幼儿园可在晋职评优等方面，向开展研究的教师倾斜，鼓励教师多读书、多行动、多反思，在幼儿园逐步形成学习的氛围、研究的氛围。

## 本章小结

行动研究融教育理论与实践于一体，是近些年来教育研究领域较受关注的教育研究活动。本章对行动研究法的内涵、特点、类型与适用范围进行了阐述，对行动研究法实施的步骤、方法与要求进行了具体的介绍，并对行动研究法在学前教育实践中的意义、运用与需注意的问题进行了分析讨论，以期能够为教师在学前教育活动中开展行动研究提供支持和帮助。

## 思考与练习

### 一、单项选择题

1. 行动研究法的正确实施步骤是（　　）。
   A. 反思、行动、计划、观察　　　B. 行动、观察、计划、反思
   C. 观察、计划、反思、行动　　　D. 计划、行动、观察、反思
2. 行动研究法关注特定情境中的特定问题，具有（　　）。
   A. 实用性　　　B. 实效性　　　C. 即时性　　　D. 特殊性
3. 行动研究法重在（　　）。
   A. 进行教育实验　　　　　　B. 进行理论建构
   C. 总结经验　　　　　　　　D. 解决实际问题
4. 行动研究法实施步骤中的（　　）应该具有足够的灵活性和开放性，以适应未预料到的情况和制约因素。
   A. 计划　　　B. 行动　　　C. 观察　　　D. 反思
5. 行动研究确定的问题不具备的特点是（　　）。
   A. 直接性　　　B. 特殊性　　　C. 微观性　　　D. 理论性

### 二、简答题

1. 行动研究法的定义及特点？
2. 行动研究法的类型与适用范围？
3. 行动研究法的基本模式是什么？
4. 学前教育研究中实施行动研究法应注意哪些问题？

### 三、论述题

1. 结合实际谈谈幼儿教师如何成为好的行动研究者？
2. 结合自身感兴趣或正面临的实践问题，设计一个行动研究方案。

## 参考文献

［1］陈向明. 质的研究方法与社会科学研究［M］. 北京：教育科学出版社，2000.
［2］刘晶波. 学前教育科学研究［M］. 北京：人民教育出版社，2006.
［3］王彩凤，庄建东. 学前教育研究方法［M］. 北京：北京师范大学出版社，2011.
［4］杨晓萍. 教育科学研究方法［M］. 重庆：西南师范大学出版社，2006.
［5］金哲华，俞爱宗. 教育科学研究方法［M］. 北京：科学出版社，2011.
［6］王小英. 学前教育科学研究方法［M］. 长春：东北师范大学出版社，2015.
［7］何慧华，等. 学前教育科学研究方法［M］. 北京：中国人民大学出版社，2019.
［8］郑金洲. 行动研究：一种日益受到关注的研究方法［J］. 上海高教科研，1997（1）：23－27.

# 第九章 叙事研究

> **学习目标**
> 1. 了解叙事，知道叙事研究的内涵、特征及理论基础。
> 2. 掌握教育叙事研究的含义、特点、内容和类型。
> 3. 理解教育叙事研究实施的过程与要求。
> 4. 初步学会在学前教育领域中运用叙事研究。

## 第一节 叙事与叙事研究

20 世纪 80 年代以来，叙事和生活故事的概念在社会科学中变得越来越引人关注，并逐渐被纳入心理学、教育学、社会学和历史学等学科的理论研究和应用中。随着文学中的叙事、叙事研究被引入教育学领域，教育叙事研究逐渐形成。

### 一、叙事的概念

《韦伯斯特词典》（Webster's Third International Dictionary）（1996）把叙事定义为"用于表现一系列相关事件的一段论述（discourse），或者一个例子（example）"（p. 1503）。① 顾名思义，叙事就是叙述事情（叙+事），即通过语言或其他媒介来再现发生在特定时间和空间里的事件。事实上，叙述伴随着人类历史和文化的发展而不断演进。从钻木取火的远古时代对神话故事的讲述，到有文字记载以来历史学家们对历史事件进行的编撰、解释，及至电影表达、舞台再现、网络讲述，都是最宽泛意义上的叙述。② 因此，叙事是一种文体，是文学的要素之一，它与抒情、说理

---

① 利布里奇，玛沙奇，奇尔波. 叙事研究：阅读、分析和诠释［M］. 王红艳，译. 重庆：重庆大学出版社，2008：2.
② 申丹，王丽亚. 西方叙事学：经典与后经典［M］. 北京：北京大学出版社，2010：2.

一样，是文学创作的手段，是人类表达自己情感的一种与生俱来的方式。

叙事即讲故事。哈迪（Hardy B）认为"人类讲述并倾听着故事。我们用叙事进行交流和理解人与事件，在叙事中有我们的思考与梦想……"①，"人是天生的讲故事者，故事给个人经历提供了一致性和连续性，并在我们与别人的交流过程中扮演着核心角色。通过叙述者展现他们生活和亲身经历的口头叙述和故事，我们得以了解他们的内心世界。换句话说，叙事给我们提供了获悉自我认同和个人性格的机会。当一个人进行叙事时，他必须先由复杂情境中选择出一些事件，再就所挑选出来的事件、情节赋予意义。故事模拟了生活，并展现出一个因应外部世界的内部现实；同时，它们也塑造和建构着叙述者的个性和生活现状。故事就是个人的自我认同，通过我们所说的故事，我们了解或发现自己，并向他人展示自己。"② 傅修延表示，叙事本质上是一种远古人类抱团取暖的行为，人类许多行为都和群体维系着复杂的内在关联，如灵长类动物之间的梳毛，继之而起的八卦、夜话以及聚食，只有牢牢地把握住这种关联，叙事学研究才不会迷失方向。③

因此，叙事既可以被视为一种行为，也可以被视为一种过程，它包含两个基本要素：一是讲述，二是故事。叙事既离不开讲述，也离不开故事。叙事是对故事的讲述，故事是叙事的根本。

## 二、叙事研究的内涵与特征

### （一）叙事研究的内涵

叙事研究被称为叙事学，是关于叙事的理论和系统的研究，是对叙事文本进行的分析和解释，最初属于文学理论研究的范畴。

叙事研究又被称为"故事研究"，指的是任何运用或者分析叙事资料的研究，是一种研究人类体验的方式。它从讲述者的故事开始，以对故事进行诠释为其主要任务，重在对叙事材料及意义的研究。

"叙事探究是研究人们生活的一种途径，它尊重人们的生活经验，将它看作是重要知识和理解的来源。叙事探究是一种理解经验的方式。它是研究者和参与者在某一段时间之中，在一个或一系列的地点，与周围环境进行社会性互动的合作。探究者在中途进入这个探究空间，开展探究，到结束探究，自始至终都和参与者一起生活、讲述、重新生活和重新讲述那些经验故事。那些经验故事铸就了人们的生活，

---

①② 利布里奇，玛沙奇，奇尔波. 叙事研究：阅读、分析和诠释［M］. 王红艳，译. 重庆：重庆大学出版社，2008.

③ 傅修延. 叙事研究：第2辑［M］. 上海：上海外语教育出版社，2020：11-12.

无论是个人的还是社会的生活"。①

### （二）叙事研究的特征

关于叙事研究的特征，有许多研究者做过不同的概括和描述。

以色列学者艾米娅·利布里奇（Amia Lieblich）等人将叙事研究的基本特征归纳为以下几点：一是运用叙事方法得出的结果是丰富而且独一无二的资料，而这些资料是通过单纯的实验、调查问卷或观察无法获取的；二是在叙事研究中通常是没有预先假设的，研究的明确方向往往随着对所收集资料的阅读而显现，假设也才可能随之产生；三是叙事研究工作需要对话式的倾听；四是叙事研究不把结果的可复制性作为评价的指标，因此读者需要更多地依赖研究者个人的智慧、技巧和正直。②

我国学者施铁如认为，较之传统的规范研究方法，叙事研究具有资料的深刻性、意义的诠释性、假说的后成性、过程的对话性等特征。③ 胡中锋研究者认为叙事研究的特征是：①叙事研究使叙事成为提供一种经验的理论方式；②叙事研究是运用或分析叙事材料的研究；③叙事研究以"叙事"为主要手段，以"诠释意义"为主旨；④叙事研究通常是没有预先假设的，研究的方向往往随着对所搜集的资料的阅读而显现；⑤叙事研究是一种质性研究。④

也有学者从叙事研究与叙事研究以外的其他研究范式的区别探讨了其特点，具体见表9-1。

表9-1 叙事研究与范式研究的区别⑤

| 项目 | 范式研究 | 叙事研究 |
| --- | --- | --- |
| 研究的目标理念 | 对偶然事件作形式化的、数学体系式的描述与解释；追求普遍真理性知识；追求确定性和可预测性 | 对人类目的、思想、行为以及事件与行为意义关系的描述；追求逼真性或生活写真；追求典型 |

---

① 克兰迪宁. 进行叙事探究［M］. 徐泉，李易，译. 重庆：重庆大学出版社，2015：11.
② 利布里奇，玛沙奇，奇尔波. 叙事研究：阅读、分析和诠释［M］. 王红艳，译. 重庆：重庆大学出版社，2008：8-9.
③ 施铁如. 学校心理与教育研究：行动、反思、叙事［M］. 广州：暨南大学出版社，2014：173-174.
④ 胡中锋. 教育科学研究方法［M］. 北京：中国人民大学出版社，2018：186.
⑤ 卜玉华. 教师职业"叙事研究"素描［J］. 教育理论与实践，2003（6）：44-48.

续上表

| 项目 | 范式研究 | 叙事研究 |
|---|---|---|
| 形式 | 类型与系统；抽象的讨论；无时间限制 | 叙事与故事；特殊的、具体的；暂时性 |
| 语言风格 | 一致无矛盾；价值中立；尽量减少研究者的声音 | 多样化的或多种层次的意义；比喻手法；认识到并且有时故意放大研究者的声音 |
| 可实证性 | 依据程序；反映已建立的方法 | 依据陈述的有效性；传达意义 |

虽然学者们从不同的角度和语言表述论述了叙事研究的特点，但总体上认为，叙事研究是质的研究的一种形式，叙事研究的主要特点体现在方法论基础、研究目的、研究范围、研究过程与形式、表述的方式等方面与其他研究范式的区别上。

### 三、叙事研究的理论基础

1. 文学中的叙事学理论

文学理论是叙事研究首要的智慧源泉。自从20世纪70年代以来，叙事学成为文学研究的核心领域。叙事学中关于叙事的情节、结构、语境、合理性以及口头叙事与书面文本间的转换等，都成为当前教育叙事必须加以考虑的问题。故事是继承历史和历史哲学的时间手段，历史和历史哲学在本质上都是研究时间的，这一点决定了其在形成社会科学的叙事研究中起了特殊作用。因此，叙事的本质是作为话语形式对经验的现实事件（历史的）或想象的虚构时间（文学的）描述再现；叙事的价值则在于透过时间进程中事件序列的表面，提炼并显现出超时间的逻辑真实或者说本质意义。

2. 后现代主义理论

后现代思想家们关于主体的消亡、元叙事、对实在深层模式的否定、历史本身、任何最终意义的不可能性、理解世界的理性的失败、对差异的颂扬等理论对叙事研究影响很大。同时，语境、语言、故事、叙事这些与大众日常生活密切联系的活动与词语成了后现代思想家们探讨知识建构、自我建构等哲学话题的高频词或关键词。

3. 哲学现象学和解释学理论

这两派哲学主张为叙事研究提供了重要的认识论和方法论的启示。现象学强调的是"面向事实本身"，它看重的是"事实""实事""事件"。叙事研究强调自然主义的研究范式与通过对话建构意义，这一特点与现象学的方法论是一致的，即我们要回到"实事本身"上去。叙事研究不满足于传统研究中追求事物的普遍规律和抽象概念分析的方法，而回到人们认识和知识的来源，即生活世界中去，以交往和对话的方式从整体上直观地探索事物的本质。解释学则从方法论角度强调了社会科学的特殊性，主张对经验性文本进行理解和解释。理解，本质建立在普遍文本与特殊情境联结的基础上，是理解者基于一定的"前理解"主动建构文本意义的创造过程，同时也是质的研究的一个主要目的和功能。

4. 人类学、社会学、语言学理论与方法论

随着人类学研究的升温，对人类生存和交往模式的思考及运用的田野调查法开始对诸多社会学科领域产生影响。同时社会学使用的扎根理论方法、行动研究以及语言学中的符号互动理论等都构成了叙事研究理论基础的一部分。

此外，叙事研究还吸取了多种理论和研究方法，如哲学中的后实证主义、批判理论、建构主义、象征互动主义、女权主义等。总之，叙事研究是多元文化视角下的一种研究方法。

## ◆ 第二节 ◆
## 教育叙事研究概述

20世纪70年代，西方国家教育领域发生了重要的范式转换：由追求普适化的教育规律转向探索情境化的教育意义。人们逐渐认识到，教育科学研究不能简单照搬自然科学的研究方法，因此行动研究、质的研究、个案研究等方法得到了越来越广泛的认可。与注重科学主义的量化研究相比较，现在的教育科学研究方法注重的是人本主义的质的研究。作为质的研究方法的一种运用形式，教育叙事研究也逐渐引起人们的重视。

### 一、教育叙事研究的含义与特点

#### （一）教育叙事研究的含义

教育叙事研究，即在教育领域运用叙事研究法研究教育问题。在教育领域中首次引入叙事研究的是美国学者本克逊，他运用这种方法来研究课堂生活中的师生关系。国内最早关注教育叙事研究的是丁钢教授，他主编的教育研究辑刊《中国教育：研究与评论》率先在国内倡导教育叙事研究，并陆续推出了加拿大著名教育学者许美德的《现代中国的精神：知名教育家的生活故事》等教育叙事力作，使教育叙事研究在中国日益受到关注。20世纪90年代末，国内学者开始关注并介绍国外教育叙事的相关研究成果，涌现了一批教育叙事研究学者。

具体来说，教育叙事研究就是通过叙述或聆听教育故事，从教师的教育生活中

选取一些有价值的事件，收集记录事件发生全过程的资料，对事件（故事）所包含的教育问题、冲突、策略进行分析研究，最后通过这些个别事件归纳出带有一定普遍意义的教育认识、思想、方法的过程，与他人达到情感上的共鸣，帮助和促进教师再次认识自我，进行反思，探寻教育经验背后的意义，促进教师自主专业发展和教育教学水平提高的研究。

### （二）教育叙事研究的特点

**1. 教育叙事研究的主角是教师**

教育叙事研究是讲述和分析发生在教师教育生活中的，有价值、有意义的事件（故事），一般是教师叙说自己的故事，研究者或教师本人把故事记录下来写成一份报告或一篇有意义的文章。在这个过程中，教师是研究的主要参与者，是故事中的主角。

**2. 教育叙事研究的内容是"有情节"的教育故事**

在教师的教育生活中每天都有故事发生，教育叙事研究就是要关注这些故事，研究者或教师本人以讲故事的方式来表达对教育的认识与理解。但并不是任意一个故事都有研究的价值，教育叙事研究关注的故事应该具有一定的"情节"，即故事应该包含教育中的某种矛盾冲突、争执或其他任何使教育发生变化的因素，从而让故事更有特殊的意义。

**3. 教育叙事研究的方法是反思与归纳**

教育叙事研究以叙事为载体，其研究方法是对故事的反思。教育叙事中的故事都是已经发生的故事，研究者和故事的主角（这两者可以是同一个人）要对整个事件的过程进行回顾，重新去体验讲述者的亲身经历，运用某种教育理论或观念来鉴定、评价故事中教师的教育行为，提出问题解决的设想。在事件回顾过程中，运用的思考方式就是从不同的角度设想故事发展可能的不同过程和结果，从而比较不同教育行为的优劣利弊。

**4. 教育叙事研究的成果是"有主题的故事"**

教育叙事研究本质上是一种科学研究，教育叙事研究报告所讲述的故事应该是有"主题"的。这个主题是故事自然包含的、生成的教育认识或观念。通过主题故事，追寻教育事件（故事）背后的意义、思想和理念，这是最重要的，也是教育叙事研究的根本目的。

**5. 教育叙事研究的结果是教师教育教学的改进与重建**

教育叙事研究的基本理念是"以叙事的方式反思和改变教师的日常生活"。教育叙事研究也是教师在反思中实现自我发展的一种方式。教育叙事研究为教师审视、反思自己提供了新的视角和有力的工具，促使教师重温自己的教育故事，反省自己的行为与态度，从而改进或重建自己的教育教学策略。

## 二、教育叙事研究的内容与类型

### （一）教育叙事研究的内容

教育叙事研究是通过讲事件（故事）来研究教育实践。如果叙述者是教师，教育叙事研究的内容就是研究教师在日常的教育生活中所经历的一切，包括教师的教育思想、教育活动和教育对象。

教师的教育思想具体体现在教师的教育教学行为中，表现为教师的教育理念先进与否、教育思想系统与否、教育认识独特与否。教师关于教育的理想、认识、看法、见解渗透于日常的教育活动中，指导着教师的教育行为，也影响着教师的人生。教师的叙事研究首先要研究教师日常行为背后的思想、教师生活故事当中所蕴含的理念，以便为教师的行为寻求理论的支撑，为教师的生活建构思想的框架。

在教育叙事研究中，教育活动构成了教育事件。通过教师在校园里的谈吐举止可以了解教师的为人修养，通过教师在课堂中的行为处事可以了解教师的个性特征，通过教师对教学内容的诠释可以了解教师的知识基础，通过教师对教学方法的运用可以了解教师的教育机制等。研究教师的教育活动是为了倾听教师的内心声音，感受教师的主观世界，体验教师的生命律动，探寻教师的行为意义。这种研究有助于教师更好地认识自己、提升自己，从而带来教育世界的整体升华。

教育叙事研究离不开对教育对象的研究。教师的教育对象是具有思想、感情、个性、主动性、独立性、发展性的活生生的人。因此，教育叙事研究要研究学生的认知特点、情感特点、人格特质，研究学生的年龄特征、个性差异、身心规律，研究学生所感兴趣、所思考、所进行的活动。当研究将学生生活的真实世界展现在人们面前时，教师就获取了与学生（幼儿）对话、沟通、交流的可能，从而有可能理解学生所追求、所欣赏、所厌恶的事物。这样的教育世界才是真正属于师生的共同世界。

### （二）教育叙事研究的类型

#### 1. 根据叙述内容的不同进行分类

根据叙述内容的不同，教育叙事研究可分为两种类型。一是分析他人的故事。研究者是独立于叙事情景之外的，通过对教师的观察、访谈等收集相关的资料，并与叙事者之间建立平等友好的合作关系，从而获得对事情背后所隐含意义的解释。二是分析自己的故事。研究者与叙事者是同一人，研究者既是讲"故事"的人，又是"故事"里的人，以叙事的方式反思并改进自己的教育实践。

### 2. 根据叙述主体的不同进行分类

根据叙述主体的不同，教育叙事研究可分为两类。第一类是叙事的教育行动研究。主要是教师自己开展的研究方式，也可以是教师在校外研究者指导下所使用的研究方式。当中小学教师既是"叙说者"又是"记叙者"，而且所叙述的内容涉及自己的教育实践及某些教育问题的解决过程时，叙事研究就成为教师的"行动研究"，其实质是一种"叙事的行动研究"。

第二类是叙事的人类学研究。主要是专业研究者以教师为观察和访谈的对象，或者以教师提供的"想法"或教师所提供的文本为"解释"的对象。当教师只是"叙说者"，所叙说的内容并不涉及教育教学实践的改变过程时，叙事研究实质是一种教育领域的"人类学研究"，尤其类似于马林诺斯所倡导的人类需跨过"野蛮"进入"文明"的研究方式。在叙事的人类学研究中，研究者更加关注教育事件以及多种教育事件之间的"结构"，尽量使所叙述的教育现象呈现出某种"结构"或"理论框架"，保持"教育理论"与"教育实践"之间的"互动"。

根据研究内容的不同、研究主体的不同，我们可以把教育叙事研究划分为不同的类型，但在实践中并非只用一种类型就可以完成研究。真正的教育叙事研究需要使用不同叙事研究类型。

## ◆第三节◆
## 教育叙事研究实施的过程、要求

### 一、教育叙事研究的实施过程

#### （一）教育叙事研究的实施步骤

教育叙事研究首先要有"事"可"叙"，这就需要选择、观察、收集、整理故事；教育叙事研究还要对"事"进行"研究"，这就需要对资料进行分析和理性的反思；叙事研究还需要撰写"事"作为成果，这就需要语言表达。沿着这条研究路径，教育叙事研究的流程与步骤可归纳为如图 9-1 所示。

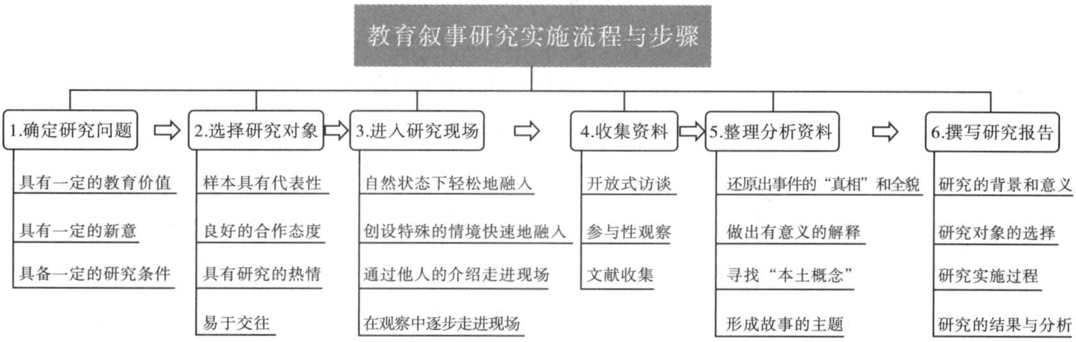

```
教育叙事研究实施流程与步骤
├─ 1.确定研究问题        ├─ 2.选择研究对象      ├─ 3.进入研究现场              ├─ 4.收集资料      ├─ 5.整理分析资料            ├─ 6.撰写研究报告
│  具有一定的教育价值    │  样本具有代表性      │  自然状态下轻松地融入        │  开放式访谈      │  还原出事件的"真相"和全貌  │  研究的背景和意义
│  具有一定的新意        │  良好的合作态度      │  创设特殊的情境快速地融入    │  参与性观察      │  做出有意义的解释          │  研究对象的选择
│  具备一定的研究条件    │  具有研究的热情      │  通过他人的介绍走进现场      │  文献收集        │  寻找"本土概念"            │  研究实施过程
│                        │  易于交往            │  在观察中逐步走进现场        │                  │  形成故事的主题            │  研究的结果与分析
```

图 9-1  教育叙事研究实施流程与步骤

1. 确定研究问题

确定问题是进行研究的前提。虽然教育叙事研究总的框架是"讲故事",但其研究范围仍然很广泛,大到国家教育政策、教育制度、教育环境,小到教师个人的教育观念、素质结构、日常生活、言谈举止。进行教育叙事研究就要善于以小故事折射大生活,借助细小的、普通的教育事件研究教育的真谛与本质。在这一步骤需要考虑三个因素:一是所探究的教育现象及内隐问题是否具有一定的教育价值,二是研究是否具有一定的新意,三是是否具备研究条件。

2. 选择研究对象

选择研究对象需要决定"讲谁的故事",这是一个抽样的过程,与研究的目标密切相关。教育叙事研究的对象应该是研究对象总体中有代表性的样本,抽样的方法可以根据研究需要,采用极端个案抽样、目的抽样、最大差异抽样、分层抽样等方法。叙事研究的对象选择除了强调样本是否具有代表性,还强调研究对象对研究的合作态度、研究对象是否具有研究的热情、研究对象是否易于交往。

3. 进入研究现场

研究现场是研究者观察、了解研究对象的真实环境。由于教师的工作、生活环境主要是在校园、在学生(幼儿)中,因此,进入研究现场就意味着走进教师活动的时空,与教师同工作、共生活。没有这样的现场研究,就难以获得"原汁原味"的现场资料,就无法把握教师的行为、观念产生的深层原因。研究现场是教师叙事研究获取真实资料的直接来源。

进入研究现场的方式是多种多样的:可以在自然状态下轻松地融入,也可以创设特殊的情境快速地融入;可以间接通过他人的介绍而走进现场,也可以直接在观察中逐渐走进现场……但是无论用什么方式,都必须征得研究对象的同意,得到研究对象的许可,这是叙事研究的伦理要求。

4. 收集资料

叙事研究收集资料的基本方式是听叙说者讲故事。这里的叙说者不仅包括教师、学生、家长、学校管理者等"人的叙说",还应包括叙说人的日记、信件、照片档案、作业本、作品学校的建筑环境、校风校貌等"物的叙说"。教育叙事研究的资料收集一般有如下途径:一是开放式访谈。研究者与研究对象进行有目的的谈话,倾听叙说者的叙说。这种谈话应该更像亲切的、宽松的"聊天"而不是严肃的调查对话,双方可以在教室里、操场边、上班途中搭乘的公交车上轻松地围绕某个话题进行交谈。二是参与性观察。研究者深入到现场情境中,取得研究对象及其学生、家人、领导的接纳,以"自己人"的身份贴近研究对象,近距离地观察其生活。这种观察对全面了解研究对象、把握事件背景和意义非常重要。三是文献收集。文献在叙事中具有特殊的价值。一些纪念性物品,如照片、奖品、笔记等,对唤醒当事人记忆具有重要意义。教师的日记、教案、工作计划,学生的周记、作文、作品,学校的工作记录、通知等,不仅有助于研究者了解事件的背景,而且常常是描绘事件"真相"、评价事件意义的重要线索。

5. 整理分析资料

教育叙事研究离不开对所收集事件(故事)的整理分析,其主要工作是对收集的资料反复阅读与反思。在资料收集完成后,研究者手中会有关于事件的一系列"叙说"——教师的叙说、学生的叙说、旁观者的叙说、档案材料的叙说等。研究者需要反复阅读这些叙说,从这些不同角度的叙说中还原出事件的真相和全貌,并对事件所包含的教育思想或理论做出意义解释。教育叙事研究所强调的反思在这一过程中体现得最为明显,每次整理资料、阅读资料,都是研究者(也许就是教师本人)与事件的再次相遇,都可能令研究者产生新体验、新感悟,进而对事件产生新的解释。

整理分析资料的中心任务是形成故事的主题。一份完整的教育叙事必须有一个照亮整个文章的主题,这个主题是对从事件整理中获得的教育认识或教育观念进行高度概括后形成的,它简明地回答了"这件事告诉了我们什么"。为了更好地表达主题,叙事研究常需要完成一个重要任务,就是从收集的资料中寻找"本土概念"。所谓"本土概念",就是表达故事主题的概念,但它不是用理论术语来陈述,而是用研究对象们经常使用的,符合他们生活环境、文化背景、表达习惯的语言形式来陈述,因此它是"本土"的、生活化的。因为"本土概念",叙事研究才具有独特的个性特征,叙事报告才具有个性色彩。

6. 撰写研究报告

研究报告的撰写是在前面大量工作的基础上进行的总结性归纳。它既包含研究者对所观察到的"事"的故事性描述,也包含研究者对"事"的论述性分析,两者并行不悖、相映相成,构成了研究报告中细腻的情感氛围和浓郁的叙事风格。教师叙事研究所分析的根基便是来源于事件,论述过程也是对事件的论述。不同教师的作品也会有很大不同，能明显反映出教师理论修养与写作功底的差异。典型叙事研究报告的呈现方式虽然灵活多样，但正文一般包括研究的背景和意义、研究对象的选择、研究实施过程、研究的结果与分析四个部分。

### （二）教育叙事研究报告的写作方式

按照教育叙事研究的类型，教育叙事研究的实施报告也可分为两种。

第一种是叙事的教育行动研究报告。即一线教育工作者作为研究者以自己为研究对象所开展的教育叙事研究而产生的报告。这类教育叙事研究报告可细分为教育自传研究报告与经验的教育叙事研究报告。教育自传研究报告是教育实践工作者以自述的方式描述与分析个人生活史，从而发现、反思与重塑"自我"。经验的叙事研究报告是教育工作者开展行动研究并以自传叙事的方式撰写行动研究报告或经验总结报告。此两种叙事研究报告是以讲述个人故事的方式来书写。

第二种是叙事的人类学研究报告。即研究者以教育工作者或学生为观察或访谈对象所进行的调查的叙事研究报告，其报告形式往往追求学术规范性。这类教育叙事研究报告往往首先介绍研究的背景和意义（或问题的提出），然后说明研究的过程与方法（包括研究对象的选取），接着呈现研究的结果与分析，最后得出研究的结论（有的文章还要在最后进行研究反思与评价）。这种研究报告的格式特点是以展开的方式呈现研究的问题、研究的方法、研究的结果与结论。

上文从写作框架规范性的要求对两种不同教育叙事研究类型的报告写作方式进行了介绍，虽然二者要求不同，但从总体上看，教育叙事研究报告的基本格式是记叙文，而不是议论文、说明文。在教育叙事研究报告中会呈现不同的故事，要求向读者讲述的每一个故事必须是一个完整的故事，包括故事的所有要素——时间、地点、人物、事件、原因、经过、结果，并特别强调描绘故事中人物的内心体验、矛盾冲突，突出戏剧效果。即要求一个故事有结构、有道理、有意义和有价值。

无论是叙事的行动研究报告还是叙事的人类学研究报告，两种教育叙事研究报告都是研究文本，应展示研究的过程和结果。因此，教育叙事的写作要突出研究结论（即故事主题）的形成过程并为结论提供充分的依据，这需要研究者把握事件（故事）主线、注重事件（故事）细节、关注事件（故事）的阐释等。同时，教育叙事报告又是叙事，所以，教育叙事的写作可以借鉴各类叙事手法。故事的主人翁可以是第一人称"我"，也可以是第三人称"他或他们"；情节的叙述可以是顺叙、倒叙、插叙、平叙；故事的解说者可以是在场的，也可以是隐身的。在场的叙事表现为研究者夹叙夹议或先叙再议，不仅描述过程，还以自己的立场和理论视角提出评论和判断；隐身的叙事则力求客观再现故事本身，尽可能不夹杂研究者的判断，而由读者凭借各自的立场来评判。

## 二、教育叙事研究的实施要求

### （一）以严肃而科学的态度对待教育叙事研究

教育叙事研究基于叙事，但绝不是简单地讲故事，它在学术规范上仍是十分讲究的，既要深入反思教育经验，又要设计生动精致的叙述框架，而且研究者要能够从教育学、社会学、文化学、心理学等角度来理解、表达教育经验的意义，因而是一种非常严肃而科学的研究方法。教师必须勤于学、敏于思、勇于行，正确地把握教育叙事研究的特点，才能有效地使用这一研究方法，促进自身的专业发展和职业生涯的进步。

### （二）可运用多种叙事方式来开展研究及收集资料

教育叙事研究实施中要求研究者不仅有良好的沟通能力和敏锐的洞察力，还要具有深厚的理论功底和写作的能力。在开展教育叙事研究及收集资料时，可运用如下叙事研究的方式：

（1）现场记录法。研究者亲历现场并记录现场观察到的一些片段。这是一种积极的记录，因为是以研究者的视角记录事件的。

（2）日记法。参与者、研究者、实践者的日记成为叙事研究的数据。从叙述中可以看到发生的事件以及记录者对事件的认知。

（3）访谈法。在研究者和访谈者之间进行，是对具体事件中未知问题的探索。

（4）讲故事。个体故事的讲述是叙事研究的重要方式。

（5）写信。信件是研究者和参与者之间深度交流的方式，通过一段较长时间的信件积累，可以发现当事人的真实体验。

（6）自传和传记。传记能够比较详细地记述事件主体一段体验的前因后果。

### （三）教育叙事是有意义的故事叙述

教师的叙事研究自始至终围绕故事进行，选题就是选择有意义的故事，收集资料就是听故事中的人叙说故事，分析资料是通过反复阅读故事进行的，研究报告就是一篇有主题、有意义的故事。叙事研究从过程到成果都与其他研究方法有明显的不同，特别是在实施中与撰写叙事报告时，要求与工作总结、经验总结区分开来。

## 第四节

# 叙事研究在学前教育领域中的应用

教育叙事研究所叙述的故事蕴含着丰富的教育理念和教学经验，能有效促进教师的专业成长，生动地叙写出师幼共同发展的历史。

## 一、叙事研究应用的意义

### 1. 促进教育研究与教育实践的结合

教育叙事研究把研究权还给教师，让研究内容回归真实生活，沟通了研究与实践的隔阂，在教师身上实现了教育研究与教育实践的有效结合。在叙事研究中，教师本人就是研究的主角，研究的内容来自教师身边再熟悉、再亲切不过的生活环境。教师与同事、研究者坐在一起，自由地叙说各自的教育故事，自由地发表各自对故事的理解和构想，原汁原味地呈现教师的所为、所言、所思、所感。故事所包含的教育信念、教育认识逐渐清晰起来，教师也开始展开今后教育策略的构想。教育叙事研究把教育研究与教师日常教育实践有机地融合起来，使教育研究真正变成教师自己的研究。

### 2. 有利于提高教师实践智慧

由于叙事研究的内容都来自日常工作的点滴，教师在进行叙事研究时，就是在回忆和梳理自己的教育经历、积累经验或教训，这些内容是对真实教育情境的再现，本身就是一笔宝贵的财富。

教育叙事研究的结果是教师教育教学的改进与重建。教育叙事研究也是教师在反思中实现自我发展的一种方式，是教师重新审视那些在教学场域内看似司空见惯的细节、重新发现其中的教育蕴含、重新感受平凡的教育生活背后的意义，从而把作为叙事者的教师自身的思维引向自我教育生活的深层。在叙事研究中，教师学会审视自己的教育行为，寻找教育中经常遇到的问题，关注细节，在真实事件中读懂学生、支持学生，从而提高自身的实践智慧。

### 3. 在叙事的分享中促进教师合作

一方面，教师在叙述故事、描述问题、阐述观点的过程中要将自己的所为、所言、所思、所感表达出来，与其他教师进行专业经验分享；另一方面，读者（听众）可能还会就某些问题进行持续的讨论，形成分享多种观点的局面。在这里，教育叙事为教师们分享和交流专业观点搭建了平台、提供了思路，进而促进了教师间的合作。

#### 4. 在自己的故事中得到成长

叙事研究将教师的工作、学习和研究有机融合为一体，使教师在实践思维和理论思维之间不断转换，获得更有利于其专业发展的思维模式训练；同时，叙事有利于增进教师对其实践内涵的理解，树立正确的教育信念，建立远大的教育理想。因此说，叙事能够让任何一位教师实现专业的成长，实现在原有水平上的进步。对教师个体而言，某些教育事件（故事）在其职业生涯中可能具有里程碑式的意义，教师做叙事研究可能会成为教师转变教育教学观念和行为的突破口，让教师在自己的故事中得到成长。

### 二、实施叙事研究需注意的问题

#### 1. 正确认识叙事研究

首先，认清叙事研究的局限性有利于我们在研究中根据研究的目的和需要进行合理选择。其次，以历史的眼光动态地看教育研究的发展，叙事研究为教育研究的多样化注入了活力，而其自身也随之不断完善与发展。再次，更重要的是叙事研究给我们提供了一种方法论，即在开放和多元文化的社会背景下，要深入认识事物及其所表达的意义，决不能忽视其产生的特殊环境。最后，叙事研究的开放性说明了无论采用哪种研究方法而得到的结论并不能证明其永久的有效性，而只是对他人的研究有所启示或成为继续研究的基础。从这个意义上说教育研究所追求的科学精神正是对事物的本质不断探索的过程，而不仅仅是说服他人的结果。

#### 2. 写好一个完整故事

叙事研究的关键与核心是如何写好一个故事，而且保证这个故事是完整的。一个完整的故事，包括故事的所有要素——时间、地点、人物、事件、原因、经过、结果，并特别强调描绘故事中人物的内心体验、矛盾冲突，突出戏剧效果，通过故事载体引起读者共鸣，揭示教育背后的意义、规律，从而达到教育认识、观念的升华。教师在叙述文本写故事时，一是采用"深描"的方法，即通过深度描写来揭示矛盾冲突的发展过程，揭示故事背后的道理和意义；二是注重故事的"细节"，把事与人的具体表现、发展过程的跌宕起伏、各种矛盾与曲折都展现出来；三是凸显故事的"结构"，所有的"结构"都可以归结为一点，即"意义"。

#### 3. 正确评价叙事研究

维护教育叙事研究严谨性的评价基本标准包括明显性、似真性、反思性、验证性和可转移性。我们可以根据这个标准来正确评价叙事研究。同时，我们也要认识到，教育故事的评价是多元的，因为教育叙事研究本身就是一种具有多元文化性、综合性的研究。它强调开放性，教育问题本来就没有标准答案，教育故事的评价自然就是多元的。每个读者在阅读教育故事时，都会凭借自己的经验和态度做出独特的判断。"一千个读者,就有一千个哈姆雷特",只要故事引起了作者和读者思考,故事的价值就已经实现了。

### 三、叙事研究在学前教育实践中的案例与分析

教育叙事研究有不同的类型,按照叙述的主体可分为叙事的教育行动研究(如案例9-1)和叙事的人类学研究(如案例9-2)。

**案例9-1 下雨天开出的花**①

在四季不分明的珠海,有一段长长的雨季。每到三、四月份,就开始持续地下雨。不是突如其来的狂风暴雨,而是淅淅沥沥的小雨,就像一个歌者的花腔,可以将一个音符拖得千回百转,好像永远不会停止一样。

那时候的幼稚园,周遭一切都是湿漉漉的,几个家长在聊天:"家里肯定要备除湿机的,不然外面下大雨,里面下小雨。前几年没有除湿机,家里的墙上都滴水,有一天我干脆拿起一块儿子的干净尿布来擦一面墙,你猜怎么样?那块尿布全湿了!"

教室里,保育老师的"弦"也绷得特紧,她们使劲将拖把拧干,等孩子们上楼午休的时候才拖地,如有需要她们还会打开空调的除湿功能,希望清洁的地板能够干得快一点。小朋友下午起床,老师则会反复提醒:"慢一点,地上滑,小朋友们要慢慢走哦。"

然而,受影响的何止是"墙滴水,地潮湿"的环境?连绵的雨天也大大地影响了孩子们的心情。第一天、第二天,孩子们还能相对安稳地学习"rain"(下雨);第三、第四天,外籍老师开始讲解"wet"(潮湿);第五天还在下雨,于是老师用轻快的语调开始介绍"mushroom"(蘑菇):"雨后,蘑菇会在森林里潮湿的地面或者木头中生长。"只是,这次小朋友们不再"捧场",他们真的不是蘑菇,再也坐不住了!孩子们眼巴巴地望向窗外:"老师,下雨天就不能出去户外活动了吗?""老师,我想出去玩!"

这可如何是好?中班的胡老师转过头,看到窗外还是一片湿漉漉,然而操场上却出现了一些浅浅的小水坑。原来,下了几天雨,地面低洼处积满了水。胡老师眼前一亮,她走到电脑前,先查了下天气预报,而后很快拟好了一封通知,邀请家长和孩子第二天一齐来幼儿园玩踩水!

---

① 李毅. 教育这件美丽的事: 容闳管理故事 [M]. 南京: 南京师范大学出版社, 2018: 185-187.

第二天早上，幼稚园大操场上充满了久违的欢闹声。孩子们全副武装，穿着雨靴、雨衣，撑着雨伞，操场上仿佛开满了瑰丽的热带花朵。孩子们你看看我，我看看你，然后"扑哧"笑了出来，大家举的哪里是伞，分明是一棵棵"mushroom"（蘑菇）呀！

好奇与探索是孩子的天性，如果路边高出一截台阶，那孩子肯定非得上去走一走；要是面前出现一汪水洼，小朋友怎会忍住不上去踩一踩？只是，他们常常会被家长拉开，"别把鞋子搞湿了，哎呀你的裤子又脏了！"而现在居然有机会光明正大地踩水，简直千载难逢！小朋友们开心地跑啊、跳啊，雨鞋踏过水面，发出"噼噼啪啪"的声响，水花高高溅起，四散落下。

看见孩子们那么开心，一旁的家长们也都按捺不住了。有的爸爸卷起裤脚，也加入了踩水大军，妈妈们则拿出手机拍个不停。其中一位很感慨地说："昨天我邻居还和我说，他家的小孩这几天上幼儿园特别无聊，因为下雨，孩子们没有办法出去玩，老师就让小朋友们在教室里玩橡皮泥。孩子抱怨，感觉橡皮泥一点都不好玩了，看来实在是搓够了！哎，还是容闳的老师会想办法，孩子们多么开心呀！"

一旁的胡老师听见了，她捋了捋额前湿漉漉的头发，露出灿烂的笑脸："古代的君主带领人们根据地势种庄稼，叫做'因地制宜'，而咱们这算是'因天制课'。从孩子的天性出发，让他们感受天气带来的变化与乐趣。"

天色蒙蒙，雨依旧在下，可眼前却是一片繁花似锦的景象：孩子们的小脚边，一步一步踏起晶莹透亮的水花；他们的灿烂笑脸，像一朵朵向日葵；在场的人都在享受那份纯真简单的快乐！

## 案例分析

这是一位教师叙事的行动研究，其教育叙事的内容是围绕教育活动和教育对象而展开，是"在场"的叙事，教师采用了夹叙夹议的叙事写作方式。通过叙事把握事件（故事）主线、注重事件（故事）细节、关注事件（故事）的阐释，把日常的教育生活中发生的现象、事件详尽地展现在读者面前，为我们创设一种身临其境的感觉，使平凡的教育故事蕴藏不平凡的教育经验与实践智慧。

> **小案例**

### 案例9-2 一位优秀幼儿教师教育观念的叙事研究[①]

#### 一、研究背景

教师教育观念，是指教师在教育教学过程中，基于自身经验、专业背景、教学能力和教学情境等对教学工作、课程、学生、学习、教师角色等相关因素所持有并信奉的个人观点。幼儿教师的教育观念及其外显行为方式，在很大程度上影响了学前教育的质量。现有对教师教育观念的研究对教师个体关注较少，对幼儿教师关注较少；在研究范式上，基于"宏大叙述"的理论思辨研究较多，而叙事研究较少。因此，本研究期望立足对幼儿教师个案的叙事研究，通过对个体幼儿教师教育观念及其形成历程和影响因素的理解，深化对幼儿教师群体教育观念的理解，促进幼儿教师教育教学实践的改进。

#### 二、研究方法

本研究采用教育叙事研究的方法，利用访谈法、实物收集和观察法收集资料。访谈采用半结构化方式，每次时间都不低于40分钟；收集幼儿教师的教学日志等文本资料；对幼儿教师课堂教学活动进行观察。对资料进行质的内容分析，采用"叙事"的方式描述事件。

#### 三、宋老师的故事

基于目的性抽样、典型个案抽样及方便性原则，通过笔者相识的一位园长推荐选择了一位优秀的幼儿教师为研究对象。基于保密性原则，对研究对象及学生进行化名，将研究对象称为宋老师。

宋老师，女，33岁，某师范学校法学系本科毕业，毕业后通过自学考取幼儿教师资格证，毕业第二年考入所在市区公办幼儿园当老师，已从教8年，是幼儿园骨干教师。

（一）教学故事

1. 歇斯底里的哭。

宋老师曾连续四周对一位小班幼儿的行为做出记录。

连续记录四周了，从第一周的每天大哭到现在的偶尔大哭，我觉得你已经开始在进步了。我也和你妈妈聊过关于你的表现。从你的反应看，你想让老师给予你更多的关注。第一、第二周我们老师商量要给你关注给你爱，可发现你还是哭。偶然一次，你哭的时候我们都没有管你，待你哭得差不多了

---

[①] 朱欣欣. 一位优秀幼儿教师教育观念的叙事研究[J]. 长江丛刊，2018（19）：294–295.

开始叫老师时，我们就及时给予回应，结果你就会很快好起来。因此，我们又总结，你不仅需要关注，还需要发泄的空间和时间。后来当你再哭闹或者有小脾气时，我们就给你一定的时间和空间来发泄，过后再询问原因并帮你分析，你的情绪就会好很多。以后的几个星期只要遇到你哭我们都会这样处理，很有效果。

2. 爸爸妈妈要离婚。

班里一位女生佳佳一向活泼开朗，但有几天却不愿意与小伙伴交谈，经常一个人坐在座位上不说话。我发现后便去问她原因，她告诉我她的爸爸妈妈在闹离婚。我认为单纯安慰佳佳是不够的，于是让她的爸爸妈妈都到办公室来交流，提醒父母要照顾到孩子的情绪、和孩子进行沟通……随后佳佳在幼儿园的情绪好了很多。

3. 一周不准进美工区。

区域活动时间，宋老师会去活动区域引导小朋友活动，并告诉过小朋友不能浪费纸，不能将纸随便丢掉。一天，宋老师在美工区发现垃圾桶里有一张小朋友没有画完的画。了解情况后，得知是梓晴丢的，她问梓晴为什么把未画完的画丢到垃圾桶里，梓晴说因为自己不想画了。"那也不应该把纸扔掉，没画完可以收起来，但不能浪费纸，知道吗？"梓晴点了点头，宋老师接着说："你已经违反了规定，必须要接受惩罚，你这一周都不许进美工区，只能到其他区域玩。"

（二）专业成长故事

喜欢孩子是宋老师踏入幼儿教育行业的初衷，但由于与自己所学专业不符，宋老师下了很大功夫自学。为强化自己的专业技能，刚毕业那年宋老师就开始报辅导班，学习舞蹈的那一年瘦了20斤。年轻的宋老师骨子里带着倔强，在毕业后第二年考上了自己心仪的幼儿园。初次走上学前教育工作岗位的宋老师又再次体会到当一名幼儿老师的不易，工作经验的不足使她经常产生失落感，但宋老师的父母会鼓励她"问题总会有解决的办法"，于是宋老师不断向老教师学习经验和方法，积极报名参加外出培训、学习，用她自己的话就是"我已经习惯了这种学习的过程，只有多去学习才能让教育有创新，让自己的教育方式不落伍"。

（三）生活故事

宋老师的家距离幼儿园有40多分钟路程，每天上下班都是她老公接送，8年来从未间断。由于工作繁忙，孩子一直由宋老师的婆婆照看，全家都很支持宋老师的工作。宋老师家附近也有很多不错的幼儿园，但这所幼儿园的办学理念吸引了她，宋老师很仰慕这所园的园长，所以她坚持留在这所幼儿园。

四、研究结论

习惯是自动化了的行为方式，可由宋老师的教学故事归纳其教学行为习惯；行为背后存在着指导性的实践知识，可在教学行为习惯基础上推断其个人教育观念。

（一）教学行为习惯

第一，坚持记录教学活动及儿童变化，善于进行反思。宋老师每天坚持记录教学活动及儿童变化，并在记录后反思总结自己的处理方式是否得当，是否仍有改进之处，体现了一名优秀幼儿教师的反思、实践智慧。第二，敏锐地观察幼儿变化，善于与家长沟通。宋老师能敏锐地察觉儿童的变化，并意识到背后可能的诱因，能积极与家长沟通交流，运用家园合作的力量帮助孩子。第三，制定规则，奖惩有度。这是宋老师班级管理的一个习惯，让孩子明确规则的界限和行为的规范。

（二）教育观念

第一，发展性的儿童观。宋老师将儿童看作发展、变化中的个体，有自己的需求，有表达需求的方式，有独立个性和成长空间，由此她能耐心记录、观察、反思儿童成长过程，将其看作儿童发展过程中的一部分。第二，反思的行动者：教师观。宋老师特别注重反思，注重在反思中改善自己的行动，这隐含了其将教师作为反思的实践者、行动者的教师观，教师通过反思改进行动，成为幼儿成长的支持者、引导者、合作者。第三，家园合作的教育影响观。宋老师注重寻求家长的支持，将家园合作作为幼儿成长的重要根基，通过教师、家长在教育理念、行为、影响上的一致，使对幼儿的积极影响最大化。第四，爱是教育的基础。由宋老师的专业成长可知，对幼儿的爱，对幼教事业的爱，使她能够秉承初衷，克服困难，在和谐的师生关系中提高教育的实效性。

（三）教育观念的影响因素

第一，个人经历和经验。宋老师的个性、个人成长经历及经验对其教育观念的形成起到决定性影响。第二，重要他人。尤其是园长以及所在园的教育理念，对宋老师的教育观念产生重要影响。第三，社会性支持。宋老师家人的支持、良好的园所文化，为宋老师成长为优秀教师提供了坚实的支持。

## 案例分析

这是一项关于"一位优秀幼儿教师教育观念"叙事的人类学研究案例。研究者是一位大学生,她以幼儿教师为观察或访谈对象来进行叙事研究。此案例通过对一位优秀幼儿教师的叙事研究,在其教学、专业成长和生活故事中梳理出优秀幼儿教师的教学习惯及其背后的教育观念,对改善幼儿教师行为、提高学前教育质量具有重要意义。此教育叙事研究的报告形式按照学术规范性来进行呈现。这类教育叙事研究报告的格式特点是以展开的方式呈现研究的问题、方法、结果与结论。此案例很好地展示了教育叙事研究的实施过程。

## 本章小结

作为质的研究方法的一种运用形式,教育叙事研究是一种很有意义而且容易为教师及教育研究者所掌握的研究方法。教育叙事研究就是通过叙述或聆听教育故事,与他人达到情感上的共鸣,帮助和促进教师再次认识自我,进行反思,探寻教育经验背后的意义,促进教师自主专业发展和教育教学水平提高的研究。本章主要讲述了什么是叙事,叙事研究的内涵、特征及理论基础;当叙事研究引入教育领域,形成了教育叙事研究时,我们又阐述了教育叙事研究的含义、特点、内容和类型;特别对教育叙事研究实施的过程与要求作了具体的介绍;对叙事研究在学前教育领域应用中的意义、应注意的问题进行了分析讨论;并提供了关于"叙事研究的行动研究"和"叙事研究的人类学研究"两种类型的实践案例,以期能够在学前教育活动开展、运用叙事研究等方面为大家提供支持和帮助。

## 思考与练习

### 一、单项选择题

1. 叙事可以视为一种行为,也可以视为一种过程,它包含两个基本要素:一是讲述,二是( )。

   A. 叙说　　　　B. 故事　　　　C. 过程　　　　D. 科学

2. 下面各种理论不属于叙事研究理论基础的是( )。

   A. 哲学现象学、解释学理论　　　　B. 后现代主义理论
   C. 文学中的叙事学理论　　　　　　D. 现代教育理论

3. 教育叙事研究通过讲事件(故事)来研究教育实践。如果叙述者是教师,教育叙事研究的内容就是研究教师在日常的教育生活中所经历的一切,包括教师的教育思想、教育活动和( )。

   A. 教育理念　　B. 教育环境　　C. 教育事件　　D. 教育对象

4. 教育叙事研究根据叙述内容的不同，可分为分析他人的故事和分析自己的故事两种类型；根据叙述的主体可分为（　　　）和叙事的人类学研究两类。

A. 叙事的教育行动研究　　　　　　B. 质的研究

C. 个案研究　　　　　　　　　　　D. 经验总结研究

5. 教育叙事研究的流程与步骤为：确定研究问题→选择研究对象→进入研究现场→收集资料→（　　　）→撰写研究报告。

A. 确定研究主题　　　　　　　　　B. 选择研究人员

C. 整理分析资料　　　　　　　　　D. 得出研究结果

## 二、简答题

1. 什么是叙事？
2. 叙事研究的内涵、特征分别是什么？
3. 叙事研究的理论基础有哪些？
4. 什么是教育叙事研究？它有哪些特点？
5. 教育叙事研究的内容包含哪些方面？根据叙述主体的不同，教育叙事研究分为哪两种类型？

## 三、论述题

1. 根据教育叙事研究实施的步骤，自己确定研究主题，思考如何进行具体的叙事研究。
2. 结合实际谈谈幼儿教师成为叙事研究者的原因。
3. 阐述在学前教育领域中进行叙事研究应该注意的问题。

## 参考文献

[1] 胡中锋. 教育科学研究方法［M］. 北京：中国人民大学出版社，2018.

[2] 刘志军. 教育研究方法基础［M］. 北京：人民教育出版社，2006.

[3] 施铁如. 学校心理与教育研究：行动、反思、叙事［M］. 广州：暨南大学出版社，2014.

[4] 严先元，谭文丽. 教师怎样做教育行动研究［M］. 长春：东北师范大学出版社，2020.

[5] 利布里奇，玛沙奇，奇尔波. 叙事研究：阅读、分析和诠释［M］. 王红艳，译. 重庆：重庆大学出版社，2008.

[6] 克兰迪宁. 进行叙事探究［M］. 徐泉，李易，译. 重庆：重庆大学出版社，2015.

[7] 傅修延. 叙事研究：第2辑［M］. 上海：上海外语教育出版社，2020.

[8] 申丹，王丽亚. 西方叙事学：经典与后经典［M］. 北京：北京大学出版

社，2010.

[9] 卡尔. 另一种评价：学习故事［M］. 周欣，周念丽，左志宏，等译. 北京：教育科学出版社，2016.

[10] 夏苗. 耕耘中的坚守：Z民办园园本课程开发的叙事研究［M］. 上海：上海社会科学院出版社，2016.

[11] 苏霍姆林斯基. 给教师的建议［M］. 周蕖，王义高，刘启娴，等译. 武汉：长江文艺出版社，2014.

[12] 陆娴敏. 三叶草的故事：一个园长的教育管理旅程［M］. 南京：南京师范大学出版社，2014.

[13] 李毅. 教育这件美丽的事：容闳管理故事［M］. 南京：南京师范大学出版社，2018.

[14] 杨锦清. 幼儿园开展教育叙事研究的现状调查：以福州市某县幼儿园为例［D］. 福州：福建师范大学，2014.

[15] 张妮妮. 在耕耘中守望：乡村幼儿教师专业生活的叙事研究［D］. 长春：东北师范大学，2012.

[16] 邹小英. 教育叙事研究在中国：我国教育叙事研究之研究［D］. 重庆：西南大学，2008.

[17] 徐勤玲. 教育叙事研究的理性反思［D］. 济南：山东师范大学，2007.

[18] 丁钢. 教育叙事研究的方法论［J］. 全球教育展望，2008（3）：52－59.

[19] 傅敏，田慧生. 教育叙事研究：本质、特征与方法［J］. 教育研究，2008（5）：36－40.

[20] 刘良华. 论教育"叙事研究"［J］. 现代教育论丛，2002（4）：52－55.

[21] 刘良华. 教育叙事研究：是什么与怎么做［J］. 教育研究，2007（7）：84－88.

[22] 刘万海. 近二十年来国内外教育叙事研究回溯［J］. 中国教育学刊，2005（3）：9－14.

[23] 李新叶. 教育叙事研究综述［J］. 中国电力教育，2008（7）：9－10.

[24] 张琼，张广君. 教育叙事研究在中国：成就、问题、影响与突破［J］. 高等教育研究，2012，33（4）：58－64.

[25] 钟铧. 教育叙事研究报告的格式与撰写［J］. 重庆高教研究，2016，4（3）：44－49.

[26] 易凌云，庞丽娟. 在"亲历"中成长：一位幼儿教师个人教育观念的叙事研究［J］. 学前教育研究，2005（2）：40－43.

[27] 徐子煜. 论教育叙事研究：下［J］. 幼儿教育，2006（9）：4－6.

[28] 林岚，郭慧明. 幼儿园教育叙事：内涵辨析、发展价值与实践反思［J］. 教育导刊，2021（12）：11-16.

[29] 康纳利，克莱丁宁，丁钢. 叙事探究［J］. 全球教育展望，2003，32（4）：6-10.

[30] 陈向明. 质的研究与社会科学研究方法［M］. 北京：教育科学出版社，2000.

[31] 王枬. 关于教师的叙事研究［J］. 全球教育展望，2003，32（4）：11-15.

[32] 冯晨昱，和学新. 教育叙事研究的研究［J］. 学科教育，2004（6）：1-9.

[33] 卜玉华. 教师职业"叙事研究"素描［J］. 教育理论与实践，2003（6）：44-48.

[34] 刘良华. 改变教师日常生活的"叙事研究"［J］. 全球教育展望，2003，32（4）：16-20.

[35] 王鉴，杨鑫. 近十年来我国教育叙事研究评析［J］. 当代教育与文化，2009，1（2）：13-20.

[36] 施铁如. 后现代思潮与叙事心理学［J］. 南京师大学报（社会科学版），2003（2）：88-93.

[37] 徐冰鸥. 叙事研究方法述要［J］. 教育理论与实践，2005（16）：28-30.

# 第十章
# 教育经验总结法

> **学习目标**
> 1. 了解教育经验总结法的基本概念、性质及意义。
> 2. 能够区分教育经验总结法的不同类型。
> 3. 对教育经验总结法的实施步骤及基本要求有清晰的认识。

## 第一节
## 教育经验总结法的概述

### 一、经验总结法的含义

#### （一）教育经验

经验是日常生活中广泛使用的概念，《辞海》对"经验"一词的解释是：经验指经历、体验，泛指由实践得来的知识和技能，一般是指人们在社会生活中获得的有效的知识、技能，以及相伴随而形成的情感和情绪体验。教育经验是指教育工作者在教育实践中所形成的感性认识，即在教育实践中获得的从事教育活动的有效的知识、技能，以及相伴随而形成的情感和情绪体验。

教育经验是教育实践的产物，也是教育实践向教育理论过渡的中介环节。教育经验作为一种感性认识，往往是教育者对教育实践最直接的反映，具有表面的、生动的、具体的、反思的特点，同时这种感性认识往往是一种具体的、局部的、零散的、朦胧的、无法传递推广的、只存在于个体潜意识层面的感悟。当我们用科学的方法对这些感性认识进行收集、筛选、整理、归纳、去伪存真、去粗取精、由此及彼、由表及里的重构，进而形成教育规律，这些教育体验就上升为可推广的有教育价值与意义的教育经验。在这个基础上，如果进一步进行思维加工，教育经验就会上升为理性形态，形成某种教育理论。

### （二）经验总结

经验总结是指研究者依据一定的价值取向，对某种实践活动进行回溯性的研究，将感性认识上升为理论认识，由局部经验发掘出其普遍意义，探求事物发展规律的活动。

经验总结的对象为"经验"。这里的经验不同于一般所指的感性认识，也不是一般所指的自然存在的事物或文献资料，而是被实践者改造了的客观事物，或是实践者具有一定感性认识的理性认识。把被改造的客观事实、实践者的活动和认识以及它们之间相互关系和相互作用的过程作为研究对象，是经验总结的本质特点。因此，经验总结是在实践已经显示出了一定的效果之后才能进行的"回溯"研究，并试图找到获得效果的原因。

### （三）教育经验总结法

教育经验总结法是在教育实践发生的自然状态下，依据教育实践所提供的事实，按照科学研究的程序，运用科学方法搜集经验性材料，对经验现象进行分析、概括和思维加工，揭示其内在联系和规律，促进人们由感性认识转化为理论认识的一种教育科研方法。

根据杜威的经验发展阶段理论，经验可分为"原始经验"和"反省经验"两个发展阶段。所谓原始经验，是指未加反省而由人直接感知或领悟到的经验，是"粗糙的、宏观的和未经加工提炼的经验"；反省经验是从原始经验中产生和发展起来的，对原始经验加以提炼、改造、推演、探究，使其内容具有选择性、确定性、可靠性，并与相关事物建立起密切的联系，从而能够充当人们行动的工具，或者为人们的行动找到适当的道路。教育经验总结的过程，实际上就是促进教育经验由原始经验阶段向反省经验阶段上升的过程。

## 二、教育经验总结法与其他教育科学研究方法的区别与联系

教育经验总结法作为一种科学研究方法，与其他教育科学研究方法有区别也有联系。首先，最大的区别是教育经验总结法具有"回溯性"，即它是在教育实践活动结束，并产生了一定的效果之后进行的。而观察法、行动研究法、调查研究、实验研究、个案研究都是在活动开始前进行研究设计，并贯穿教育实践全程的。其次，教育经验总结法强调"教育实践的自然状态"，不像实验研究、个案研究那样需要对教育实践过程进行因素控制或实践干预。最后，教育经验总结法更强调研究者的"思维加工"过程，而调查法、观察法更偏重于事实材料。教育经验总结需要研究者在一定的理论指导下对教育实践材料、过程、原始经验、感性认识进行理性的

"思维加工",它来源于事实又高于事实,对教育实践有指导作用。

教育经验总结法既可以单独使用,又可以与其他研究方法共同使用。在教育经验总结的过程中,教育实践资料的收集与整理是一个重要的环节。在整理过程中,研究者可能会用到观察研究、调查研究、个案研究的成果;在教育经验总结的验证与讨论环节,可能会借助实验、行动研究、调查研究、个案研究等方法对教育效果进行检验;在观察研究、行动研究、个案研究中也经常借助教育经验总结法,对有效达成教育目标的原因进行分析,对相关策略进行整理与提炼。

### 三、教育经验总结法的历史与运用

经验总结有着悠久的历史。原始社会时期,人们通过言传身教的方式把知识传授给下一代,并对传授过程的方式方法以及教育效果进行经验总结,不断改进。这就是经验总结的萌芽阶段。

随着文字的使用,教育实践活动的深化,经验总结成为教育工作者记载教育历程、探讨教育问题、积累教育信息的主要方法之一。例如,教育史上第一部教育专著《学记》是我国两千多年前古代教育经验的总结,也是世界上第一部以文字形式呈现的经验总结;古罗马教育家昆体良撰写的《修辞术规范》系统地总结罗马修辞学校和方法学校的教学经验,成为教育经典;苏霍姆林斯基、杜威、蔡元培、陶行知等人的大量著作都是教育经验总结的典范;我国当代教育工作者魏书生总结多年的教育教学经验,撰写了《班主任工作漫谈》等著作;李吉林老师对其写作教学经验进行总结,并将教育经验用于教育教学改革实践,取得了极大的成功。

在学前教育领域,陈鹤琴先生撰写的《活教育的教学原则》一书,体现了"活教育"的全新教育观念;现代著名儿童教育专家李跃儿总结自己的经验,撰写了学前教育专著《孩子是脚,教育是鞋》,并形成了"李跃儿芭学园"的教育理念。近年来,随着国家级教育教学成果奖的推进,学前教育领域对自身成功的教育经验进行科学的总结与提炼,形成了一大批成熟的教育经验,并得到广泛的推广与社会的认可。"安吉游戏"模式的提出、南京实验幼儿园的"幼儿园综合课程"改革与实践等,都是教育经验总结法的实践案例,都对我国学前教育事业的发展具有深远的意义。

在幼儿园教育实践中,教师或园所经常要进行各种专题教育经验的提炼(个人、群体、园所、区域等),开展关于"策略、经验"的课题研究等,这些都是教育经验总结法在一线中具体运用的案例。

## 四、教育经验总结法的性质

### （一）教育经验总结法是对成熟先进经验的总结

教育经验总结法中所指的教育经验应当是成熟的、先进的教育经验，应当满足以下标准。

1. 典型性

典型性，即教育经验本身能体现出教育实践普遍意义的特性，具有一定的典型意义，对教育实践有较强的指导作用。

2. 现实性

现实性，即教育经验对于当下的教育实践具有很强的针对性，能很好地解决教育实践中普遍面临的真问题，如幼儿学习品质提升、自主游戏的高质量开展、幼儿园与小学的有效衔接等。

3. 创新性

创新性，即教育经验应当在教育观念、教育方法、教育内容等方面有新意，是"见人所未见，发人所未发"的新经验，而不是重复已有的经验。创新性能为解决教育实践问题提供新思路、新方法。

4. 效益性

效益性，即先进的教育经验往往比一般的教育经验具有更明显的教育教学效果，在相同的人力、物力、时间的投入下能收到更好的效果。

5. 稳定性

稳定性，即先进的教育经验经过验证后，往往能准确地反映教育规律，能稳定地发挥其教育效果。

6. 适用性

适用性，即先进的教育经验在广泛推广的过程中可以得到更好的、普遍适用的验证，因此教育经验应尽量避免过于"个性化"，以防止无法在更广泛的范围内进行借鉴与推广。

7. 发展性

发展性，即先进的教育经验不仅适用于当下的教育实践，而且对未来的教育实践也具有较好的借鉴作用。

### （二）教育经验总结法是一种科学的研究方法

经验总结是一种将感性经验上升到理论认识的思维加工活动，是分析、综合、归纳、演绎、概括、判断等思维活动的综合运用。经验总结最终要获得一个确切的结论或认识。所以说经验总结是一种研究活动。

教育经验总结法作为一种科学的研究方法，与一般性的经验总结有所不同。为了深刻理解教育经验总结法，表 10 – 1 从以下几个维度进行了比较。

表 10 – 1　科学性经验总结与一般性经验总结的区别①

| 项目 | 科学性经验总结 | 一般性经验总结 |
| --- | --- | --- |
| 性质 | 教育科研的一种方法，是在教育实践中进行的教育科研 | 工作总结，是对工作实践的回顾与反思 |
| 目的 | 具有预先提出的、十分明确的科研目的，工作目的与科研目的一致 | 没有明确的科研目的 |
| 方法 | 有意识地运用教育科研的有关方法 | 不注重选择和使用教育科研方法 |
| 过程 | 依据科研思路，有计划、有步骤地进行 | 教育过程结束后的反思总结 |
| 资料收集 | 采用一定的方法，有目的、有意识地收集资料；收集的资料全面、完善 | 资料的积累不一定有意识；收集的资料完整性差 |
| 资料处理 | 可进行定量和定性处理 | 以定性描述为主 |
| 结论 | 能揭示教育现象的本质和规律，得出的结论具有普遍的指导意义 | 所得出的结论以经验型为主，有一定的局限性，大范围推广不一定成功 |
| 成果 | 研究报告或论文的科学结论 | 工作经验总结报告 |

### （三）教育经验总结法是一种回溯研究

教育经验总结法是在某种实践活动大致告一段落，并且这种教育实践已经取得了明显的效果后进行的研究活动，是一种回溯研究。通过与其他教育研究方法的对比可以发现，教育经验总结法不像实验法一样先进行研究假设，而是在实践活动结束后、实践效果已经显现、经验事实已经形成后才进行研究，即事件发生在前，思考研究发生在后。因此事实的性质、范围和影响程度，以及材料掌握的全面性、真实性决定了研究过程和研究结论的有效性。

---

①　王坦，张志勇. 现代教育科研：原理·方法·案例［M］. 青岛：青岛海洋大学出版社，1998：106.

### (四) 教育经验总结法是一种追因研究

与教育实验法先进行研究假设，再对研究过程进行干预，对教育实践成效原因进行考察所不同，教育经验总结法是根据已取得的教育成效，探索教育过程中各种因素的内在联系，进而揭示教育客观规律的一种方法。

## 五、教育经验总结法的意义

### (一) 有助于提升教育经验的理论价值

马克思曾经指出，理论的概念必须要由大规模积累的实际经验来完成。可见，对教育实践经验进行科学总结，有助于获得关于教育教学的规律性认识，为已有的教育理论增添新的、有时代特色的内容。

幼儿园日常教育工作存在着大量的教育经验，这些教育经验是教育理论的重要素材与资源，它们对教育实践的发展、教育理论的进步具有重要作用。但自古以来我国将幼儿教育的经验转化为教育理论并产生深远影响的并不多，原因就在于没有用科学的方法将教育经验总结成为系统的教育理论，致使教育经验停留在个体层面或零散层面，难以发挥教育作用。有学者认为"教育科学对我国教育实际中十分丰富的经验没有认真总结，没有把群众的经验上升为理论"，这是我国教育科学落后的重要原因之一。

### (二) 有利于提高教师专业化水平

开展教育经验总结，能够促使教师自觉地、有意识地不断总结和认识自己与他人的教育教学经验，主动对教育实践活动进行反复的回顾、思考、分析，进而修正自己的教育教学行为，这既有利于提高教学质量，又有利于提高教师专业化水平。

### (三) 有利于指导教育实践活动

教育经验总结的成果是基于真实的教育实践，既有成功的教育经验总结，也有失败的教育经验总结。经过验证与检验后，这些教育经验往往对解决幼儿教育正面临的现实问题、教育教学改革等实践活动具有很强的借鉴与指导意义。

### (四) 有利于为教育决策提供依据

教育经验是对教育实践真实有效的反映，教育经验总结能够将教育实践中的真实问题与需求有效地表达出来。通过对先进教育经验的总结，教育行政部门能更好地找准学前教育决策的起点，了解实践实际情况，加深对教育方针政策的理解，并为教育决策提供依据。

## 第二节

## 教育经验总结法的类型

### 一、根据经验总结的主体划分

按照教育经验总结的主体的不同,可把经验总结分为个体经验总结和群体经验总结两种类型。

#### (一)个体经验总结

个体经验总结往往是教育工作者亲身经历的经验,例如魏书生、李吉林、马芯兰等许多特级教师在教育、教学实践中创造的很多有意义的教育经验。

#### (二)群体经验总结

群体经验总结一般是某个区域、单位、部门或某一教师群体的经验总结。这种经验总结虽然是某个人总结提炼出来的,但它是集体智慧的结晶,属于群体性经验。例如:安吉游戏为地域性经验总结,巴蜀小学的综合育人改革为单位的经验总结,某幼儿园晨间体能三浴锻炼模式为园所体育教研组的部门经验总结。

### 二、根据经验总结的科学水平划分

根据经验总结的科学水平,可把经验总结分为具体经验总结、一般经验总结和科学经验总结。

#### (一)具体经验总结

具体教育经验总结是指以具体实践事实为基础,总结某次或某项教育教学活动的经验。具体经验总结一般包含如下内容:①教育过程,包括活动的目的、内容、准备、活动经过、师幼参与情况等;②教育效果,即论述活动是否达成教育目标,如活动后幼儿在各领域的学习与发展情况,教师、家长、幼儿园与教育部门的收获与反馈等;③教育体会,即介绍参与活动后的感受,总结该项活动成功的经验,反思活动的不足。

"教学随笔""教育笔记""新教师公开课观摩活动总结""名教师工作室集中跟岗学习经验总结""某某幼儿园学前教育宣传月活动总结"等都是具体经验总结的典型呈现方式。

具体经验总结是经验总结的初级层次，其研究过程与方法比较简单，对研究结果的呈现要求也不高，是一线学前教育工作者广泛使用的一种"入门"级的经验总结方法。具体经验总结贴近学前教育实践，其研究成果能为教学活动提供参考与借鉴，同时为进一步深入的研究积累资料、奠定基础。

### （二）一般经验总结

这里的"一般"是相对"具体"而言，一般经验总结是以具体经验总结为基础，从大量教育事实中概括出某类教育的操作程度、指导思想和原则规律，研究结果更具概括性与普遍性。它以具体经验总结为基础，其主要内容包括某类教育活动的基本程序和案例、指导思想和优越性、适用范围和实施的具体建议。例如，"幼儿园社区教育资源开发与利用的策略""幼儿园节日活动的组织与指导""幼儿园班级管理技巧100例"等都是一般性经验总结的案例。

一般性经验总结，其科学水平高于具体经验总结，但又仅停留在初步分析综合阶段，是解释性的总结，缺乏理论的抽象。

### （三）科学经验总结

科学经验总结是具有高度科学性的、最高层次的经验总结，是在一般经验总结的基础上，进行逻辑的、理性的分析，揭示教育现象之间的关系和本质规律，把一般性教育经验上升为教育原则和教育理论。科学经验总结的表述特点是论证性和阐释性，旨在阐明"为什么"和"怎么样"的问题。教育理念专著与学术论文均属于科学经验总结的成果，例如《论语》《大教学论》《蒙台梭利育儿全书》等。

## 三、根据经验总结的基本内容划分

### （一）因果关系的经验总结

因果关系的经验总结是指描述教育现象与结果之间相互关系的经验总结。这类经验总结的内容聚焦于"因果关系"，即通过分析、归纳、演绎等方式建立起现象与结果之间的因果关系，并清楚描述。例如，某位特级教师任教班级普遍呈现出幼儿合作能力强的特点，为了总结提升幼儿合作能力的经验，并将经验在全园范围内推广，需要进行因果经验总结以找到该班级幼儿合作能力强的原因。教师通过追溯、分析、归纳自己近三年幼儿合作能力个案指导的具体经验以及幼儿社会性培养一般经验，提炼出该班幼儿合作能力提升的经验：营造轻松合作的交往氛围、每天分享一个同伴合作的成功案例、树立同伴合作的榜样、设计同伴合作游戏。

### (二) 实施过程的经验总结

实施过程的经验总结是指抓住某些特点，描述某一教育措施落实过程的经验总结。这类经验总结的内容聚焦于"原则、方法、程序"，而这种方法或程序往往具有独特性、创新性与典型性的特点。例如，某幼儿园总结该园社区资源开发与利用的经验，得出社区教育资源评估的四项原则，即安全性、教育性、多样性、独特性。

### (三) 证实性的经验总结

证实性的经验总结是指用经验证实某个理论或原理的一种经验总结方法。它以某种经验材料为论据，以某个已知理论或原理为论点进行论证。例如，部分家长认为幼儿年龄还小，生活自理能力差，没有办法自己取餐进餐，需要教师的协助。教师通过总结自己培养小班幼儿生活自理能力、取餐进餐能力的教育经验，证明幼儿是"有能力的学习者"，他们不仅有强烈的"自己的事情自己做"的意识，更能通过教育活动与游戏活动提升生活自理能力。有的教师通过总结自己培养"特殊儿童"的经验，证明随班就读不仅可以有效地促进特殊需要儿童的学习与发展，还能培养其他幼儿的同理心与亲社会行为。

### (四) 警示性的经验总结

警示性的经验总结是研究者根据自身的工作经验教训，或者从同行的工作失误中所汲取的经验总结出的具有规律性的经验。教育经验不仅有成功的经验，也有失败的经验。失败的教育经验可以在同类型的教育实践探索中为他人起到警示作用，以减少失误，提高效率。如郭跃进教师通过对幼儿教育小学化的研究，总结出教育教学实践存在的"成材教育、智力教育、约束教育"三个误区，并提出追求幼儿"无目的"自然成长、倡导幼儿"无限制"开放教学、创建"无为而治"的隐形管理环境的教育建议。

## 第三节

# 教育经验总结法的实施步骤

## 一、准备工作

### （一）确定教育经验主题

教育科学研究以解决教育问题为出发点，总结某项教育经验也是为了利用此经验以解决同类的教育问题、改革教育困境。因此，在开展教育经验总结前，要先明确研究中的教育经验总结适用于哪些问题，应聚焦于哪几个关键词，这需要研究者依据研究的目的、教育实践情况进行反复调整和选择。

### （二）确定对象

教育经验总结的对象可以是个人，也可以是单位、部门、地区；可以是单一主体的经验，也可以是不同类型对象的组合，以便获取更完整的经验。教育经验总结的内容不只是成功的经验，也包含警示性的经验。总结对象的选定须从教育实际出发，选择最具有代表性、典型性的优质对象。同时，选定对象的过程也是弄清对象的过程。一旦确定了研究对象，便应在研究过程中聚焦此类经验，避免因教育经验总结对象不准确、不全面、不清晰而影响事实资料的收集与总结判断。

### （三）文献研究

确定总结主题与对象后，就要围绕关键词进行初步的文献研究，包括相关方针政策、上级的文件指示、国内外研究动态，以及与总结对象相关的历史与现实的资料等。这些文献政策的研究不仅有助于厘清相关概念、把握政策方向、获得教育理论支撑，而且可避免重复已有经验，为经验总结的科学性与创新性打下基础。

### （四）制订计划

总结计划是对经验总结过程的总体构想，即根据总结主题、对象的性质和特点，在文献研究资料的指引下，结合所具备的条件和力量对总结的过程进行构想。制订一项切实可行的总结计划，应做好以下三个方面的工作。

第一，明确总结的问题、目标与任务。制订学前教育经验总结计划要保证问题明确、目标合理、任务清晰，避免出现过大、过虚的情况。

第二，组织力量，合理分工，明确职责。应组建由研究人员与工作人员构成的总结团队，团队人员应对教育实践过程比较清楚熟悉，这样才能保证总结效果。群体性、区域性经验总结或较大项目的经验总结还应当有一定数量的理论水平高、思维加工能力强的专家参加其中，可包括但不限于特级教师、高校专家学者等，以便使经验总结更透彻、更有层次。同时工作团队应建立相关总结管理制度，明确职责，合理分工。

第三，制订实操性的实施方案。实施方案包括总结工作进程，资料收集、筛选、分析的方法与措施，总结工作的人员组织与人员分工，总结验证的安排，等等。

在以上三点的基础上，总结计划还要留有余地，要充分考虑实施的可行性与灵活性。

## 二、资料的搜集与整理

### （一）资料搜集的维度

资料搜集要注意从多种维度采集充分的经验事实，包括正面经验材料与反面经验材料、主体经验材料与背景经验材料、历史经验材料与现实经验材料、整体经验材料与局部经验材料、一般经验材料与典型经验材料、数量化经验材料与过程性经验材料、支持性经验材料与验证性经验材料等。

### （二）资料的形式

文字材料包括工作计划、工作总结、儿童观察记录、个案分析、教育教学活动计划与反思、幼儿成长档案、教师成长档案、教育笔记、规章制度、会议记录等。

作品材料包括幼儿的绘画、手工等作品。

数据材料包括教育教学质量评估、体能测查等相关数据。

音像材料包括录音、录像等。

### （三）资料的内容

资料的内容包括：①关于问题或现象的具体叙述。如问题发生的时间、地点、人员，当时的环境、人员的心理状态，问题发生的原因和背景。②经验获得者（集体或个人）对问题所做的分析和判断。③解决问题的方法，即经验获得者在解决问题过程中的具体方法、操作步骤以及相关态度。如经验获得者讲了哪些话，改变了哪些行为，做了哪些具体工作，这些说法与做法分别是在什么时间、什么场合下进行的。④解决问题的实际效果如何，特别是要收集反映教育实践前后变化反差鲜明的资料，以突出其成效。

### （四）资料收集的途径

1. 查阅资料

查阅资料，即从已有材料中收集客观翔实的原始资料。幼儿园已有档案资料是原始资料的重要来源。回溯教育实践过程，确定教育实践发生的时间段，翻阅该时间段幼儿园保存的各种资料，并从中筛选出与总结主题相关的资料，可帮助研究者获得最客观、翔实的资料。

2. 调查

调查，即通过问卷调查、访谈、座谈等方式，获得生动的"具体经验与一般经验"。通过调查研究可以获得"一手资料"以及相关数据，这些资料和数据对教育效果与影响因素的判断起到支撑作用；通过访谈与座谈，可以收集实践者经过反思后初步加工过的"具体经验与一般经验"，为科学理论经验的归纳提供生动而丰富的资料。

3. 观察感悟

观察感悟，即研究者获得的个人感性认知。除了原始资料、调查资料外，研究者自身在教育实践参与、观察、资料收集分析过程中获得的直接的感性认识也是资料的重要来源，应及时记录并总结。

根据总结经验的内容与主体不同，收集资料的方式也应有所不同并进行综合运用。如总结历史性的经验，应该以查阅资料的方式为主；总结群体性经验应注重调查法的使用；总结个体经验不能忽视对访谈观察资料的收集。

### （五）资料的整理

资料整理是指围绕经验总结主题，通过对原始记录进行整理，对经验资料进行初步归纳的过程。收集工作完成后的原始资料往往数量多、内容杂，不能反映教育实践及相关经验的实质，也发现不了事物的本来面貌与发展规律。因此，必须对事实材料进行反复筛选与整理。资料整理是从收集材料阶段过渡到研究阶段，由感性认识上升到理性认识的重要环节，直接关系到经验的可信度与准确性。资料整理的要求如下：

第一，查漏补缺。围绕总结主题与研究关键词进行认真细致的倒查，确保经验总结的材料全面完整。

第二，去伪存真。对文字材料、数据进行检查、判断、核实，确保资料的真实性。

第三，去粗取精。对同类经验材料进行比较、选择，保留最有代表性、典型性的材料。对整体材料进行由此及彼、由表及里的分析鉴别，探求材料中某种措施对实际教育过程所产生的效果，选择最能反映问题实质、最能证实经验成立的经验材料。

第四，归类组合。聚焦经验总结主题、目标与任务，按照一定的分类标准，将积累的事实材料分门别类地排列组合。如按时间顺序、事物发展的顺序、事物的不同性质、总结关键词等，分门别类地将材料进行归类，并标好序号，使这些资料能够较清晰地反映事物的全貌或发展历程。

此外，经验总结过程中对经验材料的整理与筛选不是一次性的，随着研究的深入与聚焦往往要经过反复的筛选。

### 三、教育经验的提炼

教育经验的提炼是指根据经验总结的目的要求，从教育经验的事实出发，依据教育的基本理论，对事物或现象做出概括与界定，以揭示它们之间的本质联系，形成条理化、系统化的教育经验。教育经验的提炼可以从以下四个方面进行。

#### （一）掌握理论，建立框架

掌握相关理论是提炼经验事实的前提。教育经验的提炼必须以正确的教育思想和教育基本理论为指导。理论不仅能提高人们对经验事实的认识能力、鉴别能力，使人们对总结对象做出概括与界定，而且能使人们学会从不同角度，以不同观点、方法来观察、分析和概括问题，从理性的高度审视事物现象，洞察其本质。

准备阶段的政策文件研究与文献阅读为教育经验的提炼打下基础。通过前期的资料收集，整理研究者对教育经验已形成了感性教育认识。在经验提炼阶段，应根据教育经验总结的主题与目标，从相关专业理论成果中汲取营养，初步形成分析提炼的思路与框架，并为后期的问题概括、本质分析、机制总结提供坚实专业的理论支持。研究者自身的理论素养将在很大程度上决定总结水平的高低。

#### （二）分类提炼，形成主题

经验总结的主题是指贯穿于某项经验形成全过程的、起主导作用的、反映经验教育研究目标本质特征的、具有自己特色的某种思想观念、原则或方法论原理。在主题的提炼中，可采取"归类—提炼"的方法。首先依据教育理论与分析框架，对已整理的经验材料按项目进行归类，建立"问题—成效—经验"的思维链，形成主题经验线索；然后再寻找各类经验的共同规律，发现内在联系，逐层予以提炼，最终实现教育经验的条理化、结构化。

#### （三）概括规律，揭示机制

在提炼经验主题的基础后，需进一步揭示经验的内在机制，以说明事物或现象发生某种变化的原因，以及获得良好效果的途径。

（1）内在机制首先应该符合事物由初期萌发到成长完善、由低级到高级、由浅层向深层发展的规律。

（2）内在机制能反映问题与经验的逻辑关系。在总结经验时，首先，要分析教育实践的背景及面临的问题；其次，从问题入手，分析"问题—措施—效果"之间的内在逻辑关系；最后，对实践进程中的若干阶段进行考察，分析其中的数量关系、典型人物和典型事件的变化，从而清晰地勾勒出事物发展的轨迹，探求经验形成过程中的各种因果联系及事物发展的客观规律。

（3）内在机制应该反映实践各要素间的关系、运行条件及整体功能。即探寻在什么条件下，采取了何种措施，各种要素如何相互作用才形成某种功能而使事物发生变化、产生良好效果的。这种综合分析的过程，就是深入揭示"经验"内在机制、把握事物内在规律的过程。

**（四）建立联系，形成模式**

依据教育理论与经验总结主题，把经验形成过程中涉及的各种要素，按照它们的序列层次、内部联系，以特定的形式（文字或图表）反映出来，形成经验的理论模式。这种模式不仅能简明而全面地反映经验形成的各种要素、结构，直观地显示经验的内在机制，而且还可以使经验总结成果便于人们学习、借鉴、推广和应用。

### 四、教育经验总结的核实、验证与论证

通过以上四个步骤，基本可以完成经验总结的详细提纲或初稿。为保证经验总结过程的科学性与结论的准确性，教育经验总结必须经过核实、验证与论证后才能作为正式的科学的教育经验进行呈现与推广。

**（一）教育经验的核实**

核实指的是把经验提供的方法、效果与实际情况进行比较，判断经验提供的方法和效果是否相符。它主要包括三方面内容，即核实经验中所提供的方法措施的具体内容和形式、核实方法措施的实施过程（包括时间、地点、人员、环境、背景、过程的阶段步骤等）、核实效果。

**（二）教育经验的验证**

验证采用的是实验方法，依据经验提供的方法和结果设计一项或几项实验，以验证该方法是否真实有效，或鉴定这一方法是否是导致结果的真正原因。验证可分为实验室实验的验证和自然实验的验证两种。

### (三) 教育经验的论证

论证主要通过召开教育经验总结论证会的形式进行。论证会议以相关领域专家为主体，并邀请有关领导、教师、家长代表参加，通过听取研究者汇报、翻阅总结资料、观摩活动现场、交流研讨等形式，对经验总结的真实性、科学性、创新性进行论证，并形成论证意见。论证结论有"认可""基本认可""不予认可"三种情况。对于第一种情况，研究者应充分听取与会者的意见进行修改补充，完善总结报告；对于后两种情况则要更加慎重地分析，认真寻找否定意见的根本原因，根据意见修正错误，做出正确选择。教育经验的论证是听取不同意见，接受质疑和提问，集思广益，对教育经验总结进行修改、补充、完善的重要形式。

需要明确的是，经核实、验证与论证，证明教育经验存在某些偏差，研究者对教育经验总结进行了重新的调整或内容与形式的修改后，应再次进行核实、验证与论证，直到经验总结得到认可为止。

## 五、撰写经验总结报告

教育经验总结报告是指运用经验总结法将教育实践的经验事实转化为系统化、理论化的书面材料。报告在撰写过程中，要充分吸收论证过程中的意见，对论证结果进行深刻的理性分析，推演出一定的结论，并对报告的内容与表述进行反复推敲，形成规范的书面成果。

### (一) 经验总结报告与工作总结报告、科研论文的区别

工作总结报告的内容是为了回答"干了什么"和"怎么干的"的问题，因此在写作中侧重于对工作过程、工作方法、工作成绩的介绍。而经验总结报告是为了回答"是什么"和"为什么"的问题，在写作中侧重于对事物发展情况的研究，以及通过对导致事物最后结果的原因、机制的查找，寻求共同规律，即通过对客观存在的教育事实的研究获得某一方面的系统认识。

经验总结报告的撰写程序、格式与科研论文基本一致，但在内容的层次和深度上与科学研究论文有所区别。科研论文一般以理论的创新为重要成果，说明作者的新概念、新观点；而经验总结报告是对以往实践经验进行提炼，通过总结规律来改进实践，为今后教育实践提供可以借鉴的经验。

### (二) 经验总结报告的内容

(1) 经验总结的目的、任务、内容、价值与意义。

(2) 归纳概括出事物的共同规律和本质，即经验；通过对资料的综合与分析，

说明经验产生的过程、条件及因果关系。

（3）阐明作者对经验及其产生发展过程的认识、看法和理由，目的是提高经验总结的理论层次和认识深度。

（4）提出经验推广使用的意见和建议。

### （三）经验总结报告的结构

1. 标题

经验总结报告的题目有以下 4 种写法，往往聚焦经验的关键词或因果关系。

（1）一目了然式。即单位名称、时间、内容和文体。如《×××幼儿园 2022 年度教研工作总结》《×××教师对中班幼儿洗手能力培养的经验总结》。

（2）聚焦经验式。以成功经验作为标题，有时采用副标题的形式，如《动之以情，晓之以理——×××教师转变后进生思想的经验》。这种标题用语生动，表达形象，能准确呈现成功经验，容易引起读者的兴趣。

（3）聚焦问题式。如《如何在自主游戏中培养大班幼儿合作能力？》，以问题的形式向读者抛出本文的重心所在，能引发读者的思考与共鸣。

（4）综合式。可根据经验总结的特色与重点，将经验关键词、问题、单位及区域名称、探索时间等要素综合呈现。如《中小学三级课程整体建设的北京经验》《走向世界的中国数学教育——义务教育阶段数学课程改革的上海经验》。

2. 前言

前言是对经验研究整体情况的概要，需要用简洁概括的文字简要介绍如下内容：经验总结所解决的问题、问题的解决过程与方法、经验总结的结论及论证情况、本经验的价值及创新之处、经验的推广使用情况。通过这部分的阐述，读者能够产生对该项研究过程及成果形成的完整概念。

3. 正文

正文是报告的主体，须把教育经验"是什么"及"为什么"讲清楚，可参考如下三种撰写方式。

（1）层层递进式写法。这种写法往往按照"问题—方法—成效—经验—建议"的思路逐步撰写。

（2）并列式写法。这类报告往往是将整个工作过程及经验体会经过整理后分为若干部分来写，各部分之间是并列关系，若干部分集中说明整个文章的论点。并列式写法往往在较为复杂或是较大的总结中使用。

（3）倒叙式写法。这类报告是先列出所取得的成就，再介绍经验。正文部分的内容应以总结成功的先进经验为主，这是该类报告的最终目的之所在，即推广先进经验，促进教学活动的发展，丰富教育理论。

### 4. 结尾

结尾部分通过对正文论述内容的进一步概括和总结，形成规律性结论，突出研究结论和效果，再次强调经验总结的意义和价值。除此之外，问题与建议也常常放在结尾部分进行论述。问题部分可简要说明在研究过程中发现的难点及不足，使读者在进行经验借鉴时关注此类问题，指出存在的问题或困难本身就是研究成果的一部分。而建议一般是作者对经验使用的前景及效果做出推断，对经验的推广及使用提出的对策。问题与建议的提出是教育经验总结重要的组成部分，有助于教育经验在教育实践中进一步发展与完善。

### 5. 附录和主要参考文献

附录和主要参考文献部分的具体规范与一般学术论文要求一致。

## 六、教育经验的推广

先进教育经验的推广是对教育实践再认识、再实践的过程，是教育经验总结中的重要一环，具有重要的意义。首先，经验的推广是教育教学经验、思想、成果交流与传播的一种方式；其次，经验的推广是让经验接受实践检验、取得反馈信息的一种有效途径；再次，先进经验的推广可以推动教师、单位、区域教育特色与教育品牌的输出并获得社会效益。从人类知识发展过程来说，教育经验总结的成果必须再回到教育实践之中才能有效指导今后新的实践。先进经验的推广是有目的、有组织、有计划的实践活动过程。推广有直接推广与间接推广两种方式。

### （一）直接推广

直接推广一般由教育行政部门、专业研究团体和幼儿园主办或参与，以会议形式或现场演示，由经验总结主体通过报告、讲座等形式直接交流和传播教育经验。直接推广往往由主管部门正式行文批转经验总结报告，要求相关单位或幼儿参照实施。

### （二）间接推广

间接推广是指先进教育经验由教育行政部门、专业研究团体、幼儿园等进行组织与推荐，并通过杂志、报纸、出版社、教育部门网站、电视台等平台以专著、案例集、书面报告、学术论文、宣传片、微课等形式开展广泛宣传，促使先进经验传播与实施。间接推广的方式不受时间、地点和组织形式的限制，且可实现大范围的推广，因此常常与直接推广共同采用，以解决间接推广因交流互动不足、系统性较差所带来的推广深度不够的问题。

## 第四节
## 经验总结法的基本要求

### 一、立场的科学性

教育经验总结法需要研究者对教育实践积累的教育经验进行分析、概括和思维加工，将感性认识转化为理论认识。在这一过程中，容易出现两类问题，一是"走偏"，即教育经验在总结的过程中偏离或违背了基本的教学规律及教育理念，如忽视家园合作的边界，在家园共育角色错位的理念下总结"深度家园共育的技巧"；二是"自大"，即试图总结出普适性的教育经验或教育实践模式。在教育经验的总结过程中一定要遵循科学的教育理念，遵守教育科学研究规范。

### 二、材料的客观性

在进行教育经验总结时要做到坚持辩证唯物主义的态度，尊重客观事实，不先入为主，不夹杂任何偏见，不接受任何暗示，对教育经验做客观的概括与总结。实践活动提供了什么事实就总结什么经验，有什么经验就提炼什么教育规律。否则，不仅收集的资料是不完整的例证，难以揭示出教育内部的必然联系，还可能会歪曲事实真相，形成错误的结论。在提供教育事实材料时，要保持材料的真实性与客观性，不能对实践材料进行"包装"，更要避免出现脱离事实材料过分拔高教育经验的高度的情况，避免总结出假大空的教育经验，违背教育科学研究真实性的原则。

### 三、分析的深刻性

任何教育的成功都不是单一因素作用的结果，研究者在进行教育经验总结时应树立整体观念，全面考察各影响因素的作用及其相互关系。面对纷繁复杂的经验材料，错综的相互关系，研究者不能止步于简单的反思、总结，应通过深度的分析、归纳与演绎，透过教育现象发现因果关系，揭露教育规律。

### 四、表达的规范性

规范、科学的表达有利于教育经验的传播和应用，更好地发挥教育经验在教育实践中的作用和功能。教育经验总结的成果表述一般包括以下三个部分：背景与问题（为什么做）、过程与措施（怎么做）、效果与反思（做得怎么样）。教育经验总结虽没有固定的模式，但要求结构完整、逻辑清晰、实操性强。

### 五、结论的严谨性

教育经验总结往往是个人或群体对教育事实与规律的认识，受教育经验的质量以及研究者研究能力的影响较大，较难进行信度与效度的检验。但作为科学的研究方法，核实与检验是不能遗漏或减少的必要程序，以保证研究结论的科学性与严谨性。教育经验总结可通过与定量研究相结合的方式进行后期检验，也可通过专家论证进行检验。

### 六、经验的创新性

在总结教育经验时，要坚持继承与创新相结合。创新是事物发展的生长点，教育经验总结的过程也需要有创新精神。随着社会的发展，新的科学技术成果不断涌现，教育领域也发生了深刻的变革，相应地出现了大批新的经验，这些新的经验对实践具有更加重要的指导意义。然而，在以往的经验总结中，存在着"穿新鞋，走老路"的现象，即研究者习惯于用已有的理论来总结新的经验。这就要求教育工作者站在时代的前沿，以新的思维与视角来看待教育实践，不断发现新问题，并将个体教育经验与新的实践问题相结合，生成新的教育经验，更好地指导教育实践，为教育实践服务。

### 七、经验的推广性

先进创新的教育经验是在实践中获得，并有良好的教育效果的，应当有组织、有计划地推广应用。先进教育经验的推广，是现代教育信息交流与传播的一种方式，也是经验接受实践检验、取得反馈信息的一种有效途径，还是获得社会效益的一个必不可少的环节。经验推广是一项有目的、有组织、有计划的实践活动。先进经验的推广过程最重要的是理解先进经验的本质，引导教师从各自的具体工作条件出发，创造性地应用，把先进经验变成自己工作中的有机组成部分。

## 本章小结

教育经验总结法是在教育实践发生的自然状态下，依据教育实践所提供的事实，按照科学研究的程序，运用科学方法搜集经验性材料，对经验现象进行分析、概括和思维加工，揭示其内在联系和规律，促进人们由感性认识转化为理论认识的一种教育科研方法。它有助于将零散的教育经验上升为系统的教育理论，进而更好地服务和指导教育实践，并为教育决策提供事实依据。依据总结经验的主体、总结的科学水平以及基本内容的不同，教育经验总结法可以划分为不同的类型，研究者可以根据研究的实际需求，有针对性地选择或综合地使用各种类型的方法。在进行教育经验总结时，研究者需要经历七个步骤，即"准备工作""资料的收集""资料的整理""教育经验的提炼""教育经验总结的核实、验证与论证""撰写经验总结报告""教育经验的推广"；同时，在使用该教育科学研究方法的过程中，要确保立场的科学性、材料的客观性、分析的深刻性、表达的规范性、结论的严谨性、经验的创新性及推广性，从而保证教育经验总结具有完整的结构、清晰的逻辑以及较强的实操性。

## 思考与练习

### 一、单项选择题

1. 教育经验总结法是在某种实践活动大致告一段落，并通过这种教育实践已经取得了明显的效果后进行的研究活动，是一种（　　）研究。
   A. 追因　　　　B. 归纳　　　　C. 回溯　　　　D. 科学

2. 依据经验总结的主体划分，教育经验总结法可分为（　　）。
   A. 个体经验总结和群体经验总结
   B. 具体经验总结和一般经验总结
   C. 因果关系的经验总结和实施过程的经验总结
   D. 科学经验总结和警示性经验总结

3. （　　）一般由教育行政部门、专业研究团体和幼儿园主办或参与，以会议形式或现场演示，由经验总结主体通过报告、讲座等形式直接交流和传播教育经验。
   A. 个体经验　　B. 直接推广　　C. 间接推广　　D. 行政推广

4. （　　）是在一般经验总结的基础上，进行逻辑的、理性的分析，揭示教育现象之间的关系和本质规律，把一般性教育经验上升为教育原则和教育理论。
   A. 具体经验总结　　　　　　　　B. 一般经验总结
   C. 科学经验总结　　　　　　　　D. 教育经验总结

5. （　　）是研究者根据自身的工作经验教训，或者从同行的工作失误所汲取的经验中总结出的具有规律性的经验。
   A. 因果经验总结　　　　　　　　B. 科学经验总结
   C. 一般经验总结　　　　　　　　D. 警示性经验总结

6. （　　）是经验总结的初级层次。
   A. 科学经验总结　　　　　　　　B. 具体经验总结
   C. 一般经验总结　　　　　　　　D. 个体经验总结

### 二、简答题

1. 教育经验总结法是什么？
2. 教育经验总结法具有怎样的性质？

3. 使用教育经验总结法的意义是什么？
4. 教育经验总结报告与工作报告、科研论文的区别是什么？

三、论述题

1. 请举例说明教育经验总结法和一些教育科学研究方法的区别与联系。
2. 在研究的过程中，如何确保教育经验总结工作的科学性与有效性。
3. 研究者在使用经验总结法时会遵循哪些实施步骤？请详细论述。

## 参考文献

[1] 王坦，张志勇. 现代教育科研：原理·方法·案例［M］. 青岛：青岛海洋大学出版社，1998.

[2] 华国栋. 教育科研方法［M］. 南京：南京大学出版社，2005.

[3] 杨小微. 教育研究的原理与方法［M］. 上海：华东师范大学出版社，2010.

[4] 吴冬梅. 幼儿园、家庭、社区协同共育［M］. 上海：复旦大学出版社，2020.

[5] 范国睿. 教育生态学［M］. 北京：人民教育出版社，1999.

[6] 陈春花，朱丽，刘超，等. 协同共生论：组织进化与实践创新［M］. 北京：机械工业出版社，2021.

[7] 上海市顾泠沅数学教改实验小组. 大面积提高数学教学质量的改革实践与理论探讨：下［J］. 教育研究，1989（10）：34－38.

[8] 李吉林. 我的情境教育探索之路［J］. 基础教育，2005（Z1）：105－111.

[9] 韩凤梅，李冬梅. 幼儿园社区教育实践基地建设与运行：协同共育模式的探索［J］. 广东教育（综合版），2022（7）：61－62.

[10] 郭跃进. 幼儿园教育走出"小学化"误区的策略［J］. 学前教育研究，2013（10）：64－66.

# 第十一章 数据分析

> **学习目标**
>
> 1. 理解数据分析的基本概念。
> 2. 掌握数据输入和数据转换的基本方法，学会制作数据表。
> 3. 能使用统计软件进行基本的数据分析操作。
> 4. 能解释统计分析结果并用于支持论证。

## ◆ 第一节 ◆
## 数据分析与数据分析软件

### 一、数据分析涉及的基本概念

数据分析（data analysis）是指用适当的统计分析方法对收集的大量数据进行分析，将它们加以汇总和条理化，以求最大化地开发数据的功能，发挥数据的作用。数据的表现形式是数字。任何数字都要与一定的概念或变量相结合，才有确切的实际意义。当数字与一定的变量相结合时，就有了情境性，也就成为表示这一变量属性的数据。例如，数字"1"本身可以被赋予无数的意义，此时"1"只是数字。但是，当用于"性别"这一变量的编码时，"1"可以被用于表示"男性"。此时，"1"这个数字就成了"性别"这一变量中表示"男性"这一属性的数据。

随着数字化的进程不断加快，人们越来越多地希望能够从大量的数据中总结出一些规律，从而为后续的决策提供依据。数据分析的根本目的就是对原本无序的数据进行整理和发掘，从而将数据转化为有意义的信息，并为科学决策提供证据和参照。

## （一）概念与变量

### 1. 概念

概念（concept）是人脑对客观事物对象所特有的属性的反映。人们将感知到的事物或现象的某种属性抽象出来后，用字词标示和记载，这种概括性的表达即呈现为概念。例如，商品是用来交换的劳动产品。这意味着：凡是具有"以交换为目的"这一特有属性的劳动产品都称为商品。在人类的认知思维体系中，概念是最基本的构筑单位。因此，概念也是研究的逻辑起点或基本细胞。任何研究中都会包含一定的概念，如性别、年龄、智力、留守儿童、陪伴时间、教养方式等。但是，由于人们对事物或现象做出主观反映时的抽象水平或程度不同，概念存在两种基本类别：

（1）一维概念（uni-dimensional concept）。

"一维"是指一个度量指标。从空间的角度而言，一维通常是指长度。包括学前教育在内的教育研究中，"一维概念"是指用一个数字指标就能完整体现其"量"的属性的概念。例如，某位幼儿的"身高"可以用"105.52 cm"这一数值表示；某大班男童10米折返跑的"速度"是"6.5秒"；某件物品的重量是"23.08 kg"；某位家长每天陪伴孩子的平均时间是"1.2小时"。一维概念通常反映事物或现象中具体、可见、可直接测量的属性。在学前教育问卷调查研究中，如性别、出生年月、婚姻状况、家庭收入、职业、学历水平等人口学变量或者身高、体重等都属于一维概念。

（2）多维概念（multi-dimensional concept）。

"多维"是指多个度量指标。从空间的角度而言，多维除了长度之外，还可能包括高度、宽度甚至时间等维度。包括教育研究在内的哲学社会科学研究中，"多维概念"是指要用多个数字指标才能综合反映其"量"的属性的概念。

事物的抽象程度不同。多维概念是比一维概念更为抽象的概念，通常反映事物或现象中需要多重观测才能确定的属性。例如，"身高"是可以直接观测的，"智力"需要借助多重观测才能确定。多重观测是指需要从不同的角度对多维概念的不同维度进行测量。这是因为多维概念具有多重性的特点。这种反映不可直接观测到的抽象事物或现象的概念也称为构念（construct）。

由于多维概念无法用一个标准直接测量，因此，在研究过程中，需要将高度抽象的多维概念（构念）渐进分解为相对具体的多个具有内在关联的一维概念。因此，多维概念在测量时，通常会渐进地分解为"一级指标""二级指标"甚至"三级指标"。底层的指标是对上一层指标的具体化。最底层的指标，通常就与现象存在较直接的联系，可以转变成直接观测的一维概念。用于测量某一多维概念的由多个一维概念组成的测量工具，就称为量表。简言之，多维概念是高度抽象的概念，一维概念是抽象的概念，现象是具体的。概念所反映的"本质"是对具体现象内在属性的抽象，同时，任何抽象都体现在相对具体的现象之中。

例如，2022年2月教育部颁布的《幼儿园保育教育质量评估指南》列出了质量评估的五项一级评估指标："办园方向""保育与安全""教育过程""环境创设"和"教师队伍"。其中，"教育过程"具体分为"活动组织""师幼互动"和"家园共育"三项二级指标；"家园共育"又再细分为"幼儿园与家长建立平等互信关系，教师及时与家长分享幼儿的成长和进步，了解幼儿在家庭中的表现，认真倾听家长的意见建议"等相对可直接观测到的具体现象。每一个具体现象，用句子表述出来，就构成了问卷中的题项。每个题项中的选项，通过编码后，便构成了数据。

研究的过程，是分析和综合的过程。所谓分析，就是"将被研究对象的整体分为各个部分、方面、因素和层次，并分别加以考察的认识活动"。多维概念分解为多个一维概念的逻辑方法，在教育学、心理学、社会学等领域得到广泛运用，也是研究者研究抽象概念的基本思路。然而，对抽象概念的分解只是认识的手段，综合才是目的。综合就是将已有的关于研究对象各个部分、方面、因素和层次的认识联结起来，形成对研究对象的统一整体的认识。因子分析和信度分析便是与多维概念的分解和组合有关的数据分析。

将多维概念分解为多个一维概念之后，通过收集数据，还需要将研究者"主观"分解的多个一维概念重新组合成为不同抽象程度的"多维概念"。这个过程就是数据分析中的"降维"过程。多维概念进行"降维"的具体方法就是"因子分析"。因子分析是指分析各个相互关联的一维概念的内在关联程度，将相关比较密切的几个一维概念（变量）归在同一类中，每一类就成为一个因子，从而以较少的几个因子反映原资料的大部分信息。本质上，"因子"其实就是多个一维概念的合成变量，也即"构念"。因子分析的过程，就是分析多个一维概念内在关联程度的过程，也即"结构效度"分析的过程。在结构效度分析的基础上，研究者再进一步分析用所确定的多个一维概念测量对应的因子（即构念）的稳定性和可靠性，则称为信度分析。用于表现测量因子稳定性的指标称为内部一致性系数，也称为克朗巴哈系数或 $\alpha$ 系数。

虽然在研究过程中，分析和综合是"逆向操作"，但在研究过程中都不可或缺。从测量的角度而言，分析就是"化抽象为具体"，也即将多维概念分解为多个一维概念，综合就是"从具体中抽象"，将多个一维概念合成为一个多维概念，通过这个过程，实现构念、概念与现象之间的相互连接与转换。

2. 变量

在研究过程中，当侧重对某一概念"量"的属性进行分析时，概念就成为变量。变量是指基于一定的测量标准，对概念量的属性赋值，对所有研究对象而言，体现这一属性的数值会在一定的范围内变化。如果该数值恒定不变，则称为常量。用于标示概念"量"的属性的观测值或数字称为数据。例如，在有关记忆的研究中，"再认"这一概念指过去经验或识记过的事物再次呈现在面前时仍能确认和辨认出来的程度。在研究不同阅读方式下5~6岁幼儿对无字图画书（绘本）的再认效果时①，"阅读方式""注视次数""平均注视时间""故事细节内容再认"等都是概念，也是该项研究中的变量。对于"平均注视时间"这一概念，研究者用 Tobii T120 型眼动仪对每位参与研究项目的幼儿进行观测。每一位幼儿在"平均注视时间"这一概念上都可能得到不同的"数值"，换言之，"平均注视时间"就是一个变量，每位幼儿在该变量上的数值就是数据。

数据形成和获得的方式有多种。在实验研究中，通常是由仪器或设备捕捉或收集数据；在观察研究或现场研究中，研究者也可能采用手工记录数据的方法。例如，手工记录幼儿在一间活动室的不同游戏区域的逗留时长；在问卷调查中，则会采用问卷编码的方式将问卷中不同题项的选项用数字或符号表示，用于代表相应的题项选项。

### （二）数据与变量的类型

数据是指通过实验、测量、观察、调查等方法获得的对某一变量的观测值。按照数据轴上任意两个点之间的值是否有意义，可以将数据分为两类：一是分类数据，二是连续数据。

#### 1. 分类数据

对于分类数据而言，数据轴上两个数据值之间的任意值是没有实际意义的。例如，在对性别这一变量的"男"和"女"两个值进行编码时，将数值"1"赋予"男"，数值"2"赋予"女"。此时，性别这一变量有两个数值，即"1"和"2"。任何人在性别的属性上是"非此即彼"的关系，在"1"和"2"之间的任意数值，如性别"1.5"是没有实际意义的。因此，用于标示性别的数据是分类数据。分类数据又可以进一步细化为两种：

（1）定类数据（nominal data）。

定类数据也称为"称名数据"，是指在编码时，用不同的数据将事物分类，数据本身只是作为"代号"表示类别的不同，没有次序的意义。例如，研究者在对"性别"进行编码时，男用"1"表示，女用"2"表示。这两个编码的数据不存在

---

① 韩映虹，王静. 不同阅读方式下5~6岁幼儿无字图画书阅读的眼动研究［J］. 学前教育研究，2013（9）：21-27.

等级和次序的区别。

（2）定序数据（ordinal data）。

定序数据是指在编码时，用数字表示个体在某个有序状态中所处的位置。例如，研究者将"受教育程度"中"初中及以下""高中毕业""本科毕业及以上"分别编码为"1""2""3"，数据"3"表示其所代表的学历程度高于"2"和"1"。然而，三个数据之间的差异程度是不相等的，也即不等距。在研究中，分类数据只是代表类别，不能进行四则运算。

采用分类数据表示变量值的变量称为"分类变量"。例如，性别、学历水平、年龄段等变量都属于分类变量。在数据分析过程中，既可以通过描述统计分析分类变量自身数值的频数和百分比，也可将分类变量作为分组变量，将研究对象进行分组比较。

### 2. 连续数据

连续数据是指在数据轴上两个数值之间的任意值是有实际意义的。换言之，连续数据可以带有小数点，而且有实际意义。例如，对于年龄这一变量，某位幼儿的年龄是4岁，另一位是5岁。在4岁和5岁这两个变量值中间的任意数值是有实际意义的。如4.5岁，表示4岁半。因此，用于标示年龄的数据是连续数据。连续数据也可以进一步细分为两类。

（1）等距数据（interval data）。

等距数据也称为定距数据，这类数据有计量单位，其取值之间的距离可用标准化的单位去度量，每个计量单位之间的距离相等，但没有绝对零点，可以做加减运算，但不能做乘除运算。例如，温度的刻度中，无论是摄氏度还是华氏度，35摄氏度或华氏度与36摄氏度或华氏度之间的距离和36摄氏度或华氏度与37摄氏度或华氏度之间的距离是相等的。我们可以说30摄氏度或华氏度比15摄氏度或华氏度高出15摄氏度或华氏度（加减运算），但不能说30摄氏度或华氏度是15摄氏度或华氏度的两倍热（乘除运算）。百分制的考试成绩也属于这种类型。

（2）定比数据（ratio data）。

定比数据也称为等比数据或比率数据。这类数据不仅有测量单位，也有绝对零点。所谓绝对零点，是指量表上标着0的地方，表示所要测量的属性是无。这类量表上的数值既可以确定一个事物比另一事物大多少，又可以确定大多少倍。用这种量表所获得的数据就是定比数据。因此，其测量结果可使用加、减、乘、除等四则运算。

数据是用于表示变量属性或特征的数字。采用分类数据表示变量值的变量称为"分类变量"，如性别、年级、工种、职称、工资级别等；采用连续数据表示变量值的变量称为"连续变量"（continuous variable），如身高、体重、收入、年龄、教育投资数、跑步速度等。

通常情况下，可以根据研究设计的需要，将连续数据通过重新编码转换为分类数据。换言之，连续变量可以转换成为分类变量。例如，用于测量"年龄"的数据是连续数据，因此，年龄是连续变量。但有时研究者关注的不是具体的某一个年龄，而是"年龄段"。因此，"年龄"这一变量的值可以按照预设的规则转换为"年龄段"。例如，如果年龄变量的取值是 0~12，则可以根据研究的需要，将 0~3 岁重新编码为"1"，表示婴儿；3~6 岁重新编码为"2"，表示"幼儿"；将 6~12 岁重新编码为"3"，表示"小学生"。这样，"年龄段"这个新的变量就有"1""2""3"共 3 个数值。"年龄"这个连续变量就转换成"年龄段"这一分类变量。

### （三）数据表

数据表是指用于存储数据的表格。数据表的逻辑结构是由"列"和"行"构成的二维平面表格。在数据表中，"列"也称为字段，纵向的每一列表示一个变量或属性；"行"也称为记录，横向的每一行记载一个样本在各个变量或属性上的相应信息。二维表格中的"列"与"行"的交叉，构成了许多的单元格。研究者在单元格中录入相应的数值，由此而构成数据表。

数据表一般采用电子表格的形式。将数据表存储为一个电子文件，称为数据文件。制作数据表时所使用的软件不同，数据表格的具体类型也不同。例如，采用微软 Excel 电子表格软件制作的表格称为 Excel 表，其数据文件名称的扩展名为 .xls；采用 SPSS 软件制作的数据文件名称扩展名则用 *.sav 标识。

根据研究的需要，数据表中包含不同变量的数据。但任何数据表都必须包含一个用于识别每一条记录（即样本）的变量，该变量称为"唯一识别码"。该识别码可用于标示具体物体的唯一性，从而便于将该物体与其他物体进行区分。在数据表中，通常用"ID"作为唯一识别码。"ID"的数值可以是自然数列编码（如从 1 到 $n$），也可以使用诸如"身份证号码""手机 IMEI 码"等具有唯一性特征的号码作为唯一识别码。唯一识别码的数值必须确保具有唯一性。例如，在大数据分析中，每个人的指纹或眼睛的虹膜都具有唯一性，可以作为唯一识别码。唯一识别码可确保在后续的数据分析过程中准确检索和甄别满足相应条件的记录（或样本）。

研究者通过实验、调查、观察、测量等方式获取和制作的数据表称为一手数据或原始数据。二手数据是相对于原始数据而言的，指研究者采用他人已经收集好的数据的全部或一部分而形成的数据表，如年鉴、报告、文件、期刊、文集、数据库、报表等。与原始数据相比，二手数据具有成本低、获取便捷等优点，也能为进一步原始数据的收集奠定基础，但二手数据的变量定义等信息不一定能完全符合研究者的实际需要。

## 二、数据分析软件

数据分析的数学基础在 20 世纪早期就已确立,但直到计算机的出现才使得实际操作成为可能,并使得数据分析得以推广。数据分析是数学与计算机科学相结合的产物。目前,包括学前教育研究在内的人文社会科学领域在进行数据分析时,最为广泛使用的统计分析软件是 SPSS。

SPSS 是世界上最早的统计分析软件。该软件于 1968 年由斯坦福大学的三位研究生研发成功,1984 年用于个人电脑(PC)。起初,SPSS 是社会科学统计软件包(Statistical Package for Social Sciences)的缩写,1992 年改称为"统计产品和服务解决方案"(Statistical Product and Service Solutions)。2009 年,其被美国 IBM 公司收购,定位为"预测统计分析软件"(Predictive Analytics Software),简称 PASW。PASW 中的统计分析模块目前称为 IBM SPSS Statistics。无论名称怎么变化,统计分析的底层逻辑都没有改变。

作为一款统计与分析软件,SPSS 功能强大,既可以采用菜单式的界面操作,使用编程方法,读取多种格式的数据文件,也可以解决包括学前教育研究在内的各领域研究数据分析的需要,在业内享有盛誉。

### (一) SPSS Statistics 统计软件视图

以 IBM SPSS Statistics 25 版本为例,SPSS 统计软件由数据视图(data view)和变量视图(variable view)构成,如图 11-1 所示。

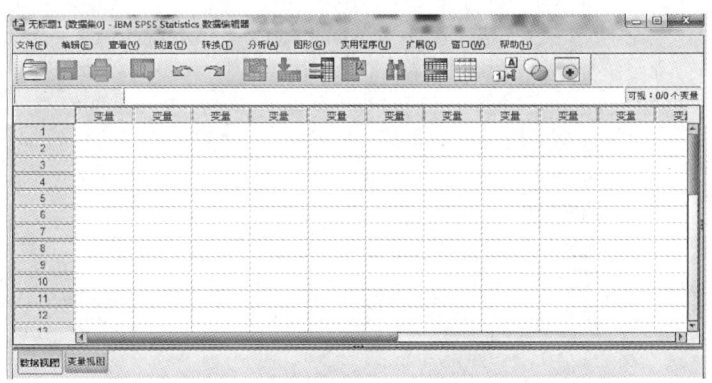

图 11-1 SPSS Statistics 视图界面

在制作 SPSS 数据文件时,有两种基本方法。

1. **将数据表导入 SPSS 数据编辑器**

当已经采用 Excel 等其他软件制作了数据表并保存到某个路径之后,从"文件"下拉菜单中选择"导入数据",并选择所要导入数据的格式(如 Excel),而后找到相应路径下要导入的数据文件名，点击导入即可，请参见图11-2。

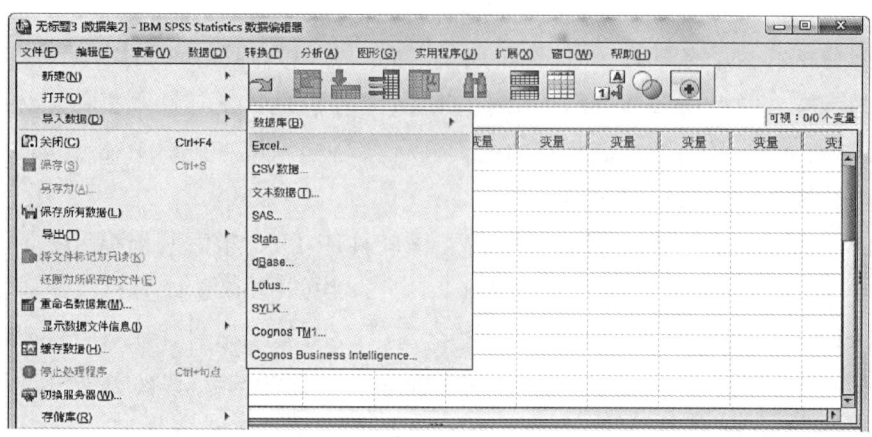

图11-2　SPSS Statistics 导入数据界面

2. 直接在 SPSS 数据编辑器制作数据文件

当需要直接在 SPSS 数据编辑窗口输入数据时，可以从"文件（F）"下拉菜单中，选择"新建"—"数据（D）"，即可打开数据编辑界面。

（1）在变量视图中定义变量。

采用这种方法时，首先根据研究所涉及的变量，在数据编辑器的"变量视图"中输入变量名称，并相应定义变量的类型等信息，如图11-3所示。

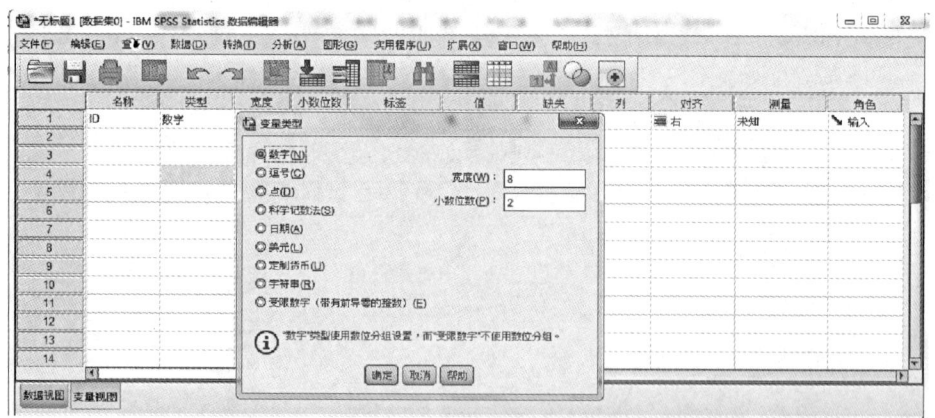

图11-3　SPSS Statistics 定义数字类型变量界面

例如，在"变量视图"界面"名称"（即变量名称，name）中的第一行输入第一个变量名"ID"，则会弹出该变量其他相应需要定义的信息，如类型、宽度、小数位数等。一般情况下，变量名的数据类型（type）通常选择"数字（N）"型，这样便于后续的数据处理和分析；如果所要录入的变量的值是文字符号，例如"住址"或"姓名"，则该变量名的数据类型应该选择"字符串（R）"。

对于分类变量而言，如"ID""性别""学历"等变量，选择"数字"型之后，宽度可以是默认的"8"位，小数位数可以调为"0"。对于连续变量而言，小数位数可以设为"2"，表示在计算过程中，精确到小数点后两位。

"标签"是对变量名的具体说明。在变量命名时①，有时会采用缩写。例如，问卷中的第一道题（您的孩子是否已经入园？）的变量名简写为 Q1，为了便于在后续的分析结果中识别 Q1 的具体含义，可以将 Q1 的题目内容写在"标签"中。"标签"可以用中文，也可以用英文或其他文字或数字符号。这样，分析结果（output）上就会显示 Q1 的标签内容。

在对分类变量进行编码时，需要提供变量"值"（values）的信息。"值"是指将分类变量编码的赋值约定体现在数据表中。例如，对于"您的孩子是否已经入园？"这个题目，有两个选项，对选项的编码为："1 = 已入园""0 = 未入园"（如图 11 - 4 所示）。录入后点击"添加"，就完成了对分类变量编码规则的定义。编码和相应的"值"的信息只是对于分类变量才需要。如果变量属于连续变量，例如"年龄"或"20 米跑速度"，则不需要提供"值"的信息。

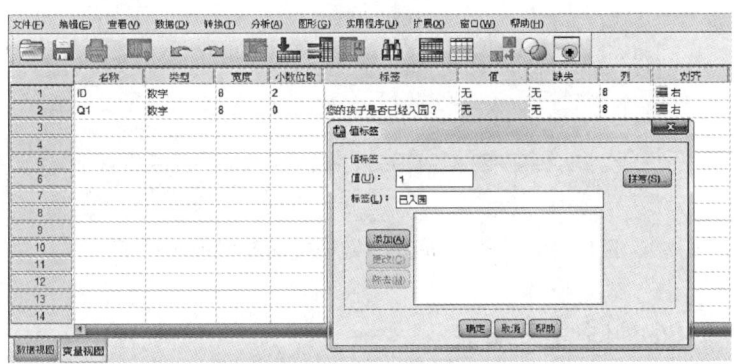

图 11 - 4　SPSS Statistics 定义分类变量"值"的标签

变量信息中"缺失"（missing）一栏，是指对变量可能存在的"缺失值"的定义而设的。例如，在问卷填写过程中，填写者可能没有提供在某些变量上的信息（如上述例子的 Q1 选项中留了空白）或提供无效信息（如在 Q1 选项中同时勾选了 1 和 2）。研究者需要录入一个数值表示上述情形，该值就是"缺失值"。缺失值必须设定为变量有效值（或合法值）以外的其他数值。例如，如果 Q1 的有效值是"1"和"2"，则可以设定"9"为缺失值。缺失值不会参与计算，但在描述统计分析中，会影响"百分比"（percentage）和"真实百分比"（valid percentage）的数值。

---

① 变量名的命名尽可能用英文。

(2) 在数据视图中录入数据。

根据研究内容的需要界定了变量之后，就可以在数据视图（data view）录入相应的数据。例如，在以下数据表中，首先在变量视图设定了 4 个变量，分别是：ID（唯一识别码，采用自然数列编码）；Q1（您的小孩是否已入园？1 表示已入园，0 表示未入园）；Q2（如已入园，您的小孩所在幼儿园性质。1 表示公办园；2 表示普惠园；3 表示营利性幼儿园；4 表示其他）；birthy（表示幼儿出生年份）。

例如，无论基于问卷还是访谈，如果我们所获得的第一个样本的资料是"孩子出生于 2019 年，目前已入公办园"；那么，我们就在 SPSS 数据视图的第一行将该幼儿的 ID 设定为 1，并相应输入后续三个变量的数值，将获得的资料转化为相应的数据。其他幼儿的资料也按照相同的方法录入，如图 11-5 所示。

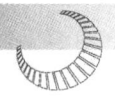

图 11-5　SPSS Statistics 数据视图数据录入界面

### （二）SPSS Statistics 主要功能

IBM SPSS Statistics 作为 PASW 中的一个统计分析模块，功能十分齐全。从学前教育研究者的角度而言，主要的应用功能包括数据管理功能和数据分析功能两部分。

1. 数据管理功能

数据管理（data management）功能是为数据分析做准备的基础功能，包括数据的录入、存储、传输、提取、转换和各种数据的预处理功能。

(1) 数据录入。

数据录入是数据管理的基础。数据录入可以采用多种不同的软件，SPSS 对于多种软件录入的数据格式都具有兼容性，既可以打开其他格式的数据文件，也可以将 SPSS 数据文件（扩展名为 *.sav）通过"另存为"转换成其他格式的数据文件，如 *.xls（Excel 文件），*.dbf（dBASE 文件）等。

数据录入有机器录入和人工录入两种基本方式。机器录入是指采用电子设备录入数据的方法。如使用扫描仪录入数据，在网页或手机、电脑等电子设备上点击相应的选项后自动录入成为后台数据；人工录入是指采用手工的方式将收集的数据录入 Excel 或 SPSS 等系统从而生成数据表的过程。

（2）数据文件分解与合并。

数据录入之后便可保存为数据文件。在 SPSS 菜单中"数据"一列，有多种数据文件管理的功能。文件分解指将一个数据文件根据需要或一定的逻辑规则分拆成为若干个数据文件。文件合并是指将多个数据文件合成为一个数据文件。

对一个数据文件进行分解时，需要明确分解的规则。例如，将一个文件中的所有数据按"性别"变量，分解成为两个不同的数据文件：一个是只包含"男"员工的数据文件，另一个是只包含"女"员工的数据文件。为此，可以采用"数据"菜单"选择个案"选项，对"如果条件满足"中的"如果"进行定义。例如，如果 gender = "f"，表示选取出所有的女员工，而后，在"输出"中，"将选定个案复制到新数据集"，定义一个数据文件名称，如 female。"确定"后，就生成一个只包括满足了所设定条件个案的新数据文件，如图 11 - 6 所示。

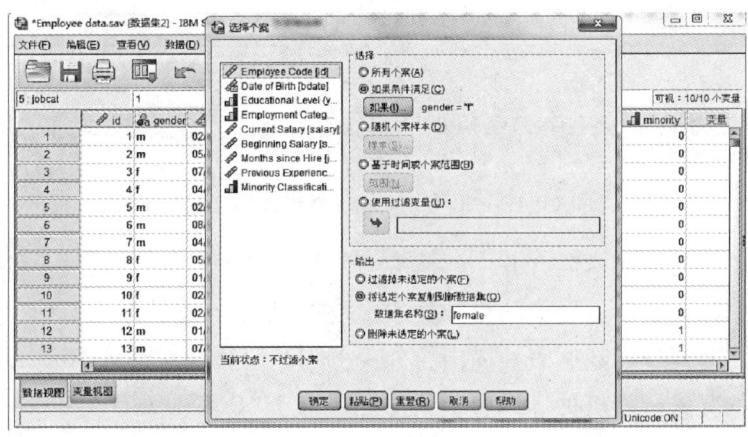

图 11 - 6　SPSS Statistics 按一定逻辑条件形成新数据表

在研究过程中，也存在需要将两个独立的数据文件合并为一个数据文件的情形。以问卷调查研究为例，这种情形包括两种可能性。

其一，增加个案的纵向合并。例如，研究者使用同一份问卷，在 A 地区（变量名 area 的编码为 1）调查了 130 名家长的育儿观念（$n_1 = 130$），在 B 地区（变量名 area 编码为 2）调查了 210 位家长的育儿观念（$n_2 = 210$）。收回问卷后录入数据，形成两份数据表，分别是 A_ parenting. sav 和 B_ parenting. sav。由于采用同一份问卷，因此，这两份数据表的变量名相同。第一份数据表的 ID 是 1～130；第二份数据表的 ID 是 1～212。调查研究的内容之一是对 A、B 两个地区家长的育儿观念进行比较，为此，必须先将两份数据表中的数据合并在一个数据表中。在这种情形下，首先需要对第二份数据表的 ID 重新赋值，使其与第一份数据表的 ID 在合并后不重复。在此例中,第二份数据表的 ID 可以从 131 开始。在数据合并时,先打开第一份数据表 A_ parenting. sav。而后,在"数据"菜单中,选择"合并文件"的"添加个案"(add cases)。如果需添加的第二份文件是一份存储于另一个路径的文件,则选择"外部 Statistics 数据文件",点击相应的路径(如 C:/data/B_ parenting. sav),按系统指引操作即可完成合并。由于两个数据文件的变量名相同,合并后的数据文件变量的数量没有增加,只是 ID 数量增加了($n_1 + n_2 = 340$),也即添加了样本数量,所以,添加个案的合并也称为纵向合并。

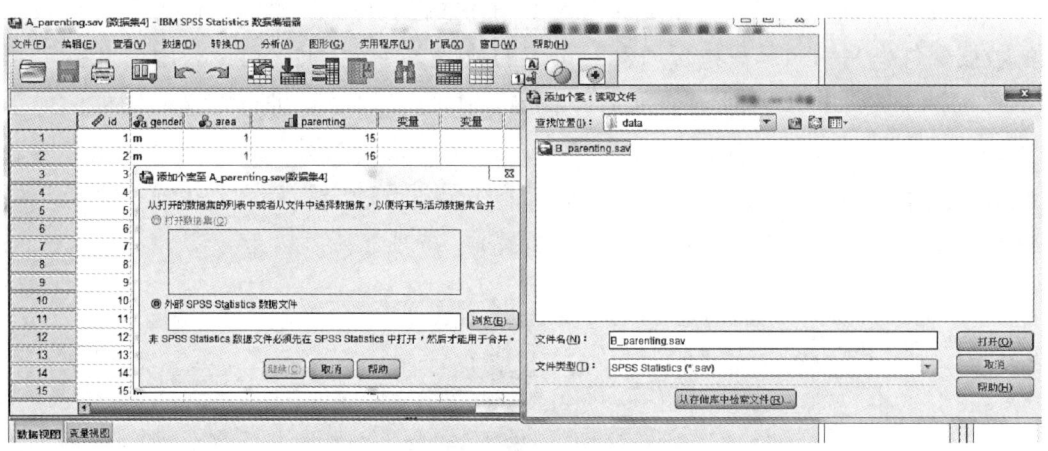

图 11 - 7　SPSS Statistics 数据表纵向合并

其二,增加变量的横向合并。即研究者对同一组样本采用两份不同的问卷,分别收集不同的数据资料,形成两份数据表,在分析时,为了将两份数据表的数据进行关联分析,需要进行数据表的横向合并。例如,研究者对某区 10 所幼儿园中、大班家园共育状况进行随机抽样调查,共抽样选取了 60 名幼儿作为样本(每园 6 人:中班 3 人,大班 3 人)。研究者分别设计了两份问卷:第一份调查对象是教师,由 60 位幼儿所在班的主班教师分别评定幼儿在园的 10 种行为习惯(变量名包括 ID、gender、age、$KB_1 \sim KB_{10}$);第二份问卷调查对象是家长,请 60 位幼儿各自的主要照护人分别评定幼儿在家的 10 种行为习惯(变量名包括 ID、gender、age、$FB_1 \sim FB_{10}$)。由此形成两份数据表 KB. sav 和 FB. sav。为了对中、大班幼儿在园和在家的行为习惯进行比较分析,需要将两个数据表合并成为一个数据表 KFB. sav,合并后的数据表包含的变量名包括:ID、gender、age、$KB_1 \sim KB_{10}$、$FB_1 \sim FB_{10}$。需要进行横向合并的两个数据文件 KB. sav 和 FB. sav 都必须事先按照关键变量值 ID 进行升序排列。而后打开其中一个文件,例如 FB. sav,选择"数据(D)"下拉菜单的"合并文件"—添加变量,选择"外部 SPSS Statistics 数据文件",打开相应路径下需要合并的文件名(如 C:/data/KB. sav),则会出现以下对话框,如图 11 - 8 所示。

图 11-8　SPSS Statistics 数据表横向合并（1）

点击"继续"之后，会出现以下对话框，如图 11-9 所示。

图 11-9　SPSS Statistics 数据表横向合并（2）

选择"基于键值的一对一合并"，并点击"ID"为"键变量"①，而后，点击"确定"，便可以将两个表格的数据合并为一个表格。合并后，两个数据表原来共有的变量，如 ID、gender、age 等不变，加入的数据表（KB.sav）中的变量（$KB_1$ ~ $KB_{10}$）会添加到 FB.sav 的数据表之后。合并后，可以另存为新的数据表，例如，FKB.sav。数据表进行横向合并后，样本量没有增加，只是变量名增加了；换言之，每个样本的数据的变量增加了，数据内容也更加丰富。

---

① 键变量通常是指主键（primary key），必须是具有唯一性的识别码，如 ID。

## 2. 数据分析功能

数据分析功能是 SPSS 的核心功能。数据只是信息的载体，从原始数据到有价值的信息，其中还要经历分类、分析的过程。数据分析的基本作用是从表面无序的数据中，发掘有价值的关系，将其转化成为有用的信息。数据只有转化成为信息，才能丰富人类对世界的认识，也才能成为科学决策的依据。

数据分析主要借助统计分析的方法进行。统计分析分为两种基本类型：一是描述统计分析；二是推断统计分析。描述统计分析是整个统计学的基础，推断统计分析则是现代统计学的主要内容。推断统计分析是建立在描述统计分析的基础上的。

（1）描述统计分析。

描述统计是通过图表或数学方法，对数据资料进行整理、分析，并对数据的分布状态、数字特征和随机变量之间关系进行估计和描述的方法。描述统计分为集中趋势分析、离中趋势分析和相关分析三大部分。在抽样研究中，描述统计分析聚焦于样本本身的数据。

集中趋势分析主要使用算术平均数、中数、众数等统计指标来表示数据的集中趋势。集中趋势分析侧重于分析数据中的共同性特征。算术平均数也称均值，是一组数据之和除以这组数据的个数/项数。算术平均数也是最常用的集中量数。例如，5 岁幼儿的平均身高或体重，大班男童 10 米折返跑的平均速度，等等。

离中趋势分析主要靠全距、标准差、方差等统计指标来研究数据的离散性。离中趋势分析侧重于分析数据中的差异性。离散统计量越大，表示变量值与集中统计量的偏差越大，这组变量就越分散。标准差（简称 SD）是最常用的离散统计量。方差则是标准差的平方。

相关分析探讨数据之间是否具有统计学上的关联性。基于事物联系普遍性的哲学观点，任何事物之间都存在一定的关联关系。这些关联关系可能具有偶然性，也可能具有必然性。所谓"统计学上的关联性"，就是指两个变量（现象）之间的关系具有一定程度的必然性。相关的程度一般用相关系数表示。相关系数的绝对值越大，相关性越强；相关系数越接近于 1 或 -1，相关度越强；相关系数越接近于 0，相关度越弱。

（2）推断统计分析。

推断统计是研究如何利用样本数据来推断总体特征的统计方法。比如，要了解一个地区的人口特征，不可能对每个人的特征——进行测量，对产品的质量进行检验，往往是破坏性的，也不可能对每个产品进行测量。这就需要抽取部分个体即样本进行测量，然后根据获得的样本数据对所研究的总体特征进行推断，这就是推断统计要解决的问题。[①]

样本只是总体中的一部分，而非全部。因此，使用样本数据对总体进行判断，就会存在一定的误差。换言之，用样本数据对总体进行判断或推断，其结论的正确性不是绝对的，而是相对的，即结论存在错误的可能性（或概率）。如果这个结论错误的可能性或概率很低，我们就可以说该结论是（比较）正确的。推断统计总是涉及概率的问题，也即 $p$ 值。例如，如果两个变量 $X$ 和 $Y$ 的相关系数为 $r = 0.65$，$p < 0.05$；那么，我们就可以得出结论：$X$ 和 $Y$ 具有显著的正相关。而该结论错误（即其实并不存在显著的正相关）的概率不到百分之五，也就是说该结论错误的可能很小。因此，我们倾向于认为，基于该项研究的数据，"$X$ 和 $Y$ 具有显著的正相关"是可以接受的正确结论。

## ◆ 第二节 ◆
## 数 据 录 入

在包括学前教育在内的教育研究项目中，研究者在进行实证研究时，问卷调查是最为常见的收集数据资料的方法。以下以问卷调查的数据录入为例，阐述不同问卷设计情形下的数据录入方法。

### 一、单选题的数据录入

问卷是由一系列的问题构成的收集资料的工具。对于封闭式问题而言，一个问题由题干和答案选项两部分构成。答案选项最常用的是"单选题"的形式，即在一个题干的各个选项中，只能选择其中一个选项。选择多于一个的选项是无效的回应。例如，"Q1 您的孩子目前在哪个年级？（A）小班　（B）中班　（C）大班"。该问题的题干是"您的孩子目前在哪个年级？"选项是"（A）小班　（B）中班（C）大班"。在准备数据录入时，"题干"本身就是变量，"选项"则是变量的值。

对于这类题目，在手工数据录入时，需要在"数据编辑器"的"变量视图"先创建一个"年级"的变量，然后对"年级"题项的三个选项进行编码，分别赋值为："1 = 小班""2 = 中班"和"3 = 大班"。确定编码后，在"数据视图"中分别输入每份问卷上该题项勾选的选项的数字代码，制作成为数据表，如图 11 - 10、图 11 - 11 所示。

---

[①] 贾俊平，何晓群，金勇进. 统计学 [M]. 2 版. 北京：中国人民大学出版社，2004：13 - 14.

图 11-10　SPSS Statistics 定义分类变量"值"的标签

图 11-11　SPSS Statistics 数据视图分类变量"值"的录入

## 二、多选题的数据录入

多选题是指在问卷的一条问题中，提供了多个选项，回答者可以选择其中一个或多于一个的选项作为有效回应。在多选题中，根据问卷设计者对每一个问题的选项的可选数量是否有限定，又分为"不限定多选"和"限定多选"两种基本情况。

### （一）不限定多选题的数据录入

不限定多选题是指在一个问题的多个选项中，不限定回应者选择选项的数量。例如：

Q2 您在为孩子选择幼儿园时，主要考虑哪些因素？（可多选）

A. 学费　　　B. 便利　　　C. 质量　　　D. 口碑

回应者可以从备选的四个选项中，根据自己的情况，选择任意数量的选项。

对于以上这种类型的"不限定多选"题，变量的定义不是以题干为准，而是以"选项"为准。换言之，有多少个选项，就要定义多少个变量，将每一个选项拆分为一个独立变量。而每一个变量的数值则采用"二分类"方式进行定义，即采用"0"或"1"作为编码，如果选中则录入1，没有选中则录入0。

在数据录入时，首先定义"变量"。由于Q2题项有四个选项，因此，在"变量视图"中定义四个变量——Q2_1，Q2_2，Q2_3，Q2_4，各个变量的"标签"分别对应四个选项的内容——学费、便利、质量、口碑；各个变量的"值"则分别是"0 = 没选"和"1 = 有选"，如图11 - 12所示。

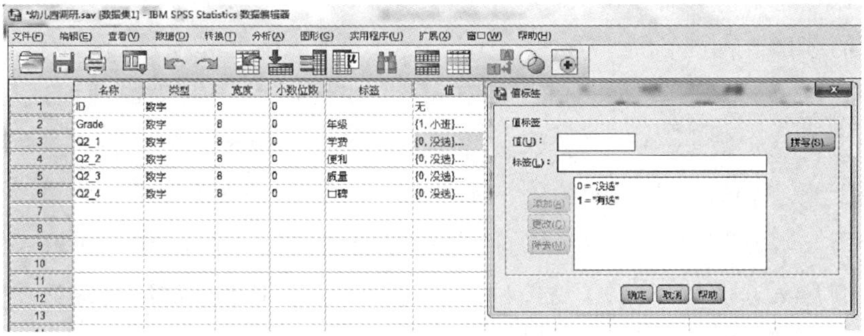

图11 - 12　SPSS Statistics 不限定多选题"二分类"值的标签

通过定义变量制作了数据表的框架之后，到数据视图输入该题项（Q2）不同选项（变量）的数值（0或1），如图11 - 13所示。

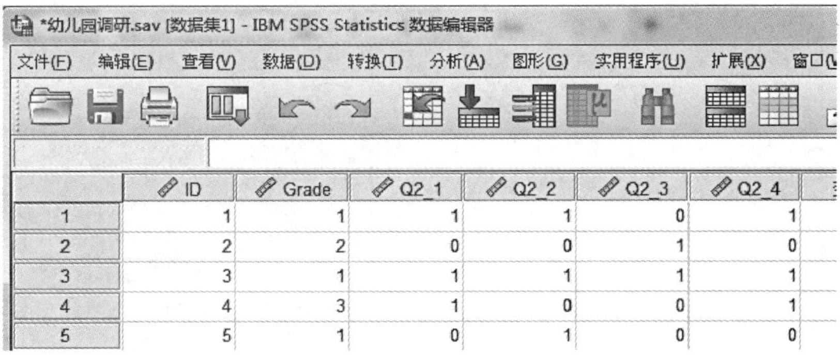

图11 - 13　SPSS Statistics 不限定多选题"二分类"值的录入

## （二）限定多选题的数据录入

限定多选题是指问卷中的某一问题（题项），在备选答案的 $N$ 个选项中，允许回应者选择一个或有限的 $n$ 个选项（$1 \leq n < N$）。例如，在关于家长选择幼儿园影响

因素的调查中，问卷设计者采用了"限定多选题"的设计思路，问题的表述方式如下：

Q3 您在为孩子选择幼儿园时，最主要考虑哪三个因素：1.（　　） 2.（　　） 3（　　）.

  A. 学费　　　B. 便利　　　C. 质量
  D. 口碑　　　E. 师资　　　F. 服务

在这种设计问题的方式中，回应者从该题项的 A～F 6 个选项中，选择不超过 3 个选项，分别填入题项后面对应的 3 个括号中。在数据录入时，同样，首先要界定变量。限定多选题所需定义的变量的数量等于可选的选项的数量。在该例子中，可选的选项数量有 3 个，因此，相应地定义三个变量，分别代表题项后 "1、2、3" 三个括号的选项。同时，对 "A、B、C、D、E、F" 6 个选项进行编码，分别赋值 "1、2、3、4、5、6"。具体操作时，我们在"变量视图"将 "1、2、3" 三个选项分别定义为 3 个变量——Q3_1，Q3_2，Q3_3，将"标签"定义为"选项一、选项二、选项三"，"值标签"（即编码）为 "1 = 学费，2 = 便利，3 = 质量，4 = 口碑，5 = 师资，6 = 服务"。这三个变量的值是对应选项的编码。例如，如果某回应者对该项题目的答案选项是"（1）A（2）C（3）E"，则记录该回应者这三个变量的数值分别是"1，3，5"，如图 11 - 14 所示。

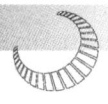

图 11 - 14　SPSS Statistics 限定多选题值的标签

录入数据后，形成以下数据表（如图 11 - 15 所示），其中，Q3_1，Q3_2，Q3_3 表示第 3 题限定多选题的数据录入结果。当我们解读该数据表时，从中可以知道，例如，第 2 位（即 ID = 2）回应者在考虑选择幼儿园的因素时，会重点考虑"便利""质量"和"服务"三个因素。

相对于单选题而言，采用多选题的问题设计，能够让我们较为全面、综合地分析某种现象产生的原因或影响，而不只是考虑到单一的因素。相对于"不限定多选

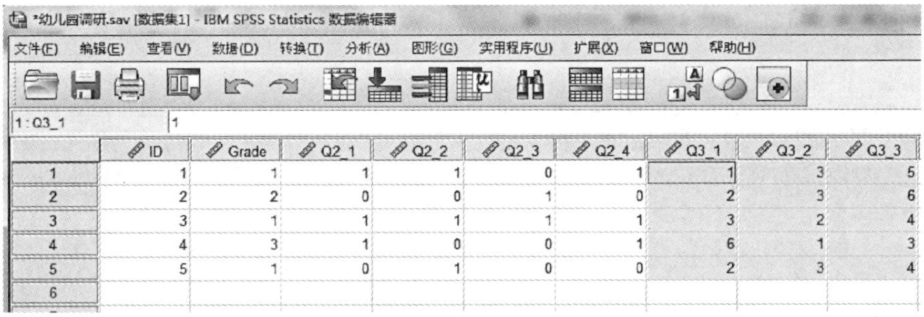


| | ID | Grade | Q2_1 | Q2_2 | Q2_3 | Q2_4 | Q3_1 | Q3_2 | Q3_3 |
|---|---|---|---|---|---|---|---|---|---|
| 1 | 1 | 1 | 1 | 1 | 0 | 1 | 1 | 3 | 5 |
| 2 | 2 | 2 | 0 | 0 | 1 | 0 | 2 | 3 | 6 |
| 3 | 3 | 1 | 1 | 1 | 1 | 1 | 3 | 2 | 4 |
| 4 | 4 | 3 | 1 | 0 | 0 | 1 | 6 | 1 | 3 |
| 5 | 5 | 1 | 0 | 1 | 0 | 0 | 2 | 3 | 4 |
| 6 | | | | | | | | | |

**图 11－15　SPSS Statistics 限定多选题值的录入**

题”，“限定多选题”又能让研究者通过调研，进一步把握“主要矛盾”，也就是说，将较为重要的选项从众多的选项中遴选出来，成为决策时要考虑的主要因素。

## 三、排序题的数据录入

排序题是指从问题答案的备选项中，选出若干选项，并按一定的标准排序。按照回答时选择的选项的情况，排序题又细分为两类：一是对所有的选项进行排序，即一般意义上的排序题；二是从所有的选项中选出若干个选项进行排序，称为多选排序题。

### （一）一般意义上的排序题的数据录入

排序题是在问卷设计中，对于提供的多个选项，按照一定的标准（如重要性）对所有选项进行排序。例如：

Q4 在为孩子选择幼儿园时，对①学费 ②便利 ③质量 ④口碑 ⑤师资 ⑥服务，您关注的先后顺序是（请填代号重新排列）第 1 位____，第 2 位____，第 3 位____，第 4 位____，第 5 位____，第 6 位____。

在该排序题中，回应者要按关注程度，对所提供的所有 6 个选项进行先后顺序的排序，最为关注的因素排在“第 1 位”，第 2 关注的因素排在“第 2 位”，依此类推。对于该排序题的数据录入，首先是在“变量视图”中定义变量。在定义变量时，有多少个选项，就定义多少个变量。在本例中，需对 6 个选项进行排序，因此，需要定义 6 个变量：Q4_1，Q4_2，Q4_3，Q4_4，Q4_5，Q4_6。各变量对应的“标签”分别是“第 1 位”“第 2 位”“第 3 位”“第 4 位”“第 5 位”和“第 6 位”。变量的“值”为备选项的顺序，即 1 = 学费、2 = 便利、3 = 质量、4 = 口碑、5 = 师资、6 = 服务。假设第 1 位回应者（ID = 1）在填写各选项的排序时，第 1 位填了③质量，第 2 位填了①学费，第 3 位填了⑤师资，第 4 位填了⑥服务，第 5 位填了②便利，第 6 位填了④口碑，那么，该回应者所在行中，Q4_1 的数值为“3”（表示选项 3“质量”排在第 1 位），Q4_2 的数值为“1”（表示选项 2“学费”是第 2

位受关注的因素），依此类推，如图 11-16 所示。

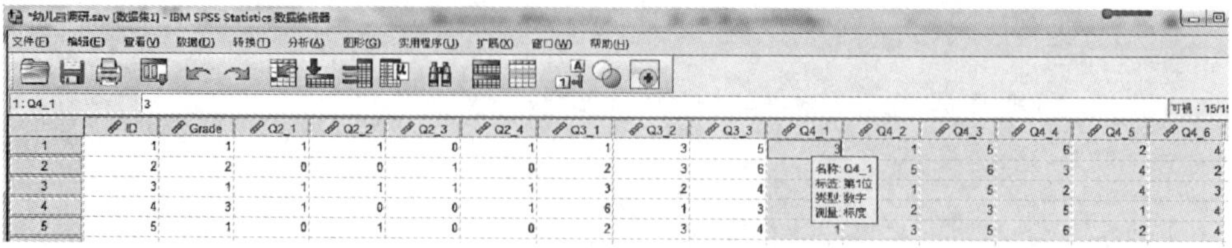

图 11-16　SPSS Statistics 排序题值的录入

## （二）多选排序题的数据录入

多选排序题是指从问卷某一问题提供的 $N$ 个备选项中，选择出一定数量的 $n$ 个选项（$n<N$），并按一定的标准（如重要性）排序。例如：

Q5　您在为孩子选择幼儿园时，最主要考虑哪三个因素？请按重要性从以下 6 个选项中选取 3 个选项，按重要性从高到低排序，将对应的字母填入括号中：1. （　　）2. （　　）3. （　　）

A. 学费　B. 便利　C. 质量　D. 口碑　E. 师资　F. 服务

多选排序题的数据录入，同样是先定义变量：有多少个备选项，则定义多少个变量。在该题例中，问题提供的备选项从"学费"到"服务"共有 6 个。因此，需要定义 6 个变量，变量名分别为：Q5_1、Q5_2、Q5_3、Q5_4、Q5_5、Q5_6。每个变量对应的"标签"分别是"学费""便利""质量""口碑""师资"和"服务"。由于每个选项既可能被选上，也可能没有被选上，如果被选上，则可能排在"第 1 位"，也可能排在"第 2 位"或"第 3 位"；因此，对每个变量的选项进行编码后的"值"有 4 个："0"（表示没有被选上）；"1"（表示被选上，而且排"第 1 位"）；"2"（表示被选上，而且排"第 2 位"）；"3"（表示被选上，而且排"第 3 位"）。

研究者在录入多选排序题的数据时，先在"变量视图"创设相应的变量，建立数据表框架，如图 11-17 所示。

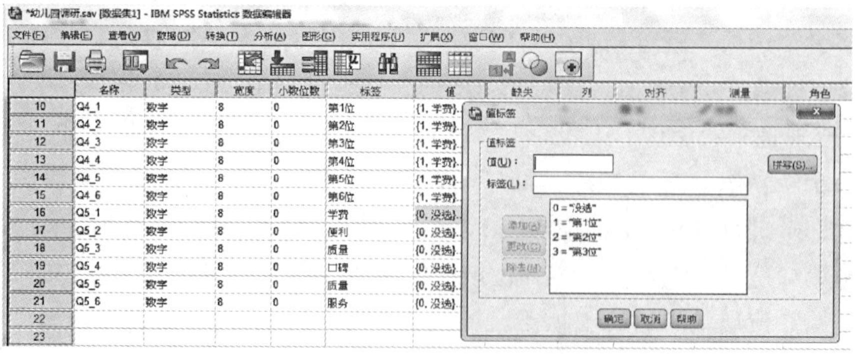

图 11-17　SPSS Statistics 多选排序题值的标签

而后根据每份问卷回应者提供的资料，在"数据视图"将相应的数据录入，形成数据表。如图 11 – 18 所示。

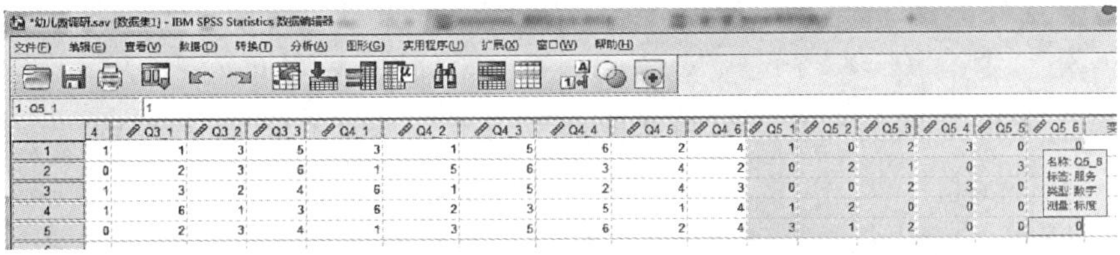

图 11 – 18　SPSS Statistics 多选排序题值的录入

在该表中，ID = 1 的第一位回应者在回答第 5 题的内容时，将"学费""质量"和"口碑"列为 3 个考虑的因素。其中，"学费"是首先考虑的因素，"质量"是第二位考虑的因素，"口碑"是第三位考虑的因素。

如果说"多选题"使得研究者在研究过程中，能够收集数据，进而更全面、综合地分析问题，那么，"排序题"使得研究者能分辨各个选项的轻重缓急；而"多选排序题"不仅能通过选项的筛选，让研究者更好地发现问题的"主要矛盾"，而且还能通过对筛选出来的选项的排序，让研究者更好地发现"矛盾的主要方面"。把握"主要矛盾"并抓住"矛盾的主要方面"，对于科学决策具有重要的意义。

◆ 第三节 ◆

## 数 据 转 换

数据录入或数据表的准备是数据分析的前提和基础。数据准备除了收集数据之外，还涉及对已有数据的前期处理。在数据前期处理过程中，基于已有变量生成新的变量是数据准备的重要内容。生成新变量主要是使用"转换（T）"下拉菜单中的两个选项完成：其一是通过"计算变量（C）"指令；其二是通过"重新编码"的指令。

### 一、使用"计算变量"进行数据转换

研究过程中，研究者常要基于原始数据，通过一定的逻辑运算和算术运算，计算出相应的变量的值。例如，基于入职的工资和当前工资以及教师学历的数据，计算"具有本科学历的教师入职以来的工资升幅"。

在使用"计算变量"指令进行数据转换时，通过"转换"下拉菜单中的"计算变量"，设定"数字表达式"（即算术计算公式），并在需要的时候结合条件语句"如果（if）"的逻辑运算，生成所需要的新变量。例如，在学前教育调查研究中，

我们需要结合幼儿的年龄特点分析幼儿的行为特征，为了减小调查误差，在问卷中通常不直接询问家长幼儿的年龄，而是询问幼儿出生年月的资料，再将出生年月的资料通过"计算变量"转换成幼儿的"月龄"（或年龄）。如果家长提供某幼儿出生的"年份"变量（byear）是"2020"，"月份"变量（bmonth）是 4，即表示该幼儿出生于 2020 年 4 月份。同时得到其他幼儿相应变量的数据，构成以下数据表，如图 11-19 所示。

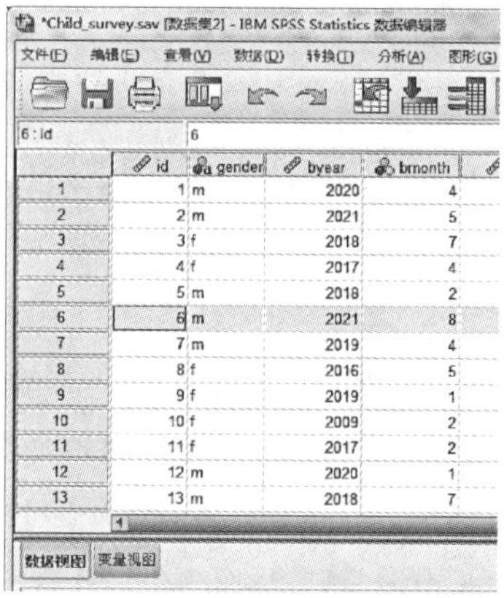

图 11-19　数据转换原始数据表范例

假设调查实施的时间是 2022 年 6 月，则需要计算截止到 2022 年 6 月这些幼儿的月龄（设定变量名为 age_m）。"月龄"这一变量的"数字表达式"为：

age_m =（2022 - byear）*12 +（6 - bmonth）

如图 11-20 所示。

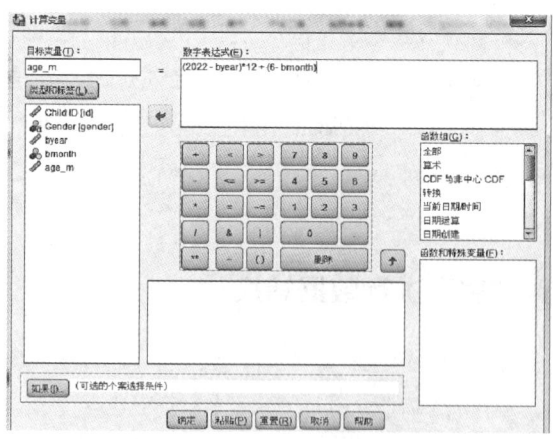

图 11-20　数据转换计算公式定义

如果对所有幼儿使用同样的计算公式，则不需要设定"条件语句"的"如果（if）"，点击"确定"即可得到所有幼儿的"月龄"数据。

## 二、使用"重新编码"进行数据转换

重新编码主要用于两种情形:一是"区间对点重新编码";二是"点对点重新编码"。

### (一)将连续变量重新编码为分类变量的"区间对点重新编码"

在数据前期处理的过程中,有时需要将连续变量转换成分类变量。例如,将一定的年龄范围(区间)编码为若干个年龄段,或将百分制的成绩重新编码为5分制的成绩。在这种情形下,研究者要先确定重新编码的原则。例如,将月龄变量(age_m)重新编码为年龄段(agegroup),月龄小于等于36个月的婴儿编为年龄段变量的第1组,月龄大于36个月的幼儿编为第2组;或者将百分制中"分数"(score)变量"60分以下的值"编码为新变量"分数段"(pass)的"不及格",用"0"表示,将"分数"变量"60分以上的值"编码为新变量"分数段"的"及格",用"1"表示。这样,"分数"这一连续变量,就转换成了"分数段""二分变量"(dichotomous variable),即当数值为"0"时表示"不及格",数值为"1"时表示"及格"。

在重新编码时,一般情况下,尽量选择"重新编码为不同变量"。这样,重新编码后会基于一个已有变量(如age_m)输出一个新变量(如agegroup),用输出变量承载重新编码后产生的新数据,避免覆盖已有的原始数据,如图11-21所示。

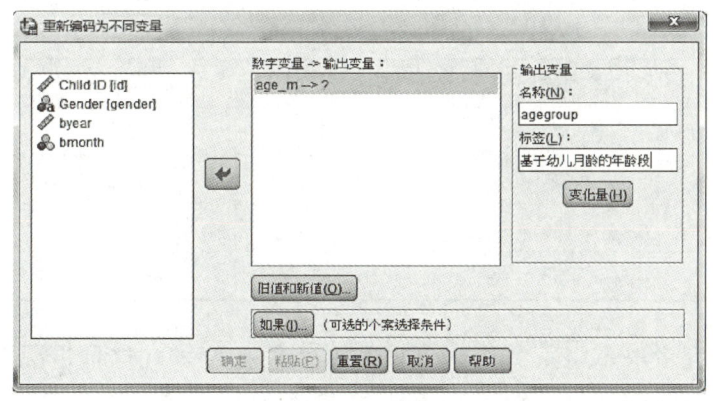

图11-21 重新编码变量名转换定义

定义了"输出变量"后,接着就需要定义重新编码后变量数值从"旧值"到"新值"的转换规则。由于旧值是连续变量,所以要将一个区间内的旧值转换成一个点的新值,因此,在旧值的对话框中,使用"范围"的相应选项。例如,将"月龄"转换成为"年龄段"的规则体现在以下的重新编码对话框中,如图11-22所示。

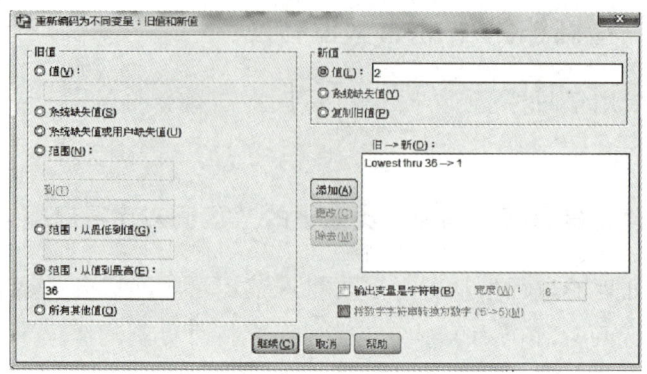

图 11-22　重新编码变量"值"转换定义

执行该"指令"的操作，则所有"月龄"变量上的数值小于等于 36 的样本都会被编入"年龄段"的第 1 组，"月龄"变量上的数值大于 36 的样本则会被编入"年龄段"的第 2 组，实现将连续变量转换为分类变量。

### （二）将分类变量转换为另一种分类变量的"点对点重新编码"

在研究过程中，可能会出现某个类别的样本数量偏少的情况。例如，在调查不同地区幼儿家庭教育状况时，研究者按"area"（地区）划分为：城镇（编码为1）、郊区（编码为2）、农村（编码为3）。在收集和录入数据后，发现郊区的样本较少，只占了 8.2%，导致三类"area"的结构比例不均衡，见表 11-1。

表 11-1　按"area"分类的样本分布

| | 地区 | 样本量/个 | 百分比/% | 有效百分比/% | 累积百分比/% |
|---|---|---|---|---|---|
| 有效 | A 城镇 | 249 | 52.5 | 52.5 | 52.5 |
| | B 郊区 | 39 | 8.2 | 8.2 | 60.8 |
| | C 农村 | 186 | 39.2 | 39.2 | 100.0 |
| | 总计 | 474 | 100.0 | 100.0 | — |

为此，研究者决定将第 2 组（郊区）并入第 3 组。在这种情况下，可以采用"重新编码为不同变量"的操作，如图 11-23 所示。

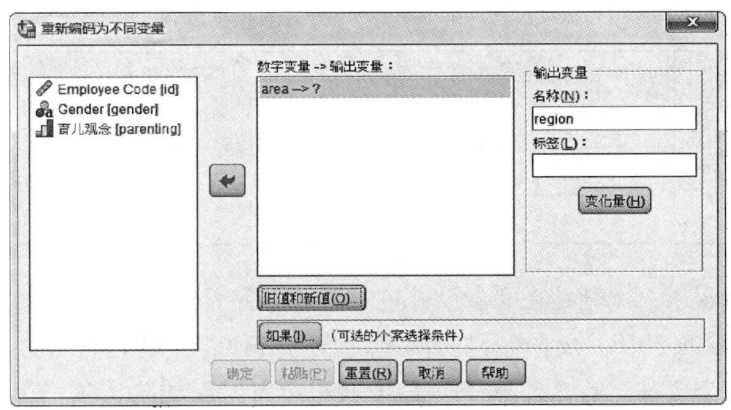

图 11 – 23　重新编码变量名的转换

将原始数据"area"重新编码为一个新的变量"region"。而后，进行"旧值"和"新值"的转换。

在该对话框中，将"area"的第 1 组重新编为"region"的第 1 组，将"area"的第 2 组重新编为"region"的第 2 组，将"area"的第 3 组重新编为"region"的第 2 组。通过这样的重新编码，新变量"region"就只有"1"（城镇）和"2"（农村）两个值，将原来变量"area"中第 2 组和第 3 组进行了合并，如图 11 – 24 所示。合并后的样本结构比例相对均衡，见表 11 – 2。

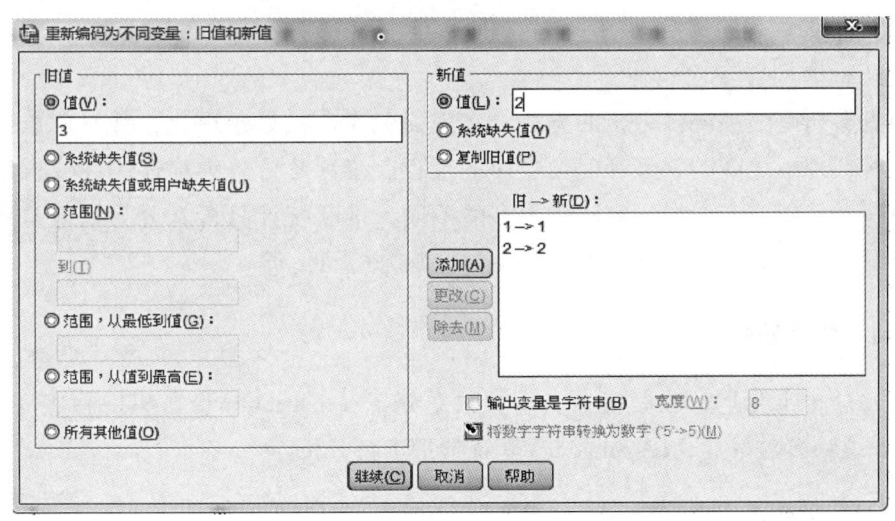

图 11 – 24　重新编码分类变量值的合并

表 11-2　按"region"分类的样本分布

| | 地区 | 样本量/个 | 百分比/% | 有效百分比/% | 累积百分比/% |
|---|---|---|---|---|---|
| 有效 | A 城镇 | 249 | 52.5 | 52.5 | 52.5 |
| | B 农村 | 225 | 47.5 | 47.5 | 100.0 |
| | 总计 | 474 | 100.0 | 100.0 | — |

在研究过程中,尤其是在问卷设计过程中,研究者出于各种考虑,有时会采用"反向题"的题项设计。反向题是指问题内容与其他相关的题目含义相反的题项。例如,"Q1 我经常抽时间陪伴孩子""Q6 我很少有时间能陪伴孩子"。因此,在计分时,如果是正向题计分则分值越高越好;反之,反向题的计分分值则越低越好。涉及反向题的数据分析时,需要对反向题进行"反向编码"(reverse coding),以确保反向题的数据意义与其他题项的数据意义一致。例如,如果采用李克特尺度 5 点计分法,则反向题的 5 分要反向计分为正向题的 1 分,同理,反向题的 1 分要反向计分为正向题的 5 分。当涉及这种情形时,也可采用"重新编码为不同变量"中"旧值"对"新值"的"点对点"重新编码。

## 第四节

## 数 据 分 析

数据分析是借助统计分析的方法,将表面无序的数据条理化,并发掘数据所体现的事物或现象之间的关系和变化规律的过程。统计分析分为描述统计分析和推断统计分析两大类别。根据研究问题类型的不同,推断统计分析又分为处理差异性问题的差异分析和处理相关性问题的相关与回归分析两大类。

### 一、描述分析

描述分析主要是对数据表中变量的数据分布(distribution)、集中趋势(central tendency)和离散量数(dispersion)等统计量进行分析。

#### (一)频率分析

频率分析(frequencies)既可用于分类变量,也可用于连续变量。在问卷调查中,如果涉及多选题,对多选题的分析也属于频率分析的范畴。

1. 分类变量的频率分析

根据分析过程中涉及的分类变量的数量,可以将分类变量的频率分析分为三种情形：一是只涉及一个分类变量的频率分析；二是同时涉及多个分类变量的频率分析；三是多选题的频率分析。

（1）只涉及一个分类变量的频率分析。

频率分析主要的作用是报道该变量不同水平（levels）的频次（frequencies）和百分比。例如，研究者采用随机抽样的方法，收集了有关幼儿发展的数据。研究者需要了解样本中幼儿在某一个分类变量方面的信息，例如性别结构比例，则可采用"频率"分析的方法。选择"分析"下拉菜单中"描述统计"的"频率"选项，如图11-25所示。

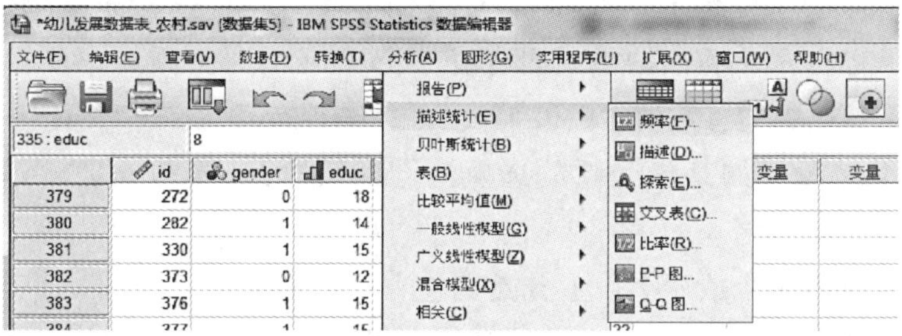

图11-25 描述统计"频率"分析界面

将需要分析的分类变量"幼儿性别"导入"变量"窗口，勾选"显示频率表"，如图11-26所示。

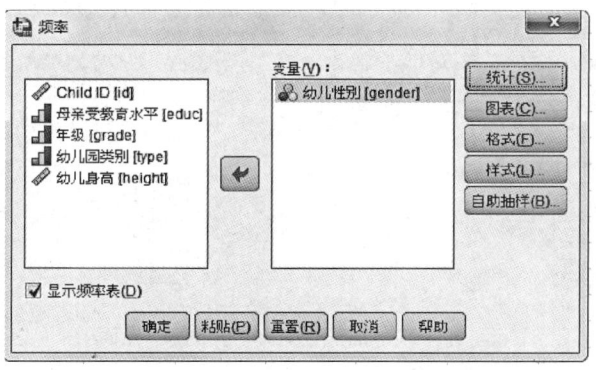

图11-26 描述统计"频率"分析变量定义

点击"确定"后，即可得到以下频率表，见表11-3。

表 11-3　幼儿性别频率分析表

| 幼儿性别 | 样本量/个 | 百分比/% | 有效百分比/% | 累积百分比/% |
| --- | --- | --- | --- | --- |
| 女童 | 236 | 49.8 | 49.8 | 49.8 |
| 男童 | 238 | 50.2 | 50.2 | 100.0 |
| 总计 | 474 | 100.0 | 100.0 | — |

该频率分析表显示，研究者所抽取的 474 个幼儿样本中，女童有 236 人，占样本总数的 49.8%，男童有 238 人，占样本总数的 50.2%。

频率分析除了有助于研究者了解和报道样本及变量的基本信息，还有助于研究者在数据分析之前，了解数据中是否存在"异常"情况。例如，在"性别"变量中，除了变量编码中的有效值"0 和 1"之外，是否有其他"非法值"。如果有，则需要核查数据来源（如某份问卷的选项），及时进行必要的处理，确保数据的准确性。

（2）同时涉及两个或两个以上分类变量的频率分析。

有些描述性的问题同时涉及两个或两个以上的分类变量。例如，研究者不只是要了解幼儿的性别结构比例，而且想要了解小、中、大班三个不同年级（grade）男女幼儿的比例。这一问题涉及两个分类变量的组合，即"年级"和"性别"。因此，研究者适合采用"分析"下拉菜单中"描述统计"的"交叉表"选项，如图 11-27 所示。

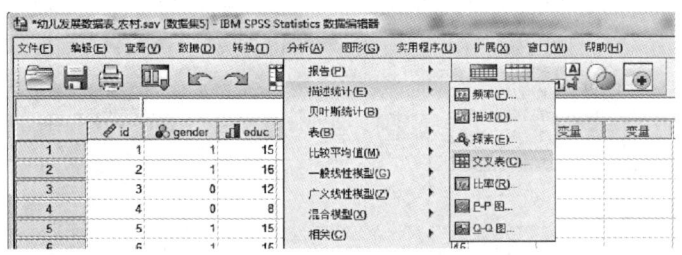

图 11-27　描述统计"交叉表"界面

为了得到完整的有关频数和百分比的信息，需要勾选"单元格"中"行、列、总计"的百分比，如图 11-28 所示。

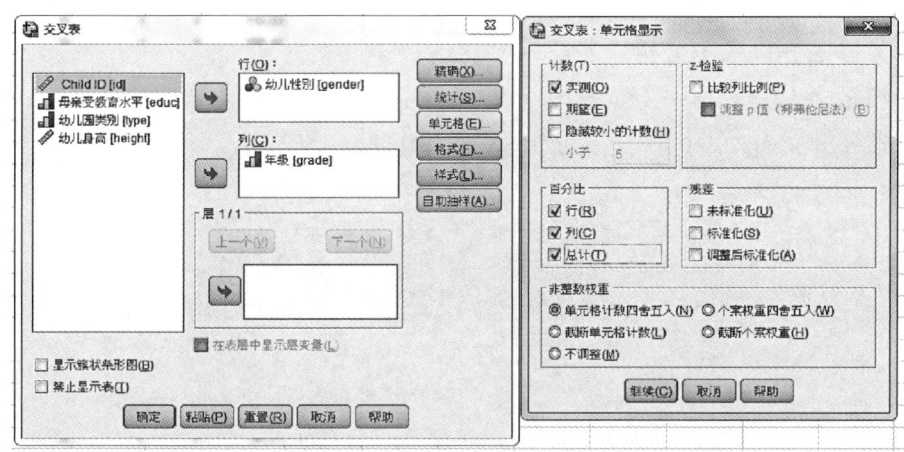

图 11-28 描述统计"交叉表"变量定义与统计选项

如果一项分析存在两个以上的分类变量,则可将第三个及以上的分类变量导入"层"中,从而构成多个分类变量的列表。

基于"幼儿性别"与"年级"两个分类变量的频率分析,点击"确定"后,便可得到"交叉表"所呈现的各种信息,如表 11-4 所示。

表 11-4 幼儿性别与年级交叉分析表

| 类别 | | | 年级 | | | 总计 |
|---|---|---|---|---|---|---|
| | | | 小班 | 中班 | 大班 | |
| 幼儿性别 | 女童 | 计数/人 | 87 | 70 | 79 | 236 |
| | | 占幼儿性别的百分比/% | 36.9% | 29.7% | 33.5% | 100.0% |
| | | 占年级的百分比/% | 49.4% | 52.2% | 48.2% | 49.8% |
| | | 占总计的百分比/% | 18.4% | 14.8% | 16.7% | 49.8% |
| | 男童 | 计数/人 | 89 | 64 | 85 | 238 |
| | | 占幼儿性别的百分比/% | 37.4% | 26.9% | 35.7% | 100.0% |
| | | 占年级的百分比/% | 50.6% | 47.8% | 51.8% | 50.2% |
| | | 占总计的百分比/% | 18.8% | 13.5% | 17.9% | 50.2% |
| 总计 | | 计数/人 | 176 | 134 | 164 | 474 |
| | | 占幼儿性别的百分比/% | 37.1% | 28.3% | 34.6% | 100.0% |
| | | 占年级的百分比/% | 100.0% | 100.0% | 100.0% | 100.0% |
| | | 占总计的百分比/% | 37.1% | 28.3% | 34.6% | 100.0% |

表 11-4 中的信息比频率表的信息要丰富很多,我们不仅知道样本中女童的总数是 236 人,而且知道小、中、大班三个年级女童的数量分别是 87 人、70 人和 79 人,也知道小班女童占所有女童数量的 36.9%,小班女童占小班人数的 49.4%,占

样本总数 474 人的 18.4%。这些数据，为我们描述样本结构提供了准确的信息。

（3）多选题的频率分析。

在涉及多选题的数据分析时，从"分析"下拉菜单中选择"多重响应"（multiple responses）中的"定义变量集"，如图 11-29 所示。

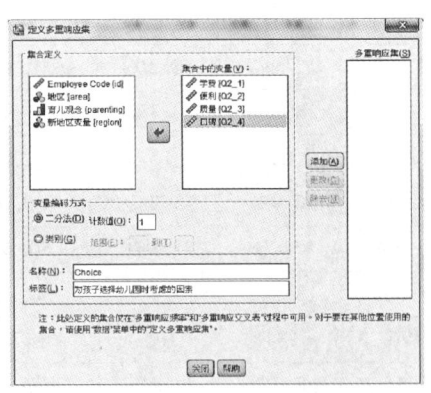

图 11-29　多选题数据分析界面

"多重响应"是指回应者在回答问卷中的多选题时，同时提供了多个选项。"定义变量集"，就是将某一多选题的所有选项集合在一起，构建一个新的特殊变量（如图 11-30 所示），该特殊变量中包含了若干个由"选项"构成的"变量"，因此称为变量集。

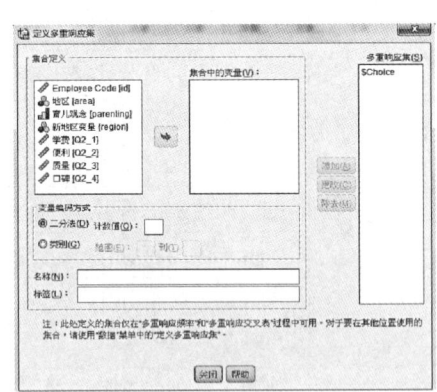

图 11-30　多选题"多重响应集"的定义

首先，在"定义多重响应集"的对话框中，将属于某一多选题的所有选项导入"集合中的变量"，而后界定"变量编码方法"。如果多选题属于"不限定多选题"，则采用"二分法"（即编码数值只有 1 和 0），在"计数值"中，填入"1"表示"有选"；如果是"限定多选"或"排序题"等其他多选题，则采用"类别"，设定表示"有选"的相应数值范围，如从1到4。定义以上信息后，为"多重响应集"这一特殊变量定义一个"名称"，该名称及其标签通常反映多选题的题干，例如"choice"。而后，将其"添加"到"多重响应集"中，点击"关闭"，便完成了对一道多选题的"多重响应数据集"的定义。之后，便可以在"分析"下拉菜单中的"多重响应"，对需要分析的"多重响应集"进行频率分析或交叉表分析，如图11-31所示。

图11-31 定义多选题"多重响应集"后的"多重响应"分析界面

由于分类变量不存在平均数和标准差，因此，对于包括"多重响应数据集"在内的分类变量，不需要进行集中趋势和离散性的分析。

2. 连续变量的频率分析

连续变量虽然也可以做频率分析，但由于连续变量（如幼儿身高）的数据较为分散，因此，一般意义上的频率分析没有很大的实际意义。对于连续变量而言，较有意义的信息来自"统计"对话框中的选项，包括百分位值、集中趋势和离散。

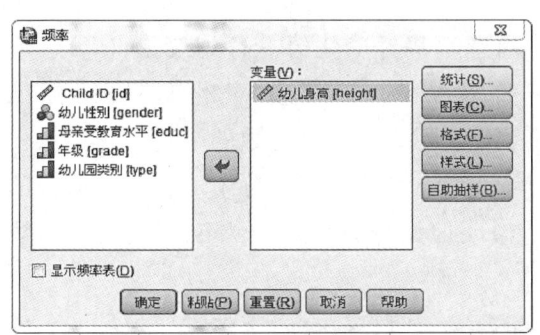 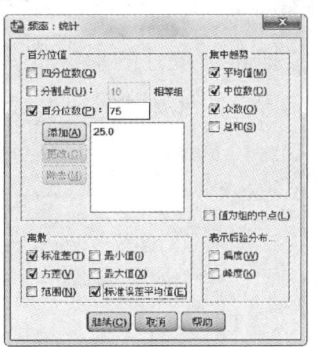

图11-32 连续变量频率分析的分析界面

将一组数据（如幼儿身高）从小到大排序，并计算相应的累计百分位，则某一百分位所对应数据的值就称为这一百分位的百分位数。例如，在"百分位数"中填入数值"75"，就能找到处于75%位置的对应数值，即第75百分位数。换言之，在所有从小到大排序的数值中，有75%的数值位于该"百分位数"以下。得到这个"百分位数"，对于研究者将连续变量重新编码为分类变量具有重要的作用。通常，"百分位数"是将连续变量重新编码为分类变量的"切点"（cut points）。

除了百分位数之外，还可以从"统计"对话框中得到体现该连续变量集中趋势和离散性的相应统计量，如平均值、中位数、众数、标准差和方差等。

### （二）集中趋势

体现一组数据集中趋势的主要指标包括平均值、中位数和众数。平均值是统计学中最常用的统计量，也称为算术平均数，即一组数据的和除以这组数据的个数所得的商。中位数是指按顺序排列的一组数据中居于中间位置的数，中位数将数值集合划分为相等的上下两部分。众数则是指在一个数值集合中出现频率最多的数值。

集中趋势的数值可以从"分析"下拉菜单中"描述"选项中得到相应的信息，如图11-33所示。

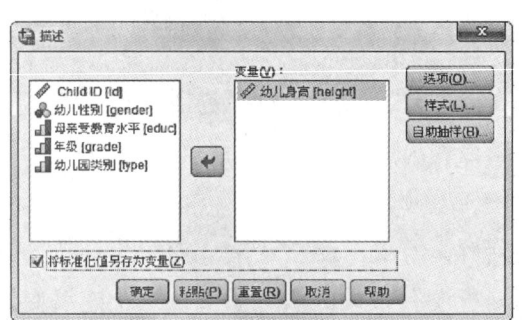
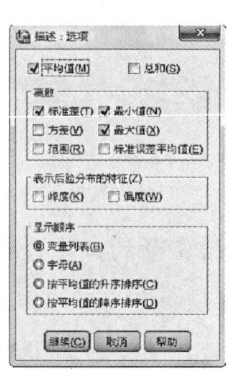

图11-33　连续变量描述统计分析的分析界面与选项

在"描述"统计的对话框中，勾选"将标准化值另存为变量（Z）"后，就可以自动得到一列体现该连续变量标准分（Z分数）的变量。"标准化值"（standardized values）也称为标准分。Z分数是以一批分数的平均数作为参照点，以标准差作为单位表示距离。它由正负号和绝对数值两部分组成，正负号说明原始分是大于还是小于平均数，绝对数值说明原始分以标准差为单位距离平均数的远近程度。

平均值是最具有代表性的集中量数。有时，研究者不仅需要得到所有样本在某一连续变量上的平均值，而且需要得到不同组别样本在某一连续变量上的平均值。

例如,"小中大班三个年龄段幼儿各自的身高平均值"。为了得到组别平均值,可以使用"分析"下拉菜单的"比较平均值"第一个选项"均值",如图 11-34 所示。

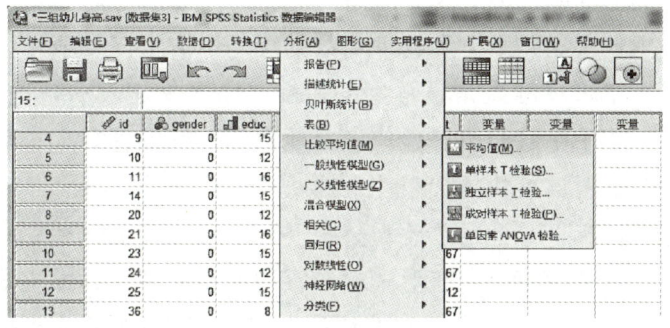

图 11-34　连续变量分组平均值的分析界面

将需要计算的连续变量导入"因变量列表"(如幼儿身高),并在"层"中导入用于分组的分类变量(如幼儿年级)。如果有多个分类变量的交叉,则另一个分类变量可以导入第二层,如图 11-35 所示。

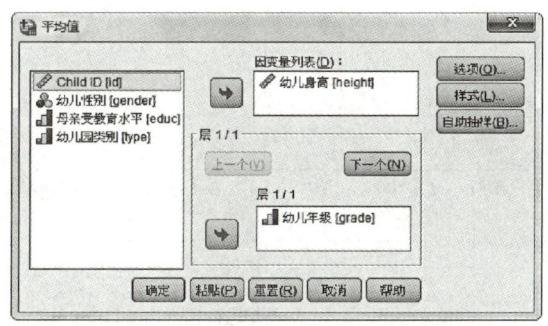

图 11-35　连续变量分组平均值的变量定义

点击"确定"后,就可以得到幼儿平均身高的分组信息,如表 11-5 所示。

表 11-5　幼儿不同年龄段身高平均值

| 幼儿年级 | 平均值/cm | 个案数/个 | 标准偏差 |
| --- | --- | --- | --- |
| 小班 | 96.148 3 | 69 | 2.011 79 |
| 中班 | 102.684 3 | 70 | 2.487 61 |
| 大班 | 115.961 6 | 77 | 2.452 60 |
| 总计 | 105.329 5 | 216 | 8.672 24 |

### (三) 离散量数

离散量数是体现一组数据各个数值之间的差异性的统计量,表现一组数据的离散程度。表示离散程度的统计量包括极差、离差、标准差和方差。

极差也称为全距,是一组数据中最大值与最小值的差。离差是指一组数中各个数值与该组数平均值的差,因此也称为离均差。

标准差是一组数中离差平方和的平均数的算术平方根。在表示一组连续型数据离散性的量化指标中,标准差是最常用的指标。标准差是表示精确度的重要指标。标准差越小,表示集中量数能更好地代表其他数值;标准差越大,表示不确定性越强,相应的集中量数对该组数的代表性也越差。

在正态分布的情况下,标准差还常被用于估计数据的分布情况。由于人类社会、心理和教育中大量现象都符合正态形式分布,如能力的高低、学生成绩的好坏等都属于正态分布。因此,按照正态分布曲线,有68.27%的数值位于平均数上下1个标准差之间,95%的数值位于平均数上下1.96个标准差之间,99%的数值位于平均数上下2.58个标准差之间,如图11-36所示。

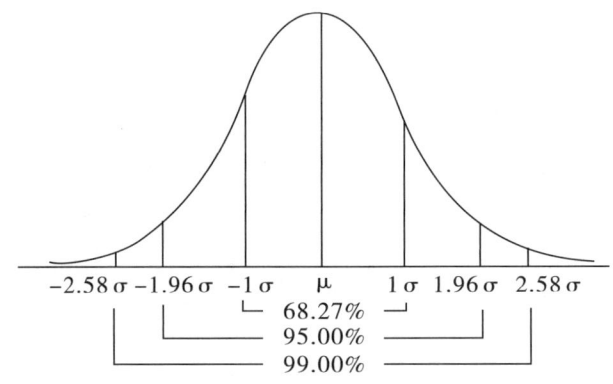

图11-36 正态分布状态下面积图

有关的离散量数可以从"分析"下拉菜单中"描述"的"统计"对话框中勾选得到。例如,"幼儿身高"的有关集中量数(平均数)和离散量数。表11-6是描述统计中有关均值、标准差(标准错误)和标准偏差、方差的统计量。

表11-6 幼儿身高统计数据

| 项目 | 样本数/个 | 平均值/cm | 标准错误 | 偏差 | 方差 |
| --- | --- | --- | --- | --- | --- |
| 幼儿身高 | 474 | 100.375 5 | 0.364 | 7.929 | 62.871 |
| 有效个案数(成列) | 474 | — | — | — | — |

以上各个统计量之间存在一定的内在关系。例如,方差的平方根就是标准差,也称标准偏差。标准错误也称为标准误,是标准差除以样本平方根的商。标准误用于描述样本均值对总体期望值的离散程度。因此,在使用样本对总体进行推断时,就是参照高斯分布(正态分布)规律,使用标准误(SEx)而非标准差(SD)。标

准差主要用于描述样本本身的离散程度。

## 二、差异分析

差异是客观存在的，也是普遍存在的。当量的差异发展到一定程度时，就会发生质的变化，即显著差异。差异性分析就是针对差异性问题进行的数据分析，探讨差异是否具有显著性。所谓差异性问题，是指不同组别的研究对象在同一事物或现象之间异同程度的问题。教育研究中的差异性分析，通常采用组别比较的方法。即按一定标准（自变量）将研究对象分为若干组别或类别，比较不同组别在某一结果变量（因变量）上的数值是否存在显著差异。

从量化研究的角度而言，差异性问题的分析方法与具体的问题类型有关，而具体的问题类型又与数据类型有关。数据包括分类数据和连续数据两种基本类型。在诸如"师范院校中新生的性别比例是否存在显著差异"的差异性问题表述中，包括了"组别变量"和"结果变量"两个基本部分。差异性问题中的"组别变量"通常是"分类变量"，而"结果变量"则可能是分类变量，也可能是连续变量。这种不同的变量组合，就构成了差异性问题分析中的两种不同方法。

### （一）比较频数与百分比的差异性分析

在研究过程中，其中一类研究问题是要分析不同组别的研究对象的分布或比例是否存在显著差异。换言之，就是分析不同组别（或类别）中的数量和百分比是否存在显著差异。用于分析比较组别之间的数据分布（频数和百分比）是否存在显著差异的检验方法称为卡方检验。根据组别的分组方式，卡方检验又分为以下两种情形。

1. 单一样本卡方检验法

单一样本卡方检验法（one-sample Chi-squared test）是指在分析过程中，基于研究问题，根据一个分类变量将样本分为不同的组别，检验样本根据该分类变量进行分组后的数据分布与总体中相应类别的数据分布是否一致。

例如，某学前教育研究项目中的一个研究问题是分析幼儿园幼儿的性别结构比例是否与已知的总体性别结构比例一致。为此，研究者收集了包括幼儿性别在内的资料，如图 11-37 所示。

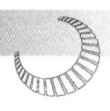

图 11-37 幼儿数据表

在该数据表中,共有 474 名幼儿。其中,女童 216 人,占 45.6%;男童 258 人,占 54.4%。

那么,该样本中的幼儿性别结构比例与总体中的性别结构比例存在显著差异吗?参照我国 2021 年全国第七次人口普查的资料,总体中男性的比例为 51.24%,女性的比例为 48.76%。该已知的数据成为后续比较分析的参照标准。

针对以上的研究问题,研究者按"性别"变量将样本分为两组,需要检验样本中的幼儿性别比例是否与总体中已知的性别比例存在显著差异。为此,研究者采用单一样本卡方检验法。具体操作如下:

(1) 从"分析"下拉菜单中,选择非参数检验中的"卡方"(如图 11-38 所示)。

图 11-38 单一变量分组的卡方检验界面

(2) 将要检验的分类变量导入"检验变量列表",填入相应的期望值(如图 11-39 所示)。

该研究问题以"幼儿性别"作为分类指标，因此，将"幼儿性别"导入"检验变量列表"。"期望值"就是总体已知的性别结构比例的数据，按照"性别"变量编码的数值大小顺序输入相应的比例，如"0 = 女童"，因此，先输入"女性"在总体中的比例48.76，而后输入"1 = 男童"相应的总体比例51.24。

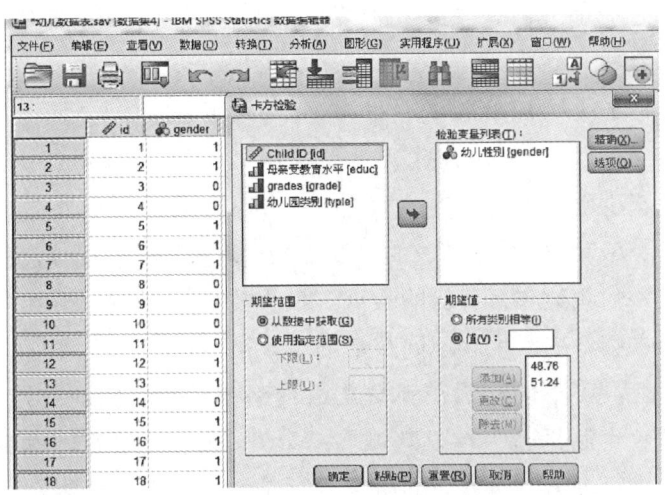

图11-39　单一变量分组的卡方检验分析界面

（3）结果及分析。

点击"确定"后，即可得到分析结果，如图11-40所示。

卡方检验

频率

幼儿性别

| | 期望个案数 | 实测个案数 | 残差 |
|---|---|---|---|
| 女童 | 216 | 231.1 | -15.1 |
| 男童 | 258 | 242.9 | 15.1 |
| 总计 | 474 | — | — |

检验统计

幼儿性别

| 卡方 | 1.393 1[a] |
|---|---|
| 自由度 | 1 |
| 渐进显著性 | 0.165 |

a. 0个单元格（0.0%）的期望频率低于5。期望的最低单元格频率为231.1。

图11-40　单一变量分组的卡方检验结果界面

基于该结果中的统计量，卡方值＝1.933，渐进显著性（即 $p$ 值）＝0.165。该统计量的 $p$ 值大于设定的小概率 $\alpha$ 值 0.05，即 $p>0.05$。

作为假设检验的一种方法，本范例的"零假设"（null hypothesis）为"样本中幼儿的性别比例不存在显著差异"。由于 $p>0.05$，因此，没有足够的证据能够拒绝"零假设"。换言之，研究者接受"零假设"，也即卡方检验的结果显示，本样本中幼儿性别比例的差异不显著。

**2. 交叉表卡方（$X^2$）检验法（chi-squared test）**

交叉表（crosstab）也称为列联表，是指由"行"与"列"交织而成的表格。最简单的列联表至少由两个分类变量（如 A、B）构成，每个分类变量至少有两个值（$A_1$、$A_2$，$B_1$、$B_2$），由此而构成的最简单的列联表称为"四格表"，每个格子或单元格中，有一定的频数和百分比的数据。根据构成列联表的分类变量的多少及每个分类变量的水平数，列联表有不同数量的单元格。

例如，在"不同类型幼儿园在园幼儿是否存在显著的性别差异？"或"普通高校与职业高校学生生源是否存在显著城乡差异？"在这类研究问题中，样本按照至少两个分类变量进行分组，研究者的研究问题是比较至少四个组别（单元格）中的频数和百分比（即数据分布）之间是否存在显著差异。

对于这类问题，可以采用"分析"中"描述统计"的"交叉表"选项，如图 11-41 所示。

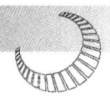

图 11-41　多个分类变量交叉表分析界面

基于"不同类型幼儿园在园幼儿是否存在显著的性别差异？"这一问题，样本的分组按"幼儿性别（gender）"和"幼儿园类型（type）"两个分类变量进行分组，其中一个变量导入"行"变量，另一个变量导入"列"变量，然后在"统计"中选择"卡方"，再点击"继续"和"确定"，如图 11-42 所示。

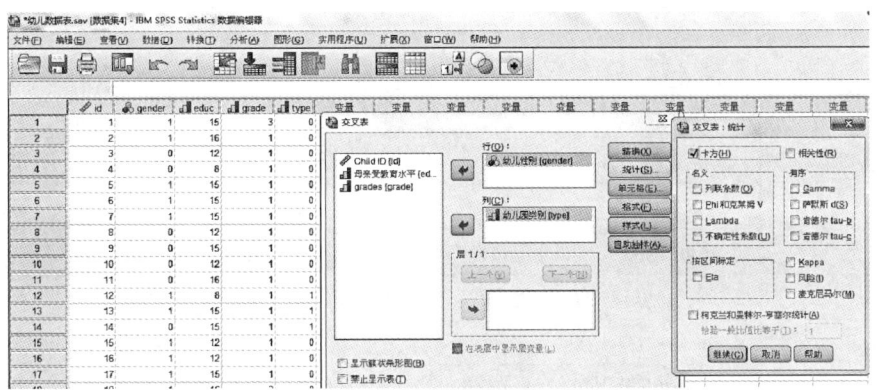

图11-42　多个分类变量交叉表卡方检验分析界面

为了得到各个单元格中具体的比例的数值，需要点击"单元格"，并勾选"百分比"中"行、列、总计"的选项，如图11-43所示。

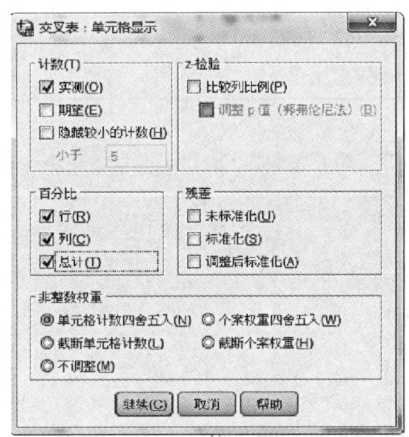

图11-43　交叉表选项分析界面

数据分析的结果如表11-7、表11-8所示。

表11-7 幼儿性别与幼儿园类别交叉表分析结果

| 指标 | | | 幼儿园类别 | | 总计 |
| --- | --- | --- | --- | --- | --- |
| | | | 民办 | 公办 | |
| 幼儿性别 | 女童 | 计数/人 | 176 | 40 | 216 |
| | | 占幼儿性别的百分比/% | 81.5 | 18.5 | 100.0 |
| | | 占幼儿园类别的百分比/% | 47.6 | 38.5 | 45.6 |
| | | 占总计的百分比/% | 37.1 | 8.4 | 45.6 |
| | 男童 | 计数/人 | 194 | 64 | 258 |
| | | 占幼儿性别的百分比/% | 75.2 | 24.8 | 100.0 |
| | | 占幼儿园类别的百分比/% | 52.4 | 61.5 | 54.4 |
| | | 占总计的百分比/% | 40.9 | 13.5 | 54.4 |
| 总计 | | 计数/人 | 370 | 104 | 474 |
| | | 占幼儿性别的百分比/% | 78.1 | 21.9 | 100.0 |
| | | 占幼儿园类别的百分比/% | 100.0 | 100.0 | 100.0 |
| | | 占总计的百分比/% | 78.1 | 21.9 | 100.0 |

表11-8 幼儿性别与幼儿园类别交叉表卡方检验

| 项目 | 值 | 自由度 | 渐进显著性（双侧） | 精确显著性（双侧） | 精确显著性（单侧） |
| --- | --- | --- | --- | --- | --- |
| 皮尔逊卡方 | 2.714[a] | 1 | 0.099 | — | — |
| 连续性修正[b] | 2.359 | 1 | 0.125 | — | — |
| 似然比 | 2.738 | 1 | 0.098 | — | — |
| 费希尔精确检验 | — | | | 0.119 | 0.062 |
| 线性关联 | 2.708 | 1 | 0.100 | — | — |
| 有效个案数 | 474 | | | | |

a. 0个单元格（0.0%）的期望计数小于5。最小期望计数为47.39。

b. 仅针对2×2表进行计算

基于该数据分析的结果，卡方检验得出的皮尔逊卡方值＝2.71，渐进显著性（$p$）＝0.099，即$p>0.05$。因此，可以判断，研究结果未能提供足够的证据拒绝"不同类型幼儿园幼儿性别比例不存在显著差异"的"零假设"，所以，研究结论为：基于对本样本的分析，未发现公立幼儿园与民办幼儿园的幼儿性别比例存在显著差异。具体而言，即公办幼儿园幼儿的性别结构比例和民办幼儿园幼儿的性别结构比例不存在显著差异。

研究者在使用卡方检验时，要特别注意样本量的分布，也即按照一定分类变量对样本进行分组后，各个单元格中的频数数量最好在 5 个以上，不能有单元格的频数数量为 0。

### （二）比较均值的差异性分析

比较均值的差异性分析是指研究者根据研究问题的需要，将样本分为若干组，比较各组别因变量的平均数（均值）是否存在显著差异的过程。均值比较的分组变量数据类型是分类数据，因变量（结果变量）的数据类型是连续数据。由于分组方式的不同，具体的均值差异性分析方法也不同。

1. 两组均值差异的比较分析

（1）单样本 $t$ 检验（one – sample T test）。

在比较两组均值的差异时，如果所比较的其中一个均值来自一组样本的单一个变量，另一个均值是总体平均数，分析的目的是检验该样本某单一变量的平均值与总体平均数是否相符合，那么，该检验称为单一样本平均数检验。

例如，根据某省人口普查资料，已知该省小班男童的平均身高是 98.25 cm。研究者对该省农村地区幼儿园小班男童的身高进行测查，通过随机取样，收集了 89 名农村幼儿园小班男童的身高数据表。研究者想分析农村地区幼儿园小班男童的平均身高是否与该省小班男童的平均身高存在显著差异。当回答类似这样的问题时，适宜采用单一样本平均数检验的方法。具体操作如下：

首先，在"分析"下拉菜单中选择"比较平均值"中的"单样本 $t$ 检验"，如图 11 – 44 所示。

图 11 – 44　单样本 $t$ 检验分析界面

将需要检验的单一变量"幼儿身高"导入"检验变量"，检验量为"已知总体平均数"，即该省小班幼儿平均身高 98.25 cm，如图 11 – 45 所示。

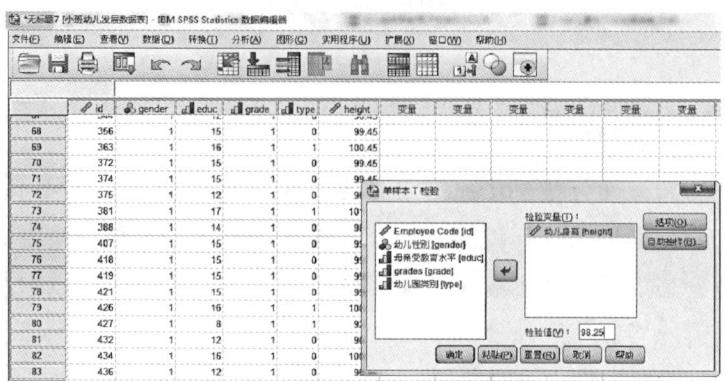

图 11-45 单样本 t 检验的变量界定

分析结果如表 11-9 所示。

表 11-9 单样本统计与 t 检验分析结果

| 单样本统计 | | | | |
| --- | --- | --- | --- | --- |
| 项目 | 个案数 | 平均值 | 标准偏差 | 标准误差平均值 |
| 幼儿身高 | 89 | 98.337 6 | 2.102 15 | 0.222 83 |
| 单样本检验 | | | | |
| 项目 | 检验值 = 98.25 | | | |
| | t | 自由度 | Sig.（双尾） | 平均值差值 | 差值95%置信区间 | |
| | | | | | 下限 | 上限 |
| 幼儿身高 | 0.393 | 88 | 0.695 | 0.087 64 | -0.355 2 | 0.530 5 |

对该结果的分析如下：本项目研究 89 名小班男童的平均身高为 98.33 cm，与全省小班男童平均身高 98.25 cm 不存在显著差异，$t = 0.39$[①]，$p = 0.69 > 0.05$。即研究结果表明，没有足够证据能够拒绝"样本平均数与总体平均数不存在显著差异"的"零假设"，因此，研究者接受"零假设"，即"农村幼儿园小班男童平均身高与全省小班男童平均身高不存在显著差异"。

（2）独立样本 t 检验。

独立样本（independent samples）是指所比较的两个平均数来自独立没有关联的两个不同样本。所谓"独立没有关联"，是指如果按某一分类变量分组，某样本若属于两个组中的一个组，则不可能属于另一组。例如，按"性别"分组，若一位幼儿是男孩，就不可能是女孩。

研究者采用独立样本 t 检验时，要分析的问题是"来自两个相互独立的样本的

---

① 引用统计量时，保留小数点后两位小数。

两个平均数之间是否存在显著差异"。研究的零假设是样本一的平均数与样本二的平均数之间不存在显著差异。学前教育研究中的一些研究问题经常涉及两个组别均值的比较。例如，小班幼儿的平均身高是否存在显著的性别差异？中班幼儿10米折返跑的平均速度是否存在显著的城乡差异？

以"小班幼儿的平均身高是否存在显著的性别差异？"这一研究问题为例说明独立样本 T 检验的数据分析过程：

首先，在"分析"下拉菜单中，选择"比较平均值"中的"独立样本 t 检验"，如图 11-46 所示。

图 11-46　独立样本 t 检验分析界面

然后，将需要检验的因变量"幼儿身高"导入"检验变量"，将"幼儿性别"导入"分组变量"，接着"定义组"，即输入"分组变量"性别的编码："0"和"1"。如图 11-47 所示。

图 11-47　独立样本 t 检验变量界定

输出结果如表 11-10 所示。

表 11-10 独立样本 $t$ 检验分析结果

| 组统计 | | | | | |
|---|---|---|---|---|---|
| 项目 | 幼儿性别 | 个案数 | 平均值 | 标准偏差 | 标准误差平均值 |
| 幼儿身高 | 女童 | 87 | 92.618 7 | 2.338 47 | 0.250 71 |
| | 男童 | 89 | 98.329 3 | 2.090 16 | 0.221 56 |
| 独立样本检验 | | | | | | | | | |
| 项目 | | 英文方差等同性检验 | | 平均值等同性 $t$ 检验 | | | | | | |
| | | $F$ | 显著性 | $t$ | 自由度 | Sig.（双尾） | 平均值差值 | 标准误差差值 | 差值95% 置信区间 | |
| | | | | | | | | | 下限 | 上限 |
| 幼儿身高 | 假定等方差 | 0.541 | 0.463 | -17.090 | 174 | 0.000 | -5.710 59 | 0.334 15 | -6.370 10 | -5.051 08 |
| | 不假定等方差 | | | -17.068 | 170.908 | 0.000 | -5.710 59 | 0.334 58 | -6.371 03 | -5.050 15 |

基于以上结果，分析如下：本研究样本包括小班女童 87 人，平均身高 92.61 cm；男童 89 人，平均身高 98.32 cm。独立样本 T 检验结果显示，$t = 17.09$[①]，$p = 0.000 < 0.05$，说明小班男女幼儿平均身高存在极其显著的差异。研究结论：小班男童的平均身高显著高于女童的平均身高。

当两组均值存在显著差异时，"差值95% 置信区间"的"下限"和"上限"数值同为正数或负数。如果"下限"和"上限"数值异号，则说明两组均值不存在显著差异。

（3）配对样本 $t$ 检验。

在对两组数据的平均值进行比较时，其中一种情形是两组数据来自于对同一组样本的前测和后测，而不是来自两个独立的样本，这种情形下的样本称为关联样本或配对样本、成对样本。

例如，研究者为了分析某种新的体育游戏活动方法对提高中班幼儿"10 米折返跑"的速度是否有效，开展了一项实验研究。在采用该方法之前，对随机选取的 30 名中班幼儿（男女幼儿各 15 位）"10 米折返跑"的速度进行了前测，在实施新的方法两周之后，对同一组 30 名幼儿"10 米折返跑"的速度进行了后测。因此，该组样本中每一位幼儿都有两列变量的数据，即"speed_1"（前测）和"speed_2"（后测）。研究者想寻找证据，说明新的体育游戏活动方法的有效性，适合采用"配

---

[①] 报道 $t$ 值时通常用正数。如果在"定义组"时，将"1"设为组1，则 $t$ 值为正号，绝对值相等。

对样本 $t$ 检验"（也称为"成对样本 $t$ 检验"）的检验方法。

在"分析"下拉菜单中，选择"比较平均值"的"成对样本 $t$ 检验"选项，如图 11-48 所示。

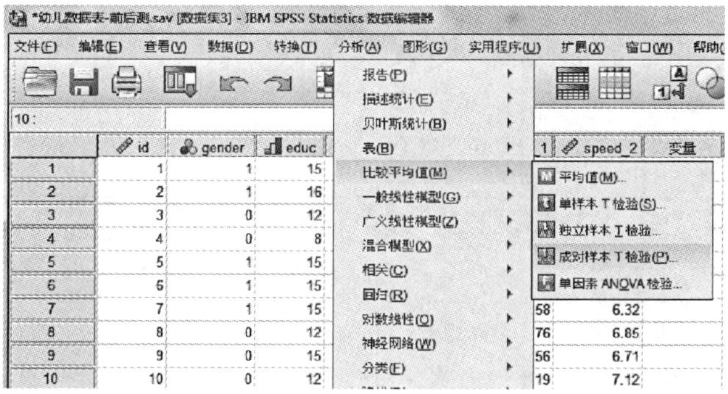

图 11-48　配对（成对）样本 $t$ 检验分析界面

将"speed_1"（前测）和"speed_2"（后测）导入"配对变量"，如图 11-49 所示。

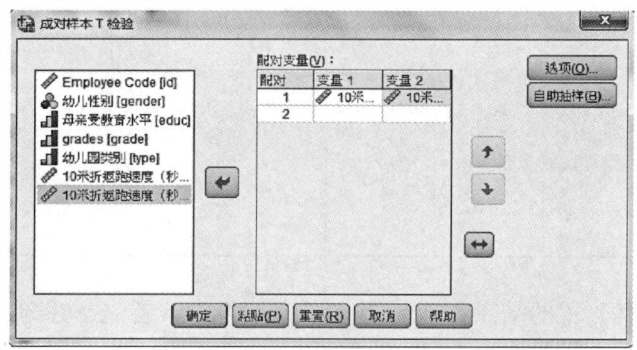

图 11-49　配对（成对）样本 $t$ 检验变量界定

点击"确定"，便可以得到"配对样本 $t$ 检验"的统计量，见表 11-11。

表 11-11　配对样本 t 检验分析结果

| | | 配对样本统计 | | | |
|---|---|---|---|---|---|
| | 项目 | 平均值 | 个案数 | 标准偏差 | 标准误差平均值 |
| 配对 1 | 10 米折返跑速度（秒）前测 | 6.597 7 | 30 | 0.196 20 | 0.035 82 |
| | 10 米折返跑速度（秒）后测 | 6.298 0 | 30 | 0.278 26 | 0.050 80 |
| | | 配对样本相关性 | | | |
| | 项目 | | 个案数 | 相关性 | 显著性 |
| 配对 1 | 10 米折返跑速度（秒）前测 & 10 米折返跑速度（秒）后测 | | 30 | 0.740 | 0.000 |

| | | | | 配对差值 | | | | |
|---|---|---|---|---|---|---|---|---|
| | 项目 | 平均值 | 标准偏差 | 标准误差平均值 | 差值95%置信区间 | | t | 自由度 | Sig.（双尾） |
| | | | | | 下限 | 上限 | | | |
| 配对 1 | 10 米折返跑速度（秒）前测 – 10 米折返跑速度（秒）后测 | 0.299 67 | 0.187 44 | 0.034 22 | 0.229 67 | 0.369 66 | 8.757 | 29 | 0.000 |

基于上述数据分析的结果，研究者在研究报告中，首先描述 30 名中班幼儿"10 米折返跑的速度"前测的平均值为 6.59 秒，后测平均值为 6.29 秒。前测与后测之间存在显著正相关性，即幼儿前测跑步速度快，则后测跑步速度也快。前后测平均值的"配对样本检验"显示，$t$ 值为 8.75，$p = 0.000 < 0.05$，也即在实施了新的体育游戏活动方法之后，中班幼儿 10 米折返跑的速度有了显著的提高，平均提高了 0.3 秒。

2. 单因素方差分析的均值差异比较

单因素方差分析（one-way ANOVA）是指根据单个分类变量（因素）将研究对象分为三组或三组以上，对这些组别中研究对象某一特性的平均值进行比较，分析组别均值之间是否存在显著差异的分析方法。单因素方差分析属于 $F$ 检验，是涉及两组均值比较的独立样本 $t$ 检验的延伸。

单因素方差分析的过程，建立在以下基本原理的基础之上：在观测变量（即因变量）总离差平方和中，如果组间离差平方和所占比例较大，则说明观测变量的变动主要是由控制变量引起的，可以主要由控制变量来解释，控制变量给观测变量带来了显著影响；反之，如果组间离差平方和所占比例小，则说明观测变量的变动不主要是由控制变量引起的，不可以由控制变量来主要解释，控制变量的不同水平没有给观测变量带来显著影响，观测变量值的变动是由随机变量因素引起的。

方差分析结果的统计量 $F$ 值 133 是组间均方与组内均方的比值。组间均方是组间离差平方和与组间自由度的比值，组内均方是组内离差平方和的比值。因此，组间离差平方和越大，则 $F$ 值越大，说明“差异”由随机变量因素引起的可能性越低，也就说明“差异”不是偶然差异，而是必然差异。因此，$F$ 值大，表明差异具有显著性的可能性越高。

例如，研究者从某市幼儿园中随机抽取了 216 名幼儿，并测量了这些幼儿的身高，如图 11－50 所示。

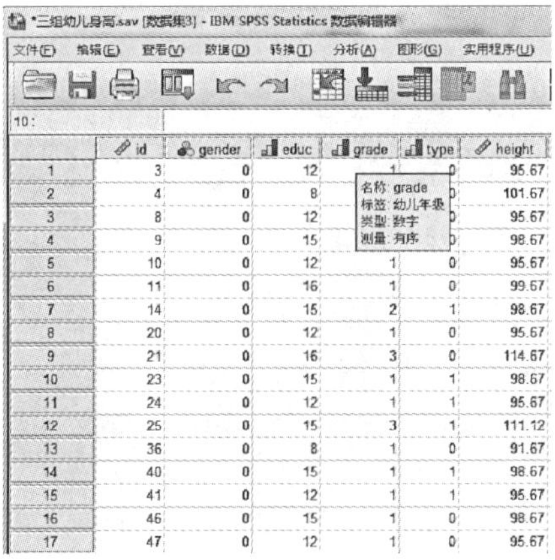


| | id | gender | educ | grade | type | height |
|---|---|---|---|---|---|---|
| 1 | 3 | 0 | 12 | 1 | 0 | 95.67 |
| 2 | 4 | 0 | 8 | | 0 | 101.67 |
| 3 | 8 | 0 | 12 | | 0 | 95.67 |
| 4 | 9 | 0 | 15 | | 0 | 98.67 |
| 5 | 10 | 0 | 12 | 1 | 0 | 95.67 |
| 6 | 11 | 0 | 16 | 1 | 0 | 99.67 |
| 7 | 14 | 0 | 15 | 2 | 1 | 98.67 |
| 8 | 20 | 0 | 12 | 1 | 0 | 95.67 |
| 9 | 21 | 0 | 16 | 3 | 0 | 114.67 |
| 10 | 23 | 0 | 15 | 1 | 1 | 98.67 |
| 11 | 24 | 0 | 12 | 1 | 1 | 95.67 |
| 12 | 25 | 0 | 15 | 3 | 1 | 111.12 |
| 13 | 36 | 0 | 8 | 1 | 0 | 91.67 |
| 14 | 40 | 0 | 15 | 1 | 1 | 98.67 |
| 15 | 41 | 0 | 12 | 1 | 1 | 95.67 |
| 16 | 46 | 0 | 15 | 1 | 0 | 98.67 |
| 17 | 47 | 0 | 12 | 1 | 0 | 95.67 |

**图 11－50　幼儿数据表**

该数据表中，小班 74 人，中班 67 人，大班 75 人。研究者通过均值分析，得到不同年龄段幼儿身高的平均值，如表 11－12 所示。

**表 11－12　三组幼儿身高平均值**

| 幼儿年级 | 平均值/cm | 个案数/个 | 标准偏差 |
|---|---|---|---|
| 小班 | 96. 237 6 | 74 | 2. 113 76 |
| 中班 | 102. 819 3 | 67 | 2. 438 66 |
| 大班 | 116. 043 3 | 75 | 2. 414 89 |
| 总计 | 105. 156 1 | 216 | 8. 704 97 |

该项目研究者的研究问题之一是“三个不同年级幼儿的平均身高是否存在显著差异”。基于该问题及数据特征，适合采用“单因素方差分析”（one－way ANOVA）的方法。

从"分析"下拉菜单的"比较平均值"中,选择"单因素 ANOVA 检验"的选项,如图 11-51 所示。

图 11-51　单因素方差分析界面

将要检验的连续变量导入"因变量列表"(如幼儿身高),将分组变量导入"因子"(如幼儿年级)。

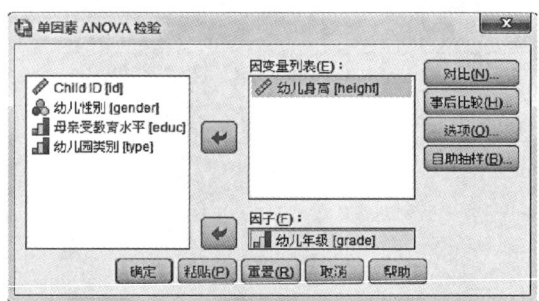

图 11-52　单因素方差分析变量界定

由于单因素方差分析涉及至少 3 个组别的平均值比较,为了深入了解不同组别之间"两两比较"的结果,可以进行"事后多重比较"分析。在"事后多重比较"中,通常选择"图基"检验法,如图 11-53 所示。数据分析输出的结果如表 11-13 所示。

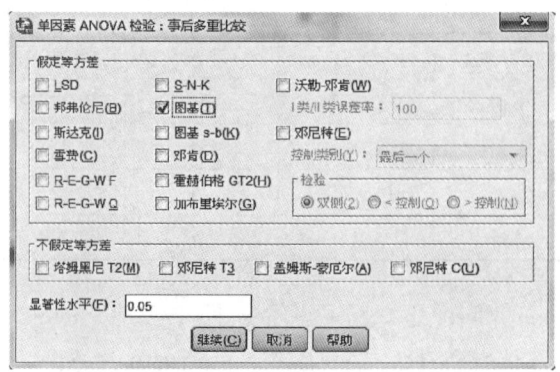

图 11-53　单因素方差分析事后检验方法

表 11-13　单因素方差分析结果（幼儿身高）

| 项目 | 平方和 | 自由度 | 均方 | F | 显著性 |
|---|---|---|---|---|---|
| 组间 | 15 010.298 | 2 | 7 505.149 | 1 378.861 | 0.000 |
| 组内 | 1 159.360 | 213 | 5.443 | | |
| 总计 | 16 169.658 | 215 | | | |

该数据分析结果显示，$F$ 值为 1 378.86，$p = 0.000 < 0.05$。说明组间离差平方和远远大于组内离差平方和。简言之，说明三组幼儿身高的平均值之间存在显著差异。

多重比较的结果更进一步显示了"小班、中班、大班"三组幼儿身高"两两"比较的差异情况，如表 11-14 所示。

表 11-14　多重比较分析结果

事后检验
因变量：幼儿身高
图基 HSD

| (I) 幼儿年级 | (J) 幼儿年级 | 平均值差值 (I-J) | 标准错误 | 显著性 | 95% 置信区间 | |
|---|---|---|---|---|---|---|
| | | | | | 下限 | 上限 |
| 小班 | 中班 | -6.536 02* | 0.395 78 | 0.000 | -7.470 1 | -5.601 9 |
| | 大班 | -19.813 30* | 0.386 75 | 0.000 | -20.726 1 | -18.900 5 |
| 中班 | 小班 | 6.536 02* | 0.395 78 | 0.000 | 5.601 9 | 7.470 1 |
| | 大班 | -13.277 27* | 0.385 29 | 0.000 | -14.186 6 | -12.367 9 |
| 大班 | 小班 | 19.813 30* | 0.386 75 | 0.000 | 18.900 5 | 20.726 1 |
| | 中班 | 13.277 27* | 0.385 29 | 0.000 | 12.367 9 | 14.186 6 |

*平均值差值的显著性水平为 0.05。

"多重比较"结果显示：小班幼儿身高的平均值低于中班幼儿身高平均值 6.5 cm，具有显著差异；小班幼儿身高的平均值低于大班幼儿身高平均值 19.81 cm，具有显著差异；中班幼儿身高的平均值低于大班幼儿身高平均值 13.27 cm，也具有显著差异。

在研究过程中，研究者可能采用两个或两个以上分类变量（自变量）对研究对象进行分组，研究不同组别之间某观测变量（因变量）的平均值是否存在显著差异，并由此而分析不同的自变量及自变量不同水平对因变量的影响状况。这种分析属于多因素方差分析的范畴。学习者可参考有关的统计教程进一步学习。

## 三、相关分析

世界万物之间的联系具有普遍性。换言之，任何事物或现象之间都有一定的关联性，只是程度不同而已。对两个变量之间关联性的分析称为关联分析。相关分析属于关联分析中的一种方法。

相关分析是研究两个或两个以上变量间相互关系的统计分析方法。为了计算变量（如 $X$ 与 $Y$）之间的关系，数据表中必须有关于 $X$ 与 $Y$ 的成对数据。例如，研究者收集了30名幼儿身高的数据和每一位幼儿相对应的"10米折返跑速度"的数据，有了这些数据基础，就可以分析这两个变量之间的相互关系，如图11-54所示。

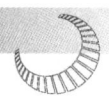

图 11-54　相关分析界面

### （一）简单相关分析

简单相关分析是对两个变量间的相关关系的分析方法，也称为两两相关分析。相关分析的结果表现为相关系数，用 $r$ 表示。根据两个变量数据类型的不同，相关系数有两类。

1. 皮尔逊相关系数（Pearson Correlation）

皮尔逊相关系数是英国统计学家皮尔逊①（Karl Pearson）于20世纪初提出的一种计算相关的方法，因而被称为皮尔逊相关。皮尔逊相关系数，是用于度量两个变量 $x$ 和 $y$ 之间的线性相关性，其值介于 $-1$ 与 $1$ 之间。皮尔逊相关又称为积差相关系数，因为相关系数是按积差方法计算，以两变量与各自平均值的离差为基础，通过两个离差相乘来反映两变量之间相关程度。如以下公式所示：

---

① 皮尔逊被誉为现代统计科学的创立者。

$$r = \frac{\sum_{i=1}^{n}(X_i\overline{X})(Y_i\overline{Y})}{\sqrt{\sum_{i=1}^{n}(X_i\overline{X})^2}\sqrt{\sum_{i=1}^{n}(Y_i\overline{Y})^2}}$$

其中，$n$ 是样本数量，$X_i$，$Y_i$ 是变量 $X$，$Y$ 对应的 $i$ 点观测值；$\overline{X}$ 是 $X$ 样本平均数，$\overline{Y}$ 是 $Y$ 样本平均数。

皮尔逊相关系数 $r$ 的有效值在 $-1$ 与 $1$ 之间。当 $r$ 值为 $1$ 时，表示两个随机变量之间呈完全正相关关系；当 $r$ 值为 $-1$ 时，表示两个随机变量之间呈完全负相关关系；当 $r$ 值为 $0$ 时（理论值），表示两个随机变量之间无线性相关。两个无线性相关的变量也可能存在非线性相关，或曲线相关。

由于皮尔逊相关系数涉及两个变量的平均数和标准差的计算，因此，只有两列变量都是连续变量才适合采用皮尔逊积差相关系数。例如，研究者提出的研究问题之一是"幼儿身高与跑步速度是否有显著相关？"在该研究案例中，"幼儿身高"（height）和"跑步速度"（speed_2）都是连续变量，因此，这两个变量之间相互关系的程度可以用皮尔逊相关系数表示。

在具体操作时，将"幼儿身高"和"10米折返跑速度（后测）"导入"变量"对话框，在"相关系数"选项中，勾选"皮尔逊"，如图 11-55 所示。点击"确定"后即可得到积差相关分析的输出结果，如表 11-15 所示。

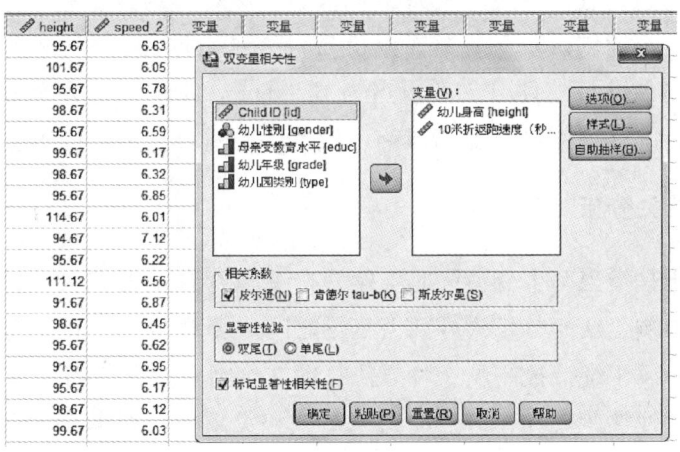

图 11-55　简单（双变量）相关分析变量界定

表 11-15 简单相关分析结果

| 项目 | | 幼儿身高 | 10 米折返跑速度（秒）后测 |
|---|---|---|---|
| 幼儿身高 | 皮尔逊相关性 | 1 | -0.649** |
| | Sig.（双尾） | — | 0.000 |
| | 个案数 | 30 | 30 |
| 10 米折返跑速度（秒）后测 | 皮尔逊相关性 | -0.649** | 1 |
| | Sig.（双尾） | 0.000 | — |
| | 个案数 | 30 | 30 |

**. 在 0.01 级别（双尾），相关性显著。

表 11-15 所示积差相关系数矩阵标示了两列变量的两两相关系数，$r = -0.649$，$p = 0.000 < 0.05$。说明幼儿身高与 10 米折返跑的用时呈现显著的负相关。换言之，幼儿身高越高，完成跑步用时越少（即速度越快）。

2. 斯皮尔曼等级相关系数

斯皮尔曼等级相关系数是由英国心理学家、统计学家斯皮尔曼根据积差相关的概念推导得出。斯皮尔曼等级相关系数适用于两列变量都是定序变量的情形。例如，在幼儿园督导工作中，两位评分者采用 5 级评分，对所在地区 30 所幼儿园"环境创设"这一指标的质量进行评定。将数据录入后，得到两列数据：一列来自评分者 A 对各所幼儿园"环境创设"的评分，变量名为 A_rank；另一列来自评分者 B 对各所幼儿园"环境创设"的评分，变量名为 B_rank。此时，研究者要分析两位评分者对各所幼儿园"环境创设"是否具有一致性，则适合采用斯皮尔曼等级相关。

### （二）偏相关分析

偏相关分析是指当两个变量同时与第三个变量存在显著相关，研究者希望剔除第三个变量的影响，从而分析另外两个变量之间"相对纯净"相关程度的方法。

偏相关分析属于统计控制的一种方法，即在控制其他变量的线性影响的条件下，分析两变量间的线性相关性，分析的结果是偏相关系数。根据相关分析时所控制的变量个数的不同，产生不同的偏相关系数：当控制的变量为一时，偏相关系数称为一阶偏相关系数；当控制变量个数为二时，偏相关系数称为二阶偏相关系数；当控制变量个数为零时，偏相关系数称为零阶偏相关系数，也就是简单相关系数。由于偏相关系数的计算涉及协方差，因此，只有连续变量才适宜作为"被控制的变量"。

在确定是否要将某一变量或某些变量作为控制变量时，建议有文献研究的基础，或先进行多变量的"简单相关分析"，从中确定需要控制哪一个或哪些变量。

例如，在研究幼儿跑步速度与身高相互关系的过程中，研究者首先分析了幼儿

10米折返跑前测、后测与幼儿身高的简单相关。结果如表11-16所示。

表11-16 简单相关分析结果

| 项目 | | 10米折返跑速度（秒）前测 | 10米折返跑速度（秒）后测 | 幼儿身高 |
|---|---|---|---|---|
| 10米折返跑速度（秒）前测 | 皮尔逊相关性 | 1 | 0.804** | -0.687** |
| | Sig.（双尾） | — | 0.000 | 0.000 |
| | 个案数 | 30 | 30 | 30 |
| 10米折返跑速度（秒）后测 | 皮尔逊相关性 | 0.804** | 1 | -0.482** |
| | Sig.（双尾） | 0.000 | — | 0.007 |
| | 个案数 | 30 | 30 | 30 |
| 幼儿身高 | 皮尔逊相关性 | -0.687** | -0.482** | 1 |
| | Sig.（双尾） | 0.000 | 0.007 | — |
| | 个案数 | 30 | 30 | 30 |

**．在0.01级别（双尾），相关性显著。

表11-16所示结果，幼儿身高与10米折返跑速度前测和后测的分数都存在显著负相关，也即身高越高，跑步用时越少，速度越快。研究者希望排除幼儿身高的影响，分析10米折返跑速度的前测与后测分数是否存在显著相关。为此，研究者采用"一级偏相关分析"，控制"幼儿身高"这一变量。

具体操作时，从"分析"下拉菜单的"相关"中选择"偏相关"，如图11-56所示。

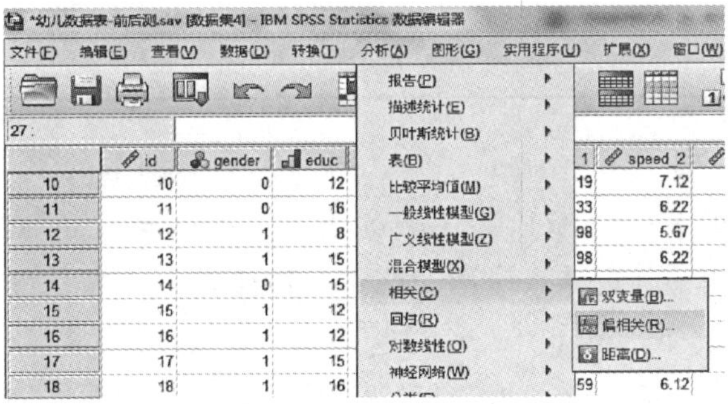

图11-56 偏相关分析变量界面

将需要分析的两个变量导入"变量"对话框，控制变量导入"控制"对话框，如图11-57所示。

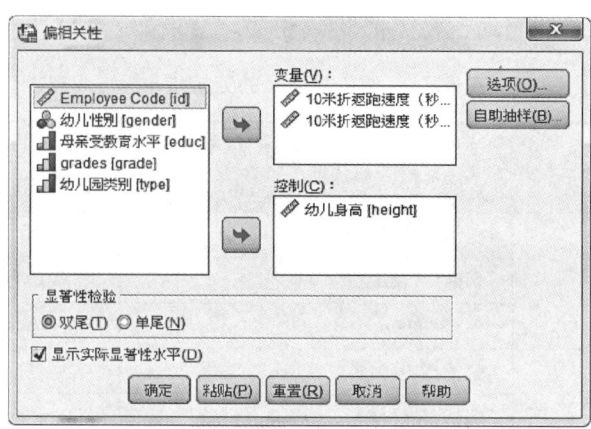

图 11-57 偏相关分析变量界面

分析结果如表 11-17 所示。

表 11-17 偏相关分析结果

| 控制变量 | 项目 | | 10 米折返跑速度（秒）前测 | 10 米折返跑速度（秒）后测 |
| --- | --- | --- | --- | --- |
| 幼儿身高 | 10 米折返跑速度（秒）前测 | 相关性 | 1.000 | 0.743 |
| | | 显著性（双尾） | 0 | 0.000 |
| | | 自由度 | 0 | 27 |
| | 10 米折返跑速度（秒）后测 | 相关性 | 0.743 | 1.000 |
| | | 显著性（双尾） | 0.000 | 0 |
| | | 自由度 | 27 | 0 |

分析结果表明，即便在控制了"幼儿身高"变量的情况下，幼儿 10 米折返跑的前测和后测成绩的相关关系依然十分显著：一级偏相关系数为 0.74，$p<0.05$。但是，如果与简单相关分析结果显示的相关系数比较，可以发现，在没有控制"幼儿身高"变量的情况下，幼儿 10 米折返跑的前测和后测成绩的简单相关系数是 0.80，同样存在显著相关，$p<0.05$（见表 11-16）。说明在控制了"幼儿身高"变量的情况下，前后测成绩的相关性质没有发生变化，但相关的强度下降了大约 0.06，也就是说，前后测成绩简单相关系数中的一部分，与幼儿身高有关。

相关分析和偏相关分析是回归分析的基础。在相关分析的基础上，通过回归分析，进一步确定两个或两个以上变量之间相互依赖的函数关系，建立回归方程，通过数据建模为科学预测提供技术手段和工具。回归分析包括线性回归（一元线性回归、多元线性回归、逻辑回归）与非线性回归等。有关回归分析的方法，学习者可参考有关的统计学教程进一步学习。

## 本章小结

本章主要介绍数据分析的作用及统计分析软件 SPSS 的使用方法，为量化研究提供技术手段。数据分析的过程包括了数据收集、数据整理和数据分析方法。数据分析的方法取决于研究情景和实际需要。数据类型和研究问题的类型是决定数据分析方法的两大主要因素。数据类型分为分类数据和连续数据两大类。研究问题分为描述性问题、差异性问题和相关性问题三种。数据类型和研究问题的组合不同，具体的分析方法也不同。统计分析分为描述分析和推断统计分析两种。描述分析主要分析分类变量的频率、百分比，也包括连续变量的集中趋势和离散性等统计量。推断统计主要包括假设检验和参数估计。假设检验的常用方法包括主要用于差异性分析的卡方检验、$t$ 检验和 $F$ 检验等，也包括用于相关性分析的简单相关分析、偏相关分析和回归分析。

## 思考与练习

**一、单项选择题**

1. 在人类的认知思维体系中，（　　）是最基本的构筑单位。

    A. 想象　　　　B. 概念　　　　C. 现象　　　　D. 数据

2. 多维概念进行"降维"的具体方法是（　　）。

    A. 因子分析　　B. 因果分析　　C. 信度分析　　D. 结构分析

3. 用于标示性别的数据属于（　　）。

    A. 定类数据　　B. 定序数据　　C. 定距数据　　D. 定比数据

4. SPSS 统计软件的核心功能是（　　）。

    A. 数据录入功能　B. 数据管理功能　C. 数据分析功能　D. 数据呈现功能

5. 对于不限定多选题的数据录入，采用（　　）的方式。

    A. 一分类　　　B. 二分类　　　C. 三分类　　　D. 四分类

**二、简答题**

1. 简述制作数据表的方法。
2. 简述基于数据表已有数据生成新变量的主要方法。
3. 简述百分位数及其在重新编码中的作用。
4. 简述标准差在数据分析中的作用。
5. 简述一维概念与多维概念的相互关系。

**三、论述题**

1. 结合实际，谈谈你对数据分析的作用的认识。

2. 结合一项研究设计，谈谈在课题研究的数据分析过程中，你计划采用什么分析方法。

### 参考文献

[1] 阮桂海. 数据统计与分析：SPSS 应用教程［M］. 北京：北京大学出版社，2005.

[2] 杜琳琳，时立文，薛晓光. SPSS 统计分析：从入门到精通［M］. 2 版. 北京：清华大学出版社，2020.

[3] 张文彤. SPSS 统计分析基础教程［M］. 3 版. 北京：高等教育出版社，2017.

[4] 杨维忠，张甜，王国平. SPSS 统计分析与行业应用案例详解［M］. 4 版. 北京：清华大学出版社，2019.

# 第十二章 研究成果表述与结题报告

> **学习目标**
> 1. 认识学前教育研究成果表述的含义、价值和特点。
> 2. 掌握几种常用教育研究论文的基本格式和撰写规范。
> 3. 掌握撰写结题报告的基本规范和一般步骤。
> 4. 了解学前教育研究成果评价的过程和推广应用的途径。

## 第一节 学前教育研究成果表述的含义、价值与特点

### 一、学前教育研究成果表述的含义

学前教育研究成果是学前教育研究工作者以学前教育研究活动为基础,结合已有的知识、经验,经过文字加工和理论分析产生出来的具有一定学术价值、社会价值的增值知识。[①] "增值"是指研究所产生的社会和学术价值突破了原有的基础,带来新的教育和社会效益。

学前教育研究成果表述是研究者对教育研究的全面总结,其表现形式主要是研究者以书面形式对学前教育研究工作的目的、过程、方法和成果进行概括和总结而撰写成的教育研究论文。[②] 教育研究论文表现形式丰富多样,按论据材料性质可分为实证性研究论文、哲理性研究论文、综合性研究论文等类型。

### 二、学前教育研究成果表述的价值

学前教育研究成果表述是对整个研究过程的总结,是对研究目标、研究内容、

---

[①] 裴娣娜. 教育科学研究方法[M]. 沈阳:辽宁大学出版社,1999:264.
[②] 王彩凤,庄建东. 学前教育研究方法[M]. 北京:北京师范大学出版社,2011:249.

研究方法、研究过程、研究结果的梳理和回顾。提炼并表述学前教育研究成果，对整个领域的发展具有十分重要的意义，这也是目前以研促教、以教带研、教研相长的根本指向。总的来说，学前教育研究成果表述的价值主要从以下三个方面体现。

### （一）学前教育研究成果表述可为社会提供借鉴和参考价值

学前教育研究成果表述通过梳理和提炼有价值、有创新的科研成果，为领域内的专业人士提供借鉴和参考价值，并产生一定的社会效益。

### （二）学前教育研究成果表述可深化研究

学前教育研究成果表述是对研究工作的一次深入全面的回顾和总结。通过资料整理和成果表述，研究者可进一步发现可能存在的问题，思考出新方法、新路径，促进研究工作的持续和深入。教育研究不仅是实践出来的，更是通过书写的方式展示出来的，因此，成果表述是深化研究的有力手段。

### （三）学前教育研究成果表述可促进研究者素质的提升

学前教育研究成果的整理和展示，需通过严谨的分析和总结，用简洁的文字高效地表达出来。这要求研究者在表述成果时遵循语法规则，准确表达概念，避免使用引起歧义的词语；在引用他人研究成果时，还需注意行文分寸。研究者通过成果表述可锻炼自己的语言组织和表达能力，提升素质。

## 三、学前教育研究成果表述的特点

学前教育研究成果的表述有多种不同的形式，但一般来说，它们都需具备科学性、规范性、可读性和创新性等特点。

### （一）科学性

学前教育研究成果表述的科学性体现在对学术概念的界定上。即对所持观点的阐述是否正确完整，研究方法的运用是否科学，立论是否有依据，研究资料是否可信，逻辑推理是否合理，呈现的数据是否具有信效度，统计方法是否正确，等等。

### （二）规范性

学前教育研究成果表述的规范性主要是指研究者要按照各类成果表述的基本格式，采用严谨的逻辑结构和科学的论证方法，简明准确地表达论点。成果的规范性体现了研究者的治学态度和写作水平，因此表述时还要注意内容的层次性，语法结构的合理性。

### （三）可读性

教育成果要推广应用就要扩大受众面，这要求研究者在表述研究成果时树立读者意识，注重研究成果的可读性。在规范性的前提下，成果表述尽可能简洁明了、正确客观，不带任何个人主观色彩，突出研究亮点及读者可能获得的收获。

### （四）创新性

教育研究成果表述的创新性是教育研究工作的灵魂与价值所在。研究者在进行成果表述时，要基于前人的认知和经验，结合当下实际问题，独立思考，总结出新内容、新视角、新研究方法、新教学方案、新结论等，为研究领域提供新知识、新观点。

## 第二节
## 学前教育研究成果表述的形式

学前教育研究成果表述的主要形式是教育研究论文。学前教育研究内容的广泛性和研究方法的多样性使教育研究论文呈现出丰富多样的格式。本节主要介绍几种常用的教育研究论文——教育研究报告、学术论文、经验总结、教育案例、教学课例、教育反思、教育日志的基本格式和撰写方法。

### 一、教育研究报告

#### （一）教育研究报告的含义

教育研究报告，是对研究工作的目的、过程和成果的概括和总结，是报告情况、建议、新发现和新成果的文献。

研究报告是以科学理论为依据，以事实或数据说明和解释问题，讨论研究结果的成果表述形式，在表述中应体现客观性、科学性、创新性、规范性等特点。

#### （二）研究报告的基本格式

国家标准 GB/T 7713—1987 中明确规定了研究报告的撰写格式，其基本框架主要包括以下四个部分：①前置部分，包括题目、署名、摘要、关键词；②主体部分，包括引言、研究方法、研究结果、分析与讨论、研究结论；③附录部分；④结尾部分，包括注释、参考文献、致谢（必要时）。

### (三) 研究报告的撰写方法

**1. 题目**

题目是研究报告的总标题，是以最恰当简明的词语对研究报告的高度概括。

（1）题目的内容。

研究报告题目在表述上主要涉及两个变量之间的关系，包括研究对象、内容、方法三个中心词。如案例12－1的题目中，"幼儿园教师"为研究对象，"保育与教育能力"是研究内容，"实证研究"是研究方法。

（2）题目的撰写要求。

第一，准确点题，一目了然，与研究主题一致，能反映研究的中心内容。

第二，简短精炼，避免过长，一般中文题名不超过20个汉字，外文题名不超过10个实词，避免使用不常见的缩略词、字符、代号、公式等。

第三，意义明确，避免过大，可采用主标题下加副标题的方法对过大的题目加以限制。

**2. 署名**

署名即表明作者身份，是作者拥有著作权的声明。

（1）署名的内容。

一般包括作者姓名、工作单位、所在地区和邮政编码等。

（2）署名的撰写要求。

第一，真实，如无特殊原因应署真实姓名。

第二，客观，如有多个作者应按贡献大小排名次。

第三，规范，如案例12－1所示，不同工作单位的作者应在姓名右上角加注不同的阿拉伯数字序号，并在其工作单位的名称之前加注与作者姓名序号相同的数字，各工作单位之间连排时以分号隔开。

**3. 摘要**

摘要是对报告内容不加注释和评论的简短陈述。

（1）摘要的内容。

"摘要的内容是研究报告全文的浓缩，一般包括研究问题、研究目的、研究方法、研究结果和研究结论等。"[①] 如案例12－1所示。

（2）摘要的撰写要求。

第一，用第三人称的方式客观如实陈述。

第二，用概括性文字简洁扼要介绍研究报告的主要内容，篇幅一般控制在全文

---

① 王彩凤，庄建东. 学前教育研究方法 [M]. 北京：北京师范大学出版社，2011：268.

的 2%。

第三，必须是包含研究报告主要信息的完整独立短文。

### 4. 关键词

关键词是能反映研究报告主题内容的最重要的词、词组或短语。

(1) 关键词的提取方法。

可从题名、摘要、层次标题、正文重要段落中选取最能反映研究报告主题概念和中心内容的词、词组或短语。

(2) 关键词的撰写要求。

第一，精，数量一般控制在 3~5 个词，通常依概念由大到小或依论述问题的先后顺序排列。

第二，准，必须是能反映研究报告主题内容的最准确的词、词组或短语。

第三，专，必须是规范化的专业术语，以便于文献标引、检索和分类。

---

**小案例**

**案例 12-1  幼儿园教师保育与教育能力情境判断测验***

——基于 2304 名教师的实证研究①

郭力平[1,2]**  孙佳玥[1]  李 丽[1]

([1] 华东师范大学教育学部，上海 200062；

[2] 中国基础教育质量监测协同创新中心华东师范大学分中心，上海 200062）

[摘　要] 保教能力是幼儿园教师专业素养的核心成分，直接影响着幼儿园教育质量和幼儿的学习与发展。本研究通过收集保教实践情境、建立教师反应项、确定评分标准三个步骤初步编制评价工具，辅以随机访谈及 1182 名教师测评反馈……结果发现该评价工具的信效度及题目质量良好，教师的保教能力与其教龄、职称、受教育水平存在相关……为促进教师保教能力的科学评价与教师保教水平的提升，应关注情境判断测验的开发与运用，提升教师"如何做"的实践智慧。

[关键词] 保教能力；情境判断测验；教师专业素养

---

① 郭力平，孙佳玥，李丽. 幼儿园教师保育与教育能力情境判断测验：基于 2304 名教师的实证研究 [J]. 学前教育研究，2021 (11)：46-57.

### 5. 引言

引言也可称为导言、前言、问题的提出等，是用概括性语句勾勒出全文基本内容和轮廓，使读者对研究问题有总体了解，以引导读者阅读和理解全文。

（1）引言的内容。

引言的主要内容包括研究问题、缘由、目的、意义、背景、假设和方法、理论依据等，具体说就是要回答研究和解决了什么问题，为什么要研究这个问题，研究的背景和现状怎样，将用什么方法研究和解决问题，等等。

（2）引言的撰写要求。

第一，开门见山、直截了当地提出研究问题。

第二，明确清晰、简练概括研究背景和现状、目的和方法的大致框架。

第三，实事求是、中肯恰当地阐述研究的理论和实践价值。

第四，语句简洁、措辞精炼，撰写字数控制在全文的1/5。

> **小案例**
>
> **案例12-2  5—6岁幼儿图画创造思维特点及培养策略**
> **——基于内容分析法的实证研究①**
>
> 在科技飞速发展的现代，"创造力"成为国际美术教育目标的核心概念。《3-6岁儿童学习与发展指南》明确提出"幼儿艺术领域学习的关键在于充分创造条件和机会，在大自然和社会生活中萌发幼儿对美的感受和体验，丰富其想象力和创造力，引导幼儿学会用心灵去感受和发现美，用自己的方式去表现和创造美"。因此，幼儿园美术教育要把幼儿创造力的培养放在核心地位。
>
> 幼儿创造力倾向于表达性创造力，更多以艺术的形式表现出来，创造性想象、创造性思维及图形创造力是其创造力的重要组成成分……而5—6岁是艺术特性发展的黄金年龄，不仅能理解多种多样的符号形式，且能通过各种方式将其进行组合，用绘画传达各种内在情感和他们理解的客观世界，大多数儿童都能在其绘画作品中展现出极强的表现力，但该时期可能会迅速消逝。因此，笔者以5—6岁幼儿图画创造思维特点为切入点进行实证研究，旨在为美术教育中培养幼儿创造力提供科学依据和指导策略，充分利用学前阶段这一创造力发展黄金时期激发幼儿的创造潜能。

---

① 尹花，廖美蓉，谭敏霞. 5—6岁幼儿图画创造思维特点及培养策略：基于内容分析法的实证研究［J］. 海上明珠大学堂，2019（9）：132-138.

6. 正文

正文是占研究报告主要篇幅的核心部分，一般包括研究方法、研究结果、讨论与分析等内容。

（1）研究方法。

研究方法主要是对研究对象与范围、研究方法与工具、研究资料的收集整理等方面作系统详尽的描述性说明，以便于读者了解研究活动的科学性、客观性及研究结果的真实性、可靠性。

①研究方法的内容。

第一，研究对象与范围，如性别、年龄、职业及受教育程度、抽样样本数量等。

第二，研究的工具及使用过程，如观察表格、测量量表的设计与使用等。

第三，研究方法及操作程序，如实验条件、材料、步骤等。

第四，研究资料整理，如统计方法与统计量等。

②研究方法的撰写要求。

第一，条理清晰，可按研究活动的顺序从研究设计到数据分析说明研究方法与步骤。

第二，具体陈述研究方法与主要操作过程，以便于分析评估研究设计的效度、信度。

（2）研究结果（或研究结果与分析）。

研究结果是研究报告的核心，是用事实材料和客观数据呈现研究目标、内容的完成情况，展示所获资料与研究假设之间的关系，或所研究问题与研究假设某部分的关联情况。

①研究结果的内容。

研究结果撰写的主要内容是对研究活动的结果逐项进行说明、阐述和分析，以证明结果获得的必然性而非偶然性。

②研究结果的撰写要求。

第一，简明扼要地展示数据处理后的统计分析结果，避免一一罗列原始数据。

第二，全面地表述和推论统计结果，将研究结果客观全面地呈现给读者，使读者能评估研究结果的可靠程度。

第三，恰当使用语言和图表描述，规范标注图表名称和序号，运用详细准确的数据和直观的图表对包含在研究素材中的最有价值的内容、观点进行提炼、描述。

（3）讨论与分析（或讨论）。

讨论与分析是研究者依据相应的教育原理，通过理性思考和客观分析对研究结果进行的深入评价和论证，其目的是为研究报告的结论提供理论依据，并提出自己的观点和看法。

①讨论与分析的内容。

第一,明确回答引言中提出的假设。

第二,理论探讨,从教育理论的高度分析研究结果产生的原因,揭示问题存在的根源。

第三,客观说明研究结果的理论价值和应用价值等。

②讨论与分析的撰写要求。

第一,从理论的高度,用科学的概念逻辑严密、深入、客观、严谨分析与论证研究结果。

第二,从多角度、多方面对研究结果作深入的分析讨论,防止分析问题的片面性。

> **案例 12-3 父母对民办园的需求偏好与支付意愿**
> ——基于选择实验法的实证分析①
>
> 二、研究方法
> (一) 研究选样
> (二) 属性及水平的确定
> (三) 选择集的确定
> (四) 模型构建
> (五) 数据收集
> 三、研究结果与分析
> (一) 父母对民办幼儿园各质量属性的认知情况调查
> 1. 父母对民办幼儿园各质量属性的了解程度。
> 2. 父母对民办幼儿园各质量属性的满意程度。
> (二) 父母对民办幼儿园各质量属性的偏好
> (三) 父母对民办幼儿园各质量属性的支付意愿
> 四、讨论
> (一) 环境与设施是父母最看重的民办幼儿园属性
> (二) 父母比较重视民办园的保教质量和师资水平,忽视幼儿园的管理
> (三) 园所距离、费用并未成为父母选择民办幼儿园的决定性指标

---

① 史瑾,张静. 父母对民办园的需求偏好与支付意愿:基于选择实验法的实证分析 [J]. 学前教育研究,2021 (6):42-53.

## 7. 结论

"结论是研究者对结果分析讨论后所获的理性认识,是用简明确切的文字对研究的主要成果的高度概括和说明"①,在研究报告中起画龙点睛的作用。

(1) 结论的内容。

研究结论的撰写内容可以是研究发现、研究贡献、研究限制或研究建议等。② 研究发现是指研究结论与研究目的是否一致;研究贡献是指研究结论可能产生的解决学术上或实际问题上的贡献;研究限制是指在研究过程中遇到的困难或障碍造成研究结论具有一定的局限性;研究建议是指作者提出的学术或实践方面的建议,进一步研究的必要性和可能性,未来的研究有待改进和尚待深入研究的相关问题等,可为后人的研究提供参考。

(2) 结论的撰写要求。

第一,基于客观事实,客观真实地反映、说明结论的可靠度。

第二,明确适用范围,与研究的抽样范围相一致,不任意扩大、拔高结论的适用性。

第三,有针对性地对研究问题的现状提出改革建议。

### 小案例

**案例 12 - 4　我国学前教育经费投入资源配置效率评价**
**——基于空间计量经济学的实证检验**③

结论与探讨:

基于 2000—2015 年我国学前教育投入——产出的省级面板数据,本研究利用随机前沿生产函数与空间计量经济学的研究方法,实证评估了学前教育资源配置的静态效率与空间效率,得到以下有意义的研究发现:

第一,我国适龄儿童在园人数的规模在样本期内不断提升,财政性教育经费投入与事业性收入也呈现出正向增长的趋势……

第二,静态效率评价中,财政性教育经费投入与事业性收入均能优化学前教育资源配置的效率……

---

① 王彩凤,庄建东. 学前教育研究方法 [M]. 北京:北京师范大学出版社,2011:259.
② 张宝臣,李志军. 学前教育科学研究方法 [M]. 上海:复旦大学出版社,2007:195 - 201.
③ 方超,沈豪,熊筱燕. 我国学前教育经费投入资源配置效率评价:基于空间计量经济学的实证检验 [J]. 学前教育研究,2018 (8):3 - 16.

8. 附录

附录是以文字、图表等形式补充说明正文的信息材料。附录不是必需的，发表时一般不作刊登。

（1）附录的内容。

附录主要有三大类：一是研究工具类，如研究中使用的调查表格、测评工具等；二是研究数据类，如研究中收集的各类数据表、访谈记录等；三是教育研究方案类，如活动案例、干预方案等。

（2）附录的编排。

第一，附录的编排与正文连续编页码，每一附录均另起一页，依序用大写正体A，B，C，……编序号，如附录A。

第二，附录中的图、表、式、参考文献等与正文分开另行编序号，一律用附录序码加阿拉伯数字编码，如：图A1；表B2；式（B3）；文献［A5］等。

9. 注释

"注释也称注解，是对文章中的词语、内容或引文的出处所作的解释。"①

（1）注释的类别。

注释有三类：一是题注，是对篇名、作者的注释，通常在篇名、作者右上角用"﹡"标示并在该页以脚注形式注释；二是参考型注释，主要是注明引文出处以便读者查找核实；三是内容型注释，主要是补充解释论文内容的概念、难点、新的名词术语以便读者理解。

（2）注释的方法。

注释的方法有三种：一是夹注，也称文内注，即在引文之后用括号与行文区分开，在括号内注明引证资料的作者名、出版年份和页码；二是脚注，也称页末注，即在引文末端右上角用圆括号标注序号，如①、②、③、④……，并在该页底端注明引文出处。引文序号以页为单位，每页重新编号；三是尾注，也称篇尾注，即在引文末端右上角用圆括号标注序号，将全文的注释在正文最后按出现的先后顺序统一编号。

（3）注释的要求。

第一，前后一致，在一篇研究报告中只能采用夹注、脚注、尾注其中一种加注方式。

第二，通常情况下，引文不多可用夹注，引文一般较多采用脚注和尾注。

10. 参考文献

"参考文献是对期刊论文引文进行统计分析的重要信息源之一。"② 参考文献目

---

① 王彩凤，庄建东. 学前教育研究方法［M］. 北京：北京师范大学出版社，2011：270.
② 王彩凤，庄建东. 学前教育研究方法［M］. 北京：北京师范大学出版社，2011：271.

录是作者在研究报告中直接或间接引述的所有参考资料的清单。

（1）参考文献的著录项目。

①作者姓名，多个作者之间以"，"分隔。

②文献题名及版本。

③文献类型及标识。

④出版项（出版地、出版者、出版年）。

⑤文献出处或电子文献地址。

⑥文献起止页码。

⑦文献标准编号（标准号、专利号……）。

（2）参考文献的著录要求。

第一，精选与文章密切相关，有重要参考作用和代表性的，在国内外公开发行的报刊或正式出版的图书上公开发表的文献。

第二，采用规范化的著录格式按在文中出现的先后顺序用阿拉伯数字加方括号连续编码，一般集中列表于文末。

（3）参考文献类型及其标识。

根据 GB 3469 – 1983 规定，各种参考文献类型以单字母方式标识，如下：

| 文献类型 | 普通图书 | 会议录 | 汇编 | 报纸 | 期刊 | 学位论文 | 报告 | 标准 | 专利 |
| --- | --- | --- | --- | --- | --- | --- | --- | --- | --- |
| 标志代码 | M | C | G | N | J | D | R | S | F |

（4）参考文献著录编排格式及示例。

参考文献按在正文中出现的先后次序列表于文后，表上以"参考文献"（左顶格或居中）作为标识，参考文献左顶格用方括号标注序号，如［1］、［2］……，每条参考文献最后均以"."结束。

①专著、学位论文和报告。其格式为：

［序号］作者. 文献题名［文献类型标识］. 出版地：出版者，出版年：起止页码（任选）.

例如：

［1］屠美如. 幼儿美术欣赏教育研究［M］. 北京：教育科学出版社，2001：109 – 144.

［2］黄立安. 综合美术活动对幼儿创造性思维发展的影响研究［D］. 上海：上海师范大学，2015.

［3］傅小兰，张侃. 中国国民心理健康发展报告（2017—2018 版）［R］. 北京：社会科学文献出版社，2019：15.

②期刊。其格式为：

［序号］作者．文献题名［J］．刊名，年，卷（期）：起止页码．

例如：

［4］何龄修．读顾城《南明史》［J］．中国史研究，1998（3）：167－173．

［5］金显贺，王昌长，王忠东，等．一种用于在线检测局部放电的数字滤波技术［J］．清华大学学报（自然科学版），1993，33（4）：62－67．

③报纸。其格式为：

［序号］作者．文献题名［N］．报纸名，出版日期（版次）．

例如：

［6］孙云晓．预防童年恐慌［N］．中国教育报，2017－03－09（9）．

④国际、国家标准。其格式为：

［序号］标准编号，标准名称［S］．

例如：

［7］GB/T 16159—1996，汉语拼音正词法基本规则［S］．

⑤外文论著，按国际学术惯例用正体表示文章篇名；用正体或右斜体表示书名、报纸和刊物名。

例如：

［8］LOW. A pragmatic definition of the Concept of Theoretical Saturation［J］. Sociological Focus，2019，52（2）：131－139．

11．致谢

致谢是向对研究有直接贡献及帮助的单位和人士表示感谢，以表达对他人和知识产权的尊重，体现论文的严谨、真实、科学和价值。

（1）致谢的主要对象。

一般致谢的对象主要有：资助研究工作的基金、合同单位、企业、组织或个人，协助完成研究工作、提供便利和建议的个人或组织，给予研究思想和设想、转载和引用的资料的所有者等。

（2）致谢的撰写要求。

应言辞恳切、实事求是地对具体对象所提供的具体帮助表达感谢。

## 二、学术论文

### （一）学术论文的含义

学术论文在本文中是指除实证性研究报告以外反映专业系统知识的理论性文章。学术论文要以教育理论为依据，运用科学的概念，采用思辨的方式，通过一系列的逻辑判断和推理得出新的理论、见解和观点，其主要特点是学术性、科学性、创新性、理论性，通常属思辨性的研究。

### （二）学术论文的基本格式

按国家标准 GB/T 7713 – 1987 的要求，学术论文的基本结构分为以下四部分：
(1) 前置部分：题名、作者、摘要、关键词。
(2) 主体部分：绪论、本论、结论。
(3) 附录部分：附录（必要时）。
(4) 结尾部分：注释、参考文献、致谢（必要时）。

与研究报告相比，学术论文的写作风格更多种多样、灵活自由，不必遵循固定格式。

### （三）学术论文的撰写方法

学术论文前置部分的作者、摘要、关键词和附录、结尾部分的撰写要求与规范和研究报告大体一致，此处不再赘述。现就前置部分的题目和主体部分的撰写方法予以介绍。

#### 1. 题目

题目是以最恰当简明的词语反映论文最重要内容的逻辑组合。

(1) 题目的形式。

学术论文题目形式多样、无统一格式，以下几种格式可供参考。[①]

第一，立论式题目。这类题目明确揭示论文中心论点或提出问题解决办法以反映研究成果，如"促进教学改革的关键是提高教师专业能力"。

第二，非立论式题目。这类题目仅指明研究问题或论述范围，但没有表达观点或见解，如"水墨画活动中激发幼儿创造力的策略"。

第三，提问式题目。这类题目以提问方式吸引读者，如"如何写好课题研究结题报告"。

(2) 题目的撰写要求。

第一，准确概括论文内容，恰当反映研究方向、范围和深度。

第二，简短、精炼、新颖，太长的题目可用正、副标题方法来解决。

#### 2. 绪论

绪论是学术论文的引出部分，也称引言、序言、前言、导语等，用以引出本论部分，引导读者了解论文内容并引起读者的兴趣。

---

① 金哲华，俞爱宗. 教育科学研究方法 [M]. 北京：科学出版社，2011：276 – 277.

(1) 绪论的主要内容。

绪论撰写涉及的内容包括：研究的背景、缘由、目的、意义、方法、手段；前人研究进展和本研究要解决的问题；理论依据和实验基础；主要概念和术语；论文的中心论点；等等。在实际写作中可选择以上几项内容，并非要面面俱到。

(2) 绪论的撰写要求。

第一，简单扼要、措辞精炼，不可冗长，以免全文头重脚轻。

第二，写法可多种多样。如开门见山直截了当提出问题，阐明研究目的和意义；用质疑的方法提出讨论的问题；用概括的方法交代研究背景和写作意图；等等。作者可根据实际情况和自身写作风格灵活运用。

### 3. 本论

本论是学术论文的主体部分，是作者提出中心论题，用一定的理由和材料作为论据进行合乎逻辑的论证，以证明观点、分析现象、表达结果，在整篇论文中占重要地位，篇幅一般占全文的2/3以上。

(1) 本论的基本要素。

本论撰写的基本要素是论点、论据、论证。

论点，即需要加以证明的问题，是论文的灵魂。论点是解决"要证明什么"的问题，是作者以判断的形式对所论述的问题提出自己的主张、看法和态度。

论据，即用来证明论点的依据。论据是解决"用什么来证明"的问题，是说明论点的理由和材料。论据可以是事实，也可以是公认的理论和前人的研究成果。

论证，即用论据来证明论点的过程。论证是解决"如何证明"的问题，揭示论点和论据之间的必然联系，证实由论据得出论点的必然性。

(2) 本论的撰写要求。

第一，论点清晰明确，突出论文主旨，用准确明晰的文字和科学的概念、术语表达和阐释研究主题，防止概念模糊。

第二，论据丰富充分，与论点要统一，理论性和事实性材料要真实、典型，以保证能有根有据、科学严谨地论证，给论点以有力的支持。

第三，论证符合逻辑，有理有据，过程严谨，表达精当，注意文字准确性、语句逻辑性、前后内容层次性，从多维度、多方向、多层次论述问题，防止逻辑混乱。

本论的撰写关键在于论证，论证的方法多种多样，常见有以下三种形式：

①层递推论式。

把论点分成若干层次，循着一个逻辑线索步步深入、层层推进展开论述，直到最后得出结论，论文中各层次之间呈递进关系。例如，案例12-5从发展历程到反思展望再到实践路径，层层递进展开论述。

> **小案例**
>
> **案例 12-5 改革开放 40 年我国幼儿园、家庭、社区协同共育的发展与展望①**
>
> 一、改革开放以来幼儿园、家庭、社区协同共育的发展历程
> （一）服务性联结关系阶段（1978—1988 年）
> （二）协同共育意识萌芽阶段（1989—1995 年）
> （三）协同共育意识成熟阶段（1996—2005 年）
> （四）协同共育初步发展阶段（2006 年至今）
> 二、改革开放以来幼儿园、家庭、社区协同共育的反思与展望
> （一）改革开放以来幼儿园、家庭、社区协同共育的发展特点
> （二）当前幼儿园、家庭、社区协同共育存在的问题
> 三、新时代促进幼儿园、家庭、社区协同共育的实践路径
> （一）完善教育政策，建立监督评价体系
> （二）开展理论研究与实证研究，注重研究与实践的密切结合
> （三）多种方式扭转幼儿园、家庭、社区协同共育实践中的"不协同"现象

②平列分论式。

围绕中心论点设立若干分论点，并列起来逐一加以论述，各分论点之间是并列关系，从不同角度、不同侧面分别论证中心论点。例如，案例 12-6 分别从资源开发、内容设置、实施途径论证创意水墨画活动的实施策略。

> **小案例**
>
> **案例 12-6 幼儿园"创意"水墨画活动的实践研究②**
>
> 一、"创意"水墨画活动资源的开发
> （一）充分挖掘社区资源和家长资源，丰富幼儿的体验
> （二）巧妙利用生活资源和自然资源，创新水墨画工具材料
> 二、"创意"水墨画活动内容的设置
> （一）艺术领域内部的整合
> （二）与其他领域的整合
> 三、"创意"水墨画活动实施途径的拓展
> （一）创新美术教学
> （二）创设特色区域"水墨坊"
> （三）开展幼儿喜爱的相关户外拓展活动

---

① 李晓巍，刘倩倩，郭媛芳. 改革开放 40 年我国幼儿园、家庭、社区协同共育的发展与展望［J］. 学前教育研究，2019（2）：12-20.
② 尹花. 幼儿园"创意"水墨画活动的实践研究［J］. 教育导刊，2017（2）：24-27.

③平列层递结合式。

在实际教育问题的论述中常综合使用以上两种方式，从纵横两个方面论证和阐述一些复杂的问题，变换角度分别论证问题的各个方面。

4. 结论

结论是学术论文的收尾部分，是论题被充分论证后从更高层次精确概括研究结果的总体论点，是整个研究过程的结晶，全篇论文的精髓。

（1）结论的主要内容。

结论的内容主要包括：研究验证了哪些假设，解决了什么问题，得出了什么结论；结论的使用范围；研究的价值和贡献；研究结果的局限性和尚未解决的问题；对前景的展望和建议；等等。

（2）结论的撰写要求。

第一，高度概括、表达准确、措辞严谨、逻辑严密、结论谨慎。

第二，可采用总结式、评论式、问题式或建议式等写法。

## 三、经验总结

### （一）经验总结的含义

经验总结作为一种教育研究成果的表述形式，是对教育教学实践中积累的先进经验进行归纳、提炼、总结、概括所形成的教育研究论文。与学术论文相比，经验总结更偏重说明事实和具体操作，具有实践性强、内容具体、时限短等特点。

### （二）经验总结的撰写方法

经验总结写法较自由且无固定格式，其撰写方法基本与前面章节经验总结报告一致，此处不再赘述。经验总结从表述的特点分为以下三种写法：

第一，描述性总结。描述性总结是着重描述或说明亲身实践的成功的教育教学的某些环节或步骤，分析和概括其意义、作用或原则、规律，以给人鲜明的感受认识和有益启示。

第二，概括性总结。概括性总结是根据多次经历的教学实践中的经验体会归纳概括出共同的原则、方法，使人能领会其意义、作用和适用范围，揭示出某些教育规律和理论。

第三，论述性总结。论述性总结是运用一定的教育理论对概括出的方法、原则、途径或者看法、认识、体会作系统的分析、阐述、揭示或论证其体现的教育规律或所蕴含的深刻道理。

## 四、教育案例

### （一）教育案例的含义

"案例是含有问题或疑难情境在内的真实发生的典型性事件。教育案例是对运用某些教育教学原理、方法和策略解决问题的过程（场景或情境）的描述。"[①] 其主要特征是故事性、问题性和典型性。

### （二）教育案例的构成要素

教育案例的构成要素主要有案例主题、案例背景、案例事件、反思与讨论、附录，但不是每篇案例都要按上述部分来写，只要包含其中几个方面内容并按一定的逻辑结构加以组合即可。

### （三）教育案例的撰写方法

#### 1. 标题

标题是对案例主题的概括和提炼，案例主题反映了案例的中心思想和主要内容，撰写一个好的案例要突出一个中心论题，选择典型性、代表性或普遍性的问题做深入剖析，进而揭示教育教学工作的复杂性和蕴涵的教育理论或先进理念。

标题的撰写一般有两种方式：一是用案例中的突出事件作为标题；二是用案例事件所反映的主题作为标题。

#### 2. 背景

背景是案例写作的起因、缘由，一般简要介绍案例中事件发生的时间、地点、原因、环境、条件等基本情况，叙述要简明清楚。

#### 3. 案例事件与过程

案例事件与过程需完整描述事件发生、发展及结局，围绕主题详尽描述问题是什么、如何发生、产生的原因、解决的过程和成效。在叙述上注意两点：一是主题突出详略得当，以引人入胜的方式生动描述；二是客观描述真实事件，情节完整，避免虚构杜撰。

#### 4. 反思与讨论

教育案例的反思与讨论是作者对案例进行解读、评述和分析，在描述案例事件基础上揭示案例事件的意义和价值，要做到两点：一是就事论理和立意要新，运用先进的教育思想和理念，科学剖析案例描述的事实和问题所隐含的符合教育教学原

---

[①] 袁玥. 教师微型课题研究指南［M］. 上海：华东师范大学出版社，2019：227.

理的做法和措施；二是有针对性和有所侧重，将教育理论自然融汇于分析之中，突出撰写感触最深的方面，不要讲空洞的大道理和面面俱到。

> **小案例**
>
> **案例12-7　非非的故事及带给我的思考①（节选）**
>
> 几年前，我新接手一个中班，认识了漂亮可爱的非非……
>
> 六月艺术节就要到了，孩子们想表演他们最喜欢的《疯狂动物城》，非非主动要求扮演童年的狐尼克，小朋友们都很赞同，觉得她可爱的形象特别适合这个角色。非非很开心。就这样，孩子们回家记住台词后，我们便开始排练了……
>
> "非非的故事"是我专业成长中的一个转折点，在对非非持续的观察与分析中，我对解读幼儿有了更多的认识，对幼儿的学习与发展，尤其是学习品质有了更多的理解……
>
> 仔细想来，我觉得主要有以下两个方面。
> 1. 在解读中学会欣赏，在欣赏中建立关系。（略）
> 2. 在了解中学会顺应，在顺应中激发潜能。（略）

## 五、教学课例

### （一）教学课例的含义

课例即课堂教学案例，是案例的一种特殊形式。教学课例是"通过对教学过程或片段、细节进行剖析、研究、提炼，说明教学背后的理由，也就是用教育科学理论来说明、诠释教学实践"。② 其具有实践性、研究性、情境性的特点。在学前教育中，课例就是教学活动。

### （二）教学课例的基本结构

教学课例的基本结构是：教学设计＋教学实录＋教学反思。教学设计即某节课或某些课的教学设计方案；教学实录即实际教学场景；教学反思即教学预期的实现程度，也就是对教学的评价。

---

① 杨钰婧. 非非的故事及带给我的思考［J］. 学前教育，2021（5）：25-27.
② 袁玥. 教师微型课题研究指南［M］. 上海：华东师范大学出版社，2019：238.

在实际写作中,常常是"教学设计总体思路+教学情景细致描述+专题教学反思""教学设计思路说明+提炼后的教学场景+总体教学反思""教学设计+教学片断+教学反思"三种形式的变式组合。

### (三)教学课例的撰写方法

#### 1. 教学设计思路

教学设计思路可以是对教材、教学内容、幼儿学情的分析,也可以是教学设计的意图与思考,还可以是对教学安排的描述与解读教学设计思路,如案例12-8。

**案例12-8　大班文学语汇活动:蒲公英**[①]

散文《蒲公英》篇幅短小,易于幼儿理解与朗诵。散文中巧妙地运用比喻的修辞手法,将蒲公英形象地比喻成"球""柳絮""雪花",并借助"飞扬""轻盈"等优美词汇,将作者对蒲公英的喜爱之情充分渲染出来,表现出作者热爱大自然,向往田园生活的质朴情感。大班幼儿具备一定的生活经验,也积累了一些简单的形容词汇,具有一定的想象力和感悟力,在成人的逐步引导下,能够由浅入深地感知并体验散文中所蕴含的语言美和意境美,这也有助于提升幼儿文学欣赏能力及审美情趣。

#### 2. 教学实录

教学实录要来源于真实的教学场景,可以是细致描述教学情境,再现教学全过程;也可以是提炼后的教学场景或片段。如案例12-9。

**案例12-9　有趣的房子**[②]

感受环节(节选):

T:这个房子像什么呢?

C:像草莓一样的房子!

---

[①] 周兢,陈杰琦. 学前儿童语言学习与发展核心经验[M]. 南京:南京师范大学出版社,2014:146.

[②] 徐韵,阮婷,林琳,等. 学前儿童艺术学习与发展核心经验[M]. 南京:南京师范大学出版社,2021:59-61.

T：（更换PPT）再来看这个房子，你觉得它是用什么做的呢？

C：像香蕉一样的房子！……像蜗牛！……像船！

T：（更换PPT）这个房子呢？

……

T：刚才我们看到了各种各样有趣的房子，有的房子外形很好看，有的房子让人住着很舒服，还有的房子建在很特别的地方。那么，你们想不想来设计一下自己想象的未来的房子呀？

### 3. 教学反思

教学反思是指要对照教学设计意图反思实际教学行为，可以是他人的评析或本人的反思；可以是对教学实录逐段评点，如案例12-10；也可以在最后进行总评；还可以是专门针对某一片段或问题的评析。

**小案例**

**案例12-10　大班早期阅读活动——武士与龙（第一课时）**[①]

一、观察图画书封面，产生阅读兴趣。

……

（评析：此环节通过让幼儿观察图画书的封面，引发幼儿对书中武士和龙这两个主角的兴趣，在谈论武士和龙谁厉害的话题中激发他们阅读这本图画书的热情。）

二、结伴阅读图画书中比武前的部分。

……

（评析：此环节主要是让幼儿通过两两结伴阅读来了解故事前半部分的内容。幼儿独自阅读时会出现漏读、跳读画面内容等现象，而与同伴结伴阅读时，能获得经验，从而更好地理解阅读内容。）

---

[①] 周兢，陈杰琦. 学前儿童语言学习与发展核心经验［M］. 南京：南京师范大学出版社，2014：232-233.

## 六、教育反思

### （一）教育反思的含义

"教育反思是指研究者以体会、感想、启示等形式对自身教育教学行为进行的批判性思考，是在记录教育事实基础上所进行的思考和评判。"[①]

### （二）教育反思的基本格式

幼儿园教育教学活动的内容形式丰富多样，因此教育反思的内容具有极大的广泛性，格式也无统一规定，基本格式可概括为案例描述、理性思考和改进设计三个部分。

### （三）教育反思的撰写方法

#### 1. 案例描述

案例描述应具有鲜明的问题意识，善于发现问题，捕捉反思对象，客观、详细、重点描述典型的具有教育意义的问题。

#### 2. 理性思考

理性思考应把握新的教育理念和相关理论，形成反思的参照标准，联系已有经验从多个角度全面、综合、深入思考和剖析，用教育理论诠释自己的教育行为。

#### 3. 改进设计

改进设计应提出切实可行的改进方案策略。

例如，案例 12-11 首先描述了评价遭遇老师抵触情绪的事件，然后对评价存在的问题进行了理性分析，最后提出改革评价的措施。

> **小案例**
>
> **案例 12-11　评价就是打打分应付一下吗？**
> ——幼儿园教育质量评价的反思与探索[②]（节选）
>
> 【评价遭遇抵触情绪】
> 按照以往的评价方式，我们发放了"自然角评价量表"，准备……然而，刚刚发放完评价量表，就听到了这样一段对话。

---

[①] 王彩凤，庄建东. 学前教育研究方法 [M]. 北京：北京师范大学出版社，2011：265.
[②] 吴燕. 评价就是打打分应付一下吗？：幼儿园教育质量评价的反思与探索 [J]. 学前教育，2017（Z1）：93-94.

"又该打分了!"

"是呀,也不知道这分打着有什么用!"

"对呀,不管我们怎么用心,最后分数也不会高过某些班去。"

"唉,别多想了,让打分就打分,让看就看,应付一下就得了。"

听到这段对话,我一下子蒙住了,这是我们评价的初衷吗?……带着这样的问题,我暂缓了这次评价,并开始思考此番对话背后的问题。

【对照评价本质寻找问题症结】

《幼儿园教育指导纲要(试行)》指出:管理人员、教师、幼儿及家长均是幼儿园教育评价工作的参与者。评价过程是各方共同参与、互相支持与合作的过程。由此可见,幼儿园的评价应更具民主化、人性化。而且评价过程应是教师主动参与、自我反思、自我教育、自我发展的过程。

而从老师们的对话中不难发现,我们的评价存在以下一些问题。

1. 评价观不一致……
2. 重结果轻过程……
3. 评价形式单一……

【对评价进行调整与改变】

找到症结所在,我尝试对评价进行小小的改革,力求让评价不再敷衍应付。

首先,变集中评价为分散评价,化整为零……

其次,调整评价顺序,思前理后,即思考在前、梳理在后……

再次,改变评价方式,变被动为主动……

最后,学习评价语言,变概括为具体……

## 七、教育日志

### (一)教育日志的含义

教育日志是一种研究者对教育生活或教育事件定期的记录。

### (二)教育日志的记录形式

"一般来说,教育日志常用的记录形式有:备忘录、描述性记录和解释性记录等。"①

---

① 王彩凤,庄建东. 学前教育研究方法 [M]. 北京:北京师范大学出版社,2011:263.

1. 备忘录

备忘录是研究者通过回忆写下特定时段的经历，通常有较明显的时间信号提示。

2. 描述性记录

描述性记录是研究者对教育现象、教育事件、教育场景或情境的描述，如特定的情境（时间、地点、设备的介绍等）、个人的肖像特征与言行（外表、说话与动作的风格、手势、声调、面部表情）等。

3. 解释性记录

解释性记录是研究者对教育现象、事件的感受、认识、解读、推论，对研究活动的解释、创见、解说、推测，对自己假设与偏见的反思等。

例如，案例12-12第一段是描述性记录，第二段分析解读是解释性记录。

> **小案例**
>
> **案例12-12**[①]
>
> 观察对象：小林　　年龄：4岁　　观察者：B
> 观察地点：××幼儿园　　观察时间：××年4月25日
> 观察时长：20分钟
>
> 今天老师给小林派发了一个任务，外出活动时要带上小宇。老师这句话说出来后，小宇就紧紧地抱住小林，一前一后地走下楼梯。走了四级后，小林停住脚步，牵过小宇的手，他们两个开始并排着走。小林的脚轻松地交替着下楼梯，小宇下楼梯时自始至终都是左脚迈开，右脚跟上……
>
> B的分析解读：从这20分钟的观察片段里，我们可以看到4岁的小宇是十分依赖于他的同伴小林的……我之前曾经想过小宇的不自信可能源自哪里，今天的观察或许可以给我新的思考。下楼梯时，不同于小林的双脚交替，小宇是小心翼翼地并脚向前走的。而在平地上行走时，小宇需要紧盯着前面的路来使自己的身体保持平衡，他不能像小林一样踮着脚走或者侧着身子跟别人一边说话一边走。大肌肉动作发展上的不协调或许是造成小宇不够自信的重要原因之一。

---

[①] 李思娴. 做有力量的教师：观察与主持儿童的学习[M]. 广州：广东教育出版社，2016：105.

### (三) 教育日志的撰写方法

第一，善于观察与思考，将事件记录与事件分析结合起来，既能反映现象又能抓住本质。

第二，善于记录与归类，简要地用段落、标题、次标题来归类日志内容以便查找。

## 第三节 结题报告的撰写

学前教育科研课题研究一般经过选题、申报、立项、开展研究、结题、成果鉴定和成果推广等阶段。一项教育科研课题研究的结题阶段，需要撰写结题报告。

### 一、结题报告的含义

"结题报告，也称研究报告，是一项课题研究结束，研究者客观地、概括地介绍研究过程，总结、解释研究成果，向有关部门（机构）申请结题验收的文章。"[①] 它是课题研究成果的集中反映，是结题评审专家和上级管理部门鉴定和认可课题研究质量的主要依据和重要材料，具有学术性、真实性、科学性、创新性、可行性等特点。

### 二、结题报告撰写的基本规范

结题报告作为研究报告，因课题研究内容和研究方法不同，其表述形式、格式和侧重点不同，既要注意以上章节研究报告基本格式的规范化，又要根据具体情况作适当调整。

结题报告作为专门用于课题结题的研究报告，要紧紧围绕课题的研究设计、实施概况、研究成果、实际效果等方面进行阐述，以便于课题的结题验收及后续的鉴定评奖和成果推广。

#### （一）结题报告的主要内容

一般结题报告的内容主要包括以下几方面：①课题研究背景；②课题研究的意义；③课题研究的界定；④课题研究的目标；⑤课题研究的内容；⑥课题研究的方

---

① 李冲锋. 教师如何做课题 [M]. 上海：华东师范大学出版社，2013：182.

法；⑦课题研究的步骤和过程；⑧课题研究的结果；⑨研究反思及今后设想。①

上述九个方面，可根据具体课题的情况调整或合并，也可根据需要增加相关内容，如研究现状或文献综述等。

### （二）结题报告的撰写方法

撰写结题报告可根据以上内容合并成以下几个部分来阐述或根据具体情况灵活处理。

1. 问题的提出

（1）撰写内容。

问题的提出内容主要包括：课题研究背景、课题研究的意义、课题研究的界定、课题研究的目标和内容。其主要是阐明研究什么问题，为什么要研究。

（2）撰写要求。

第一，简明扼要说明课题研究背景和缘由，其中需考虑到教育形势的发展和观念、方法、理念、手段的更新等。

第二，课题研究的意义包括理论意义和现实意义，可从课题研究的必要性、重要性、可能性等方面思考。

第三，课题研究的界定要对课题核心概念的内涵、研究涉及范围作简单阐述，依据最精辟适用的教育理论说明自己的主要研究思想。

第四，研究目标和内容紧扣课题，简洁准确阐述研究具体要解决什么问题，期望达成什么目标，注意研究目标、内容与课题结论、成果的内在联系。

2. 解决问题的过程和方法

（1）撰写内容。

解决问题的过程和方法包括课题研究的方法、课题研究的步骤和主要过程，主要是阐明怎样研究的。

（2）撰写要求。

第一，简要说明课题研究的几种主要科研方法与所研究内容之间的关系，资料收集和数据采集情况。

第二，研究步骤和过程清晰、明确，具体客观阐述课题研究计划的执行情况，如课题研究的准备、实施、总结三个阶段做了哪些工作，采取了哪些研究策略或措施，注意与研究内容相对应。

---

① 李冲锋. 教师如何做课题［M］. 上海：华东师范大学出版社，2013：189－192.

3. 研究结论和研究成果

（1）撰写内容。

课题研究的结果包括课题研究的结论和成果，是结题报告中最重要的部分，通常要占整个结题报告篇幅的一半左右，主要阐述解决了什么问题，取得了哪些研究成果。

研究结论是针对课题研究的问题作出的回答，是整个研究的结晶。内容包括对研究总体性的判断，对研究假设的总结性见解，提出切实可行的解决问题的策略和措施。

研究成果包括实践成果和理论成果。实践成果包括优秀活动案例汇编、多媒体课件、幼儿作品集等；理论成果是研究所得到的新观点、新认识、新策略、新模式、新路径等，包括课题研究报告、论文发表或获奖情况等。

（2）撰写要求。

第一，研究结论的陈述应精炼、鲜明，留有余地。

第二，不仅要有理论成果，还要有实践成果，详尽陈述研究中最有创新和最具理论与实践价值的教育教学改革与实践探索成果，体现所确定的研究目标和课题研究的借鉴参考价值。

第三，注重逻辑体系的关联，研究成果与研究目标、内容间的内在联系。

4. 研究反思及今后设想

（1）撰写内容。

研究反思主要讨论该研究的局限性、尚未解决的问题等。今后设想主要陈述如何开展后续研究、课题应用价值和推广可能性等。

（2）撰写要求。

第一，简单、准确、中肯地陈述研究反思。

第二，今后设想可提出进一步研究的途径和方法，概述成果的价值和推广与应用。

> 小案例

### 案例12-13　基于幼儿成长需要的"经历学习"的研究[①]

一、课题提出的背景及意义

(一) 课题提出的背景

1. 基于对幼儿教育及幼儿学习的认识。

2. 基于幼儿园课程实施深化的需要。

3. 基于改变幼儿园教育现状和提升教师素养的考量。

(二) 课题研究的理论意义及实践意义

1. 理论意义。

2. 实践意义。

二、课题研究界定

(一) 课题含义

(二) 课题研究的目标和内容

1. 研究的目标。

2. 研究的主要内容。

三、课题研究的思路、过程与方法

(一) 课题研究的思路和途径

1. 课题研究的基本思路。

2. 课题研究的基本路径。

(二) 课题研究的过程与方法

1. 第一阶段：学习研讨、达成共识（2007年1月—2007年5月）。

2. 第二阶段：突出重点，逐步推进（2007年6月—2010年12月）。

3. 第三阶段：分析汇总，总结提炼（2011年1月—2011年6月）。

四、课题研究的成果与成效

(一) 形成了对幼儿"经历学习"相关问题的理性认识

(二) 建构了幼儿园"经历学习"的基本实施框架

(三) 形成了幼儿"经历学习"活动开发与实施的策略

(四) 将"经历学习"理念渗透于日常教学

五、课题研究后的思考及今后设想

(一) 课题研究后的思考

(二) 对今后的设想

---

[①] 张晖. 幼儿园课题研究 [M]. 北京：高等教育出版社，2012：210-232.

### 三、结题报告撰写的一般步骤

结题报告撰写的步骤与其他教育研究论文大体一致,包括整理资料、梳理成果、查阅文献、编写提纲、撰写初稿、修改定稿六个阶段。

#### (一) 整理资料

资料的占有量及客观性和真实性,是决定课题研究成果质量的重要因素之一。因此,在撰写结题报告之前要广泛地搜集资料,并对其进行整理、分析以提取有价值的材料。

1. 资料的搜集

围绕研究主题选取有代表性和说服力的典型的、可靠的材料,主要搜集以下三种资料:

(1) 课题管理资料。

包括课题申报表、立项通知书、开题论证报告、中期评估报告等。

(2) 过程性资料。

课题研究过程中有关的文字、数据、图片、音像等资料。

(3) 成果性资料。

包括幼儿成果资料、教师成果资料、课题组所获成果等。

2. 资料的整理

根据研究目的对搜集的各种原始资料进行符合科学要求的处理,使之系统化和条理化。

(1) 文字资料的整理。

文字资料包括采用各种研究方法获得的文献记载、教育案例和日志、观察和访谈记录等,整理文字资料的一般步骤是审查、分类、汇编。

审查内容包括资料的有效性、全面完整性、真实可靠性。

分类标准一般可根据研究目的或内容的性质和资料的形式、特点或来源来确定。

汇编是按照研究目的和要求,对分类后的资料进行汇总和编辑,使之成为能反映研究主题的系统、完整、集中、简明的材料。

(2) 数据资料的整理。

数据资料的整理是指对搜集来的零散的数据资料进行整理加工,使之系统化。整理数据资料的一般步骤是检查资料、数据分类、编制统计表与统计图。

检查资料内容包括数据资料的完整性、正确性、有效性。

分类是根据一定的标志把搜集来的数据进行分组归类,分类标志一般有两种:一是品质分类,指按某种教育现象的质量属性、类别、等级分类,如按幼儿性别进行男女、按幼儿组别进行实验组和对照组、按幼儿体质强弱进行优良中差等分类；二是数量分类，是以数量的多少为分类的标志，包括顺序排列法、等级排列法和次数分布法。

  3. 资料的分析

  资料分析是指在资料整理基础上，对资料的性质和特点以及各种研究资料之间的相互关系进行具体剖析，以求发现各种教育现象之间的关系，探求教育活动规律。

  （1）文字资料的分析。

  文字资料属于描述性材料，一般只能进行定性分析，这种分析是建立在多学科理论基础上，运用思维方法进行的逻辑性、整体性、综合性分析。分析方法一般有比较和分类、分析和综合、归纳和演绎。

  （2）数据资料的分析。

  数据资料的分析详见本书第十一章数据分析。

## （二）梳理成果

  在分析资料的基础上重新审视整个研究过程，进一步梳理提炼研究成果，要注意：

  第一，研究成果必须符合国家教育方针、政策，体现时代精神和素质教育的核心理念，遵循幼儿身心发展和教育教学规律。

  第二，研究成果要经得起实践的检验，能解决教育教学过程中的实际问题，对于实现培养目标、提高教学水平和教育质量效果显著。

  第三，研究成果要有理论的提升，从理论上和课题价值上提炼出课题的创新点，如新观点、新认识、新策略、新模式，避免罗列一些众所周知的普遍观点。

## （三）查阅文献

  查阅文献可根据需要贯穿于结题报告撰写的整个过程，主要包括以下文献：一是与本研究的理论基础相关的文献，从中提炼有价值的思想及观点，为撰写结题报告提供理论依据和背景材料。二是与本研究的研究成果相关的文献，例如，结题近五年国内外相关研究进展如何，还有什么问题尚待解决，对比本研究与其相关性，查证本研究成果的创新性，了解自己的研究是否解决了已有文献中没有解决的问题，特殊的意义在哪里。

## （四）编写提纲

  在完成资料整理、成果梳理、文献查阅等准备工作后，课题负责人应当在理清写作基本思路的基础上，围绕主题组织写作素材和提炼观点，按一定的逻辑顺序拟定结题报告的提纲，以保证各个要素内容的严谨性和逻辑的严密性。

1. 编写提纲的方法

提纲的类型主要有以下两种：

（1）标题式提纲。

标题式提纲是根据结题报告的项目要点列出各级大小标题，并按照一定层次排列，概括地列出大致结构，不必涉及如何对具体内容展开论述。

（2）简介式提纲。

简介式提纲，即在标题式提纲的基础上，在每个标题下简要列出要阐述的内容要点，如论点、主要论据、论证方法，类似于文章的摘要。

2. 编写提纲的注意事项

第一，拟定提纲的程序，从中心论点出发到基本论点，再到下位论点，最后到资料。

第二，提纲的各类项目要齐全，能够初步形成结题报告的轮廓，要把论题、材料、结构和语言等论文的基本要素形成一个相互联系的有机整体。

第二，提纲要从全局统筹安排，紧扣主题，突出重点，文字要高度概括、简洁明了。

第三，提纲草拟出来后，要主动征求他人的意见和帮助，认真推敲和修改完善，以谋求结题报告构思谋篇的最佳方案。

### （五）撰写初稿

拟订好提纲后，研究者可根据实际情况选用合适的方法进行初稿的撰写。

1. 撰写初稿的方法

（1）按照提纲，逐步推进。

按照提纲结构顺序进行写作，这种方式较适合研究成果篇幅不大的情况，作者各方面准备较充分，写作思路较清晰，只需对写作框架的相应部分进行充实。

（2）灵活写作，分段完成。

灵活运用先易后难或先难后易的顺序进行分段写作。这种方式较适合较复杂、篇幅较长、内容有一定难度的结题报告，以保证初稿撰写的质量。

2. 撰写初稿的注意事项

第一，文题密切对应，所有运用到的材料都要集中突出研究的主题，体现最有价值的研究成果。

第二，内容结构科学严谨，概念界定科学规范，教育术语前后一致，前后层次逻辑清晰，文字表达流畅简明，通过严谨的逻辑推理引出论点和结论。

第三，从理论高度阐明论点，不能停留于描述教育事实或现象；客观严谨分析资料得出结论，不能采取比喻、抒情等方式表达。

### （六）修改和定稿

初稿写完后，应对其进行全面审核、反复推敲、不断修改，使之成熟完善，最终定稿形成一篇高质量的结题报告。

1. 修改和定稿的方法

（1）诵改法。

诵改法即通过诵读初稿发现语言表达和前后逻辑问题，并进行修改。

（2）他改法。

他改法即把初稿送呈专家或同行审阅，充分听取、吸收他人的意见和建议并进行修改。

（3）热改法。

热改法即初稿刚写成后，还处于撰写的兴奋状态中，即研究思路清晰、印象鲜明时立即进行修改。

（4）冷改法。

冷改法即在完成初稿后将其放置一段时间再重新审视和修改。

2. 修改和定稿的注意事项

从大处入手，先整体后局部，先观点后材料，先内容后形式，由大到小地修改。

第一，先从总体着手，谋篇审意。例如：文题是否相符，布局是否合理，论点是否明确，论据是否充分，论证是否严密，结论是否科学客观，结构是否必然恰当，结题报告的各个部分是否形成了有机的整体。

第二，再从细微处斟字酌句，反复推敲，精心修改，例如：内容形式是否相符，文字表达、图表运用是否恰到好处，格式符号是否规范严谨，避免细节错误影响结题报告的科学性和准确性。

3. 修改和定稿的主要内容

（1）控制篇幅。

一般来说，初稿的篇幅通常比规定的内容多、语句繁，修改要删去多余内容，把长稿缩短，控制到符合结题报告的性质和要求。

（2）订正论点。

立足全篇，全面检查中心论点、分论点、小论点，做到概念清晰，表达准确，重点突出，集中深刻，排列科学，论点间的关系合乎情理、逻辑。

（3）更改材料。

检查材料与主题是否统一，材料要做到：一必要，能够证明观点和表现主题；二真实，准确可靠而不歪曲事实；三合适，恰到好处，不滥不缺。

（4）修改论证。

检查论证是否逻辑清晰、有理有据，能通过分析、说明、归纳、推理等揭示论点与材料之间的逻辑关系。

（5）调整结构。

检查全文结构是否完整严密、科学严谨，问题之间的联系是否紧密，层次开展是否清楚，段落划分是否合理等，做到各部分内容轻重合理，详略得当，开头结尾相互呼应。

（6）锤炼语言。

检查文稿语言，做到上下文的名词术语准确一致，语言精炼、文字通顺、行文严谨、客观、规范、准确、鲜明、简练、生动地表达主题。

（7）规范格式。

检查文稿是否符合研究报告表述格式的规范性，仔细核对统计数字、标点符号、图表公式、参考文献等是否规范严谨，标号标题、字符体例是否清晰统一。

## 第四节 研究成果评价与推广应用

### 一、学前教育研究成果评价

学前教育研究成果评价是对学前教育领域的研究成果作出价值判断的过程，对教育科研的工作质量、学术水平、实际应用和成熟程度予以客观、具体、恰当的评价。

#### （一）学前教育研究成果评价的意义

1. 可确保推广科研成果的科学性

并不是所有的科研成果都具有推广性，成果的评审鉴定有一套科学的流程和体系，确保其在教育教学实践和学术发展等方面的价值。

2. 是科研信息反馈的重要渠道

研究工作有一定成果后，需邀请专家对成果进行评价并公布评价结果，这样便于领域内的研究者及时获取最新研究进展，进行信息互通，避免重复研究。此外，研究者获得成果评价反馈后可根据专家指导和建议，理清现状，发现不足并改进。

#### （二）学前教育研究成果评价的过程

此部分主要从课题研究成果鉴定方面详细阐述。

1. 课题研究成果评价标准

学前教育课题研究成果可从科学性、创新性、学术性、实践应用性、规范性等方面进行评价,如表 12-1 所示。

表 12-1 学前教育研究成果评价标准①

| 项目 | | 权重 | 评价标准 | 评价等级 | | | |
|---|---|---|---|---|---|---|---|
| | | | | 优秀 (95~100分) | 良好 (85~94分) | 合格 (60~84分) | 不合格 (60分以下) |
| 分项评分 | 科学性 | 25 分 | 1. 选题符合客观实际,理论依据正确,研究方案严谨;<br>2. 研究方法科学;<br>3. 研究资料可靠;<br>4. 论证、推理合乎逻辑 | | | | |
| | 创新性 | 25 分 | 1. 提出新理论、新观点、新概念;<br>2. 对已有理论作出新解释,深化原有理论;<br>3. 探索事物新规律;<br>4. 对有争议的教育问题提供新见解,突破现有模式,并得到认可;<br>5. 填补研究空白 | | | | |
| | 学术性 | 20 分 | 1. 具有比较完备的理论体系和概念系统,对已有知识进行充实,使之条理化、系统化;<br>2. 对事物之间的关系进行深入的分析,初步说明事物的本质,得出某些新结论;<br>3. 部分研究方法或技术有所突破 | | | | |
| | 实践应用性 | 20 分 | 1. 研究成果为有关教育部门决策和管理提供了参考依据,具有很高的实用价值;<br>2. 研究成果形成了可操作方法,实用性强,具有一定的推广价值;<br>3. 省内、国内学术界同行反应强烈,具有较高的引用率 | | | | |
| | 规范性 | 10 分 | 1. 文字正确精练,深入浅出,通俗易懂;<br>2. 主题明确,重点突出,结构严谨,层次分明,推理清楚,论证充分 | | | | |

---

① 华国栋. 教育科研方法 [M]. 南京:南京大学出版社,2005:313.

2. 课题研究成果评价形式和结题方式

（1）评价形式。

学前教育科研成果评价形式多种多样，较多采用以下三种形式。

①自我评价。

自我评价是研究者按照成果评价标准体系对自己的研究成果进行评价，是成果评定的基础。通过自我评价，研究者可衡量研究成果属于哪一层级并总结经验教训，对是否可以通过考核进行预判，为下一步研究做准备。

②专家评价。

专家评价是指邀请具有一定学术水平的专家和同行组成的评审小组对研究成果进行价值鉴定，是成果评价的主要形式。

③行政部门评价。

行政部门为促进研究工作的良性发展，定期或不定期地组织优秀教育科研成果评选活动。经过行政部门评审的研究成果具有更加便利的推广途径，社会的认可度也更高。

（2）结题方式。

课题结题一般有会议结题和通讯结题两种方式。课题组提供的结题材料，应包括结题申请书、研究主报告、研究成果主件、必要的附件及课题立项通知书、开题报告书以及专家组意见等。

①会议结题。

会议结题是以会议的方式对成果进行鉴定和评估。课题组应提前一个月以口头或书面形式向主管部门提出鉴定申请，并同时或随后呈递成果主件、附件及研究工作总结报告等材料。负责组织鉴定的部门至少在鉴定会议半个月或一周前将鉴定材料分别呈送给参加鉴定的成员，并督促其提前审读成果材料、做好会议鉴定准备工作。

②通讯结题。

通讯结题是以通讯的方式先将鉴定评估意见寄给鉴定小组组长，组长汇总后再征求各成员意见进行表决。通讯结题省时省力，节约经费，鉴定专家有充足的时间审阅研究成果，避免受人际关系的影响，比较客观、公正、公平。

一般课题原则上可以通讯结题，重点课题必须会议结题。

3. 课题研究成果鉴定的基本流程

（1）提出鉴定申请。

研究者向课题立项单位提出鉴定申请，填写成果鉴定表，主要内容包括课题成果、理论和应用价值等。

（2）成立评审小组。

课题组邀请专家组成评审小组，将准备结题和鉴定的成果资料递交专家组成员，同时还要组织专家进行实践考察，请专家根据各项指标进行评价，最后进行意见汇总。

（3）评价反馈。

专家组向课题组反馈评价报告，并与课题组交流达成共识后宣读评价结果，对评价工作进行总结。

专家进行成果评审后一般有通过鉴定、限期再鉴和不通过鉴定三种结果。如果通过鉴定，课题组将获得"结题证书"，课题立项结束。如果限期再鉴，说明课题还需要进一步调整，需要在规定时间内根据专家的反馈继续修改，再次鉴定。如果不通过鉴定，说明课题成果存在很大的问题，不能结题，且可能会撤销课题、回收研究经费，同时也会影响研究者的学术发展和以后的课题申报，因此应尽量避免这种情况，踏实做好课题研究工作。

## 二、研究成果的推广应用

教育科研成果通过评估后，根据教育行政部门的计划，结合园所一线的实际情况，组织教育工作者理解和吸收教育科研成果的思想，有步骤地应用教育方法，结合实际情况不断地内化、改造，从而借助优秀成果解决教育教学问题。

### （一）研究成果推广的形式

成果推广有多种形式，按推广范围可分为校内推广、区域性推广、跨区域跨学校推广；按形式可分为现场推广、会议交流推广、网络传播推广；按推广主题可分为单一主题深度推广、多个主题组合推广；按组织主体可分为有组织的推广应用、自发运用推广、传播交流推广应用；按成果类型可分为课题研究成果推广、教改经验成果推广。

### （二）研究成果推广应用的途径

1. 再实验

教育研究的周期一般较长，但教育对象是不断变化的，因此将已获得的研究成果在新的教育对象上进行再实验实际上也是一种推广应用。实验可以由成果研究者进行，也可以由其他人进行。通过再实验不仅可推广成果，而且可使已有的成果得到进一步的完善和发展。

2. 教育行政部门采纳

教育科研成果若被教育行政部门采用或作为教育决策的参考，转化为有关教育方针政策的内容或由教育行政部门形成指导性意见下发给所属幼儿园，要求其采纳使用，是成果推广的最佳途径。

### 3. 专题报告会

课题组可以举行专题报告会，介绍科研成果的理念、具体操作方法和实施效果并提供详实的信息资料进行宣传，是推广研究成果最有效的途径和运用最多的方法。

### 4. 经验交流会或学术研讨会

参加经验交流会或学术研讨会时，与会者向参会者介绍自己的科研成果，互相借鉴。这样既可推广科研成果，也可吸取建议进一步修改和完善成果。

### 5. 现场观摩

现场观摩大多以示范课、优质课、活动展示等方式进行，研究者向参观者介绍活动理念、操作方法、实施过程等具体情况，引导参观者感受实验效果，参观结束后再组织讨论，获得反馈评价。现场观摩更真实，所获得的评价反馈也较客观，是推广科研成果的有效途径。

### 6. 课程推广

对于一线教育来说，研究成果转化为课程是实践路径的最佳形式。这种形式使幼儿成为教育研究的直接受益者，也便于其他幼儿园理解和运用，提升推广效益。

### 7. 培训推广

研究成果推广的本质就是扩大成果影响力，让更多的教师和园所接纳新理念，学习新方法。培训是教师和园所了解、接受、学习研究成果理念和实践的有效途径。

### 8. 媒介宣传推广

信息时代，运用报纸杂志、微信公众号、各类视频号、电视访谈等媒介宣传或报道研究成果也是与时俱进的途径。

成果推广是一项长期且艰巨的任务，需要研究者树立积极的推广意识，争取人力、物力、财力的支持，逐步扩大影响力，转化科研成果，带动教育实践改革，真正实现教育科研的价值。

## 本章小结

本章首先简要说明了学前教育研究成果的含义、价值和特点；从一线教师工作学习需要和做课题研究的角度出发，重点阐述了学前教育研究成果表述的主要形式；讲述了教育研究论文（包括研究报告、学术论文、经验总结、教育案例、教学课例、教育反思、教育日志）的基本格式和撰写方法，专门介绍了结题报告撰写的基本规范和步骤；最后从课题成果鉴定方面简述了学前教育研究成果评价的标准、流程和推广应用的途径，希望能为一线的教育工作者开展课题研究提供实际具体的帮助。

## 思考与练习

### 一、单项选择题

1. 以下不属于科研成果表述特点的是（　　）。
   A. 科学性　　　B. 规范性　　　C. 创新性　　　D. 主观性

2. 研究报告题目在表述上主要涉及两个变量之间的关系，其中心词不包括（　　）。
   A. 研究对象　　B. 研究内容　　C. 研究方法　　D. 研究结果

3. 以下不属于教育研究论文摘要撰写要求的是（　　）。
   A. 客观陈述　　　　　　　　　B. 概括简洁
   C. 完整独立　　　　　　　　　D. 用第一人称的方式如实陈述

4. 参考文献类型中的字母 D 代表（　　）。
   A. 学位论文　　B. 报纸　　　C. 期刊　　　D. 普通图书

5. 下面参考文献的写法符合规范的是（　　）。
   A. 鸟居昭美. 培养孩子从画画开始——走进孩子的涂鸦世界［M］. 桂林：漓江出版社，2010：7.
   B. 对幼儿家庭美术教育的思考［J］，当代学前教育，2010（4）
   C. 学前教育研究，中班幼儿亲子冲突调查研究，李猛，2021 年 6 月
   D. 李英，3 – 6 岁幼儿审美能力的发展［J］，幼儿教育.

6. 注释的方法不包括（　　）。
   A. 夹注　　　　B. 头注　　　C. 脚注　　　D. 尾注

7. 以下不属于学术论文主体部分内容的是（　　）。
   A. 绪论　　　　B. 本论　　　C. 结论　　　D. 附录

8. 教育案例的主要特点不包括（　　）。
   A. 故事性　　　B. 问题性　　C. 虚构性　　D. 典型性

9. 教学课例的主要内容不包括（　　）。
   A. 教学标准　　　　　　　　　B. 教学设计
   C. 教学实录　　　　　　　　　D. 教学反思

10. 以下不属于课题研究成果评价形式的是（　　）。
    A. 自我评价　　　　　　　　　B. 教育部门评价
    C. 专家评价　　　　　　　　　D. 其他园所评价

### 二、简答题

1. 简述学前教育研究成果表述的价值和特点。
2. 简述学前教育课题研究成果评价的标准和推广应用的途径。

### 三、论述题

1. 从教育研究报告、学术论文、经验总结、教育案例、教学课例、教育反思、教育日志等中选择一种教育研究论文，结合实例论述其基本格式和撰写方法。
2. 结合实例论述结题报告撰写的基本规范和一般步骤。

## 参考文献

[1] 裴娣娜. 教育科学研究方法［M］. 沈阳：辽宁大学出版社，1999.

[2] 王彩凤，庄建东. 学前教育研究方法［M］. 北京：北京师范大学出版社，2011.

[3] 张宝臣，李志军. 学前教育科学研究方法［M］. 上海：复旦大学出版社，2007.

[4] 金哲华，俞爱宗. 教育科学研究方法［M］. 北京：科学出版社，2011.

[5] 袁玥. 教师微型课题研究指南［M］. 上海：华东师范大学出版社，2019.

[6] 李冲锋. 教师如何做课题［M］. 上海：华东师范大学出版社，2013.

[7] 张晖. 幼儿园课题研究［M］. 北京：高等教育出版社，2012.

[8] 林萍. 教育研究成果评价与文献计量学在其中的应用［D］. 苏州：苏州大学，2004.

[9] 祖静，杨文雅，周桐帆，等. 父母低头行为对幼儿问题行为的影响：一个有调节的中介模型［J］，学前教育研究，2022（6）：34-48.